WiBro / WiMAX

LTE 모바일 브로드밴드

강철희 · 김무완 · 김영한 · 김운태 편저

일본판 저자

김무완 · 사소우 히데유키 · 무라카미 케이이치
마토바 아키히사 · 우노 신다로우 공저

光文閣
www.kwangmoonkag.co.kr

편저자 머리말

이 책은 최근 통신사들이 앞다투어 서비스를 내놓고 있는 4세대 이동통신 시스템, 4G에 관한 기술을 다루고 있다. 또한, 4G 기술 이해에 도움이 될 휴대전화 시스템과 단말기 기술, 그리고 WiFi로 불리는 무선 LAN 기술에 대해서도 설명하고 있다. 이 책은 'IMS'라는 이름으로 IP에 의한 멀티미디어 서비스 제공 시스템 기술에 관한 번역서를 우리나라에서 출간한 바 있는 김무완 박사가 일본 현장 근무 경험이 풍부한 전문가와 공저로 펴낸 《進化し續ける携電話技術》을 우리나라에 맞게 편역한 것이다. 일본의 저자들은 Fujitsu, Toshiba, 일본 IBM, 루센트 등에서 10여 년간 개발자로서 경험한 노하우를 바탕으로 이 책을 집필하였다. 따라서 이미 출간된 관련 서적들이 표준에 관한 내용을 단편적으로 소개한다든지, 시스템에 대한 개요만 나열하는 집필 방향과는 전혀 다른 매우 실용적인 책이라 하겠다.

책에 대한 상세 요약은 저자 머리말로 대신하고, 역자 시각에서 본 이 책의 특징만 언급하기로 하겠다. WiBro/WiMAX/LTE 기술에 대한 상세 설명은 물론, 이용자 입장에서 제일 중요한 단말기 기술에 대해 하드웨어는 물론 소프트웨어 기술에 대해서도 실제로 현장 적용이 가능한 구체적 데이터를 제시하면서 친절히 소개하고 있다. 스마트폰을 포함한 앞으로의 모바일 단말은 일반적인 이동통신망뿐만이 아니라 무선 LAN까지를 망라하여 seemless하게 연결될 필요가 있다. 그런 의미에서 전문가에게는 무선 LAN 기술에 대한 깊은 이해 또한 필요할 것이다. 이 책은 무선 LAN에 대해 기초 기술은 물론 시큐어리티, 셀 설계와 로밍에 대한 노하우에 대해서도 비교적 상세히 다루고 있다.

그런 점에서 이 책은 이동통신 전문가를 위한 입문서로서 충분히 그 역할을 다할 것으로 믿는다. 더욱이 대학 4학년생이나, 대학원 신입생을 위해서도 실용적인 시스템 정보를 충분히 이해하는 데 부족함이 없게 구성되었다 할 수 있겠다.

이 책의 초벌 번역은 원저자 중 한 분인 김무완 교수와 김운태 박사가, WiBro 관련된 부분은 김영한 교수가, 전체적인 proof-reading과 감수는 강철희 교수가 맡았으며, IMS(IP Multimedia Subsystem) 공동저자인 일본 삼성 김광식 박사가 리뷰를 하였다.

번역 과정에서 용어를 통일하는 문제나 오역을 방지하기 위해 각별한 노력을 기울였지만, 여전히 부족한 곳이 많을 것으로 생각한다. 독자 여러분의 많은 지적과 충고를 부탁한다.

끝으로 이 책을 번역할 기회를 주시고, 여러 가지 어려움이 많았음에도 불구하고 이를 받아주고 변함없는 지원을 보내주어 이 책이 탈고될 수 있게 해주신 편집자와 광문각출판사 박정태 사장님과 임직원 여러분에게 감사드린다.

2011년 11월

편저자 대표 강 철 희

머 리 말

최근의 휴대전화 기능은 눈부시게 발전을 거듭하고 있다. 일반 이용자는 물론, 비즈니스에서도, 그리고 기술적인 면에서도 항상 주목받는 새로운 화제가 끊임없이 회자되고 있다.

휴대전화는 1980년대에 자동차 전화로 상용화되었지만, 1990년대에 들어서는 편리하다는 이유로 개인용에 맞도록 다양하게 개발된 단말들에 의해 폭발적으로 보급되기에 이르렀다. 2000년대에 들어오면서 사진, 방송, 수신, 전자지갑 등 전화 이외의 기능이 추가되면서 당초 휴대할 수 있는 전화기에서 개인이 생활하는 데 없어서는 안 될 퍼스널 디바이스로 진화해 왔다.

그러나 휴대전화는 결코 지금이 완성된 것이 아니라 앞으로도 계속 진화해 나갈 것이다. 고속무선 LAN, WiMAX, LTE 등 획기적인 기술과 접목되면서 다음 단계로 비약적인 발전을 이루어 갈 것이다.

한편, 휴대전화 관련 기술은 많은 기술과 연계되어 실현된다. 휴대전화 단말 실현 기술에서부터 휴대전화를 수용하여 서비스를 제공할 수 있게 하는 이동통신 네트워크 기술까지 다양한 첨단기술이 관련되어 있으며, 여러 곳에서 쉬지 않고 연구, 개발되고 있다. 무선통신 기술, 네트워크 기술, 단말기 실현 기술, 정보처리 기술 등 ICT 분야의 다양한 기술들이 유기적으로 조합되어 휴대전화 서비스가 실현되고 있다. 이제 휴대전화와 관련된 기술은 한 사람의 기술자가 이해할 수 있는 범위를 훨씬 넘어서고 있다.

이 책은 휴대전화 단말, 이동통신 네트워크 등 휴대전화와 관련 있는 기업의 기획, 개발, 영업 등 실무를 맡은 사람들을 염두에 두고, 휴대전화와 관련된 다양한 기술을 한 권의 책으로 종합적인 이해를 할 수 있도록 도움을 주고자 집필한 것이다. 특히 휴대전화의 다음 단계로의 비약적 발전을 가져올 새로운 기술 중심으로 기술하고 있다. 또한, 대학의 전문 과정에서 새로운 휴대전화 관련 기본 기술을 배우는 학생들에게도 더욱 깊은 이해를 원하는 경우의 좋은 참고서로써 활용될 수 있을 것으로 믿는다.

제1장에서는 제2장 이후 내용을 이해하는 데 도움이 되도록, 휴대전화 배경과 기본적인 기술에 관해 논하고 있다. 먼저 배경으로서, 휴대전화 역사와 중요한 데이터를 소개하고, 기본적인 기술에 대해 설명한다. 현재 휴대전화의 주류를 이루고 있는 제3세대 시스템에 대해 언급하고, 새로운 동향으로서 무선통신 기술, IMS, 융합 네트워크에 관해서도 다룬다.

제2장에서는 휴대전화를 실현하는 기술, 즉 단말기 실현 기술을 소개한다. 먼저 휴대전화 하드웨어 기술로서 통신기능부, 정보단말부, 전원부를 실현하는 기술을 설명한다. 다음, 소프트웨어 기술로서 OS, 어플리케이션, 멀티미디어 처리부에 관해 기술한다. 더욱 경쟁력 있는 단말기를 실현하기 위한 차별화 기술로서 장시간 동작 기술, 소형경량화 기술, 고신뢰화 기술에 대해서도 언급한다.

제3장에서는 휴대전화에 탑재가 점점 많아지고 있는 무선 LAN에 관하여 소개한다. 무선 LAN에서는 음성통화도 가능하지만, 인터넷 접속 등 데이터 통신을 보완하는 용도로의 활용이 증가하는 추세다. 먼저 무선 LAN 규격을 설명한 후 물리계층, MAC 계층에 대하여도 논한다. 다음에 보안기술과 무선 셀 설계와 로밍에 대해서도 다룬다.

제4장에서는 상용화 서비스가 시작된 WiMAX를 소개한다. 당분간은 데이터통신 서비스만을 제공하지만, 시스템은 음성통화도 할 수 있도록 설계되어 있어서 장기적으로는 휴대전화 서비스에의 활용이 보편화될 것으로 보인다. WiMAX의 규격, WiMAX 포럼에 대해 언급하고, 물리계층, MAC 계층과 WiMAX에서의 첨단기술, 시스템 전체 아키텍처 및 앞으로의 발전 방향에 대해서도 설명한다.

제5장에서는 현재 3.9세대 서비스로 주목받는 LTE(Long Term Evolution)를 소개한다. LTE의 등장 배경과 동향에 대해 살핀 후, LTE 요소 기술로서 대역확대 기술, 신호전송 방식, MIMO를 지원하는 기법, 데이터 변조 방식뿐만 아니라 다운링크와 액세스 절차 등에 관해서도 상세히 다룬다. 또한, LTE의 코어 네트워크인 SAE의 표준화 동향, 시스템 아키텍처, 모빌리티 제어방식과 더불어 본격적인 4G 시스템인 IMT- Advanced 개발 동향에 관해서도 설명한다.

집필은 제1장은 金, 제2장은 佐相, 村上, 제3장, 제4장은 的場, 제5장은 宇野가 각각 맡았다. 마지막으로 이 책을 집필하면서 '참고문헌'에 보인 문헌, 자료 등을 참고로 하였다. 도표 인용 또는 이용을 흔쾌히 허락해 주신 관계자 여러분께 감사드린다.

일본판 대표 저자

김 무 완

차 례

제1장 휴대전화 기술의 개요와 동향

1.1 국내 이동통신 기술의 발전 과정

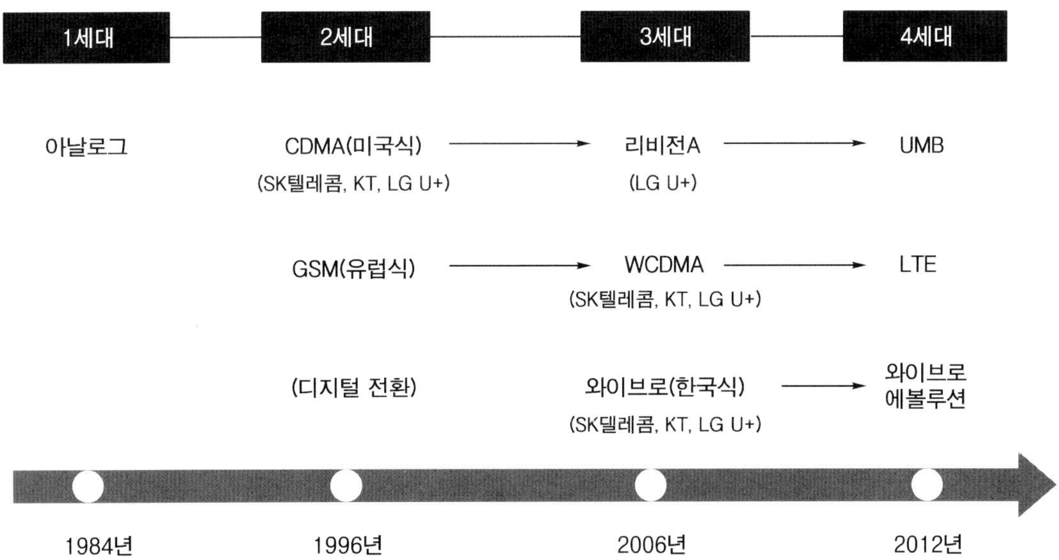

【그림 1.1】 국내 이동통신의 기술 진회의 로드맵

1.1.1 1세대 이동통신

1세대 이동통신은 아날로그 이동통신으로 불리며, AMPS(Advanced Mobile Phone

Systems) 방식을 도입하였다. 1세대에서는 음성 통화만이 가능하며, 10kps의 속도로 인해 데이터 전송은 불가능하다. 변조 기술로는 음성 전송을 위해 주파수 변조 기술 (FM : Frequency Modulation), 신호 전송을 위해서는 주파수 편이변조(FSK : Frequency Shift Keying) 방식을 사용하였다. 이에 따라 혼선이 자주 생기고, 주파수 사용 면에서 효율적이지 못하다는 것이 단점이었다. 가입자 수는 1984년 시작으로 290 만 명을 기록하였으나, 다양한 부가 서비스 지원에 어려움이 있어 2000년 1월에 서비스가 마감되었다.

1.1.2 2/2.5세대 이동통신

2세대 이동통신은 CDMA 방식을 이용한 다중 접속 기술을 사용하여 음성 신호를 아날로그에서 디지털로 전환한 디지털 이동전화를 말하며, 음성통화 외에도 문자 메시지, e 메일 등의 데이터 전송이 가능하였다. 그러나 채널당 데이터 전송 속도는 14.4~64kbps로 다소 느리고, 정지 화상 전송은 가능하나 동영상 지원은 서비스되지 않는다.

2.5세대 이동통신은 PCS(Personal Communication Service)라고도 불리우며, 주파수 대역은 1.7~1.8MHz를 이용하고, 채널당 데이터 전송 속도는 64kbps이다. 2세대 인프라를 그대로 이용하되, 3세대에 가까운 통신 서비스 제공을 목표로 하고 있으며, 특히 디지털 데이터의 전달 속도가 빠르고, 새로운 서비스를 쉽게 제공할 수 있다는 특징을 갖는다. 국내에서는 CDMA 2000 (IS-95B), 유럽에서는 GSM을 개량한 유럽의 GPRS가 이에 해당된다.

1.1.3 3세대 이동통신

흔히 말하는 IMT-2000이 제3세대 이동통신으로 정의된다. 2GHz 주파수 대역을 이용, 2~2.4Mbps의 속도를 제공하는 것을 의미하며 문자, 음성, 동화상과 같은 멀티미디어 데이터가 현재의 유선 인터넷과 비슷한 속도와 화질로 서비스될 수 있도록 개발된 기술이다.

이러한 IMT-2000은 유럽의 GSM에서 진화된 W-CDMA을 비동기식 방식 IMT-2000과, CDMA 방식이 CDMA 1x, CDMA-2000 1x, EVDO로 진화된 동기식 IMT-2000으로 구분된다. 이와 같이 두 개의 통신 규격으로 나누어진 3세대 이동통신은 고속 데이터 통신이 지원되며, 음성 데이터와 저속의 데이터뿐만 아니라 영상통화 및 멀티미디어 서비스도 제공된다. 현재 우리나라에서는 2Mpbs 데이터 전송 속도의 W-CDMA 방식과 2.4Mbps 데이터 전송 속도의 CDMA EV-DO 방식을 모두 상용화 하고 있다. 2006년부터는 W-CDMA에서 한 단계 진화하여 이론적으로 최대 14.4 Mbps의 전송 속도를 낼 수 있는 HSDPA 서비스가 개발되어 우리나라 전국 50개 도시에서 상용화 되고 있다. 이외에도 OFDM 기술을 기반으로 하는 WiMAX 기술에 이동성 기술이 결합된 모바일 WiMAX 기술이 국내 표준화된 와이브로 기술도 전국망으로 구축되어 사용되고 있다.

구분	와이브로(WiBro)	WCDMA	EV-DO 리비전 A
기술 주도 업체	삼성전자, 인텔	노키아	퀄컴
기술 방식	한국식	유럽식(비동기식)	미국식(동기식)
국내 서비스 업체	KT, SK 텔레콤	KT, SK 텔레콤	LG U+
상용화 시기	2006년 8월	2006년 5월	2007년 10월
최고 속도(상향/하향)	5.2Mbps / 24.8Mbps	1.4Mbps / 14.4Mbps	1.8Mbps / 3.1Mbps
이동성	시속 60km	시속 250km	시속 250km
발전 기술 구분	와이브로 에볼루션	롱텀에볼루션(LTE)	울트라모바일브로드 밴드(UMB)

【그림 1.2】 3세대 이동통신 기술 비교

1.1.4 4세대 이동통신

4세대 이동통신 기술은 'IMT-2000을 넘어서(Beyond IMT-2000)' 혹은 IMT-Advanced로 명명된다. 국제전기통신연합(ITU)은 4G 이동통신의 조건으로 저속 이동 시 1Gbps, 고속 이동 시 100Mbp의 데이터 전송이 가능하여야 함을 목표로 하였다. 이러한 요구 조건은 이론적으로 영화 1편을 휴대전화 11초 정도에 다운받을 수 있는 속도를 의미한다. 이러한 4세대 이동통신 서비스는 LTE라고도 불리며, 이는 3세대 통신 규격인 WCDMA의 확장 기술이며, 차세대 이동통신 기술 규격이다. 한편, 현재의 4G는 일부에서 최종적인 4G 기술이 아니므로 3.9G라고도 부르고 있다. LTE는 2004년 규격화가 시작된 이후 2009년 12월 스웨덴 통신사에 의해 처음으로 사용화 서비스가 시작되었으며, 현재 우리나라에서는 2011년 7월부터 LTE 서비스를 시작하였다. 기존 3세대 이동통신까지의 기술과 달리 인터넷 프로토콜(IP) 기반의 데이터 통신 기술만을 지원하며, 음성 서비스 역시 데이터로 제공되는 특징을 가진다.

1.2 휴대전화의 기본 기술

[그림 1.3]은 휴대전화 서비스에 사용되고 있는 이동통신 네트워크의 기본 구성을 보여주고 있다. 이동통신 네트워크는 사용자의 단말과 무선통신에 사용되는 다수의 기지국과 기지국 제어장치로 구성되는 무선 액세스 네트워크와 코어 네트워크로 구성되어 있다. 따라서 휴대전화 서비스에 필요한 기본 기술로 무선통신 기술, 네트워크 제어 기술 및 휴대전화 단말 구현 기술을 들 수 있다. 휴대전화 단말 기술에 대해서는 2장을 참조하기 바라며, 본 장에서는 무선 액세스 네트워크와 코어 네트워크에 대하여 설명한다.

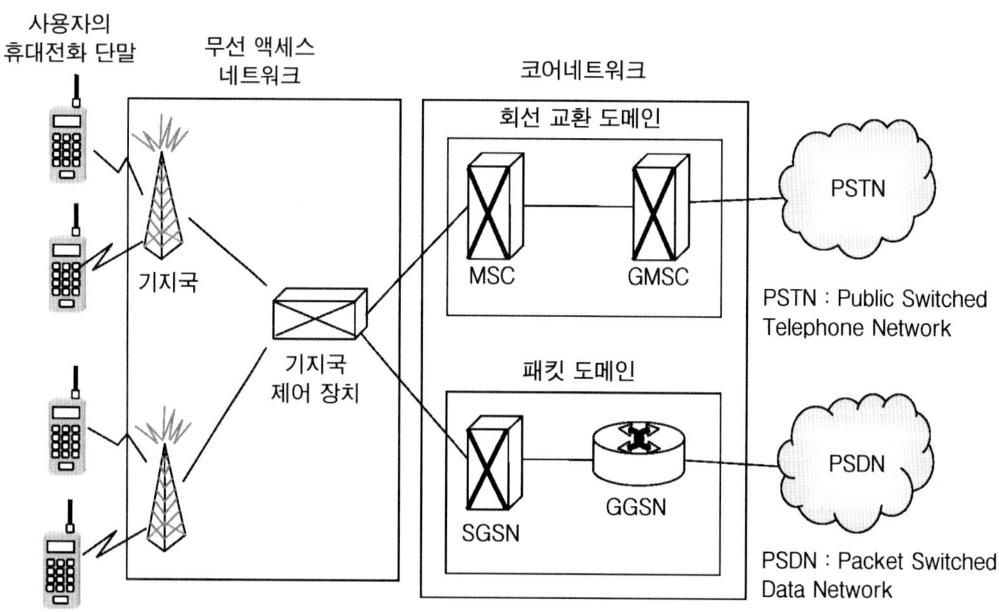

【그림 1.3】 이동통신 네트워크의 기본 구성

1.2.1 무선통신 기술

무선통신에서 사용되는 전파는 그 주파수에 따라 성질이 크게 다르다. [그림 1.4]에 각 주파수 대역별로 사용되고 있는 주파수 이용 현황을 나타내고 있다. 주파수가 높은 대역일수록 직진성이 강하고 정보 전송 용량이 커지는 반면 주파수가 낮은 대역에서는 직진성이 약하고 정보 전송 용량이 작아지는 특성을 갖는다.

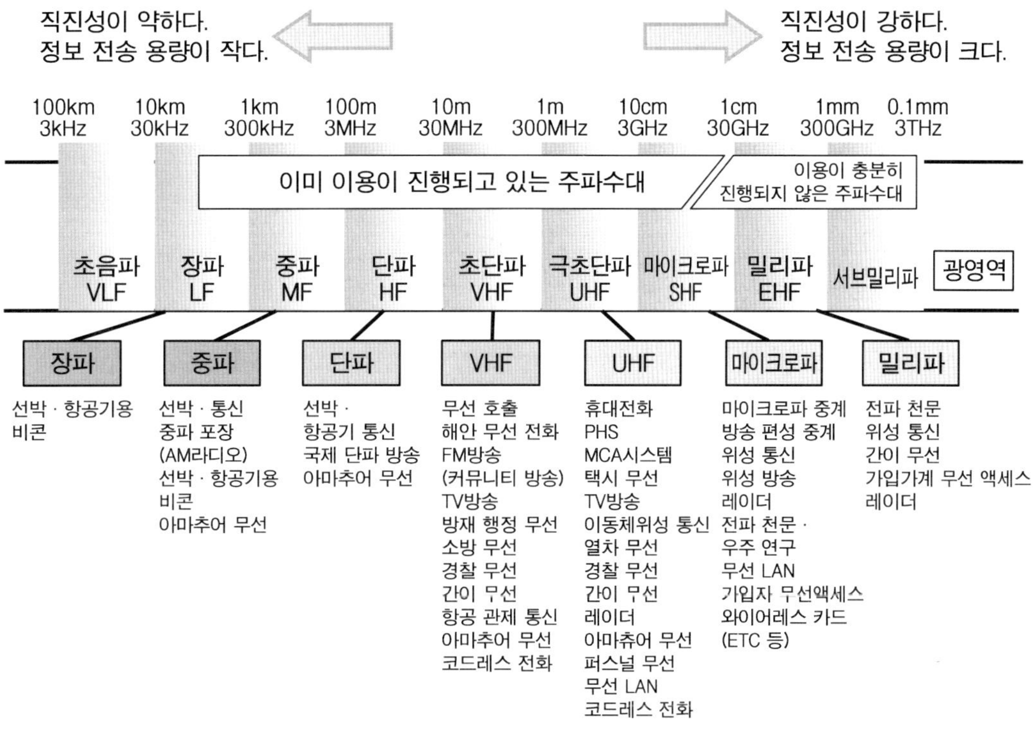

【그림 1.4】 주파수대별 전파 이용 현황

(1) 휴대전화의 주파수 할당

[그림 1.5]에 보인 바와 같이 나타내고 각 주파수 대역 중에서 휴대전화 사업자마다 사용할 수 있는 주파수 대역이 각각 다르게 할당된다. 할당되는 각 주파수 대역폭에 따라서 제공 가능한 용량(즉 동시 통화 가능한 사용자 수)이 결정되기 때문에, 휴대전화 사업자 간에 주파수 할당을 둘러싸고 경쟁이 일어나기도 한다. 유럽의 경우에는 경

매 방식으로 주파수를 할당하여, 휴대전화 사업자가 주파수 대역폭 획득을 위해 고액의 자금을 써야 하는 경우도 있었다. 하지만 일본과 우리나라의 경우에는 경매 방식에 의하지 않고 각 사업자의 상황을 고려해 각 정부의 주관청[우리나라는 방송통신위원회(구, 정보통신부)]에 의해 할당되고 있다.

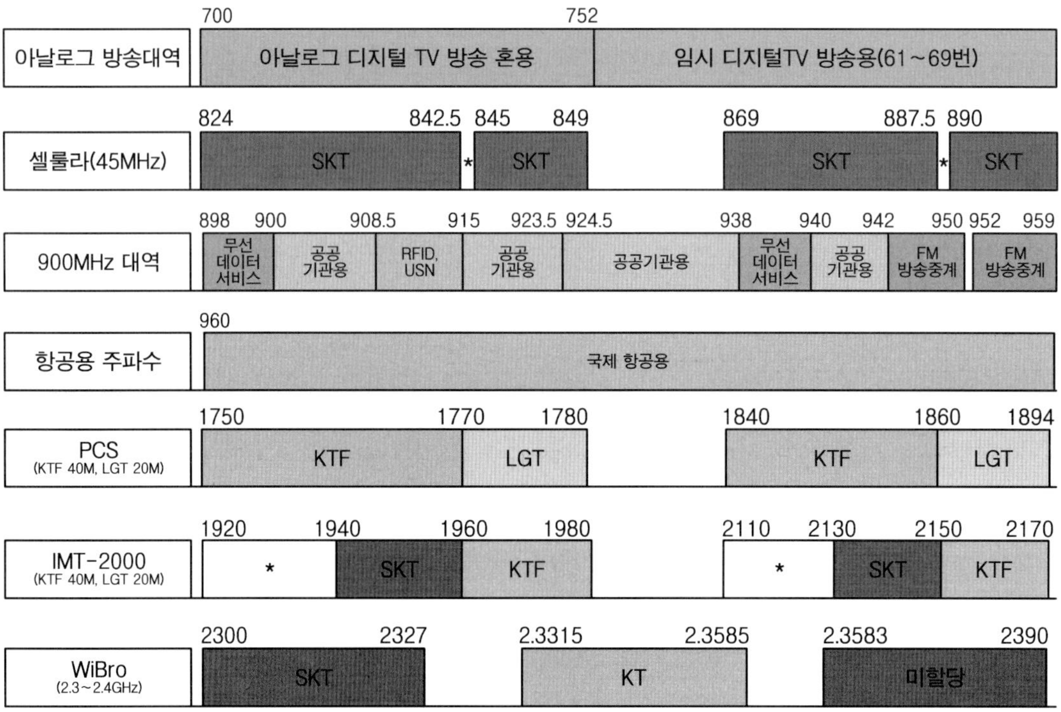

【그림 1.5】 국내 주파수 할당 현황

(2) 주파수 대역폭과 데이터 속도

할당된 주파수 대역폭을 W, 신호대 잡음비를 S/N라고 하면, 그 대역폭에서 얻을 수 있는 최대의 데이터 속도 C는 다음과 같은 식으로 정의할 수 있다. (통신로용량에 관한 Shannon의 정리)

$$C = W \cdot \log2\left(1+\frac{S}{N}\right) \quad \text{(식 1.1)}$$

제3세대 시스템인 W-CDMA 방식에서 W를 약 5MHz라고 하면, S/N = 10일 때 C = 17.3Mbps가 된다. 이 값은 5 MHz의 대역폭을 모두 사용해 얻을 수 있는 최대 데이터 속도이지만, 실제로는

- 각종 오버헤드(프로토콜을 위한 제어 데이터 처리, 에러 정정 비트의 추가 등)
- 전파 전반적으로 발생하는 다중경로(Multipath)와 페이딩(fading) 등의 영향으로 인한 S/N 저하

등의 각종 요인으로, 사용자가 자신의 데이터 통신에 사용할 수 있는 최대 데이터 속도 Dmax는 위의 식에서 얻은 17.3Mbps의 몇분의 1이 된다. W-CDMA 방식의 경우, W=5MHz에서 약 4Mbps 정도이며, 1Hz의 주파수 대역폭에서 얻을 수 있는 데이터 양은 4Mbps/5MHz=0.8bps가 된다.

(3) 셀 내 동시 통화 가능 사용자 수

하나의 기지국에서 전파로 통신할 수 있는 범위를 셀[그림 1.6]이라고 부르며, 이동통신 네트워크는 이 셀을 여러 개 중첩하여 구성하는 셀룰러 방식[그림 1.7]을 채택하고 있다.

[그림 1.7]에서처럼 셀의 크기는 기지국의 출력과 전파의 주파수에 의해 정해지지만, 반경이 수십 km인 것도 있으며 수 m인 것도 있다. 일반적으로는 셀 내의 사용자 수를 균일하게 분포하도록 설계하기 때문에, 인구밀도가 큰 경우는 셀 반경을 작게 한다.

또한, 주어진 주파수를 이용해 얼마나 많은 사용자에게 서비스를 제공할 수 있는가가 중요하다. 음성 통신에 필요한 데이터 양은 8kbps 정도이며, 1인당 가용한 최대 데이터 속도 Dmax를 4Mbps라고 가정하면, 4Mbps/8kbps=약 500명의 가입자들이 동시에 음성 통신할 수 있다.

그러므로 가입자 1인당 필요한 데이터 속도를 V라고 하면 셀 내에서 동시에 통화가능한 최대의 사용자 수 Umax는,

$$\mathrm{U}_{\max} = \frac{D_{\max}}{V}$$

가 된다.

즉 셀안에서 사용자 수가 증가해도 Umax는 변하지 않기 때문에 통화할 수 없는 사용자가 증가하게 된다. 이러한 문제를 해결하기 위해서는 최대 데이터 속도(C)를 증가

시킴으로써 해결 가능하며 이를 위해서는,

① 주파수 대역폭 W를 크게 한다.

② 송신 전력 S를 증가하여 S/N을 크게 한다.

또한, 셀 내의 사용자 수를 적게 하면 블럭되는 사용자 수도 줄기 때문에,

③ 셀 반경을 작게 하여 셀 안의 사용자 수를 줄인다.

는 방법도 있지만 이 방법은 기지국 수를 증가시켜야 하는 단점도 있다.

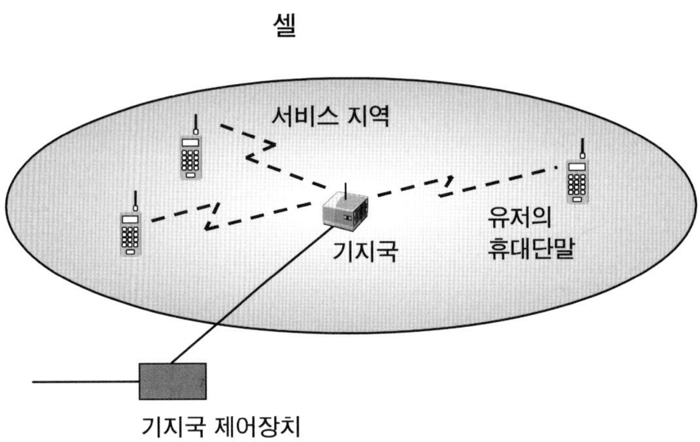

【그림 1.6】 셀의 구조

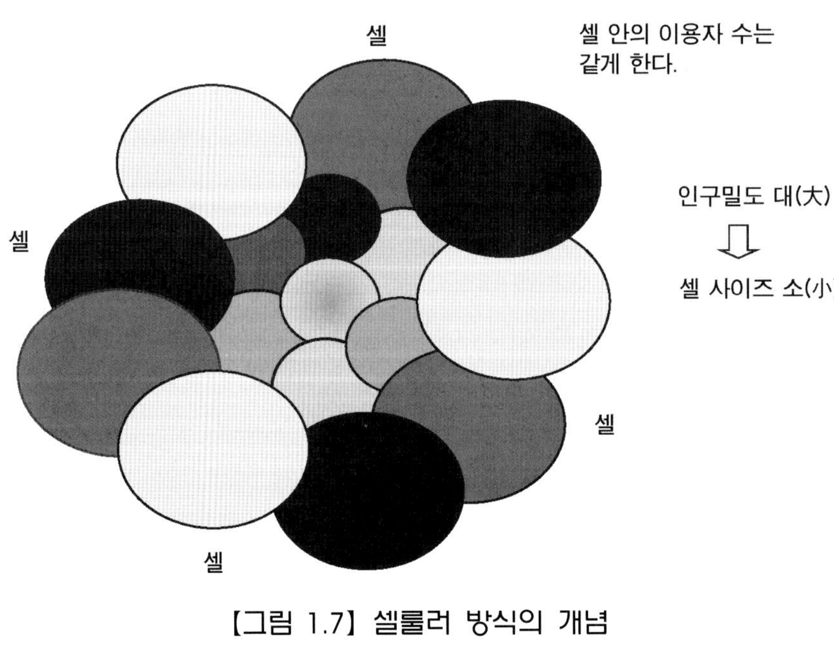

【그림 1.7】 셀룰러 방식의 개념

실제로는,

①에 대해서는 사업자에 대한 새로운 주파수의 할당

②에 대해서는 기지국과 단말기와의 거리에 따른 송신 전력의 제어

③에 대해서는 도시에서는 셀 반경을 작게(송신전파를 약하게 설정), 외곽 지역에서는 셀 반경을 크게(송신전파를 강하게 설정)하는 방식을 채택하고 있다.

특히, 5장에서 다루게 될 4세대 시스템인 LTE(Long Term Evolution)에서는 100Mbps의 초고속 통신이 가능하도록 주파수 대역폭(W)을 100MHz 정도로 사용하고 있다.

그 때문에 셀 반경도 3세대 시스템의 경우 수 km 정도인데 비해, LTE에서는 수백 m 정도가 된다.

(4) 섹터 방식

셀 내의 수용 가입자를 늘리는 방법으로서 안테나의 전파 지향성을 이용하여, 셀 안에 섹터라고 하는 지역을 M분할하는 방법이 있다. 각 섹터 내에서 최대 가입자 Umax의 사용자를 동시에 통화할 수 있도록 함으로써, 셀 내의 동시 통화 가능 사용자 수를 M배로 할 수 있다. 섹터라고 불리는 M은 통상 3-5로 설정된다.

섹터 방식은 셀 내의 공간 분할을 하는 매우 유용한 방법이다.

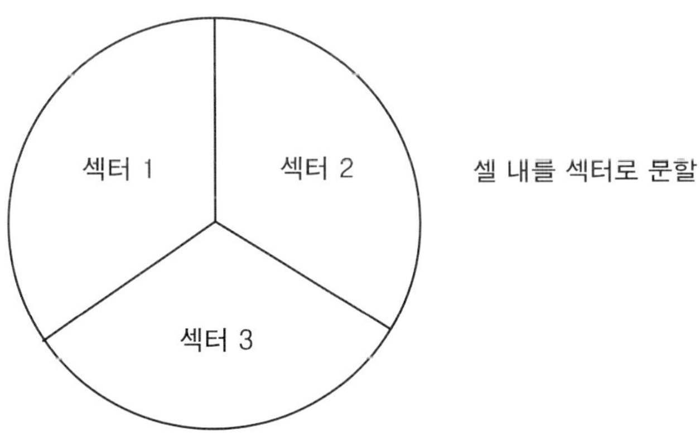

【그림 1.8】 섹터 방식

(5) 기지국 안테나의 지향성

안테나의 지향성은,

① 수평 방향으로는 섹터를 커버할 수 있는 넓은 지향성과
② 지면과 수직인 수직 방향에는 지상 근처에 존재하는 단말에서의 S/N비의 향상을 위해, 불필요한 방향에 안테나의 방사를 줄이고, 필요한 방향에의 방사를 늘리는 지향성[그림 1.9 참조]이 요구

수평면에 대해서는, 안테나의 주위에 반사체를 갖도록 설계하여(음성의 경우, 메가폰에 해당), 섹터 전체를 커버하도록 지향성을 조정한다.

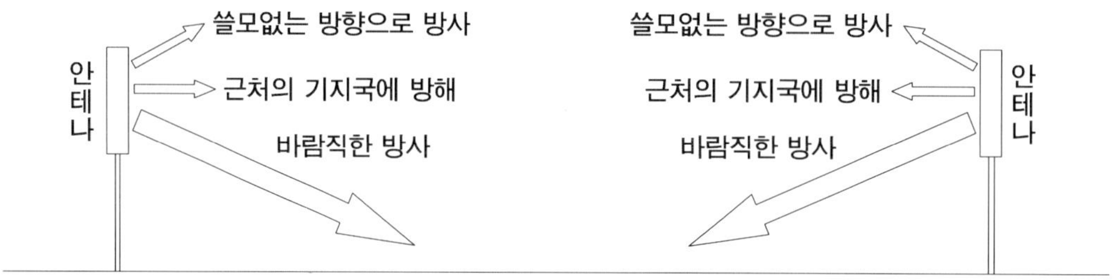

【그림 1.9】 수직면 지향성

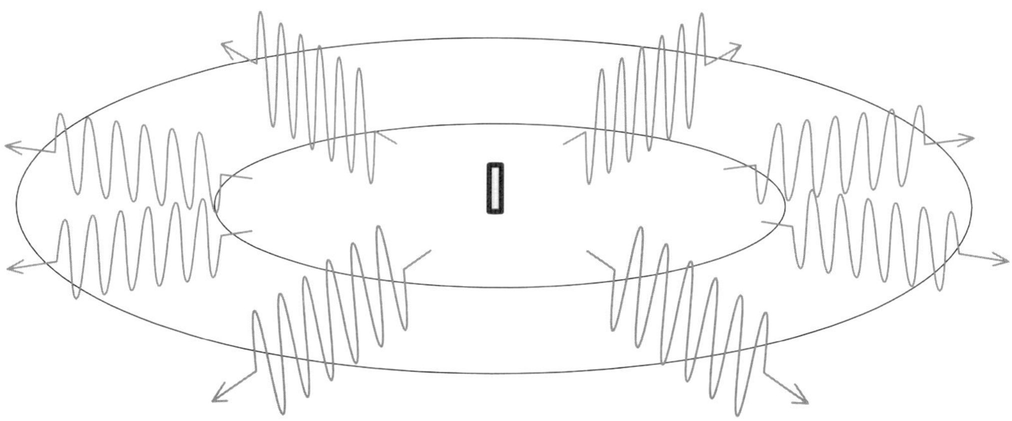

막대 모양 안테나로부터는 봉과 직교하는 평면 내의 모든 방향으로 무지향성의 전파가 방사된다.

【그림 1.10】 단품 안테나의 지향성

한편, 수직 지향성에 대해서는 약간 복잡한 방사 빔 형성이 요구되므로, 작은 안테나 소자를 배열하여 지향에 필요한 빔을 형성하는 '빔 포밍'기술을 이용한다. 그 원리는 다음과 같다.

먼저 단일폴(Monopole) 안테나의 지향성에 대해 살펴보면, [그림 1.10]에서처럼 1개의 막대 모양 안테나로부터 방사되는 전파는 모든 방향으로 동일하게 방사된다.

이 안테나 소자를 일열로 배열한 배열(Array) 안테나로부터 방사되는 전파 모양을 [그림 1.11]과 같이 각 안테나 소자로부터 방사되는 합성 전파가 방사되는 것과 같게 한다.

합성 파면 WF0의 진행 방향 θ_0에서 가장 강하게 방사되는 반면, WF1의 진행 방향에서는 강도가 0으로 된다. 또한, WF2의 진행 방향에서는 2번째로 강한 방사가, WF3의 진행 방향에서는 0, WF4의 진행 방향에서 3번째로 강한 방사성 특성을 갖도록 구성함으로서, WF0의 진행 방향에 대한 방사를 주엽(Main Lobe), WF2, WF4의 진행방향에 대한 방사를 부엽(Side Lobe)의 지향성이 형성되게 한다.

[그림 1.11]에서는 이해를 돕기 위해 파장에 비해 안테나 소자 간격이 큰 경우를 예로 들었지만, 실제로는 파장에 비해 안테나 소자 간격을 작게 하여 부엽의 크기를 작게 하도록 하고 있다.

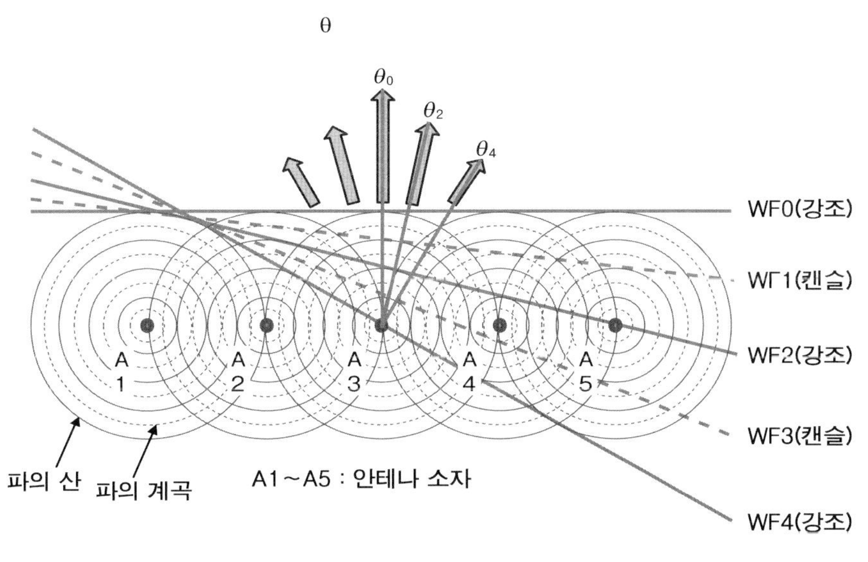

【그림 1.11】 배열 안테나의 지향성

이상의 설명에서 합성 파면을 형성하는 각 안테나 소자로부터의 파면이 동일 시간에 여진되도록 하기 위해 WF0의 방향(주엽의 방향)은 배열 안테나에 대해서 수직으로 되어 있다. 만일 각 안테나 소자로부터의 여진 타이밍이 조금씩 어긋나면 WF0의 방향(주엽 방향)은 배열 안테나에 수직 방향으로부터 기울어져 빔의 방향을 수직으로부터 벗어나게 할 수 있다. 이와 같은 여진 타이밍의 조절은 각 안테나 소자를 여진위상을 조절함으로써 실현 가능하다(정현파의 경우, 타이밍의 차이는 위상의 차이와 같다). 이러한 특징을 이용하여 수직 방향의 지향성을 조절하게 된다.

이 책의 서두에 게재한 휴대전화 기지국의 안테나 사진은 현재 사용되고 있는 안테나를 예를 들었으며, 돔이라 불리는 안테나 용기가 1개의 섹터(Sector)를 커버하고 있다.

이처럼 주파수 대역 W와 SN비는 여러 사용자들에게 서비스를 제공하는데 필요한 매우 중대한 요소이다. 제2장에서 설명하게 될 휴대전화의 구성 시에도 충분히 고려하여 설계하고 있다.

(6) 다중 접속 방식(Multiple Access Method)

셀 내의 사용자가 되도록 다수가 동시에 통신하도록 하기 위해서는 다중 접속을 실현할 필요가 있다. [그림 1.12]에 3종류의 다중 접속 방식을 보이고 있다.

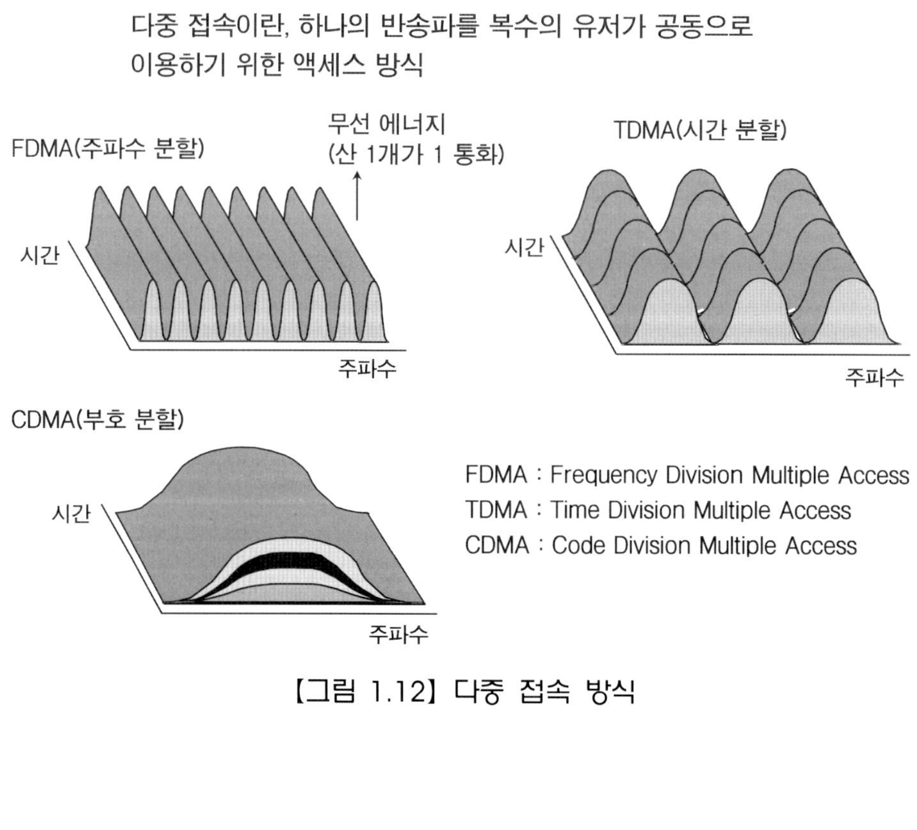

【그림 1.12】 다중 접속 방식

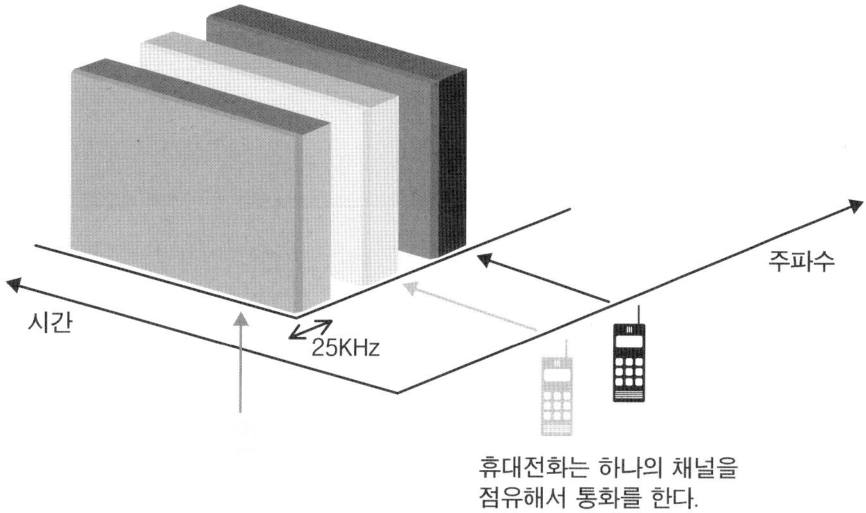

【그림 1.13】 주파수 분할 다중 접속 방식(FDMA)

(a) 주파수 분할 다중 접속 방식(FDMA)

[그림 1.13]과 같이 정보를 운반하는 반송파의 대역폭을 주파수별로 분할하여 정보를 다중 접속하는 방식이다. 이 방법은 제1세대의 아날로그 시스템에서 사용된 방식이다.

(b) 시 분할 다중 접속 방식(TDMA)

[그림 1.14]와 같이 일정한 시간 주기를 다수의 시간 슬롯 단위로 분할하여 정보를 다중 접속하는 방법으로, 디지털 시스템 기술 특성을 갖는 제2세대 디지털 시스템에서 사용된 방식이다.

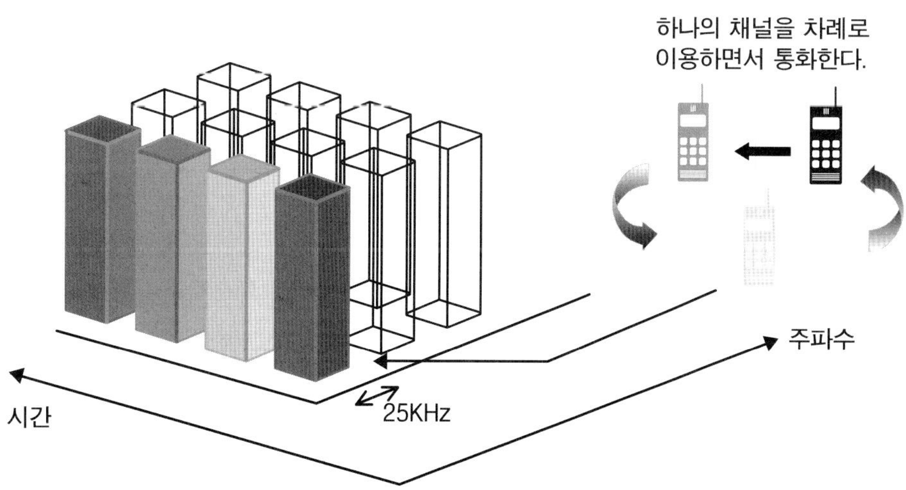

【그림 1.14】 시 분할 다중 접속 방식(TDMA)

(c) 코드 분할 다중 접속 방식(CDMA)

[그림 1.15]에서처럼 스펙트럼 확산 기술로 정보를 다중화하는 방식이다.

여러 사용자가 1개의 채널을 공유하여 동시에 통화를 가능하도록 한다. 각 사용자 단말기의 식별은 코드라 불리는 부호에 의해서 이루어지며, 우리나라가 세계 최초로 상용화한 CDMA 방식은 2.5세대 부터 사용된 기본 기술이다.

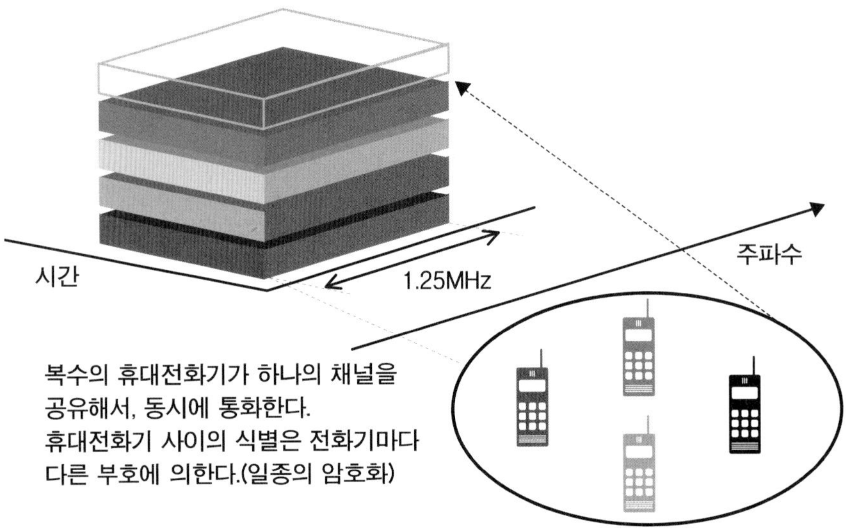

【그림 1.15】 코드 분할 다중 접속 방식(CDMA)

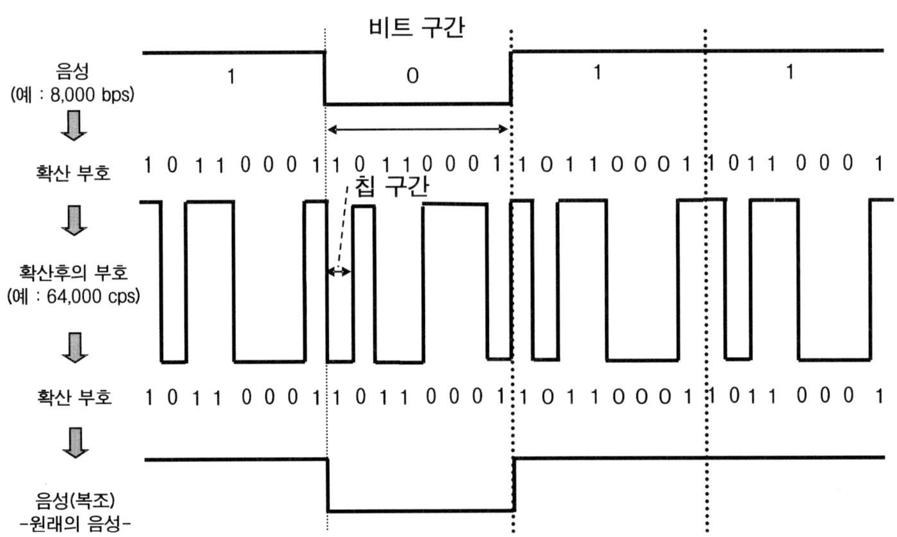

【그림 1.16】 스펙트럼 확산 기술을 사용한 CDMA

(7) CDMA

[그림 1.16]에서는 CDMA의 기본적인 구조를 나타내고 있다.

1차 변조된 음성 디지털 신호(8,000bps)를 확산 부호로 2차 변조하여(64,000cps, chip per second 신호) 송신한다.

수신 측에서는 송신 측에서 사용한 것과 같은 확산 부호를 이용하여 원래의 신호를 복원하며, 이때 사용되는 확산 기술을 스펙트럼 확산이라고 한다.

[그림 1.18]에서 확산율(Spreading Rate)을 계산하면 8(64,000/8000)이 된다. 즉 원래의 신호를 8배의 넓은 대역(=8배의 속도)으로 확산한다. 일반적으로 확산율은 10~10,000까지 폭넓은 값이 사용되고 있으며, CDMA기술로 실현된 최초의 상용 시스템인 IS-95(제2.5세대 시스템인 cdmaOne)의 확산율은 128로서 9,600bps의 신호를 1.2288Mcps로 확산한 셈이된다.

이 스펙트럼 확산 기술은 1941년 비밀 통신 기술로서 특허 신청은 되었지만 당시 기술로서는 실용화될 수 없었으며, 최근 들어 디지털 기술과 반도체 기술의 급속한 발전으로 상용화가 가능하게 되었다. 보다 상세한 내용에 대해서는 제3장 무선 LAN을 참조하기 바란다. CDMA의 주요한 장점은 다음과 같다.

(a) 멀티미디어 통신에 적절하다

[그림 1.17]에서처럼 미디어마다 서로 다른 확산율을 할당하여 서로 다른 속도의 멀티미디어 서비스를 1개의 무선 방식으로 수용할 수 있다. 예를 들면, 음성과 같은 저속 미디어는 높은 확산율로 스펙트럼 확산을 하고, 고속 데이터에는 낮은 확산율로 확산을 하며, 동일한 칩속도(chip rate)로 멀티미디어 처리가 가능하다.

(b) 높은 통화 품질을 실현한다

도심에서는 멀티패스라 불리는 다중 경로로 전파가 도달하는 경우가 있지만 CDMA 방식에서는 다중 경로에 의해 발생하는 혼신, 간섭등에 대한 영향을 적게 받을 뿐만아니라 이를 효율적으로 이용할 수 있다. 예를 들면 여러 수신기로 다중 경로를 통해 도달하는 전파를 합성할 수 있는 레이크(Rake) 수신 방식을 사용함으로서 , 다중 경로로 수신되는 신호를 효과적으로 이용하여 높은 통신 품질을 실현할 수 있다.

[그림 1.18]에 레이크 수신 방식의 기본 개념도를 보이고 있다. 여러 경로로 수신된 신호의 시간차를 이용하여 합성하는 방식이다.

또한, CDMA에서는 휴대전화 단말기가 여러 기지국과 동시에 통신할 수 있어 소프트 핸드오버(1.2.2의 (3)을 참조)를 하기 쉽다. 이 소프트 핸드오버를 이용하여 사용자가 이동 중에 전파의 끊김이 없이 통화가 가능하게 되어 통신 품질이 좋아진다.

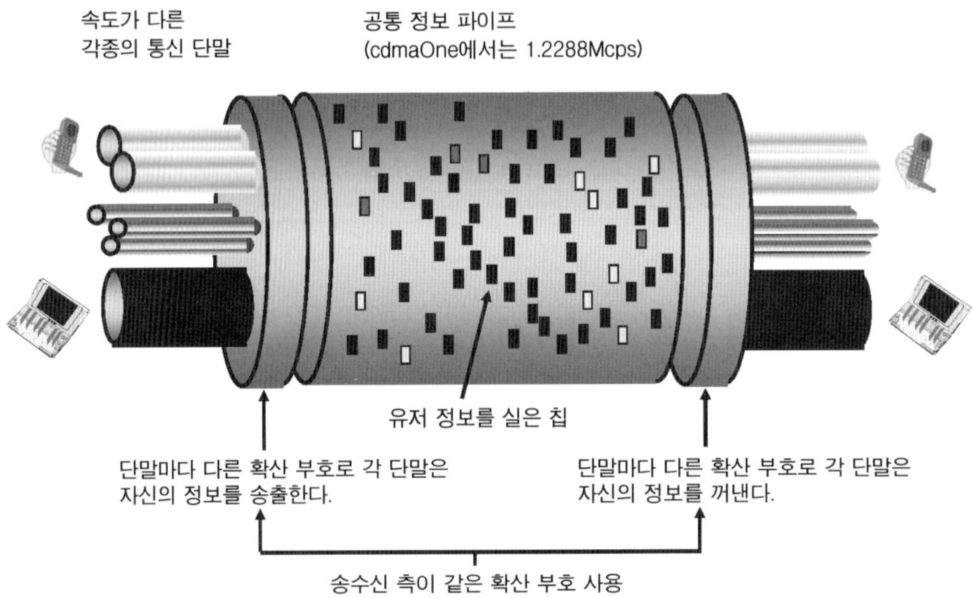

【그림 1.17】 속도가 다른 여러 가지 통신을 운반하는 CDMA의 이미지

이와 같이 여러 가지 장점을 가지고 있는 CDMA 방식이지만, 제안된 시점부터 1990년대 후반까지 위성통신 이외에는 실용화되지 못한 이유는 원근 문제(Near Far problem)를 풀지 못한 것이 중요한 원인이었다. 기지국과 단말이 위치한 거리에 따라, 기지국에서 수신되는 전파의 세기가 달라지는 것은, FDMA나 TDMA 방식에서는 문제가 되지 않았던 것이다. FDMA 방식에서 단말이 사용하는 대역은 그 단말에 의해서 점유되고 다른 단말이나 기지국 셀 반경 내에서 동일한 대역을 사용하는 단말이 존재하는 경우는 없다. 이러한 이유로 비록 전파가 강해도 다른 대역의 통신에 간섭을 일으킬 만한 영향을 주지 않을 뿐만 아니라 반대로 전파가 약하다고 하여 다른 대역으로부터 간섭을 받는 영향이 없다. TDMA 방식에서도 마찬가지로 정해진 시간에 주파수

를 점유하는 방식이므로 다른 사용자에 의해 방해를 받는 경우는 없다. 즉 통신은 잡음에 비해서 S/N비가 충분이 높으면 성공하게 되는 것이고 간섭에 대한 영향도 무시할 정도로 작았다.

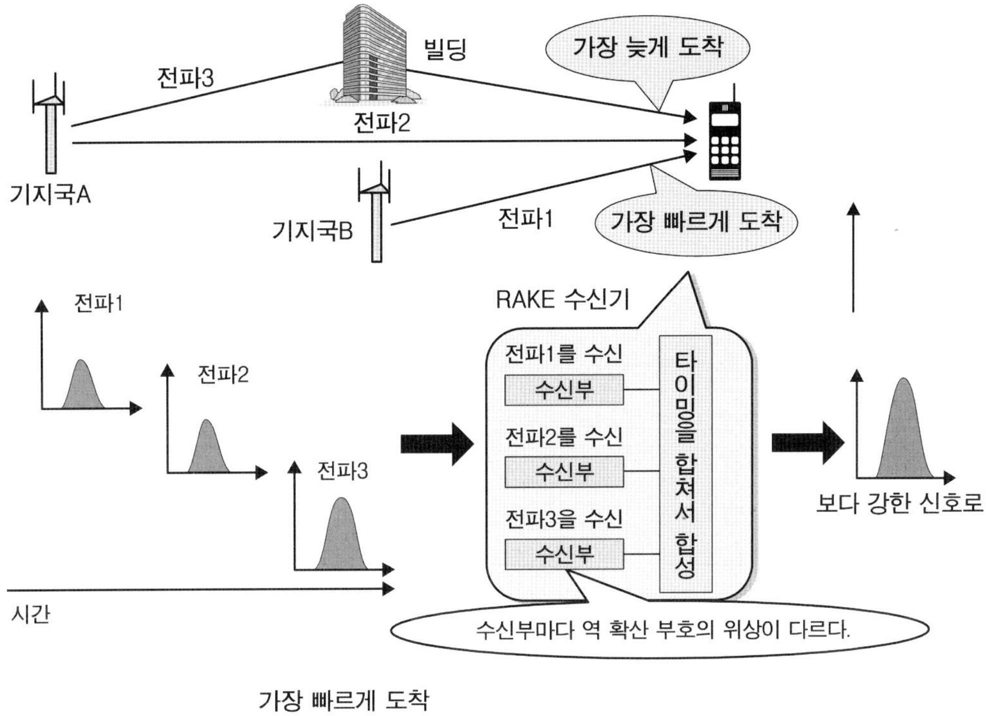

【그림 1.18】 레이크(RAKE) 수신

그러나 CDMA에서는 동일 주파수 대역을 여러 사용자들이 동시에 사용하므로, 기지국에 가까운 위치에 있는 휴대전화 단말과 먼 위치에 있는 휴대전화 단말이 동시에 기지국과 통신을 하는 경우에, 기지국에 인접한 휴대전화 단말의 전파가 압도적으로 강하게 수신된다. 이 경우 기지국과 먼 거리에 있는 휴대전화 단말로부터 수신되는 전파 강도가 약해지게 되어 통신 품질이 현저하게 낮아지거나 혹은 통신 불능 상태가 되는 문제가 발생하게 된다. 이것을 원근 문제(Near Far problem)라고 한다. 이 원근 문제에 대응하기 위해서, IS-95에서는 전력 제어(Power Control)라는 기술을 사용하게 되며, [그림 1.19]에 전력 제어 기술의 기본적인 구상을 나타내고 있다.

휴대전화 단말로부터 수신한 신호를 기준으로, 단말의 송신 전력을 제한하는 방법으로서 원근 문제를 해결하고 있다.

CDMA의 원근 문제

- 기지국에 가까운 휴대전화의 전파가 압도적으로 강하게 수신된다.
- 먼 거리의 휴대전화로부터의 전파는 현저하게 통신 품질이 떨어지든가, 혹은 통신할 수 없는 상태가 된다.

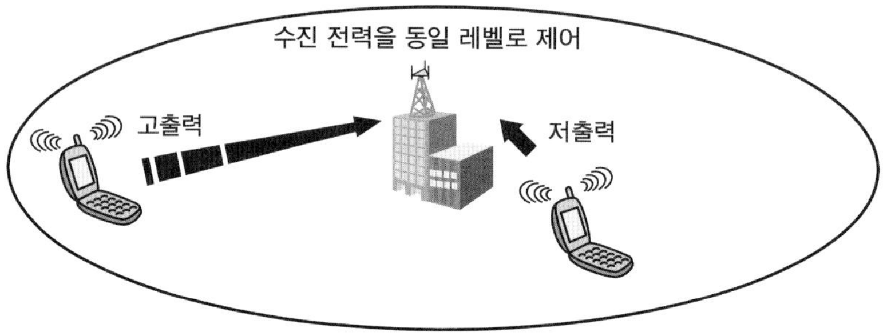

파워 컨트롤 기술의 채용

- 기지국 측이 수신한 휴대전화의 신호 강도에 따라, 휴대전화의 송신 전력을 제어한다.

【그림 1.19】 원근 문제와 파워 제어 기술

1.2.2 네트워크 제어 기술

(1) 위치 등록

이동 중인 사용자 간에 통신을 가능하게 하기 위해서는 사용자들의 위치를 네트워크가 파악해야 한다. 이러한 이유로 [그림 1.20]에서 보듯이 사용자의 위치 정보는 사용자와 가장 근접한 기지국으로부터 네트워크에 등록되어 관리되고 있다.

[그림 1.21]은 위치 정보를 등록하는 기본적인 순서를 나타내고 있다. 먼저 사용자의 휴대전화 단말의 전원이 켜지면, 사용자 정보가 인접 기지국에 보내지며 사용자 단말기의 위치가 네트워크의 위치 정보 관리용 데이터베이스(HLR : Home Location Register)에 등록된다. 이때 사용자의 위치는 통상 복수의 셀을 하나의 단위로 정의한 지역으로 등록되며, 사용자가 다른 지역으로 이동하는 경우에도 같은 순서로 위치 등록을 하게 되어 사용자의 최신 위치 정보로 갱신된다.

[그림 1.21]에서의 HLR(Home Location Register)은 가입자 정보를 총괄적으로 보관하는 데이터베이스로서 사용자의 위치 정보, 요금제 등과 같은 서비스 조건, 인증 정보 등을 처리한다. VLR(Visitor Location Register)은 '통화'를 제어하기 위해 HLR에 있는 정보를 일시적으로 보관하는 데이터베이스 역할을 하며, 코어 네트워크의 이동 교환기(MSC)가 사용자의 휴대전화 단말이 자신의 커버리지 영역으로 이동해 오면 필요한 데이터를 HLR로부터 받아 VLR에 임시로 저장하는 방식으로 동작한다.

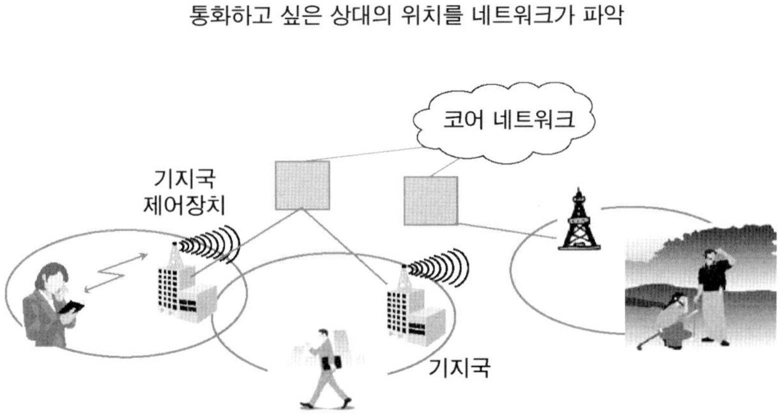

【그림 1.20】 위치 정보의 관리

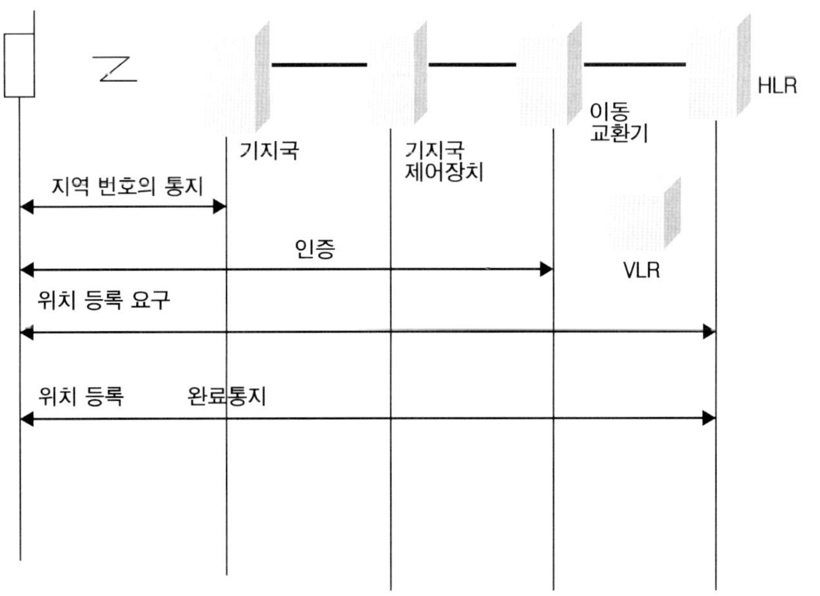

【그림 1.21】 위치 등록 처리의 순서

(2) 발신/착신 시의 호처리

위치 등록이 완료되면 사용자가 휴대전화 단말을 이용하여 통신이 가능한 상태가 된다.

[그림 1.22]에 사용자 단말을 호출(Paging)하는 기본적인 순서를 보이고 있다. 단말기를 호출하는 과정에서 중요한 포인트는 단말기가 어느 기지국에 위치하는가 하는 자신의 위치 정보가 HLR의 데이터베이스에 등록되어 있어야 하는 점이며, 이러한 이유로 단말기가 통신을 하고 있지 않는 수신 대기 상태에서도 정해진 규칙에 의해 위치 등록을 위한 동작을 수행해야 한다.

이러한 위치 등록 순서를 네트워크 제어적인 측면에서 설명한 것이 [그림 1.23]이다. 즉 [그림 1.23]은 휴대전화 단말 간의 발신과 착신하는 경우에 대한 호출 처리의 기본적인 흐름을 나타내고 있다.

먼저 사용자의 휴대전화 단말에서 발신하면, 사용자 인증 과정이 실행되어 인증에 성공하는 경우 호접속 요구가 코어 네트워크에 선송되어 착신 상대방의 위치 정보를 HLR에서 확인한다. 위치 정보가 확인이 되면 착신 상대방의 위치 정보가 확인된 지역(Area)의 모든 기지국에 대해 호출 정보(Paging)가 전송되며, 이 호출 신호에 대한 응답이 있는 사용자와 통화 가능하게 된다.

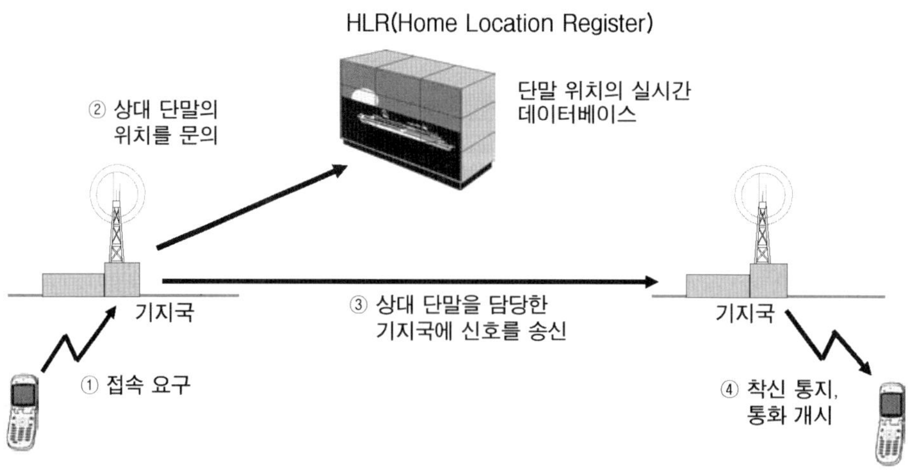

【그림 1.22】 휴대전화를 호출하는 기본적인 순서

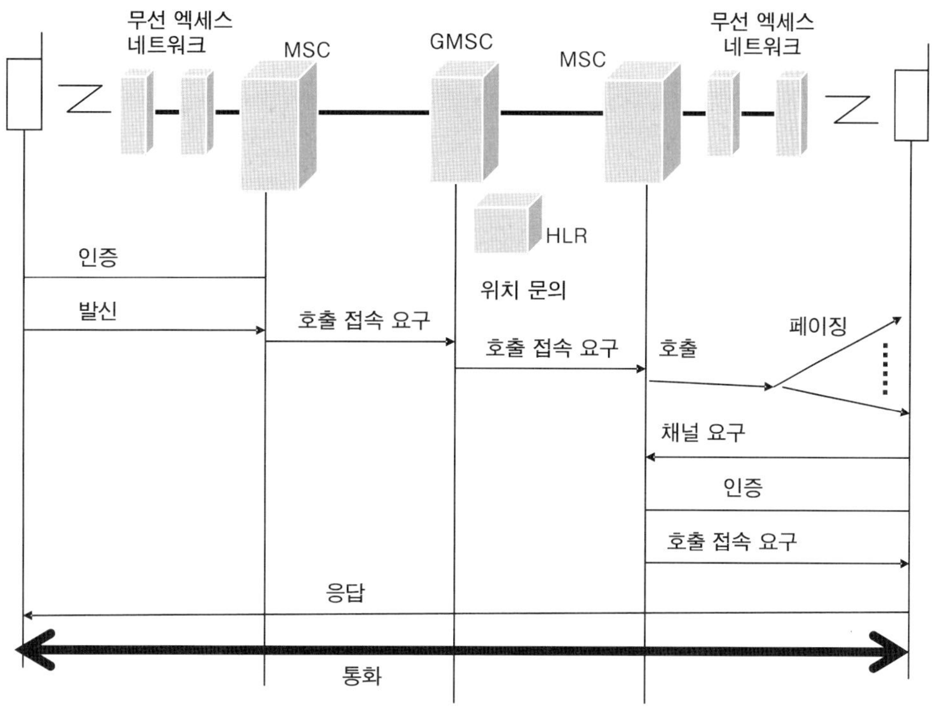

【그림 1.23】 호 처리의 기본 순서

(3) 핸드 오버

핸드 오버란 [그림 1.24]에 나타낸 것처럼 사용자 단말이 통신 중인 상태에서 서비스를 하고 있는 기지국이 자동으로 바뀌는 것을 의미한다. [그림 1.24]와 같이 셀 1에서 통화 중인 단말기가 셀 2로 이동하게 되면, 셀 1보다는 셀 2에 대한 기지국의 전파가 강해지게 된다. 그러므로 스위치를 셀 1에서 셀 2의 기지국으로 변경하여 통화를 유지시켜 주어야 한다.

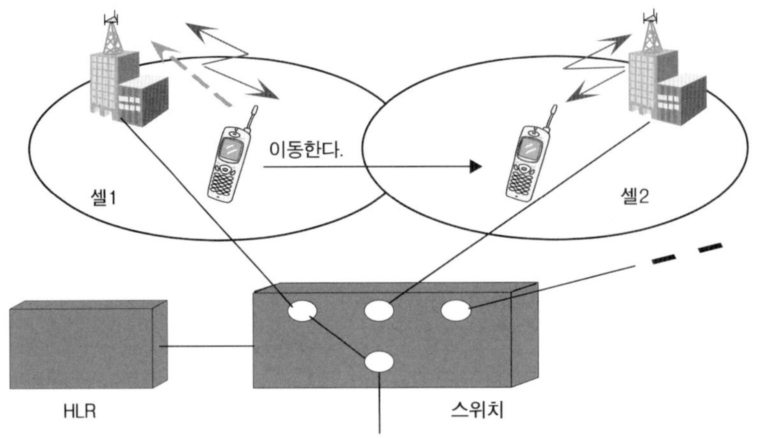

① 통화 중에 셀 1로부터 셀 2에 이동하면 셀 2의 기지국이 수신하는 전파가 강해진다.
② 스위치를 셀 2의 기지국으로 바꾸어서 통화가 중단되지 않게 한다.

【그림 1.24】 핸드 오버의 기본적인 동작 개념

[그림 1.25]는 네트워크에서 수행되는 핸드 오버에 대한 기본적인 처리 과정을 나타내고 있다. 한편, CDMA에서는 1.2.1에서 기술한 것처럼 기지국에서 동일 주파수를 사용하고 있기 때문에, 여러 기지국과 동시에 통신이 가능하다. 이러한 특징 때문에 여러 기지국과 통신을 하면서 서비스 기지국 변경이 가능하고 통화의 끊김 없이 처리가 가능하다. 이것을 소프트 핸드 오버라고 하며, [그림 1.26]에 소프트 핸드 오버 개념도를 보이고 있다.

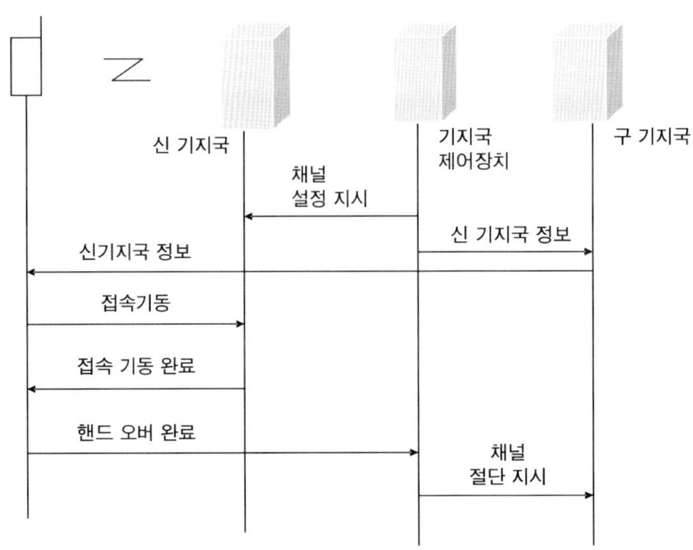

【그림 1.25】 핸드 오버 처리 순서

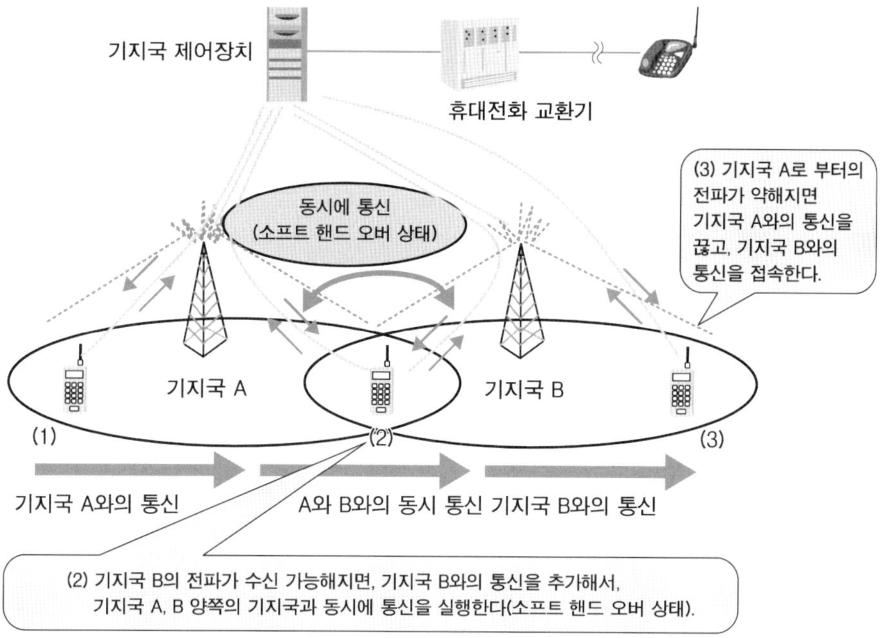

【그림 1.26】 소프트 핸드 오버

1.3 휴대전화 기술의 발전

1.3.1 개요

[표 1.1]은 셀룰러 시스템을 기반으로 한 휴대전화 기술의 발전 과정을 보이고 있다.

【표 1.1】 휴대전화 셀룰러 시스템의 발전

세대	제1세대(1G)	제2세대(2G)	제3세대(3G)
서비스	아날로그 · 셀룰러	디지털 · 셀룰러	멀티미디어 · 셀룰러
특징	• 회선 교환 • 기본 음성 통신	• 회선 교환 • 음성/저속 데이터 통신 • 디지털 변조 • 음성 부호화	• 패킷/회선 교환 • 고속 데이터 • 멀티미디어 통신 • 글로벌 로밍

방식	• AMPS • TACS • NMT	• GSM • IS-136 • cdmaOne • PDC	• UMTS(W-CDMA)/ HSDPA/HSUPA • CDMA2000 1x/ 1xEV-DO
엑세스	FDMA	TDMA CDMA	CDMA
통신 속도	~8kbps	28.8kbps 64kbps	384kbs/~14Mbps 144kbs/~2.4Mbps

각 세대에 대한 개요는 다음과 같다.

(1) 제1세대 : 아날로그 시스템

제1세대(1G : 1st Generation)는 음성을 그대로 전파로 전송하는 아날로그 기술에 의해서 실현된 시스템이며, 1970년 후반부터 1980년대에 사용되었다. 1983년에 AT&T 사와 모토로라가 개발하여 북미 표준이 된 AMPS(Advanced Mobile Phone Systems) 방식(나중에 우리나라도 사용), 즉 AMPS를 바탕으로 개발된 TACS(Total Access Communication System) 방식과 에릭슨을 중심으로 북유럽에서 개발한 NMT(Nordic Mobile Telecommunication System) 방식, 일본의 NTT가 개발한 Hicap(High Capability) 방식이 있다. 다중 접속 방식으로서는 FDMA가 사용되었다.

(2) 제2세대 : 디지털 시스템

제2세대(2G : 2nd Generation)는 음성을 디지탈 신호로 변환해서 전파로 전송하는 디지털 기술에 의해 실현된 시스템이며, 1990년대에 사용되었다. 유럽을 중심으로 개발된 GSM(Global System for Mobile Communications) 방식, NTT가 개발한 PDC(Personal Digital Cellular) 방식, 북미에서 개발된 IS-136 방식 등이 있다.

다중 접속 방식으로서는 TDMA가 사용되었다.

그 후 CDMA의 우월성이 입증되어, 퀄컴(Qualcomm)사에 의해 정의된 CDMA가 미국의 표준 규격(IS-95)이 된다. 그 후 퀄컴사의 무선통신 기술과 우리나라의 교환기 시스템 기술이 접목된, IS-95에 의한 cdmaOne 서비스가 실현되어 2.5세대 시스템으로서 보급되었다. 우리나라의 모든 이동통신사가 이 방식을 채택하였으나 일본에서는 1998년에 DDI

셀룰러가 NTT의 PDC에 대항하여 cdmaOne를 도입하였다.

(3) 제3세대 : 멀티미디어 시스템

제3세대(3G : 3rd Generation)는 멀티미디어 서비스에 대응할 수 있는 시스템을 CDMA 기술을 바탕으로 실현하고자 한 것으로 2001년부터 사용되고 있다.

위에서 설명한 것처럼 제2세대까지는 국제적으로 많은 방식으로 나누어져 있었으므로, 제3세대는 가능한 한 국제적으로 통일된 방식을 표준으로 하기 위하여 일찍부터 ITU 등에서 검토를 했다.

ITU에서 검토한 국제 통일 규격을 당초에는 FPLMTS(Future Public Land Mobile Telecommunication System)라고 불렀지만, 1997년에 IMT-2000(International Mobile Tele-communication-2000)으로 그 명칭이 바뀌게 되었다.

IMT-2000의 2000의 의미는 다음과 같다.

- 2GHz, 즉 2000MHz의 주파수대를 사용한다
- 2000년부터 서비스를 개시한다
- 정지 시에 최대 2Mbps, 즉 2000Kbps의 데이터 통신 속도를 실현한다.

【표 1.2】 IMT-2000 규격

규격명	통칭	개요
IMT-DS(Direct Spread)	W-CDMA UTRA FDD	• 직접 확산 CDMA • 일본과 유럽이 제안 • SKT, KT, 일본의 NTT도코모와 소프트 뱅크가 채용
IMT-MC(Multi Carrier)	CDMA2000	• 멀티캐리어 CDMA • 북미가 제안, cdmaOne의 확장 • LGT, 일본의 KDDI가 채용
IMT-TC(Time Code)	TD-SCDMA UTRA TDD	• 중국과 유럽이 제안
IMT-SC(Single Carrier)	UWC-136 EDGE	• GSM, 북미 TMA으로부터의 이행이 용이
IMT-FT(Frequency Time)	DECT	• 유럽의 DECT 방식의 확장

그러나 기존 시스템과의 호환성을 고려한 여러 가지 방식이 제안되었기 때문에, 국제적으로 단일 규격을 채택하는 것이 어려워 [표 1.2]에서 처럼 복수 규격이 승인되었다.

이중에서 유력한 방식은 W-CDMA와 CDMA2000으로서, KT와 SKT가 W-CDMA를, LGT가 CDMA2000를 채용하고 있다.

현재의 주류가 되는 제3세대 시스템에 대해서는 '1.3.2 제3세대 시스템'에서 조금 더 상세하게 설명하였다.

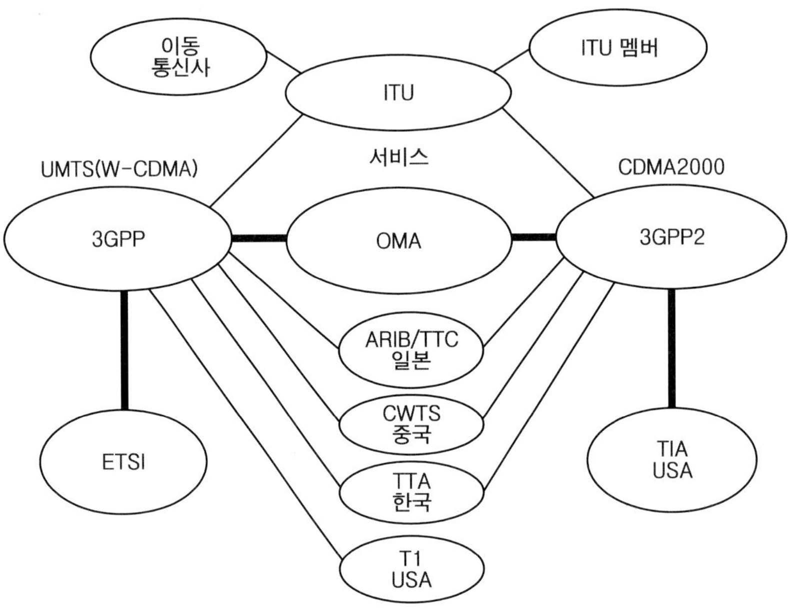

【그림 1.27】 3G 분야에 있어서의 표준화 기관

1.3.2 제3세대 시스템

(1) 제3세대 시스템의 표준

[그림 1.27]에 제3세대 시스템에 관한 표준화 기관을 나타낸다.

3GPP(3rd Generation Partnership Project)는 W-CDMA 국제 표준화 추진 기관이며, TS(Technical Specification) 및 TR(Technical Report)를 제정하고 있다. 1998년 12월 미국의 T1, 유럽의 ETSI, 일본의 ARIB(전파 산업계)/TTC(정보통신 기술 위원회), 한국의 TTA 등의 통신 표준화 단체 등이 설립한 기관으로, 현재는 중국의

CWTS도 포함되어 있다.

3GPP2(3rd Generation Partnership Project2)는 제3세대 이동통신 네트워크의 또 하나의 방식인 CDMA2000에 관한 국제 표준화 추진 기관이다. 1999년 1월에 미국의 TIA, 일본의 ARIB/TTC, 한국의 TTA, 중국의 CWTS 등이 설립하였다.

[그림 1.28]에 3GPP의 조직도를 나타내고 있다.

OMA(Open Mobile Alliance)는 2002년 6월, 당시 활동하고 있던 이동통신 네트워크 어플리케이션에 관한 표준화를 진행하던 아래와 같은 단체들이 모여서 설립한 기관이다.

- Location Interoperability Forum
- MMS(Mixed Media Messaging)Interoperability Group
- Wireless Village
- SyncML Initiative
- MGIF(Mobile Gaming Interoperability Forum)
- MWIF(Mobile Wireless Internet Forum)

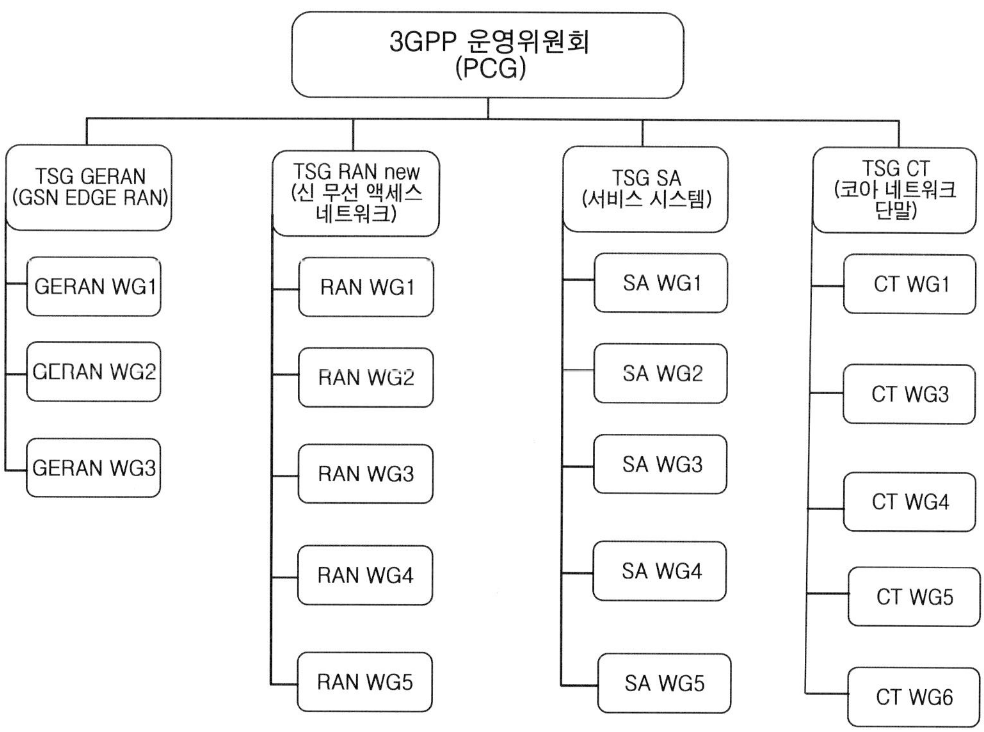

【그림 1.28】 3GPP의 조직 구성

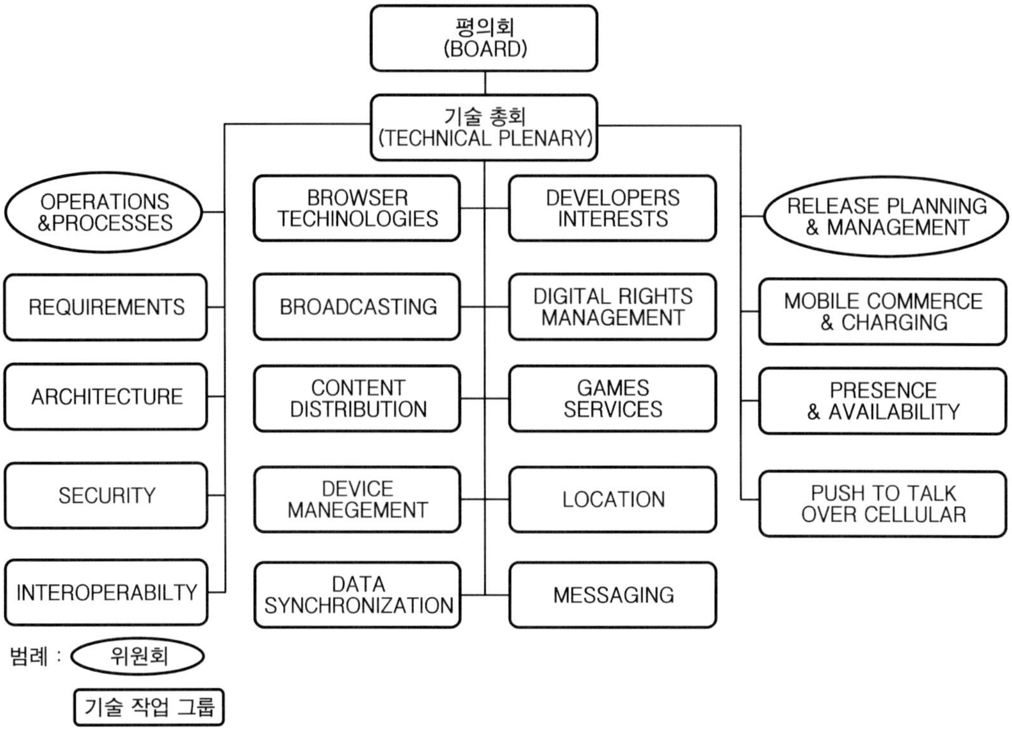

【그림 1.29】 OMA의 조직 구성

현재는 많은 관련 사업체들이 가입하고 있으며 개방형 프로토콜과 인터페이스로 구성된 아키텍처의 채택과 상호 운용 테스트 등도 이루어지고 있다. [그림 1.29]는 OMA의 조직 구성을 나타낸다.

(2) 3GPP의 릴리즈

앞서 설명한 것처럼, 제3세대 시스템의 표준화는 3GPP와 3GPP2가 중심이 되어 진행되고 있지만, 여기에서는 3GPP의 활동을 중점적으로한 표준화 활동에 대해서 소개한다. 3GPP에서는 거의 매년 새롭게 결정된 표준 규격을 릴리즈로서 발행하고 있으며, 지금까지의 각 릴리즈에 대한 개요는 다음과 같다.

(a) 릴리즈 99

3GPP의 최초의 릴리즈인 릴리즈 99는 1999년 시점에 규격이 동결되었으며, 2001년에 서비스를 개시한 NTT도코모의 FOMA망은 이 릴리즈에 근거하여 구축되었다.

[그림 1.30]에 릴리즈 99의 네트워크 구성을 나타내고 있다. 이동통신 네트워크는 무선 액세스 네트워크 RAN(Radio Access Network)와 코어 네트워크로 구성된다. RAN은 전국을 커버하는 수많은 기지국들과 기지국을 제어하는 RNC(Radio Network Controller)로 구성되어 있다. 코어 네트워크는 회선 교환기 도메인 CS(Circuit Switching)과 패킷 데이터 도메인 PS(Packet Switching)으로 구성되어 있으며, 회선 교환 도메인은 이동용 회선 교환기인 MSC(Mobile Switching Center)와 GMSC(Gateway MSC), 그리고 패킷 스위칭 도메인은 패킷 데이터 교환기인 SGSN(Serving GPRS (General Packet Radio Services Support Node)과 GGSN(Gateway GPRS Support Node)으로 구성되어 있다.

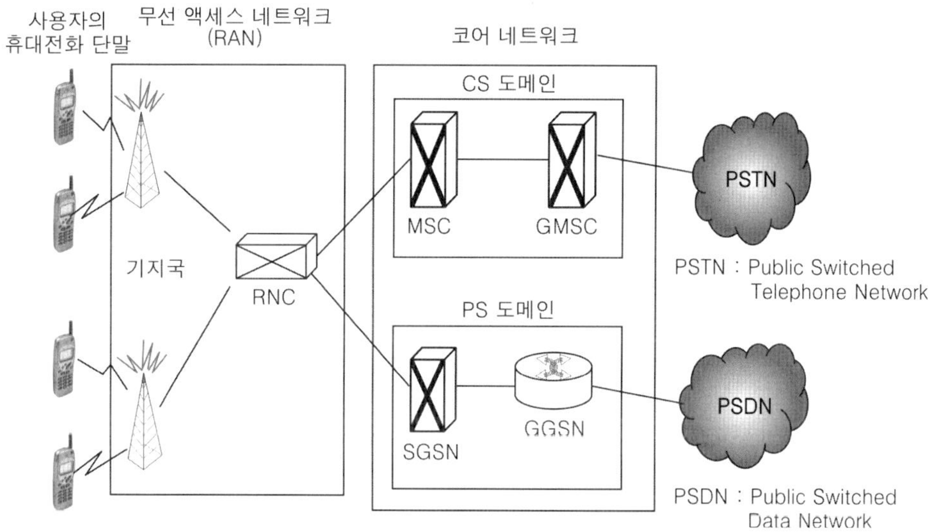

【그림 1.30】 릴리즈 99의 구조

(b) 릴리즈 4

릴리즈 99 다음으로 발행된 릴리즈 4는 2001년에 동결되었다. 코어 네트워크의 CS 도메인에 있는 MSC를 트랜스포트 처리하는 미디어 게이트웨이와 신호 처리를 담당하는 MSC서버로 분리한 소프트 스위치 방식이 도입되었다. [그림 1.31]에 릴리즈 4의 네트워크 구성을 나타내었다.

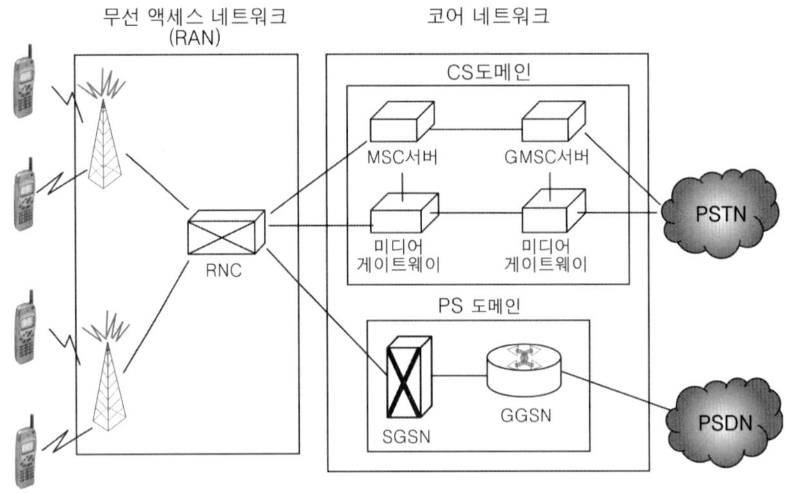

【그림 1.31】 릴리즈 4의 구조

(c) 릴리즈 5

릴리즈 5는 2002년에 동결되었으며, 이때 처음으로 IMS(IP Multimedia Subsystem)가 도입되었다. 그 밖에 3.5세대 시스템인 HSDPA(High Speed Downlink Packet Access)와 제2세대의 RAN을 수용하는 기능 등이 규정되었다.

[그림 1.32]는 릴리즈 5의 네트워크 구성을 나타내고 있다.

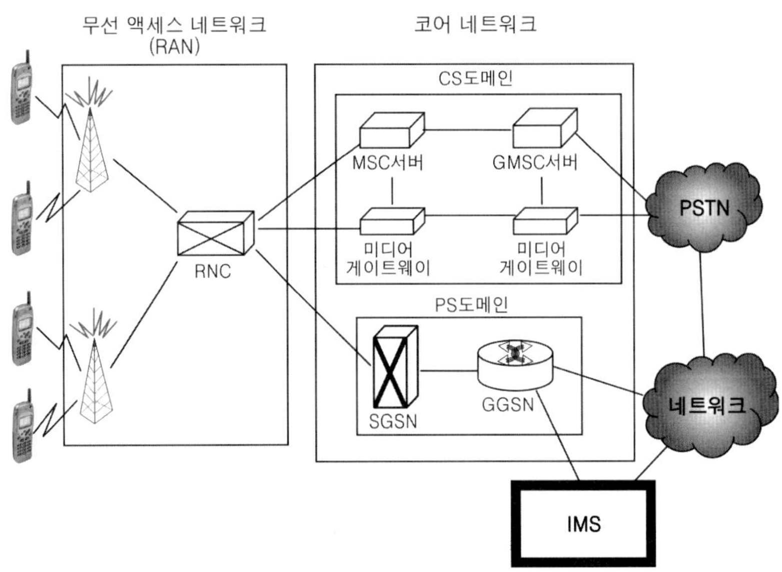

【그림 1.32】 릴리즈 5의 구조

(d) 릴리즈 6

2004년 12월에 거의 완성되었으며, 릴리즈 5에서 규정된 IMS 기능에 아래와 같은 기능이 추가되었다.

- 회선교환 네트워크와 IMS 네트워크와의 연동
- 그룹 관리(Presence, Messaging, 회의 서비스용)
- 과금

또한, IMS 이외의 주된 항목으로 다음과 같은 기능이 규정되었다.

- 무선 LAN과의 인터 워킹(6개의 시나리오 중 1에서 3을 지원한다.)
- MBMS(Multimedia Broadcast and Multicast Service)
- 3.5세대인 HSUPA(High Speed Uplink Packet Access)
- Presence 서비스, Push 서비스, PoC(Push-to-talk over Cellular) 서비스

(e) 릴리즈 7 이후

릴리즈 7 이후 표준화 대상이 되어 있는 주요 항목들은 다음과 같다.

- WiMAX, PAN, 애드혹크(ad-hoc) 네트워크, 센서 네트워크 등 각종 네트워크 기술을 통합하여 ALL IP Network인 AIPN의 진화
- 3.9세대인 LTE(Long Term Evolution)
- LTE의 코어 네트워크인 SAE(System Architecture Evolution)

LTE와 SAE에 관해서는 제5장에서 설명한다.

(3) 3세대 시스템의 발전

3세대 시스템은 차세대 시스템인 4세대 시스템을 향해서 끊임없이 발전하고 있으며, 여기에서는 3.5세대와 3.9세대(최근에는 상용 서비스명으로 4세대라고도 부름) 대해 설명한다.

(a) 3.5세대

3세대 기술을 기반으로 하며 데이터 통신의 고속화를 꾀한 시스템을 3.5세대라고 한다. 3GPP에서는 HSDPA(High Speed Downlink Packet Access)와 HSUPA(High Speed Uplink Packet Access)가 표준화 규격으로 채택되었으며, 3GPP2에 서는 1xEV-DO Rev. A, 1xEV-DO Rev. B를 표준으로 채택하고 있다.

(b) 3.9세대

3세대 주파수 대역에서 4세대에 근접한 새로운 기술을 적용시켜 보다 고속의 데이터 통신을 꾀하고자 하는 시스템을 3.9세대 시스템이라 부르고 있으나, 최근 통신사 입장에서 편의적으로 이 시스템을 4세대라 부르기도 한다.

3GPP에서는 LTE(Long Term Evolution), 3GPP2에서는 UMB(Ultra Mobile Broadband)가 표준 규격으로 정의되고 있다. LTE와 UMB에 적용되는 기술은 거의 동일하며, 변조 방식으로서는 64QAM, 다중 방식은 직교 주파수 분할 다중 방식인 OFDM(Orthogonal Frequency Division Multiplex)을 사용하고 있다.

3.9세대는 휴대전화 분야에서 커다란 분기점이 되고 있다. FTTH 수준의 고속 통신 실현과 동시에 IMT-2000의 목표인 통일된 하나의 국제 표준 방식이 실현될 것으로 보기 때문이다.

기존의 CDMA 2000 방식을 채용하고 있는 3GPP2 진영에 소속해 있는 휴대전화 사업자(일본의 KDDI, 미국 버라이존 · 와이어리스 등)들이 3GPP의 LTE 방식을 채용하고 있기 때문에, 사실상 LTE가 3.9세대의 국제적 통일 방식이라고 볼 수 있다. LTE에 관해서는 제5장에서 설명한다.

1.3.3 무선통신 기술의 진전

최근의 고속 시스템 LSI 기술, 디지털 신호 처리 기술, 고속 프로세서 기술, 고주파 대역용 전자 부품 기술 등 기본적인 시스템 실현 기술이 발전하고 있으며, 스펙트럼 확산, 직교 주파수 분할 다중(OFDM) 등의 고도의 무선 변/복조 기술, 고속 신호 처리 프로세서, 고정밀도 디지털 신호 처리 소프트웨어, 안테나 · 고주파 필터 등 고정밀 무선 부품 기술들도 실현되고 있다. 이러한 결과, 몇 개의 LSI로 시스템을 구성할 수 있는 SoC(System on Chip)화, 소프트웨어에 의한 제어 범위의 확대, 아키텍처의 고도화, 시스템의 저가격화 및 소형화가 현저하게 진행되어 여러 가지 새로운 이동통신 기술이 주목받고 있다. [그림 1.35]은 현재 주목되고 있는 이동통신 기술을 서비스 반경 및 지역으로 구분하여 나타낸 것이다.

[그림 1.35]에 보인 주요 기술의 개요는 다음과 같다.

(1) 무선 PAN(Personal Area Network) 기술

무선 PAN 기술은 일반인이 생활하는 반경 100m 정도의 범위를 대상으로 한 기술이며, UWB(Ultra-Wide Band), Zigbee 등의 방식이 주목받고 있다. UWB는 고속 근거리 응용을 목적으로 한 기술이며, 실내에서의 PC/가전제품 등의 통신용을 대상으로 하고 있다. Zigbee는 공장/가정 내 등에서 각종 센서를 소전력으로 무선 상호 접속하여 계측・제어하는 용도로 사용되는 것을 목적으로 하고있다. [표 1.3]은 무선 PAN 기술에 대해서 설명하고 있다.

(2) 무선 LAN/WiMAX/MBWA 기술

[표 1.4]는 무선 LAN(Local Area Network), WiMAX, MBWA 기술에 대해서 간단히 나타내고 있다.

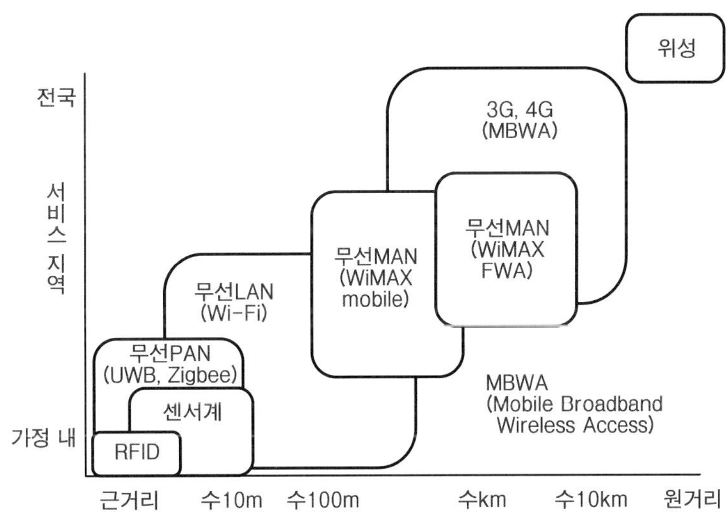

【그림 1.33】 각종 이동통신 기술의 구분

【표 1.3】 무선 PAN 기술

	무선 기술	표준화 명칭	전송 속도	거리	주파수 대역	비고
무선 PAN	UWB	802.15.3a	480Mbps	10m	3.1~10.6GHz	고속, 저소비전력(100mW 이하) 유비쿼터스 센서 네트워크 디지털 가전
	Zigbee	802.15.4	250kbps	10~70m	2.4GHz	저가격, 저소비전력 센서 네트워크 홈 네트워크 소비전력이 60mW 이하
	Bluetooth	802.15.1	2Mbps	10~100m	2.4GHz	휴대 단말과 주변 기기 간의 규격 소비전력이 120mW 이하

【표 1.4】 무선 LAN/WiMAX/MBWA의 기술

	무선 기술	표준화 명칭	전송 속도	거리	주파수 대역	비고
무선 LAN	Wi-Fi	802.11b	11Mbps	100m	2.4GHz	상용화
		802.11a	54Mbps	100m	5GHz	상용화
		802.11g	54Mbps	100m	2.4GHz	상용화
		802.11n	100Mbps 이상	100m	5GHz	차세대 고속 무선 LAN
무선 MAN	WiMAX	802.16	135Mbps	5~10Km	10~66GHz	고정(FWA)
		802.16-2004	75Mbps	5~10Km	11GHz 이하 10~66GHz	고정(FWA)
		802.16e	1Mbps	3~5Km	6GHz 이하	고정+모바일
3G 4G	MBWA	802.20	1Mbps	5~10Km	3.5GHz 이하	고속 이동

주) WiMAX 802.16e에서는, 이동 속도 150km/시간 정도를 대상
MBWA(Mobile Broadband Wireless Access)에서는, 이동 속도 250km/시간 정도를 대상

[표 1.4]의 WiMAX 802.16e-2005에서는 150km/hour의 이동 속도를 고려한 표준 규격이며, MBWA(Mobile Broadband Wireless Access)는 250km/hour의 이동 속도를 고려한 규격이다. IEEE 802.11로 제정된 무선 LAN은 최근 급격히 보급되고 있다. 무선 LAN 기술에 대해서는 제3장에서 상세히 설명하고, WiMAX에 대해서는 제4장에서 설명한다.

1.3.4 IP 네트워크 제어 기술(IMS)

1.3.2에서 간단히 언급한 IMS는 3GPP의 릴리즈 5(2002년)에서 처음으로 표준화된 시스템이다.

[그림 1.34]는 이동통신 네트워크상에서의 IMS 위치를 나타낸 것이다. 앞서 설명한 바와 같이 이동통신 네트워크는 무선 액세스 네트워크와 코어 네트워크로 구성되어 있으며, 코어 네트워크는 회선 교환 도메인(CS : Circuit Switching)과 패킷 데이터 도메인(PS : Packet Switching)으로 구성되어 있다. [그림 1.34]에서도 나타내고 있듯이 IMS는 PS 도메인과 접속해 종래 CS 도메인에서 제공되어 온 여러 가지 실시간 서비스를 IP 기술로 실현하기 위한 시스템이다.

예를 들면 전화 서비스를 VoIP 기술을 기반으로 한 IMS로 실현함으로써 장기적으로 CS 도메인을 없애려 했지만, 현재 시스템과의 차이가 심하여 논의 끝에 현재는 CS 도메인과 공존하는 방향으로 진행되고 있다.

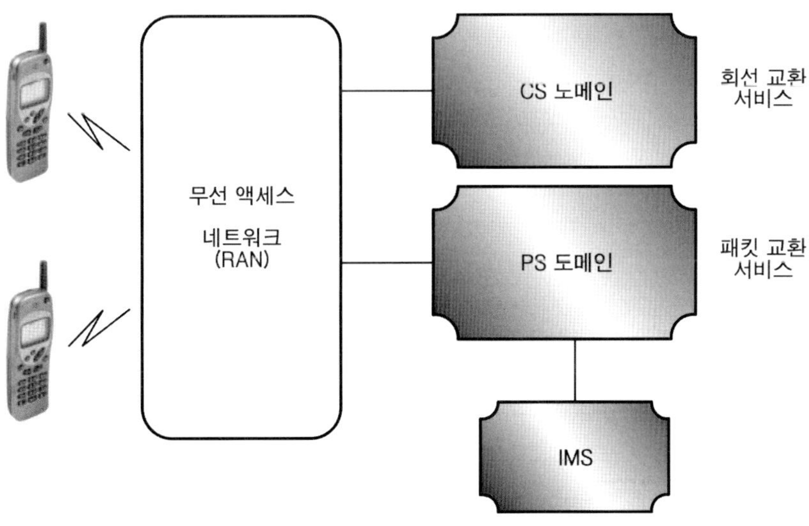

【그림 1.34】 IMS와 CS/PS 도메인의 관계

[그림 1.35]는 IMS의 전체적인 구성을 보여준다.

그림의 왼쪽 UE(User Equipment)는 IMS에 맞도록 개발된 휴대전화 단말이며, P-CSCF, HSS는 IMS를 구성하는 서버들이다. 각 서버들 사이의 연결선은 기능별 인터페이스명과 프로토콜을 나타내고 있다. 예를 들면 P-CSCF와 I-CSCF의 인터페이스명은 Mw이며 VoIP 전화용 SIP(Session Initiation Protocol)로 동작한다.

IMS 구조는 IMS를 구성하는데 필요한 기능군과 각 기능들 간의 인터페이스 표준으로 정의된다. 그러나 이 책에서는 과금에 관한 내용은 생략하기로 한다. 장치명에 Rel.7라고 표기한 것은 릴리즈 7에서 추가된 기능이며, 음성신호와 비디오 등의 미디어 정보가 전송되는 인터페이스는 굵은 선(예: GGSN와 IM-MGW간, IM-MGW와 PSTN간)으로, 서비스를 제어하기 위한 제어 정보에 대한 인터페이스는 가는 선(예: GGSN와 P-CSCF 간, S-CSCF와 AS 간)으로 나타내고 있다.

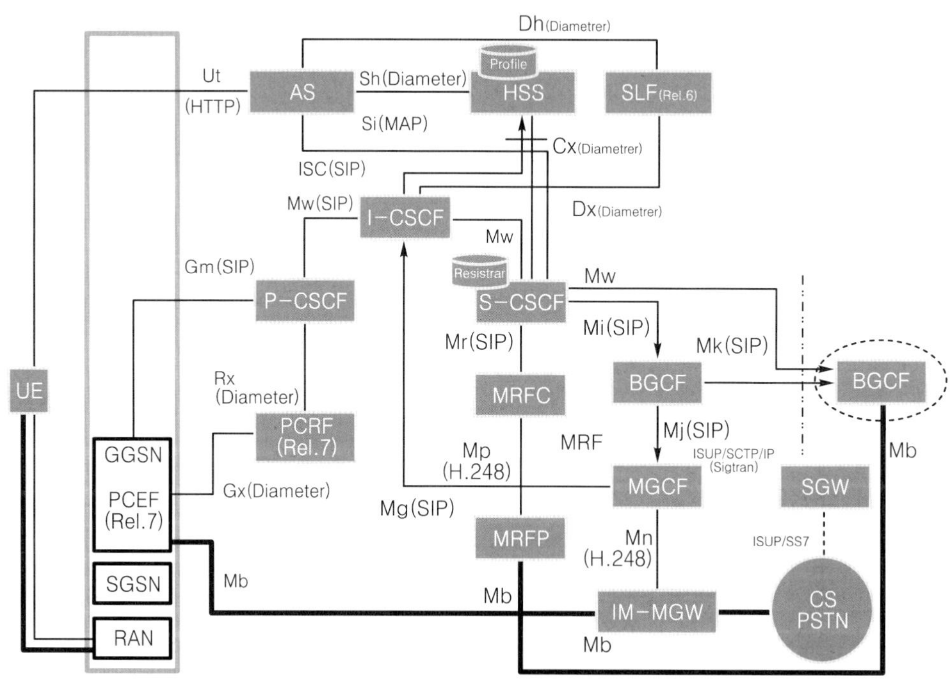

【그림 1.35】 IMS의 전체 구성

[그림 1.35]에서 사용된 용어는 다음과 같다.

- HSS : Home Subscriber Server

- SLF : Subscription Locator Function
- PCRF : Policy and Charging Rules Function
- PCEF : Policy and Charging Enforcement Function
- MRF : Multimedia Resource Function (C : Controller, P : Processor)
- AS : Application Server
- ISC : IMS Service Control
- CSCF : Call Session Control Function (P: Proxy, S: Serving, I: Interrogating)
- BGCF : Breakout Gateway Control Function
- MGCF : Media Gateway Control Function
- IM-MGW : IP Multimedia - Media Gateway
- SGW : Signaling Gateway
- PSTN : Public Switched Telephone Network

[그림 1.35]의 각 기능별 인터페이스에서 동작되는 기본 프로토콜들은 다음과 같이 3가지가 사용되고 있다.

(1) SIP
(2) Diameter
(3) H.248/MEGACO

또한, IMS는 관련된 기능별로 블럭 단위로 정의할 수 있으며, 블럭별로 IMS 구조를 정의하면 다음과 같은 6가지의 기능 블럭으로 구성된다.

(1) 세션 제어 기능 블럭 : P-CSCF, S-CSCF, I-CSCF
(2) 홈 가입자 서버 블럭 : HSS, SLF
(3) 어플리케이션 서버 블럭 : AS
(4) 멀티미디어 제어 기능 블럭 : MRFC, MRFP
(5) 기존망과의 게이트웨이 블럭 : MGCF, IM-MGW, SGW, BGCF
(6) QoS제어 블럭 : PCRF, PCEF

1.3.5 융합 네트워크

앞에서 설명했던 여러 가지 새로운 무선통신 기술과 IMS 등의 발전에 의해서 통신 네트워크의 구조도 크게 변화되고 있다. 현재의 통신 네트워크는 이동통신 네트워크, 고정통신 네트워크와 향후 발전 가능성이 있는 방송 네트워크, 센서 네트워크, 그리고 홈 네트워크 등이 거의 독립적으로 존재하고 있지만, 이러한 모든 통신 네트워크들이 서서히 융합되어 향후 하나의 공통된 시스템으로 변화할 것으로 예상된다. 다음에 네트워크가 장래에 2단계를 거쳐 공통 네트워크로 융합되어 가는 시나리오를 보인다.

(1) FMC(제1단계)

우선 제1단계로서 고정망을 기반으로한 고정 네트워크와 이동 네트워크의 융합을 생각할 수 있으며, 이것을 FMC(Fixed Mobile Convergence)라고 한다. 고정 네트워크의 특징은 비교적 낮은 비용으로 접속 품질과 신뢰성이 좋으며, 이동 네트워크는 이동성과 개인적 용도에 알맞은 특징을 가지고 있다. 이 두 가지를 융합시킨 Seamless 한 서비스를 제공하는 것이 FMC의 궁극적인 목표라고 할 수 있다.

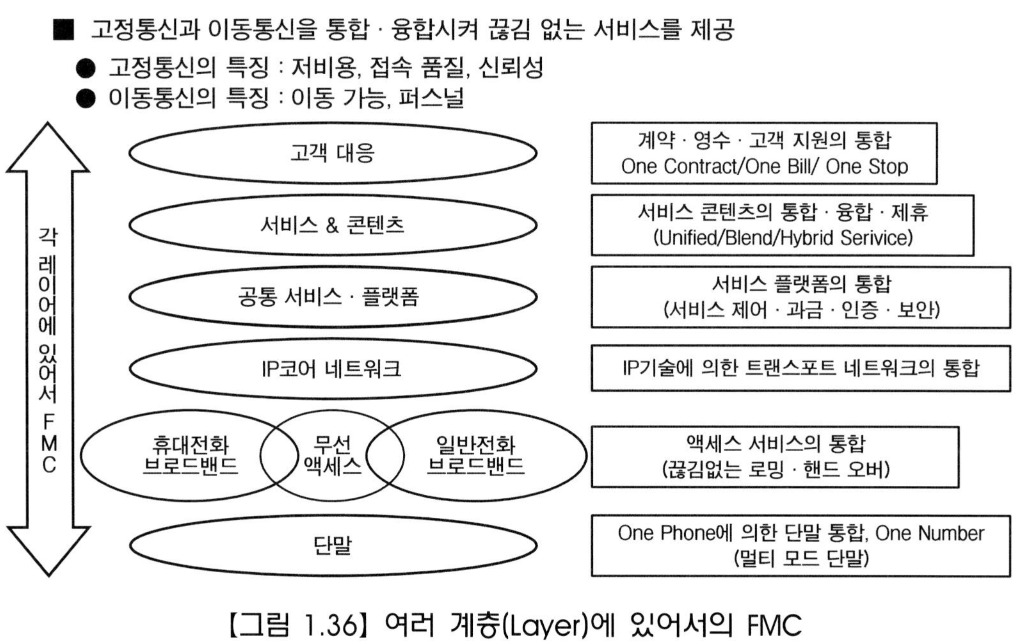

【그림 1.36】 여러 계층(Layer)에 있어서의 FMC

이를 위해서는 [그림 1.36]에서처럼 여러 계층에 있어서의 융합이 고려되고 있다. 예를 들어 단말기 계층에서의 융합이란 1개의 단말로 고정 네트워크와 이동 네트워크 간에 끊김 없이 사용 가능한 것을 의미한다. 이를 위해서는 멀티 모드의 단말기와 고정과 이동 네트워크에서 사용 가능한 공통의 번호로 액세스가 가능하도록 구현하여야 한다. 또한, 고객 대응 계층에서는 계약 관련 등 고객 지원 기능을 하나로 통합하여야 한다.

이와 같이 각 계층에서의 FMC를 실현하기 위해서는 [그림 1.37]에 보인 많은 새로운 기능들이 실현되어야 한다.

또한, 1.3.4에서도 설명하였듯이 이동통신 네트워크는 IMS를 도입하는 방향으로 진행되어 왔듯이 고정 네트워크에서도 이와 같은 움직임이 있다. 이것을 NGN(Next Generation Network)이라고 하며, [그림 1.38]에 NGN 구조를 보인다.

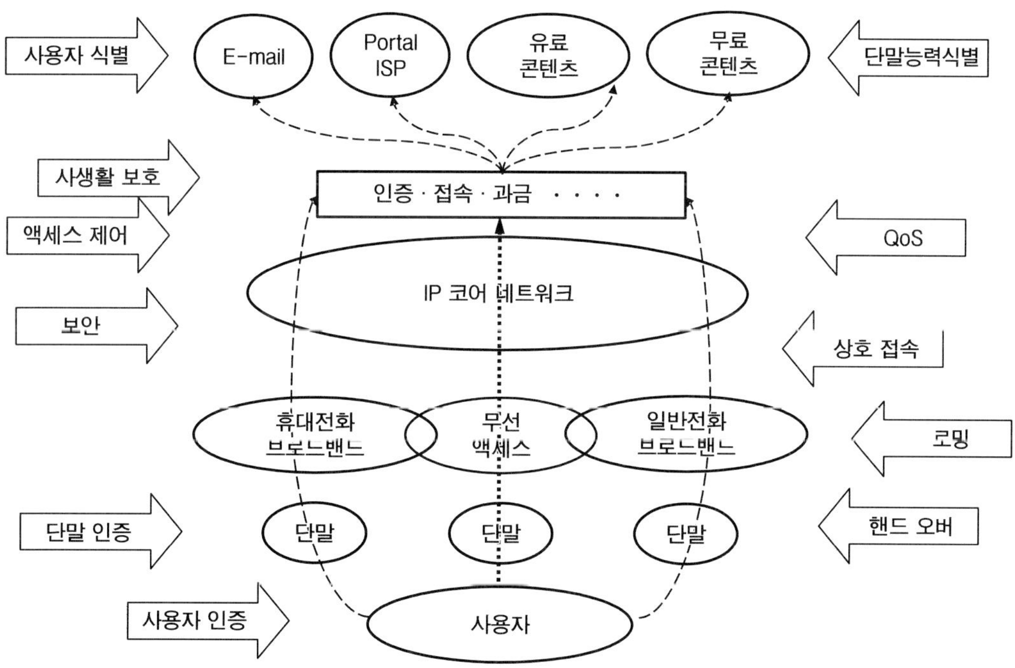

【그림 1.37】 FMC에 필요한 기능

[그림 1.38]에 보인 NGN에 있어서도 네트워크의 제어 시스템으로 IMS의 도입을 생각하고 있으며, 이와 같은 구성에 대해서는 [그림 1.39]에 나타내고 있다.

이와 같이 IMS가 이동 네트워크와 고정 네트워크에 도입되면서 양 네트워크에 위치한 공통 IMS를 중심으로 FMC를 실현하는 방식이 검토되고 있으며, [그림 1.40]에 그 일례를 나타낸다.

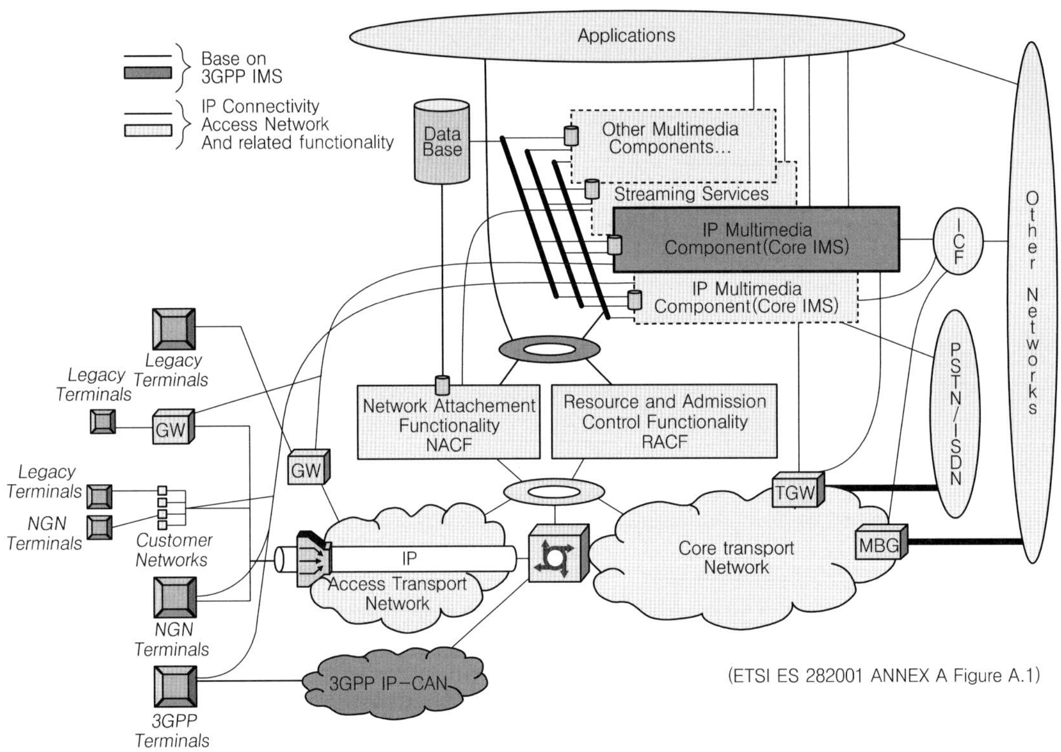

【그림 1.38】 NGN 구조

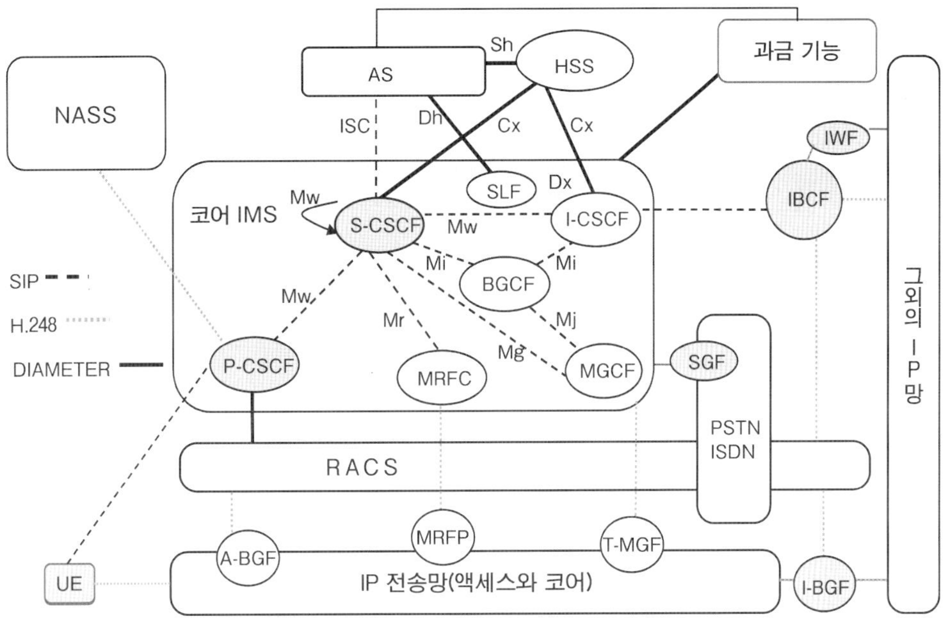

【그림 1.39】 NGN용 IMS의 구성

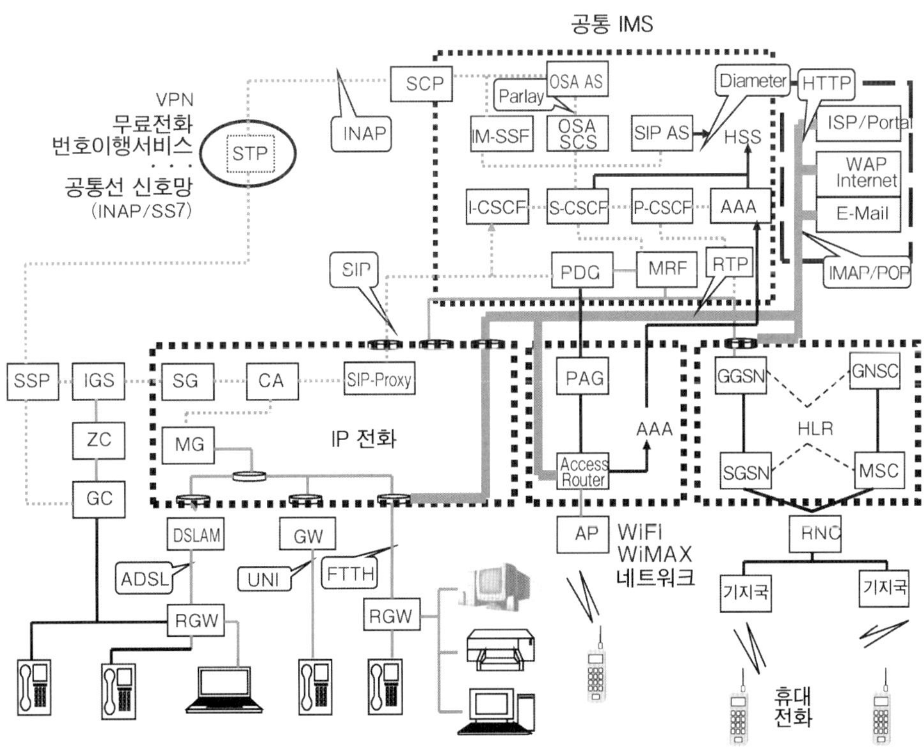

【그림 1.40】 공통 IMS에 의한 FMC의 예

(2) 무선 유비쿼터스 네트워크(Wireless Ubiquitous Network)(제2단계)

융합 네트워크의 제2단계로서 유비쿼터스 네트워크의 실현을 생각할 수 있다. 유비쿼터스(ubiquitous)의 어원은 라틴어(신학 용어)로서 "어디에도 존재한다."라는 의미를 가지고 있다. 유비쿼터스라는 말은 1988년 제록스/팔로알토 연구소 마크·와이더 씨의 '유비쿼터스 컴퓨팅'이라는 말에서 시작된 것으로 직접적인 단말의 소유와 사용자를 분리시키고, 네트워크에 연결된 컴퓨터를 언제 어디서라도 사용할 수 있는 환경을 구축하는 것을 목표로 하였다. 이러한 의미에서 유비쿼터스 네트워크란 언제, 어디에서도, 어떻게든 자유롭게 통신할 수 있는 네트워크를 의미한다. 즉 여러 가지 단말, 물건, 사람, 공간, 컨텐츠 등과 같은 객체(object)가 통신 수단을 가지고 자유롭게 액세스할 수 있으며, object 간의 유기적이고 자율적인 상호 연계를 가능하게 하는 네트워크 환경을 말한다.

[그림 1.41]은 제2단계인 융합된 네트워크 이미지 예를 보여주고 있다. 무선 PAN/무선 LAN/WiMAX로 대표되는 여러 무선 액세스 기술과 FTTH 등의 고정 액세스 기술을 바탕으로 구축되는 다양한 액세스 네트워크가 공통된 코어 네트워크에 수용되고 있다. 특히 현저하게 발전된 무선 기술을 활용하여 사용자가 언제 어디서라도 필요한 네트워크에 액세스가 가능하다는 의미에서 '와이어리스 유비쿼터스 네트워크'라고 부르고 있으며, 이 네트워크의 공통 코어 네트워크는 IMS를 근거로 실현될 것이다.

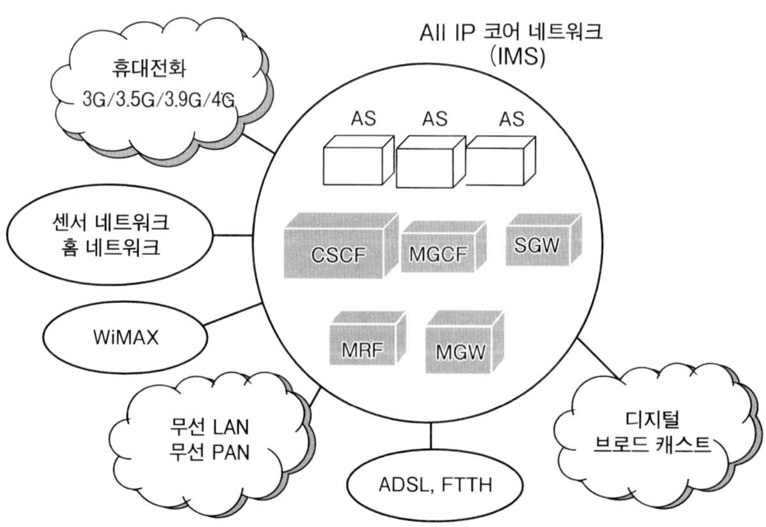

【그림 1.41】 무선 유비쿼터스 네트워크 구성 예

1.4 광대역 전송 기술 - WiMAX

1.4.1 WiMAX 개요

국내에서는 와이브로(WiBro, Wireless Broadband), WiMAX 기술을 바탕으로 이동성 기술이 고려된 모바일 와이맥스(Mobile WiMAX)란 이름으로 삼성전자와 한국전자통신연구원이 개발한 무선 광대역 인터넷 기술이다. 국제 표준화 단체인 IEEE에서는 IEEE802.16e-2005(4장에서 상세히 설명)라 부르고 있다. 따라서 본 절에서는 우리나라의 WiBro에 국한된 부분만 간단히 살피기로 한다. 처음엔 고속 데이터 통신 기술을 가리키는 용어로 창안된 것이지만, 통신업체에서 기술명을 서비스명으로 이용하면서 기술 이름보다 서비스 이름으로 더 잘 알려져 있다. 와이브로 서비스를 통해 가입자들은 영상전화, 금융거래, MMS(Multimedia Message Service), 이메일 등은 물론, 초고속 인터넷으로 즐길 수 있었던 영화나 스트리밍, 고용량 VOD, 파일 다운로드 등 고속 데이터 서비스를 언제, 어디서나 무선으로 즐길 수 있다. 앞으로는 멀티 캐스트/브로드캐스트 기술을 이용한 방송 서비스도 이용할 수 있게 될 것으로 예상되어 명실상부한 유무선 결합 서비스 시대를 여는 주역이 될 것이다

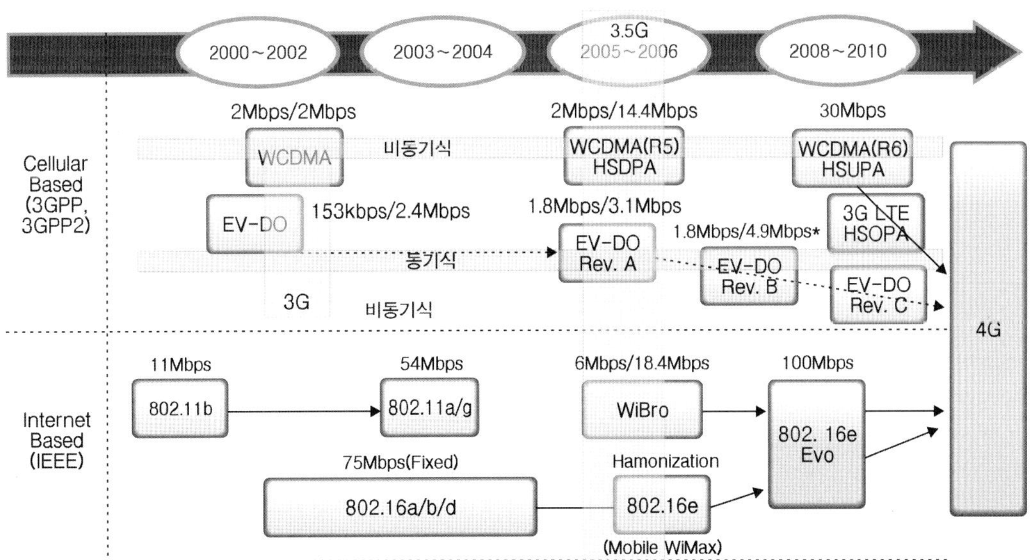

【그림 1.42】 통신 기술 발전 관점에서 모바일 WiMAX의 위치

1.4.2 WiMAX 기술 도입 배경

본 서비스가 도입된 배경을 살펴보면 다음과 같다. 우선 음성보다는 데이터 통신 중심으로 수요가 확대되고 있으며, 시공을 초월한 연속적인 커뮤니케이션과 정보 접근을 요구하고 있고, 편의성 및 개인화 추구, 서비스 속도 향상 등에 대한 사용자 요구가 증대되고 있다. 일반 사용자들을 대상으로 하는 인터넷 접속 서비스는 크게 유선 초고속 인터넷, 이동전화 무선 인터넷, 무선랜 초고속 인터넷으로 구분된다.

그런데 유선 초고속 인터넷은 접속 장소의 고정성이, 이동전화 무선 인터넷은 늦은 속도와 비싼 사용 요금 및 단말기의 한계가, 무선랜 초고속 인터넷은 이용할 수 있는 공간의 제약이 각각 단점이었다. 와이브로는 이런 세 가지 인터넷 서비스의 단점을 보완해서, 도심지 내에서 이동전화처럼 기지국 간 이동 중에도 1Mbps 이상의 초고속 무선 인터넷 서비스를 끊김 없이 제공할 수 있다. 또 현재의 이동전화 무선 인터넷보다 시스템 투자비가 낮고 전송 속도가 높아 저렴한 요금으로 무선 인터넷 서비스를 제공할 수 있다.

또 다른 도입 배경은 통신사업자 측면에서 유선 초고속 인터넷과 이동통신 시장의 성숙으로 인한 통신 시장 정체를 극복할 새로운 돌파구가 필요하다는 데 있었다. 시장의 상황에 따라 유선 사업자들은 유무선 통합 영역으로의 새로운 사업 영역 확대를 통한 수익성 제고와 성장성 확보 기회를 추구하게 되었고, 이동통신 사업자는 무선 데이터 시장의 확대에 따른 시장 선점이 필요하게 되어 도입되게 된 것이다.

우리나라 사업자로 KT와 SK텔레콤이 선정되어, 2006년 6월 30일부터 서울과 경기도 일부 지역에서 세계 최초로 상용화 서비스가 시작되었고 현재는 전국 서비스로 확장되었다.

1.4.3 기술적 특징

초고속 유선 인터넷 시장이 성숙된 상황에서 정지 및 이동 중에 언제, 어디서나 인터넷에 접속하여 고속의 인터넷 서비스를 제공받으려는 사용자의 욕구가 증대되었고 서비스 접속의 편리성(Connectivity)과 유무선통신 네트워크의 통합, 멀티미디어 서비스에 대한 요구로 새롭게 도입된 WiBro는 정지 또는 이동 중인 가입자에게 언제, 어디서나 약 3Mbps 정도의 초고속으로 무선 인터넷 서비스를 제공할 수 있다. 모바일 WiMAX가 제공하는 서비스로는 VOD, MPEG와 같은 스트리밍 서비스, VoIP와 같은 실시간 서비스,

FTP, E-mail, SMS, 멀티 캐스트/방송 서비스와 같은 Background 서비스, Web browsing과 같은 interactive 서비스 등을 들 수 있다. WiBro는 이동성 측면에서 볼 때 무선 LAN과 이동통신 시스템과 중간 정도인 60Km/h 정도의 중저속 이동성을 보장하며,

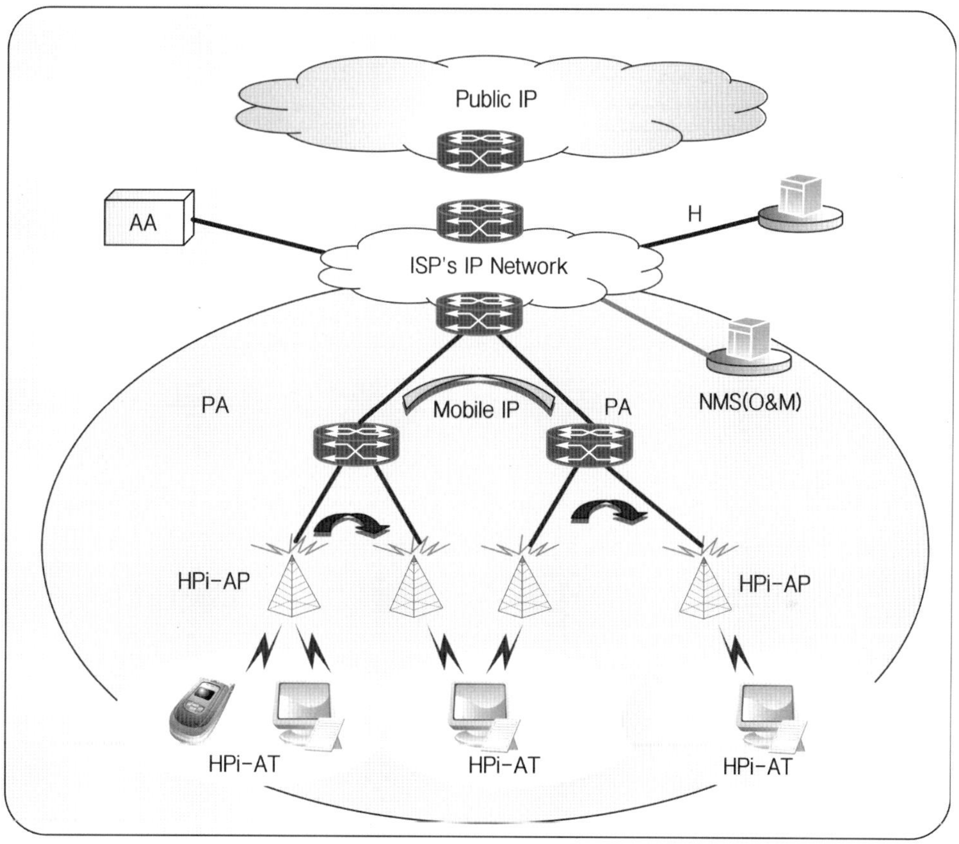

AT : Access terminal
PAR : Packet Access Router
AAA : Authentication, Authorization, Accouniting
NMS : Network Management System
AP : Access Point
HA : Home Agent

【그림 1.43】 모바일 WiMAX 구조 모델

데이터 전송 속도 측면에서는 이동통신 시스템과 초고속 유선망과의 중간 정도인 3Mb/s 급 정도의 속도를 지원해 주고 있어 제4세대 이동통신의 전 단계라 할 수 있다. ETRI에서 개발 중인 WiBro 시스템 구조 모델은 다음의 [그림 1.43]에서 보는 바와 같이 단말기

(Access Terminal) 및 기지국(Access Point), 패킷 엑세스 라우터(Packet Access Router) 등으로 구성된다. 단말기와 기지국 간의 무선 접속 규격은 IEEE802.16 (IEEE802.16-2004, IEEE P802.16-2004/Cor1/D2, IEEE P802.16e/D7)에 기반한 TTA의 '2.3GHz 휴대인터넷표준'을 따른다. WiBro 무선 접속 규격의 특징은 다음 [표 1.5]와 같다.

【표 1.5】 국내 모바일 WiMAX 무선 규격 특징

항목	특징	항목	특징
Frequency BW	• 2.3~2.4GHz (100MHz BW)	Duplexing	• TDD(OFDMA)
Service Type의 특징 1	• realtime(ex : movie) • Non-realtime(ex : file) • besteffort(ex : web)	Frequency Reuse Factor	• 1
Backbone Protocol	• IP(Internet Protocol)	Channel Spacing	• More than 9 MHz
User Data Rate	• to 3 Mbps	Minimum throughput	• UL 128 kbps, DL 512 kbps
Cell Capacity	• 30Mbps/FA(9MHz)	Roaming	• Roaming between WiBro Operators
User Mobility	• <=60[Km/h]	Cell Coverage	• ~1Km

1.4.3.1 주파수 할당

모바일 WiMAX 시스템의 주파수 할당표는 [그림 1.44]과 같이 사용 주파수는 2.3 ~ 2.390MHz (90MHz)이며 기지국의 주파수 안정도는 +/- 0.02 ppm, 단말기의 주파수 안정도는 수신 주파수 대비 부 반송파 간격의 +/1- 1% 이내이다. 무선 채널 대역폭은 8.75MHz, 무선 채널 간격은 9MHz, 전체 9개의 무선 채널을 가지며, 주파수 설정 단위는 125KHz이다. 또한, TDD 듀플렉스 방식에서 TTG값은 87.2 us, RTG값은 74.4 us이며, 고출력 스위치의 ON, OFF 시간은 각각 1 us, 200 ns 정도이다. WiBro 시스템은 OFDMA 기술을 사용하기 때문에 약 0.1dB 정도의 성능 저하를 고려할 때 최대 허용 가능한 주파수 옵셋 값은 부반송파 간격의 1% 이내를 만족시켜야 한다. 따라서 WiBro 시스템의 부반송파 간격이 9.8KHz 이므로 반송파 주파수 옵셋값은 98Hz 이내의 값을 유지해야 한다.

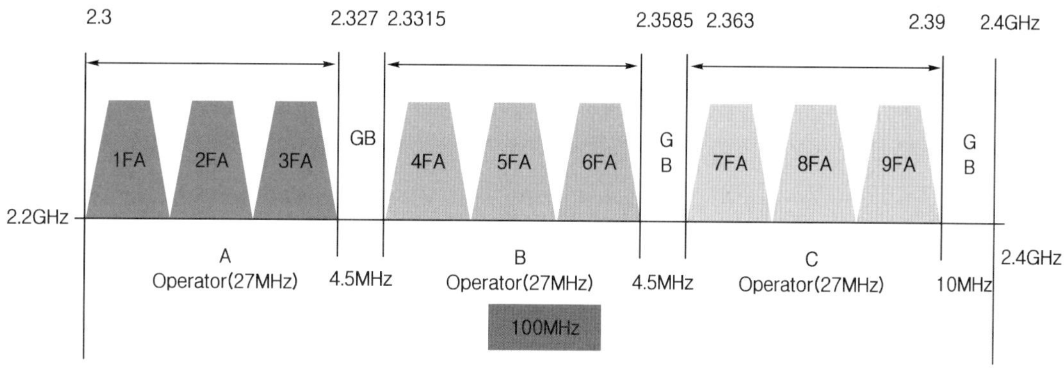

【그림 1.44】 WiBro 주파수 할당표

1.4.3.2 다중 접속 및 듀플렉스 방식

모바일 WiMAX는 FDD 방식과 달리 보호대역이 필요 없으며, 상향 링크와 하향 링크의 트래픽 상황에 따라 할당 시간의 조정이 가능하며, 상하향 채널의 가역적 특성으로 MIMO, 스마트 안테나 등의 개념을 효과적으로 도입하여 주파수 사용 효율을 증대시킬 수 있는 TDD 방식을 적용하고 있다. 또한, 주파수 자원의 효율적인 사용을 위한 granularity 보장 측면에서 유리한 OFDMA 방식을 채택하고 있다. OFDMA 방식은 다경로 지연 확산 무선 환경에서 강인하고, 셀 내의 채널 간 간섭 현상이 없으며 자원 할당의 용이성 등의 장점을 지닌다. OFDMA 방식에서는 여러 개의 서브 캐리어를 묶어 한 개의 서브 채널을 구성하며, 서브 채널별로 트래픽 자원을 할당하는 방식을 적용하고 있으며, FUSC (full usage of the subchannels), PUSC(partial usage of the subchannels), TUSC(tile usage of subchannels) 등 다양한 방식으로 서브 채널을 할당할 수 있다. WiBro에서 사용되는 실제적인 프레임 구조는 [그림 1.45] 프레임 구조와 같다.

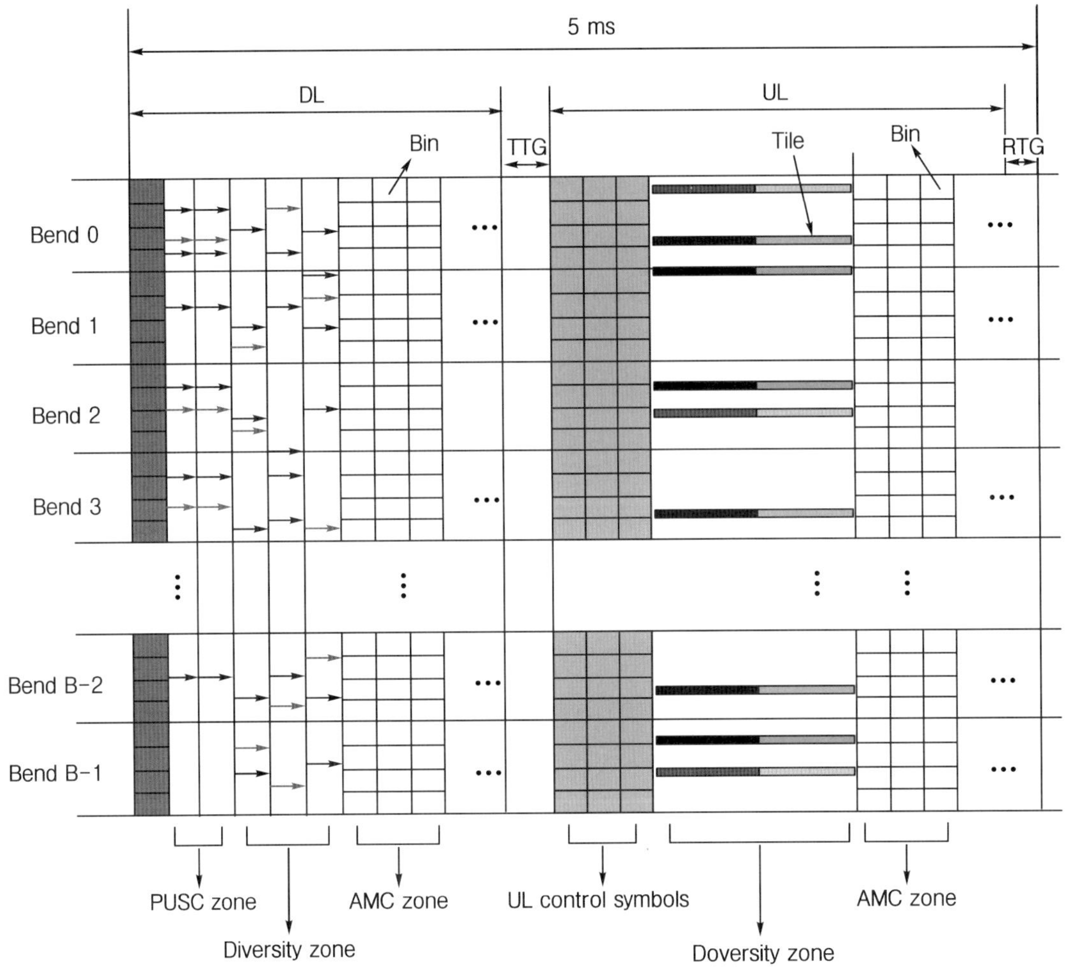

【그림 1.45】 프레임 구조

1.4.3.3 변복조 및 부호화 방식

모바일 WiMAX에서는 채널의 상태에 따라 BPSK/QPSK/16QAM/64QAM 등 다양한 변복조 방식을 가변적으로 사용할 수 있는 AMC(Adaptive Modulation Coding) 방식을 적용하고 있다. 이 방식에서는 채널의 상태가 좋을 때 고차의 변복조 방식을 사용함으로써 스펙트럼 사용 효율을 높일 수 있다. 이를 위해서 사용자의 채널 상태(CINR, RSSI 등)를 측정하고 이를 바탕으로 변복조 방식을 빠르게 결정하는 알고리즘을 적용하고 있다. 신뢰성 있는 데이터의 전송을 위한 채널 부호화 방식으로 CTC(convolutional turbo code) 방식을 적용하고 있으며, 또한 채널 상태의 변화에 대응하여 에러 발생 시 물리계층 레벨에서 신속히 부호화율을 변화시킨 패킷 데이터를 재전송하도록 하여 시스템 성능을 향상시킬 수 있는 hybrid ARQ도 적용하고 있다.

1.4.4.4 MAC 기술

물리 계층의 자원을 효율적으로 제어하는 것을 목적으로 하는 MAC 기술은 인증과 암호 키의 교환, 암호화 등의 기능을 수행하는 Privacy Sublayer, 대역 할당, 접속 설정 및 유지, QoS 관리, 물리 계층으로의 데이터 전송 기능 등을 수행하는 MAC CPS (Common Part Sublayer), 외부 네트워크가 송수신하는 데이터의 변환과 매핑, 유료부하 헤더 압축 등의 기능을 수행하는 CS(Service Specific Convergence Sublayer) 등 3개의 부 계층으로 이루어진다. 패킷 데이터의 송수신을 제어하기 위한 MAC 계층에서 트래픽 버스트 데이터 할당에 관한 정보와 물리 계층의 제어 메시지(IE : Information Element)를 포함하고 있는 MAP의 종류에는 Normal MAP, Compressed MAP, HARQ MAP, HARQ 지원 Normal MAP Extension, Sub-DL-UL-MAP 등이 있으며, 일례로써 [그림 1.46]에 Normal MAP의 구조가 나타나 있다.

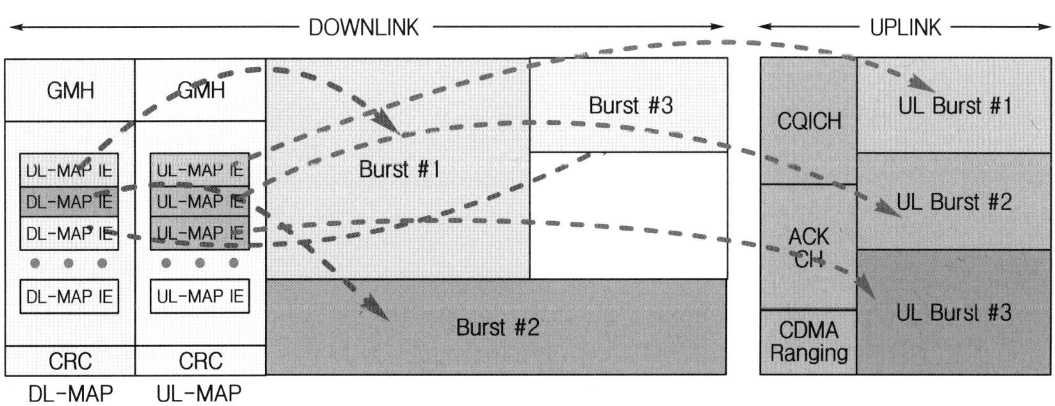

【그림 1.46】 Normal MAP 구조

제2장 휴대전화 단말기

2.1 개요

최근의 휴대전화 단말기는 단순한 통화 수단으로부터 PC를 대신하는 정보 액세스 수단의 주역으로 변화하고 있다. 이미 전자메일과 인터넷 웹사이트 서핑이 가능한 스마트폰이 급격히 증가하고 있는 추세이다.

본 장에서는 이와 같은 상황을 고려하여 정보 단말로서의 단말기에 비중을 두어 휴대전화 단말에 관하여 설명한다. 특히 하드웨어 구성과 소프트웨어 구성 등을 설명하는데 있어서는 현재까지의 역사를 간단히 설명하고, 현재의 단말기가 어떠한 기술을 가지고 구성되었는가에 대해서 중점적으로 설명하여, 이 책을 읽는 독자로 하여금 추후 휴대단말기 개발 등에 관심을 가질 수 있도록 하는 것을 목적으로 한다. 이와 같은 이유로 디지털 방식의 휴대전화 단말에 대해서 중점적으로 설명한다.

휴대전화에 있어서 ① 전지로 동작하기 때문에 사용 가능한 전력이 제한된다. ② 소형/경량의 제품이 요구된다. ③ 장시간 동작이나 큰 화면 등의 양호한 MMI(man machine interface)가 요구된다는 등의 다소 모순된 제약 및 요구 사항들에 대하여 어떻게 균형을 잡아야 하는가 하는 문제는 커다란 과제라고 할 수 있으며, 이 장에서는 이러한 구체적인 과제들에 대해서 어떻게 해결해 나가고 또한 제품을 만드는지에 대해서 설명한다.

2.2 휴대전화의 하드웨어

휴대전화의 하드웨어 구성은 아래와 같이 두 가지 기능부로 나눌 수 있다.

① 통신 기능부
② 정보 단말 기능부

휴대전화 단말기가 단순히 통화 목적으로서의 수단이었던 시기에는 정보 단말 기능이 필요가 없었으므로, 간단한 1개의 마이크로 프로세서로 단말기를 제어하는 것이 가능하였다.

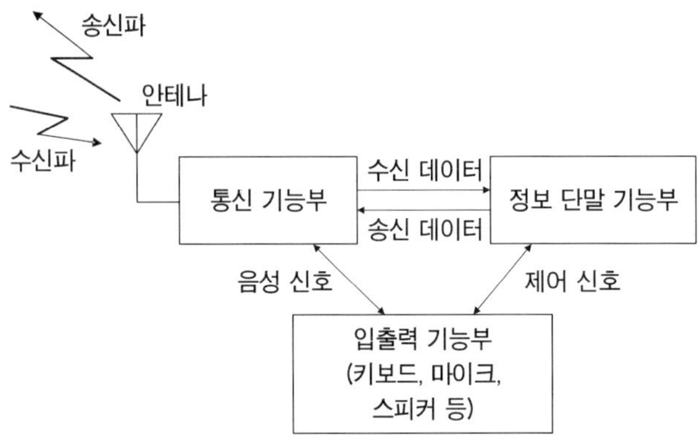

【그림 2.1】 휴대전화의 하드웨어 구성도

제1장에서 설명한 것과 같이 휴대전화가 아날로그 전화로부터 디지털 전화로 이행되면서 음성 신호처리를 위한 전용 프로세서(DSP)가 필요하게 되었으며, 또한 데이터 통신 기능이 도입되면서, 통신 제어와 정보 처리에 각각 다른 마이크로 프로세서를 이용하게 되었다[그림 2.1].

먼저 휴대전화의 본질적인 부분이라고 할 수 있는 통신 기능부를 중점적으로 설명한 후 입/출력 기능부를 포함한 정보 단말부에 대해서 설명한다.

2.2.1 통신 기능부

통신 기능부의 전체적인 구성을 [그림 2.2]에 나타내었다.

통신 기능부에서 무선 신호(RF신호 : Radio Frequency Signal)를 처리하는 부분을 RF부, 디지털 신호 처리 부분을 DBB부(Digital Base Band 처리부)라고 한다. [그림 2.2]에서 AD변환기(Analog-Digital Converter)와 DA변환기(Digital-Analog Converter)가

삽입되어 있지만, 이러한 AD/DA변환기는 DBB부에 포함되어 있다고 할 수 있다. 다음으로 입력된 음성의 처리 과정에 있어서 해당되는 각부분들에 대한 개요를 설명한다.

(1) AD변환기(음성 입력부)

마이크에 입력된 음성 신호는 우선 AD변환기에 의해 디지털 데이터로 변환된다. 변환 속도는 기존의 고정 전화망(PSTN : Public Switched Telephone Network)에서 이용되고 있는 것과 같이 8kHz를 사용하고 있지만, 진폭축의 분해 기능은 완전히 다르다. 휴대전화에 있어서는 (2) 음성 부호화에서 설명한 바와 같이 음성 신호의 정보량 압축이 이루어진다. 이러한 신호 처리 과정에서 음성 품질에 영향을 주지 않는 정밀도를 유지하기 위해서 AD변환기의 출력 정밀도는 13비트 이상이 요구된다. 실제의 회로에서는 16비트 정도의 AD변환기를 이용하여 상위 13비트를 사용하는 방식을 이용하는 경우도 있다.

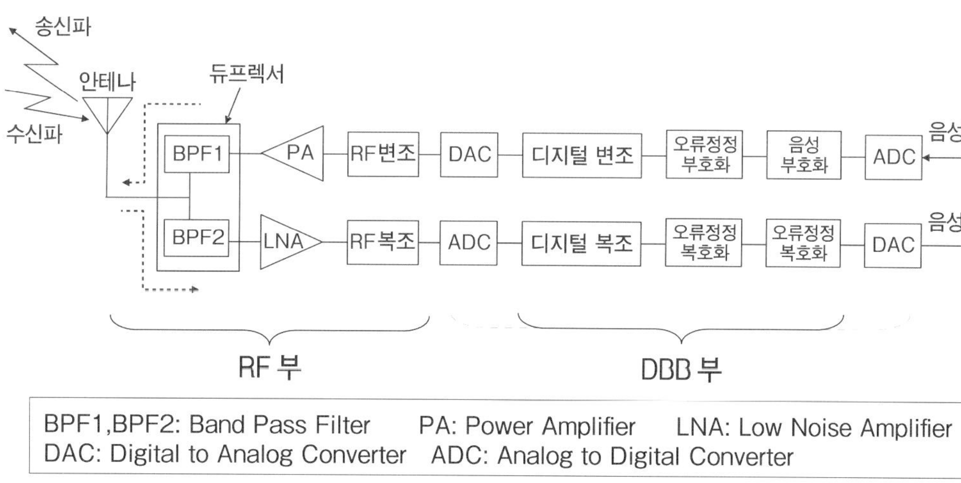

【그림 2.2】 통신 기능부의 구성

(2) 음성 부호화

앞장에서 간단히 설명하였지만 기지국이 커버하는 셀 안에서 최대로 제공 가능한 데이터 속도는,

$$C = W \cdot \log2\left(1 + \frac{S}{N}\right) \quad \text{(식 2.1)}$$

W : (기지국이)사용하는 대역폭　　　S/N : 대역 내의 신호대 잡음비

로 정해진다. 따라서 동시 통화 가능한 사용자 수를 늘리려면, 사용자의 데이터 속도를 줄일 필요가 있다. 음성 부호화는 이러한 요구를 충족시키기 위해서 앞서 설명한 AD변환기의 데이터 속도(13bit×8kHz=104kbps 정도)를 음성 열화를 발생시키지 않는 범위 내에서 얼마나 작게 할 수 있는가가 주어진 과제라고 할 수 있다. 휴대전화에서 이용되는 음성 부호화 방식은 [표 2.1]과 같다. 이러한 부호화 방식에 의해 일반적으로 8kbps 정도의 데이터 속도에서 문제없는 음성 통신 품질이 제공 가능하다.

【표 2.1】 휴대전화의 음성 부호화 방식 예

방식	도입되어 있는 시스템	음성 Bit rate
CS-ACELP	PDC(NTT도코모 고음질 방식)	8kbps
A-CELP	PDC(소프트뱅크 모바일 고음질 방식)	6.7kbps
EVRC	CDMA2000/cdmaOne	최대 8kbps(가변)
AMR	W-CDMA	최대 12.2kbps(가변)

(3) 오류(Error) 정정 부호화

무선통신에서는 여러 건물 등으로부터의 반사파가 중첩되어 수신되므로 수신 파형의 흐트러짐이 발생하거나 혹은 전파 강도가 약해져서 수신된 데이터를 정상적으로 복원할 수 없는 경우가 많다. 그러나 이러한 경우에 여분의 Redundancy 데이터를 송신 데이터에 포함시킴으로써 결과적으로는 오류를 줄여 데이터를 복원 가능하게 할 수 있다.

오류 정정에는 하드웨어적으로 구성하여 실시간 처리의 FEC(Forward Error Correction)와 프로토콜로 오류 데이터의 재전송 처리를 하는 ARQ(Automatic Repeat and Request) 방식이 있다. 음성 통화에서는 FEC만이 사용되고 데이터 통신에서는 FEC와 ARQ 두 방식 모두 사용된다. 하드웨어로서 DBB 부분에 포함돼 있는 오류 정정 부호화/복호화 부분은 FEC로 처리하며, ARQ는 제어용 프로세서에서 소프트 웨어로 처리하는 것이 일반적이다.

음성 부호화 경우와 마찬가지로 오류 정정 부호화 시에도 상황에 따라서 여러 종류의 방식이 사용된다. [표 2.2]에 오류 정정 부호화 방식의 예를 나타내었다. 휴대전화에서는 '길쌈 부호-랜덤 오류 정정 부호'가 널리 사용되고 있으며, W-CDMA에 있어서는 터보 부호가 이용되고 있다.

【표 2.2】 오류 정정 부호의 예

블록 부호	랜덤 오류 정정 부호	BCH부호, 그 외
	버스트 오류 정정 부호	리드 솔로몬 부호, 그 외
길쌈 부호	랜덤 오류 정정 부호	길쌈 부호화/비터비 복호화, 터버외 부호, 그 외
	버스트 오류 정정 부호	암승 부호, 그 외

오류 정정 부호화를 수행한 후, 인터리브(Interleave)라는 과정을 거쳐 비트열을 재배열하기도 한다. 인터리브를 함으로써 어느 타이밍에서 버스트 노이즈가 발생하여 에러가 발생해도 인터리브를 원상태로 되돌려 주면 에러의 영향이 분산되어 결과적으로 효과적인 오류 정정 가능성이 높게 되기 때문이다.

(4) 디지털 변조

안테나로부터 최종적으로 송신되는 신호는 아날로그 신호이며, 주파수 스펙트럼을 효과적으로 이용하기 위해서 BPSK(Binary Phase Shift Keying), QPSK(Quadrature Phase Shift Keying), 16QAM(16 Quadrature Amplitude Modulation) 등의 변조 방식을 이용한다. 이러한 아날로그 변조 방식에 의한 신호는, I성분(In-Phase 성분) 및 Q성분(Quadrature-Phase 성분)이라고 불리는 2종류의 아날로그 신호를 90° 위상이 다른 고주파로 각각 변조한 것을 합성하여 만든다. 이것을 '아날로그' 직교 변조라 한다. 이 때문에 I성분과 Q성분에 대한 디지털 값을 만들고, 이것을 D/A로 변환하는 과정이 필요하다. 디지털 변조부는 이 D/A 변환기에 공급하는 디지털 데이터를 생성하는 부분이며, CDMA 방식에 있어서의 부호 확산도 이 부분에서 수행된다. 직교 변조에 대해서는 **【칼럼 1】**, **【칼럼 2】**에서 상세히 설명한다.

(5) DA변환기(아날로그 변조의 입력용)

【칼럼 1】의 콘스텔레이션 그림에서 표시되는 각 점(심볼)에 대응하는 I성분과 Q성분

에 대한 아날로그값을 출력하는 것으로서, 수십 10MHz 이상의 주파수에서 동작하여야 하며, 정밀도는 8비트 정도이다.

이상의(1)-(5)에서 설명한 부분은 DBB(Digital Base Band) 칩이라는 1개의 LSI에 일반적으로 집약된다.

(6) RF변조기

DA변환기로부터 송신되는 I성분과 Q성분은 직교 변조되어 안테나를 통하여 고주파 신호(캐리어)로 송신되며, 동작 주파수는 700MHz~3GHz 정도이다. 이러한 회로 구성 예를 [그림 2.3]에 나타낸다. 그림에서 위상 분리기(Phase Splitter)는 각 주파수(Angular Frequency)ω의 캐리어 신호 입력으로부터 직교하는 2개의 신호 cos ωt와 sin ωt를 만들기 위한 것이다.

[칼럼 1] 직교 변조(1)

임의의 2차원 벡터 Y는, 직교하는 기저 벡터 $Ex=(1,0)$, $Ey=(0,1)$를 이용하여,

$$Y=aEx+bEy \quad \text{(식 1)}$$

로 표현할 수 있다. Y가 얻어진 다음에 계수 a와 b는

$$a=\langle Y, Ex\rangle,\ b=\langle Y, Ey\rangle \quad \text{(식 2)}$$

와 같이 내적으로 계산 가능하다.

마찬가지로 어느 주파수 f (즉, 각 주파수 $\omega=2\pi f$)의 임의적 파형 $y(t)$는, 직교하는 2개의 신호 $Ex=\cos\omega t$와 $Ey=\sin\omega t$를 이용하여,

$$Y(t)=aEx+bEy=a\cos\omega t+b\sin\omega t \quad \text{(식 3)}$$

로 표현 가능하다.

$\cos\omega t$와 $\sin\omega t$가 '직교'한다는 의미는, 아래와 같이 정의한 2개의 신호의 '내적'이 0이 된다는 것을 의미한다.

$$\int_0^T \cos\omega \sin\omega\, t dt \quad \text{단,} \quad T=\frac{2\pi}{\omega}=\frac{1}{f}\text{(정현파의 1주기)} \qquad \text{(식 4)}$$

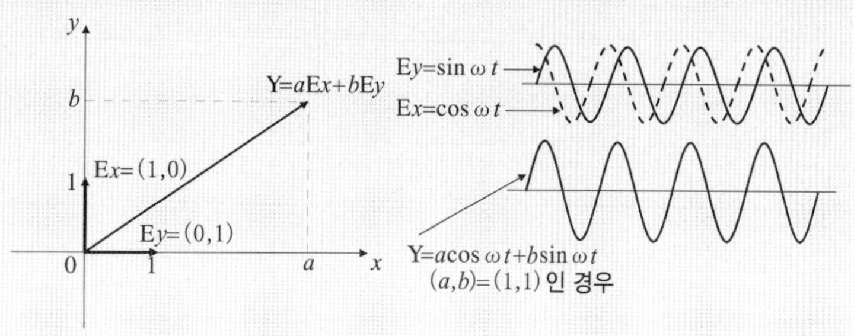

(a) 직교 좌표의 직교 벡터 (a) 각 주파수 ω의 직교 벡터

【그림 C.1】 직교 벡터

신호를 전파로 전송하는 경우에 직류 성분을 전송할 수 없기 때문에, 직류 성분으로 교류 파형(주파수 f)을 변조하여 송신하고 수신 후에 다시 직류 성분을 복조하는 방법이 사용되고 있다. 직류 성분(신호 성분)으로서(a, b)의 페어를 이용하여 직교하는 2개의 교류 신호 $\cos\omega t$와 $\sin\omega t$를 식 3과 같이 변조・합성하여 송신용 신호를 만드는 방식을 직교 변조라 한다. 일반적으로 a를 I(In-Phase) 성분의 값, b를 Q(Quadrature-Phase) 성분의 값이라고 하며 I축은 X축으로 Q축은 Y축과 같은 의미를 갖는다.

(식 1)의 벡터 Y로부터, (식 2)와 같이 내적을 구해서 (a, b)가 얻어지는 것처럼, 송신된 신호$y(t)$를 수신한 후, 이하의 내적을 구함으로서 (a, b)를 얻을 수 있다.

$$\frac{2}{T}\int_0^T y(t)\cos\omega\, t dt = a \qquad \text{(식 5a)}$$

$$\frac{2}{T}\int_0^T y(t)\sin\omega t dt = b \qquad \text{(식 5b)}$$

삼각함수의 공식을 이용하면,

$$y(t)\cos\omega t = (a\cos\omega t + b\sin\omega t)\cos\omega t = \frac{a}{2}+\frac{1}{2}(a\cos 2\omega t + b\sin 2\omega t) \qquad \text{(식 6a)}$$

$$y(t)\sin\omega t = (a\cos\omega t + b\sin\omega t)\sin\omega t = \frac{b}{2}+\frac{1}{2}(a\sin 2\omega t - b\cos 2\omega t) \qquad \text{(식 6b)}$$

가 되고, (식5)의 적분을 하면, (식6)의 $\cos\omega t$와 $\sin 2\omega t$에 관련된 부분이 0이 되고, $a/2$, $b/2$에 비례하는 값이 적분 결과로 얻어진다.
물리적으로는 수신 신호 $y(t)$에 $\cos\omega t$ 및 $\sin\omega t$를 곱해 얻어진 (식 6a)(식 6b)의 신호를 저역 통과 필터에 통해서, $\cos 2\omega t$ 및 $\sin 2\omega t$의 성분을 제거해서 $a/2$, $b/2$에 비례하는 값을 얻을 수 있다.

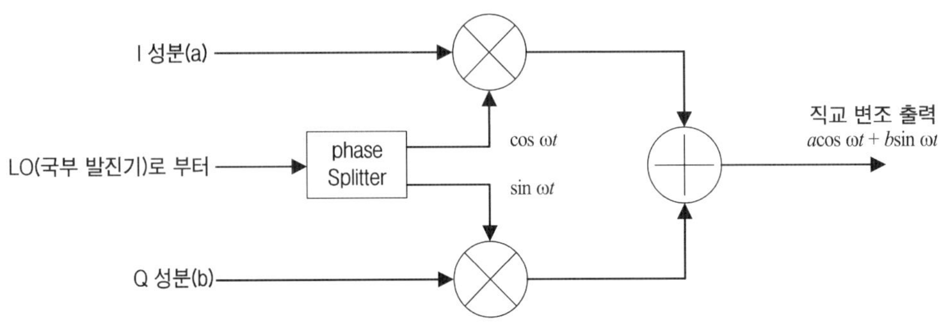

【그림 2.3】 고주파 직교 변조 회로의 구성 예

【칼럼 2】의 콘스텔레이션 그림에 나타낸 각 심볼점이, 고주파에서도 제대로 구별할 필요가 있기 때문에 직교 변조기에서 이용되는 I성분 및 Q 성분의 곱셈기는 제대로 갖추어진 특성을 가져야 한다. 또한, 사용되는 반도체 소자는 고주파에서도 저잡음 특성이 요구된다.

(7) 파워 앰프(Power Amp)

제1장에서 설명한 것처럼 CDMA방식에서는 동일 주파수 대역 안에서의 여러 단말기 구별은 다중부호(분할부호)에 의한다. 이때 기지국에서 수신하는 전력 중에 특정 단말로부터 큰 전력이 수신되면 다른 단말로부터의 수신 신호에 대한 잡음으로 작용하여 기지국에서 수신 오류가 커지게 된다. 이런 현상을 피하기 위해, 기지국으로부터의 거리에 따라서 단말기의 출력 전력을 조정함으로써 단말기에서 기지국으로 수신되는 전력을 거의 동일한 세기를 가지게 하도록 한다. 이와같은 이유로 파워 앰프에서는 송신 레벨 조정용 드라이버 앰프(가변이득 증폭 VGA)가 존재하게 된다.

파워 앰프에서는 16QAM 신호를 송신해야 함으로서, **【칼럼 2】**의 그림에 나타낸 것처럼 각 부호점을 확실히 분리할 수 있어야 한다. 이때 I 성분과 Q 성분에 대한 전력 증폭은 가능한 왜곡이 크지 않도록 해야 한다. 이러한 이유로 파워 앰프는 이른바 A급 또는 AB급 동작을 시켜야 하는데 이로 인해 전력소비가 커져, 휴대전화에서는 전력 이용 효율을 향상시키는 것이 지극히 중요한 과제가 된다. 최근에는 스위칭 레귤레이터(Switching Regulator)를 사용하여 전원 전압을 효율적으로 변환하여, 파워 앰프(Power Amp)의 출력에 대응한 전원 전압을 파워 앰프에 공급하고 있다. 이하 [그림 2.4]에서 파워 앰프의 구성 예를 나타낸다.

[칼럼 2] 직교 변조(2)

직교 변조를 이용하여 디지털 신호를 송신하는 경우에 수신신호 처리 과정에서 내적 연산을 통해 얻을 수 있는(a, b)에 대해 가능한 한 정확한 값을 얻을 수 있도록 (a,b)를 정한다. 예를 들어 BPSK, QPSK, 16QAM의 3가지 경우에 대해 설명하면 :

(1) BPSK : 1개의 심볼 y(t)로 1비트의 정보를 송신한다. 1비트의 정보는 '0'과 '1'의 2가지 경우의 수를 갖기 때문에, IQ좌표상에서 2개의 점이 가능한 한 떨어지도록 2개 상태를 배치한다. 그림(a)에 그예를 나타내었다.

(2) QPSK : 1개의 심볼 y(t)로 2비트의 정보를 송신한다. 2비트의 정보는 '00', '01', '10', '11'의 4가지 상태를 갖게 됨으로써 IQ좌표상에서는 4개의 상태의 점을 가능한 한 균능하게, 그리고 원섬으로부터 벌리 별어지시 않게 4개의 상태를 배치한다. 그림(b)에서 예를 나타내고 있다. "원점으로부터 멀리 떨어지지 않게한다."라는 조건은 y(t)의 절댓값이 크지 않는, 즉 송신 신호의 전력이 크지 않다는 조건을 전제로 한다.

(3) 16QAM : 1개의 심볼 y(t)로 4비트의 정보를 송신한다. 4비트의 정보는 '0000', '0001', '0010', '1000', …, '1111'의 16가지 상태를 나타낸다. 4비트의 하위 2비트로 I축의 계수를, 상위 2비트로 Q축의 계수를 표시하면, I축 및 Q축에서 각각 4개의 좌표점을 지정할 수 있다. 이 4×4=16개의 점을 가능한 한 균등하게, 그리고 원점으로부터 멀리 떨어지지 않게 배치한 예가 그림(c)이다.

전파의 전송 중에 잡음이 발생하면 수신되는 신호의 I성분이나 Q성분에서 오류가 발생하며, 이러한 결과 심볼 간의 배치가 조밀해져 점과 점을 구별하는 것이 어려워지게 된다. 즉 잡음으로 인한 수신신호의 식별 시 에러가 발생하기 쉬워지는 결과를 가져오게 된다. 이러한 이유로 휴대전화에서는 전파 상태에 따라서 변조 방식을 유연하게 가변할 수 있어야 하며, 전파 상태가 좋은 경우에는 16QAM 전파 상태가 나쁜 경우에는 QPSK를 사용하고 있다.

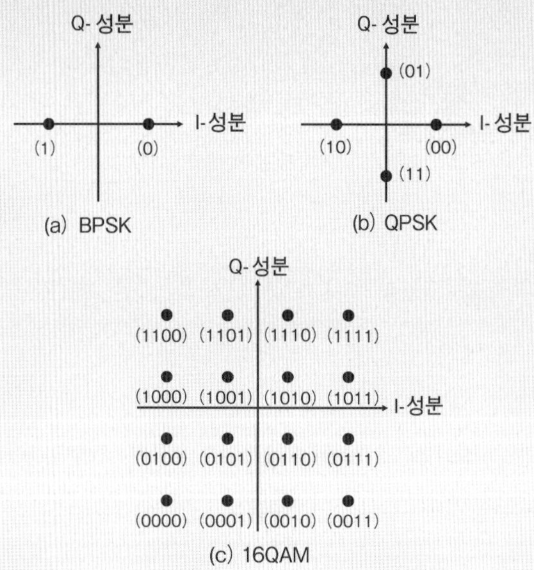

【그림 C.2】 디지털 변조에 의한 심볼의 배치(콘스텔레이션)

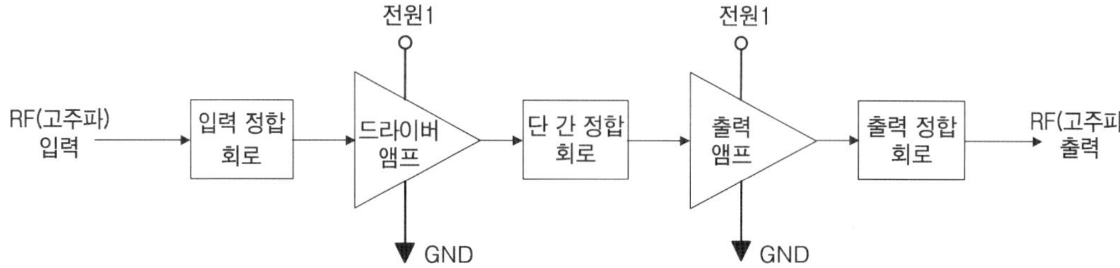

【그림 2.4】 파워 업의 구성

(8) 듀플렉서(Duplexer)

CDMA방식에서는 단말에서 송신하고 수신하는 주파수 대역을 다르게 함으로써 송신과 수신을 동시에 수행하고 있다. [표 2.3]에서는 W-CDMA방식을 예를 들어 송수신 시 주파수의 할당에 대한 예를 나타내고 있다.

【표 2.3】 W-CDMA의 주파수 할당

3GPP Band	3GPP Band Class	명칭		지역	주파수	
					Tx(MHz)	Rx(MHz)
I	6	W-CDMA I(2G)	Traditional	유럽, 일본, (캐나다)	1920~1980	2110~2170
II	1,(14)	W-CDMA II(1.9G)	Traditional	미국	1850~1910	1930~1990
III	8	W-CDMA III(1800)	Plan	(유럽)	1710~1785	1805~1880
IV	15	W-CDMA IV(1800/2G)	New	미국	1710~1755	2110~2155
V	0	W-CDMA Band V(850)	Traditional	미국	824~849	869~894
VI	-	W-CDMA Band VI(800)	Traditional	일본	830~840	875~885
VII	13	W-CDMA Band VII(2.5G)	Plan	유럽	2500~2570	2620~2690
VIII	9	W-CDMA Band VIII(900)	Traditional	유럽	880~915	925~960
IX	-	W-CDMA Band IX(1.7G)	Traditional	일본	1750~1785	1845~1880
X	-	W-CDMA Band X(1800/2G)	New	미국	1710~1770	2110~2170
XI	-	W-CDMA Band XI(1.5G)	Plan	일본	1427.9~1452.9	1475.9~1500.9
XII	-	W-CDMA Band XII(Lower700)	Plan	미국	698~716	728~746
XIII	-	W-CDMA Band XIII(Upper700)	Plan	미국	777~787	746~756
XIV	-	W-CDMA Band XIV(Upper700)	Plan	미국	788~798	758~768

예를 들어, 표의 상단에 표시된 2GHz대역(Band I)에서는, 단말로부터의 송신되는 주파수로서 1920~1980MHz가 사용되는 반면 기지국에서 송신되어 오는 신호를 처리하는 단말기 수신 주파수 대역으로 2110~2170MHz가 사용되어 송/수신에 각각 60MHz 대역이 사용된다. 단 이 주파수 대역을 1개의 사업자(모바일 캐리어)가 모두 사용할 수 있는 것은 아니다. 사업자당 20MHz 정도를 할당받게 되어 실제로 단말이 사용하는 대역폭은 W-CDMA의 경우 5MHz가 된다.

송신 앰프(파워앰프)로부터 안테나에 보내지는 신호의 진폭은 수V 이상인데 반해 안테나에서 수신되어 수신 회로로 보내지는 신호의 진폭은 수μV 정도로 작은 경우가 많다. 그러나 수신 회로는 이러한 미약한 신호를 충분한 크기로 증폭이 가능하도록 설계되어 있기 때문에 수V의 진폭을 갖는 신호가 수신회로로 입력되면 수신회로가 포화되어 수신 동작을 할 수 없게 된다. 송수신을 동시에 수행하면 위와 같은 문제가 발생할 수 있게 된다.

이러한 문제를 해결하기 위해 듀플렉서(Duplexer)가 사용된다. 듀플렉서는 통과 대역이 다른 2개의 대역 통과 필터(BPF : Band Pass Filter)를 조합한 것으로, 주파수 특성의 예를 [그림 2.5]에서 나타낸다. 듀플렉서를 [그림 2.6]과 같이 송수신 앰프와 안테나 사이에 삽입하여 사용한다. 송신 앰프와 안테나 사이(A, B간)의 BPF는 1920~1980MHz 대역의 송신 신호를 가능한 한 적은 삽입 손실로 통과시키고 동시에 통과 대역 이외의 신호에 대해서는 최대한 차단하도록 설계되어 있다. 한편, 안테나와 수신용 저잡음 앰프와의 사이(B,C사이)의 BPF는, 2110~2170MHz의 대역의 수신 신호를 가능한 한 적은 삽입 손실로 통과시키고, 그 이외의 대역에 대한 신호는 최대한 차단하도록 설계되었다. 이와 같이 듀플렉서를 이용함으로써 1개의 안테나를 이용하여 송신과 수신을 동시에 할 수 있게 되었다.

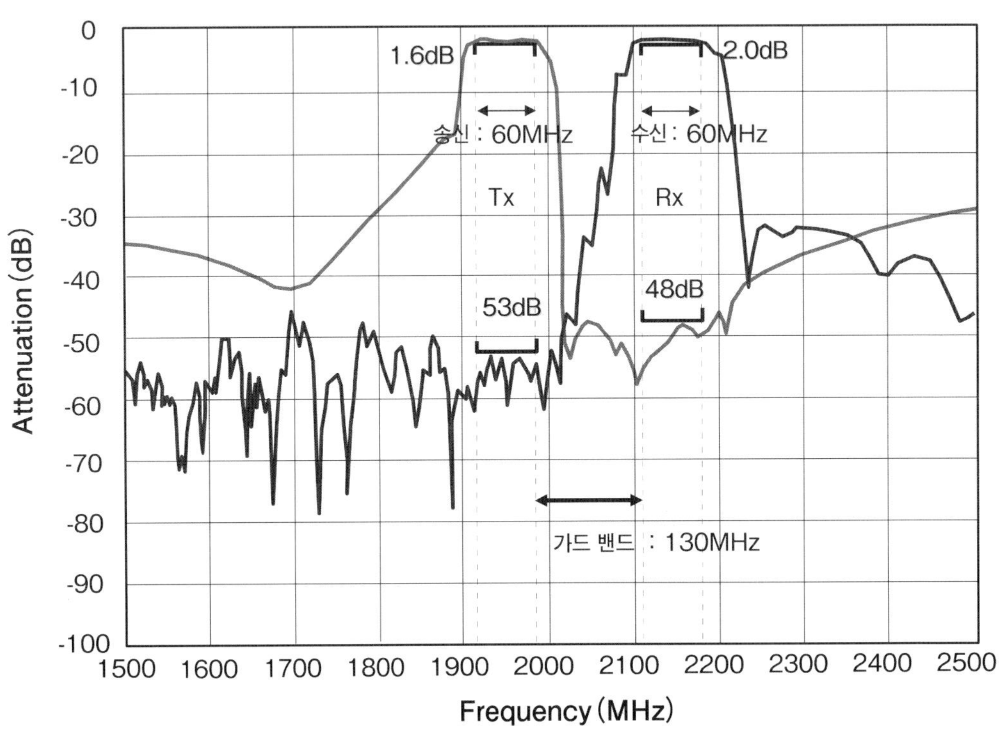

【그림 2.5】 W-CDMA 2 GHz 대역용 듀플렉서의 주파수 특성

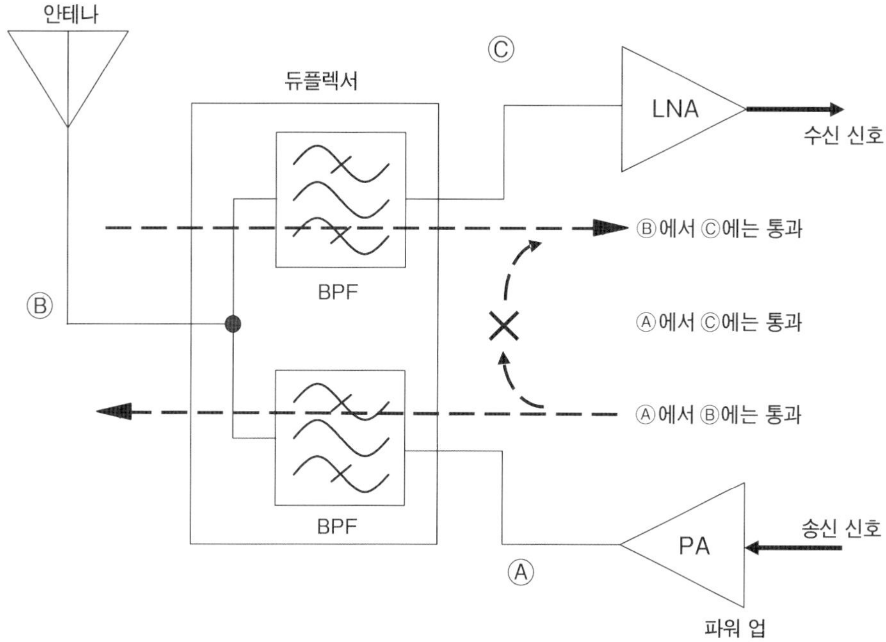

【그림 2.6】 듀플렉서에 의한 송수신 신호의 분리

(9) 안테나

수신되는 전파로부터 가능한 커다란 신호 출력을 얻기 위해서는 전파 파장(λ)의 1/4인 안테나의 크기가 적절하다. 만일 안테나의 크기가 λ의 1/2이 되면 안테나의 감도가 거의 0이 된다. 따라서 800MHz, 1.7GHz, 2GHz 대역에 대해 모두 대응하려면, Low 밴드용(800MHz대역)과 High 밴드용(1.7GHz및 2GHz내역)의 2종류의 안테나를 이용하여 대응이 가능하다.

이러한 이유로, [그림 2.7]에서 나타내듯이 고주파에서도 인접하는 소자에 영향이 적고 삽입 손실도 적은 스위치인 RF스위치를 이용하여 듀플렉서 후단에서 안테나의 스위칭을 한다. [그림 2.7]은 3세대의 UMTS(W- CDMA) 방식과 2세대의 GSM 방식의 두가지 방식에 모두 대응 가능한 RF블록의 구성 예를 나타내고 있다. 안테나의 스위칭에 사용하는 RF스위치를 특히 안테나 스위치라고 한다.

실제의 휴대전화에서는 전화 기능 이외에도 아래와 같은 기능들이 사용된다.

- GPS
- DMB
- Bluetooth
- 무선 LAN

등, 안테나를 필요로 하는 기능들이 휴대전화에 추가되어 있다. 이러한 안테나는 각각의 용도에 따라 주파수가 다르기 때문에 여러 가지의 크기와 모양을 가지고 있어 각각 전용 처리 회로에 접속된다. 이러한 모든 기능들을 작은 휴대전화에 탑재하기 위해서는 상호 간에 발생하게 되는 전파 간섭을 최대한 없애기 위해 고도의 기술을 요하게 된다. 여기서 필요한 시뮬레이션 기술에 대해서는 추후 설명하도록 하고, 여기에서는 실제로 각 안테나가 어떻게 배치되어 있는가의 예를 [그림 2.8]에서 나타내었다.

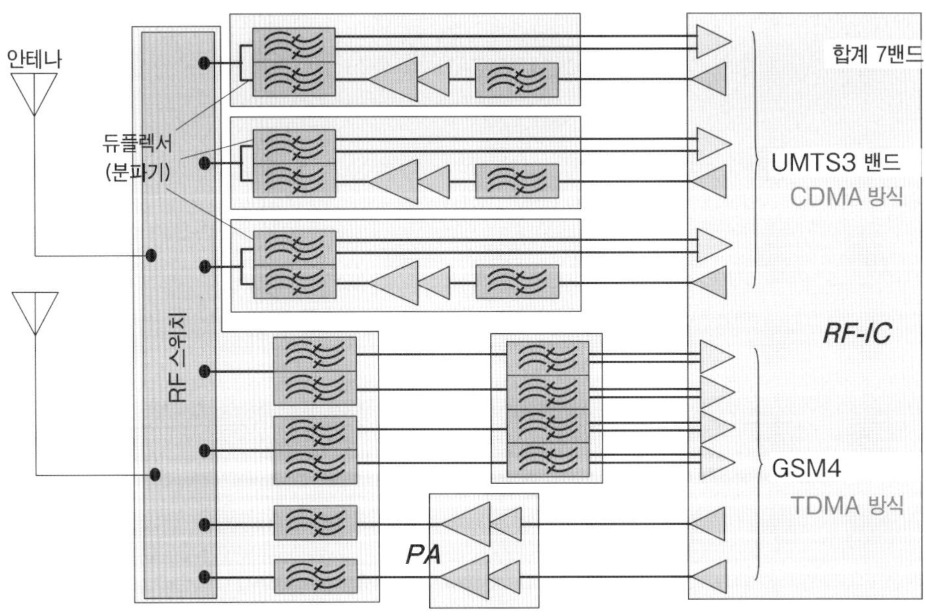

【그림 2.7】 RF스위치에 의한 안테나의 변경

(10) 수신 앰프(LNA)

식(2.2.1)에 표시한 것처럼, 데이터 속도를 올리려면 대역폭 W를 크게 하고 동시에

SN비를 크게 할 필요가 있다. 이 때문에 **【칼럼 3】**에 나타내고 있듯이, 수신 회로에서는 2GHz 이상의 고주파 대역에 대해서도 광대역 · 저잡음 그리고 고이득을 갖도록 해주어야 한다. 이러한 요구 조건 때문에 수신 앰프를 일반적으로 Low Noise Amplifier(LNA)라 부른다.

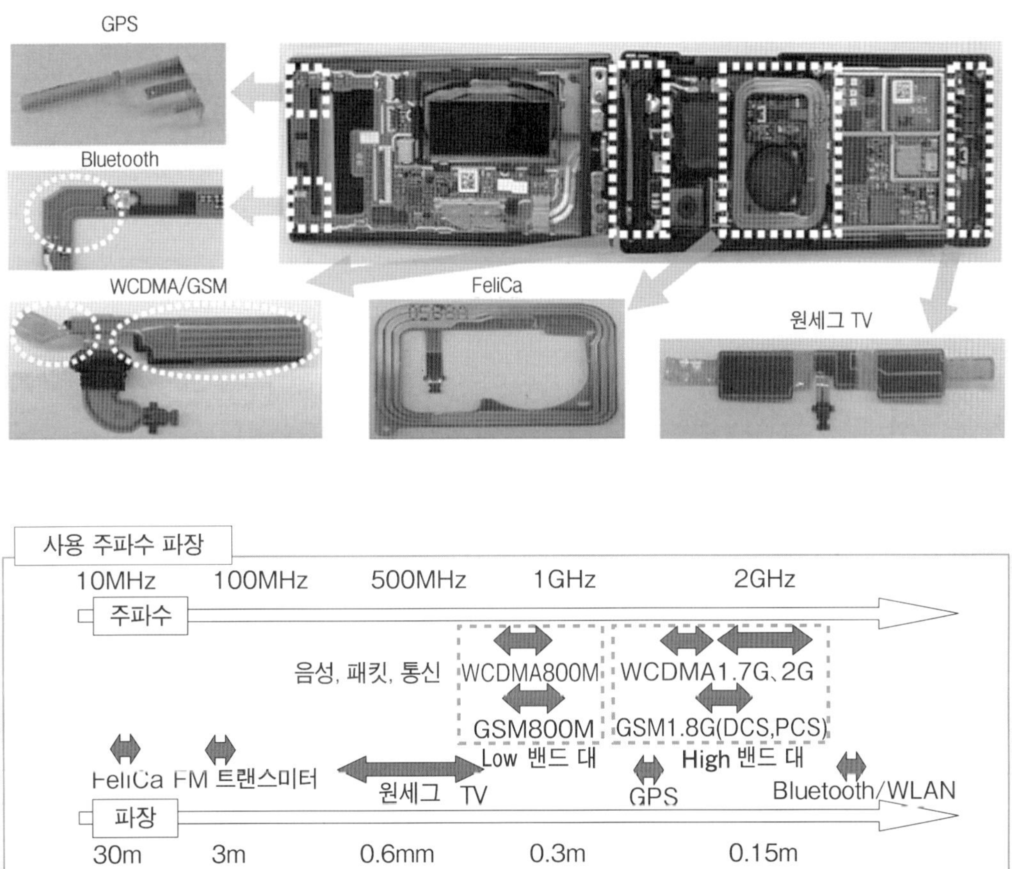

【그림 2.8】 각종 안테나의 예

현재 LNA의 앞단에 갈륨 비소(GaAs)나 실리콘 게르마늄(SiGe) 등의 화합물 반도체가 사용되는데, 이는 실리콘(Si)만으로는 필요한 성능을 만족시킬 수 없기 때문이다. 또한, 보다 낳은 SN비를 얻기 위해서 [그림 2.8]에 나타낸 것과 같이 LNA 자체에 대해서만이 아니라, 블록 전체를 1개로 쉴딩 한 패키지 모듈 형태로 휴대전화 단말 제조회사에 제공되는 경우도 많다. [그림 2.9]에 실제 모듈을 나타내고 있다.

【그림 2.9】 RF회로 모듈의 예

이 모듈에는 LNA를 포함한 RF-IC, 안테나 스위치, 파워앰프, 필터, 발진 회로 등이 집적되어 있다.

RF복조 이후에, 음성 출력용의 DA변환기에 이르기까지는, (1)~(6)의 역동작이 진행하여지므로 상세 설명은 생략하기로 한다.

(11) 실시간 프로세서

통신 기능부 전체는 통신 프로토콜을 실시간으로 처리할 필요가 있기 때문에, 정보처리부와는 다른 별도의 전용 프로세서로 제어된다. 이것에 관하여는 2.3 휴대전화의 소프트웨어에서 설명한다.

2.2.2 정보 단말부, 입출력 디바이스

정보 단말 기능부는 키보드, LCD, 마이크, 스피커 등의 입출력 디바이스가 연결된 컴퓨터와 같은 부분이다. 현재의 전형적인 휴대전화 단말의 구성을 [그림 2.10]에 나타내었다. [그림 2.10]에 표시된 다양한 기능을 한정된 크기의 휴대전화 단말에 탑재하기 위해서는 가능한 한 많은 기능을 1개의 칩에 탑재하는 시스템 LSI가 이용된다.

[칼럼 3] 수신 회로의 SN비

증폭기(앰프)가 2단 cascade(종속) 접속되어 있는 경우, 출력 SN비가 어떻게 결정되는가 생각해보자.

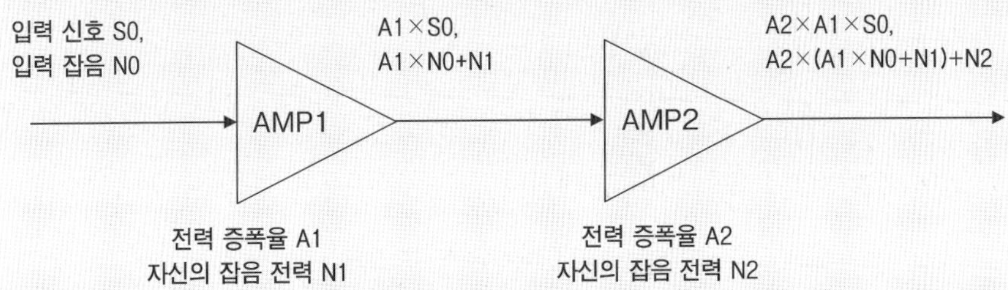

[그림 C.3] 증폭기의 잡음

신호 전력이 S0이고 잡음 전력이 N0인 입력을 첫 번째 단의 앰프(전력 증폭률 A1, 자신이 발생하는 출력 잡음 전력 N1)를 거치게 되면, 그 출력은 신호 전력 =A1×S0, 잡음 전력=A1×N0+N1이 된다. 이 신호와 잡음이 두 번째 단의 앰프(전력 증폭률 A2, 자신이 발생하는 출력 잡음 전력 N2)를 거치게 되면, 최종적인 출력은 다음와 같다.

신호 전력 $Sout = A2 \times A1 \times S0$

잡음 전력 $Nout = A2 \times (A1 \times N0 + N1) + N2 = A2 \times A1 \times N0 + A2 \times N1 + N2$

여기에서 통상 A1, A2는 10정도 이상이며, N1, N2도 동일한 정도이므로, Nout 안의 제3항(N2)은 제2항(A2×N1)에 비해1/10정도 이하가 되므로 무시해도 좋다. 그러면 Nout에서 고려해야 하는 항은 제1항(A2×A1×N0)과 제2항(A2×N1)이며, 위식을 변형해서 다음와 같이 정의할 수 있다.

$$Nout = A2 \times A1 \times (N0 + N1/A1)$$

원래 포함된 잡음 (N0)　　증폭기에 의해 추가된 잡음 (N1/A1)

따라서 A1이 클수록 출력의 잡음에서 차지하는 N1의 영향은 상대적으로 작아진다.

따라서 LNA(Low Noise Amplifier : 저잡음 증폭기)에서는,

- 초단의 증폭률 A1을 크게 할 것
- 초단의 증폭기가 자신이 발생하는 잡음 N1를 작게 할 것

이 두가지 조건이 매우 중요하다.
이상의 설명에서는 2단의 cascade 접속의 경우만 설명했지만, 3단 이상의 경우에서도 초단의 중요성은 동일하다.
덧붙여 증폭기 A1의 입력 SN비(S0/N0)와 출력 SN비(A1×S0) /(A1×N0+N1)와의 비를 증폭기 A1의 잡음 지수(Noise Figure : NF)라 한다. 즉,

$$NF1=(S0/N0)/(A1\times S0)/(A1\times N0+N1)=1+(N1/(A1\times N0))$$

이며, N1이 0이 되면 NF1=1이 되고, SN비가 열화되지 않은 셈이 된다.

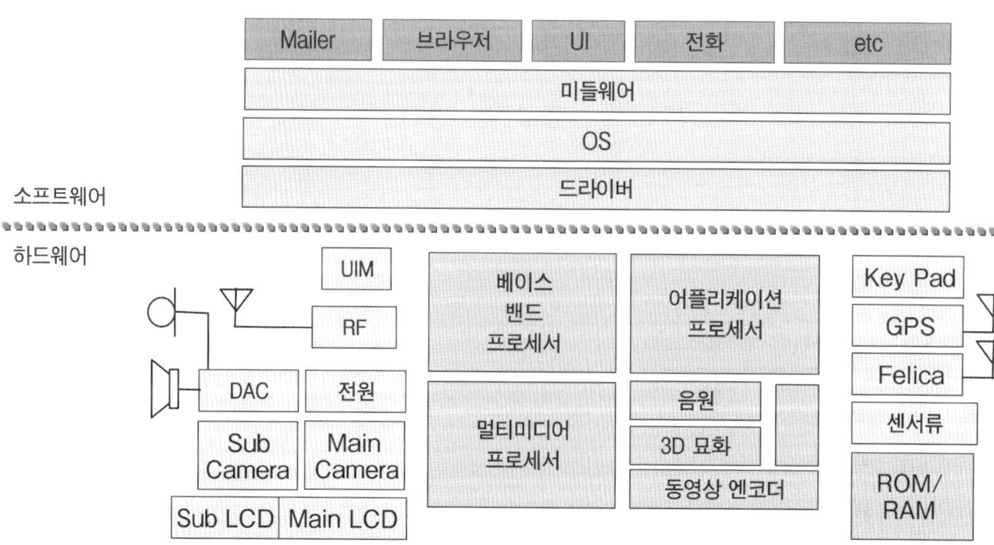

【그림 2.10】 휴대전화 단말의 구성 개념

르네상스사가 개발한 휴대전화 단말 전용 칩의 구성을 [그림 2.11]에 표시하였다. 이 칩의 멀티미디어 처리부에는 LCD 인터페이스, 카메라 인터페이스, 키보드(키패드) 인터페이스, 음성 입출력 인터페이스(스피커, 마이크 입출력)등이 갖추어져 있어, 메모리나 전원 회로를 추가하면 휴대전화에 필요한 대부분의 기본 기능이 구현되어 있다.

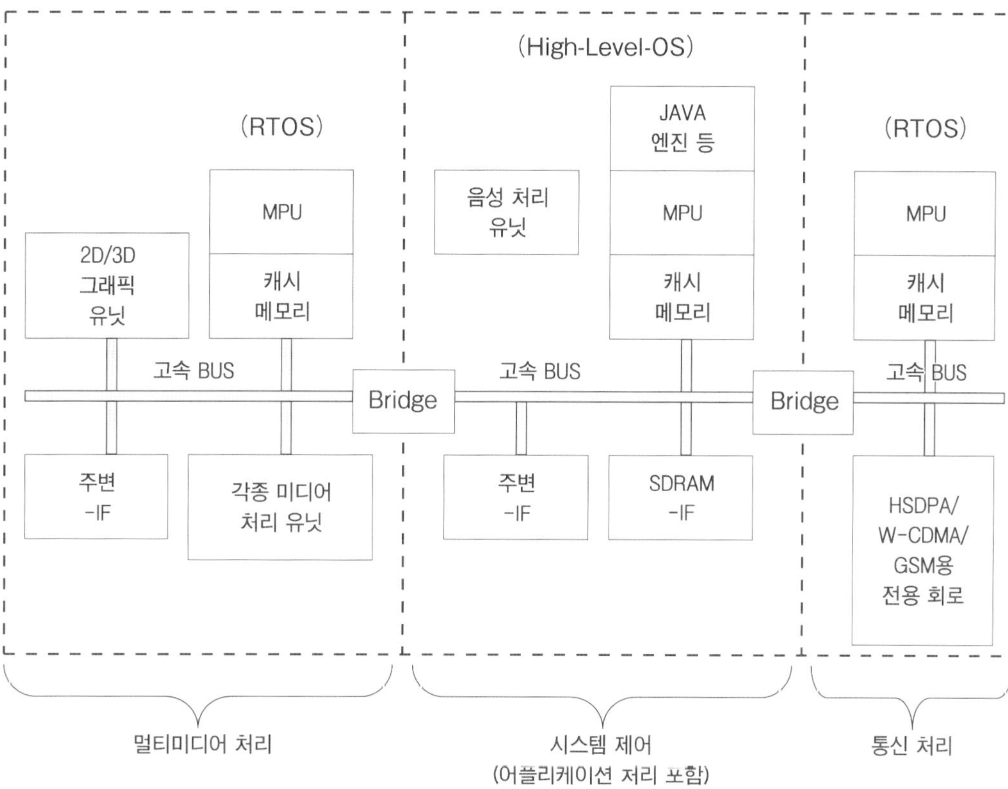

【그림 2.11】 휴대전화용 시스템 LSI의 구성

시스템 LSI를 휴대전화 단말에 탑재할 때는 멀티칩 모듈 형태로 메모리칩과 함께 탑재되는 경우가 많다. 그 이유는, 프로세서와 메모리 사이의 고속버스 신호선이 패키지 외부로 나오게 되면 노이즈·동작 속도·소비전력 등의 면에서 여러 가지 손실이 많아지기 때문이다. [그림 2.12]는 시스템 LSI의 실제 사진을 보여준다.

【그림 2.12】 휴대전화용 시스템 LSI

2.2.3 전원(전지), 저소비 전력화

휴대전화 단말에서 전원(전지)은 매우 중요한 요소이다. 현재의 소형·장시간 동작은,

- 회로의 저소비 전력화
- 전지의 소형화, 고 에너지화에 의해서 실현되어 왔다.

여기에서는 우선 휴대전화 단말의 동작 전류가 어떠한 것인지를 알아보고 다음으로 위에서 설명한 두 가지 특징에 대해 설명한다.

(1) 휴대전화 단말의 소비전류

휴대전화 단말의 전형적인 동작전류 파형을 [그림 2.13]에 나타내었다.

(a)는 대기 상태를 소비전력을 나타내었으며, 이 대기 상태에서는 대부분의 시간 동안 회로에서 전력을 소비하지 않는 상태에서 수mA 이하의 동작전류를 가지고 있지만, 약 2.5초 단위로 기지국에서 송신되어 오는 신호를 수신하는 타이밍(제1장 참조)에서는 회로가 동작 상태로 되어 큰 전류가 흐르게 된다.

(b)는 (a)의 대기 상태에서 동작 상태가 되는 시간에 대해서 확대한 그래프이다.

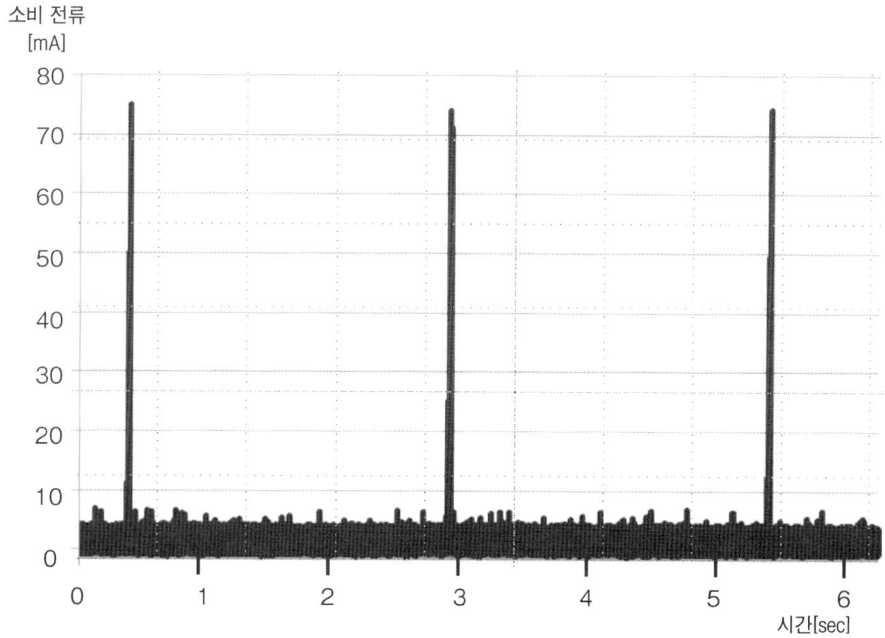

【그림 2.13(a)】 대기 상태에서의 소비전류 예

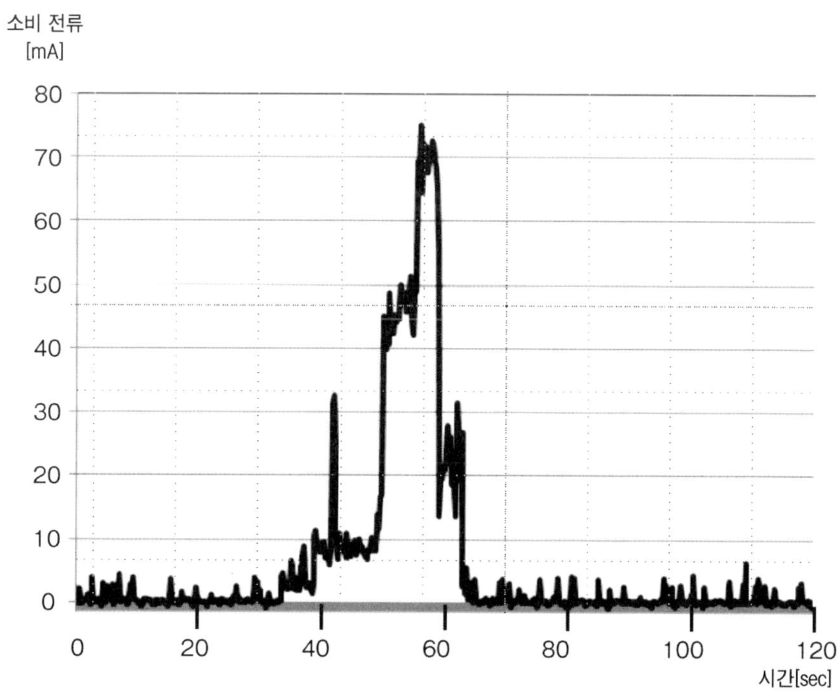

【그림 2.13(b)】 대기 상태에서의 소비전류 예(시간 축 확대)

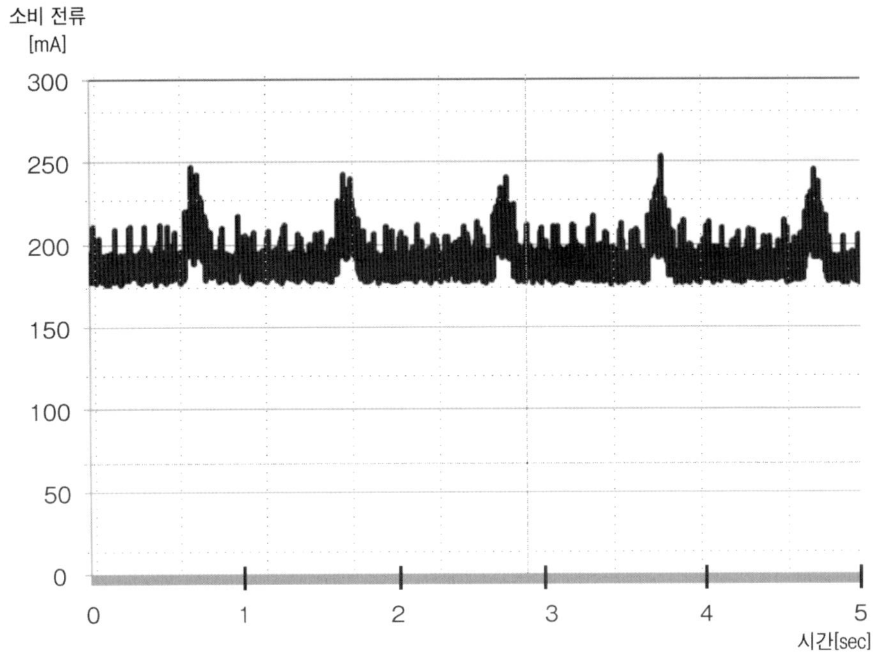

【그림 2.13(c)】 통화 상태에서의 소비 전류 예

(c)는 통화 상태에서의 소비전류를 나타낸 것으로 송수신 신호 처리가 실행됨에 따라, 소비전력이 큰 송신 앰프가 동작하는 이유로 약 200mA의 큰 전류가 지속적으로 흐르게 된다. 그림(c)에서 1초 간격으로 소비전류가 스파이크처럼 나타나는 이유는 통화 시간의 계측 등 특별한 처리가 실행됨으로써 매 1초마다 소비전력이 증가하기 때문이다.

[그림 2.13]의 (a)와 (c)에서 대기 상태의 평균 소비전류와 통화 상태에서의 평균 소비 전류가 약 100배 정도 차이가 나는 것을 알 수 있다. 일반적으로 휴대전화 단말에서의 연속 대기 시간이 200시간 이상인 반면, 연속 통화 시간이 2시간 정도 되는 것이 이러한 소비전류의 차이를 이해한다면 납득 가능하다.

또한, 소비전류는 전파 상태에 의해서 크게 좌우된다. 예를 들어 기지국으로부터 멀리 떨어져 있어 전파가 약한 상태에서는 휴대전화 단말기의 송신 전력을 크게 할 필요가 생기므로 이에 따른 소비전류 또한 커지게 된다. 이러한 이유로, 연속 대기 시간 및 연속 통화 시간의 측정은 휴대전화 회사가 정한 방법(환경 조건)으로 측정하게 되어 있다.

(2) 회로의 저소비 전력화

회로의 저소비 전력화는 아래와 같은 기술로 실현되어 왔다.

- 디바이스 자체를 저소비 전력화
- 회로를 블럭 분할하여 필요한 블럭에만 전력이나 클럭 공급
- 효율이 좋은 전원회로 사용

(a) 디바이스의 저소비 전력화

아날로그 회로를 포함한 소자의 CMOS화, 동작 전압의 저 전압화, CMOS 소자의 저 누전 전류화 등, 디바이스의 저소비 전력화가 꾸준하게 지속되고 있다.

그러나

- 통신 속도가 점점 고속화되어 가는 것과 동시에 **【칼럼 4】** 에서 나타내듯이 CMOS 소자의 소비전력도 주파수에 비례해서 증가한다.
- 휴대전화 단말기에서 요구되는 기능의 고도화에 의해 회로 규모도 증가한다.

등의 이유로 단말 전체의 소비전력이 증가하는 경향이다.

(b) 전원의 분할 블럭 공급, 클럭 신호의 제어

휴대전화 단말에 있어서 소비전력을 낮추는 것이 당초부터 커다란 과제였기에, 초기 단계부터 회로 전체를 기능마다 블럭화하여 단말의 사용 상태에 따라 필요한 기능 블럭에만 분할히여 전력을 공급하는 방식이 이용되고 있다. 최근에는 LSI의 내부에 있어서도 이와 같은 방법을 채용하여 필요한 기능 블럭만을 동작시키게 되어 있다. 또한, CMOS 소자의 소비전력은 동작 주파수에 크게 의존하므로 기능 블럭마다 클럭 주파수를 가능한 한 낮추게 혹은 정지하는 제어가 행해지고 있다. 이러한 전원·클럭의 제어 기술은 모바일 PC에서도 응용되고 있다.

(c) 전원 회로의 고효율화

미약한 신호를 처리하는 휴대전화에 있어서는, 스위칭 레귤레이터(Switching Regulator)에 의한 전압 변환은 효율은 좋지만 노이즈가 크다는 이유로 이전에는 별로 이용되지 않았다. 그러나 최근에 LDO(Low Drop Out : 저전압강하 시리즈 레귤레이터, Series Regulator)가 등장함에 따라 [그림 2.14]에서처럼 스위칭 레귤레이터에 의해

효율이 좋은 희망 전압에 근접한 값으로 변환한 후에, 최종적으로 LDO에서 필요한 전원 전압을 얻는 방식이 가능하게 되어 전지로부터 각 기능 블럭에 필요한 전압을 생성할 때의 효율이 향상되었다.

(3) 전지의 성능 향상

휴대전화 단말기에 있어서 소형 사이즈로, 가능한 많은 에너지를 저장할 수 있는 전지가 필요하기 때문에, 현재의 단말기에서는 체적 에너지 밀도가 높은 리튬 이온 전지가 이용되고 있다. [그림 2.15]는 리튬 이온 전지의 성능 향상을 나타낸다. 성능 향상은 전극 재료(첨가물)・전극 형상 등을 개량함으로써 실현되어 왔지만, 그림에서 알 수 있듯이 최근 들어 성능 향상의 정도가 거의 미미한 수준이어서 개발의 중점은 안전성의 향상 등으로 전환되고 있는 추세이다.

실제로 휴대전화 단말에 사용되고 있는 전지의 예를 [그림 2.16]에 나타내었다. 전지의 용량은 그림의 표준 타입으로 3.7 V×870mAh = 3.2Wh 정도이다.

[칼럼 4] CMOS-LSI의 소비 전력

CMOS 회로의 개념적인 구성을 [그림 C.4.1]에 나타내었다. 전원 측에 연결된 SW1과 접지(GND) 측에 연결된 SW2가 직렬로 접속되어 있어, 입력 신호의 제어에 의해서 어느 쪽이든 한편이 ON이되면 다른 한편이 OFF가 되므로, 출력이 전원 측에 연결된(출력=High)경우, 혹은 접지 측에 연결된(출력=Low) 경우의 어느 한쪽이 된다. 이때 출력은 전원 측 / 접지 측 어느 쪽에 연결되었느냐에 따라 High / Low가 된다.

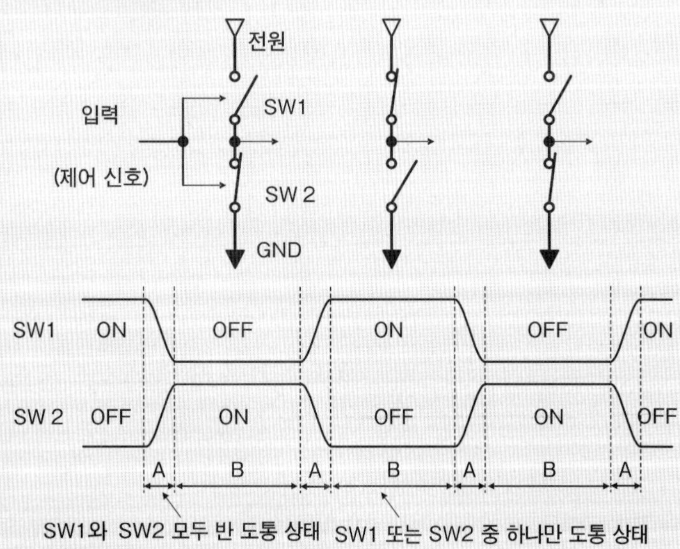

【그림 C.4.1】 관통 전류(구간A)와 누전 전류(구간 B)

기본적으로는 전원 ➡ SW1 ➡ SW2 ➡ 접지의 경로에서는 전류가 흐르지 않기 때문에, 소비전력이 낮다고 할 수 있다. 여기서 SW1는 P채널 MOS-FET, SW2는 N채널 MOS-FET로 만들어진다.

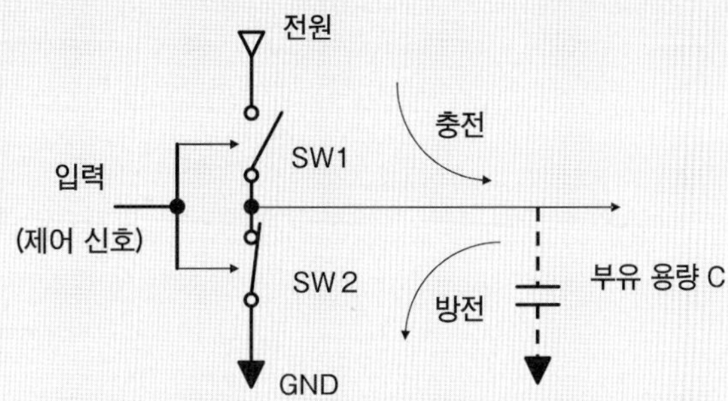

【그림 C.4.2】 부유 용량의 충방전 전류

그러나 실제로는 [그림 C.4.1]의 파형에서도 알 수 있듯이, SW1 혹은 SW2가 ON ➡ OFF 혹은 OFF ➡ ON로 변화하는데는 다소의 천이시간(A)이 필요하고, 이 시간 동안에 SW1과 SW2 둘 다 반도통 상태가 되기 때문에, 전원 ➡ SW1 ➡ SW2 ➡ 접지 경로에서 '관통 전류'가 흐른다.

또한, [그림 C.4.1]에서 표시되는 안정기간(B)에 있어서도 약간이지만 누전(리크) 전류가 흐른다.

게다가 출력이 High 혹은 Low가 될 때마다 배선 등에 유기되는 부유용량(Stray Capacity, 기생 용량이라고도 한다)을 충방전할 필요도 있다.

이것들을 합치면 CMOS 회로의 소비전력 Ptotal은 다음와 같이 표시될 수 있다.

Ptotal = Pa(관통 전류에 의함)+Pb(누전 전류에 의함)+Pc(부유 용량 충방전)

실제의 LSI에 있어서는 Pc가 70% 정도, Pa가 10~30% 정도로, 이 2개에 의해 LSI의 소비전력이 정해진다. 한편, 이 2개의 그림으로부터 알 수 있듯이, Pa와 Pc는 ON-OFF의 빈도, 즉 동작 주파수에 비례해서 증가한다. 따라서 LSI의 소비전력도 동작 주파수에 비례해 증가한다.

최근 시스템의 LSI에서는 동작 주파수가 500MHz 이상이 되도록 미세 가공이 진행된 결과, 내압이 낮아지고 누전 전류와 회로 규모(소자수)도 증가함으로써 소비전력이 점점 더 증가하는 추세이다.

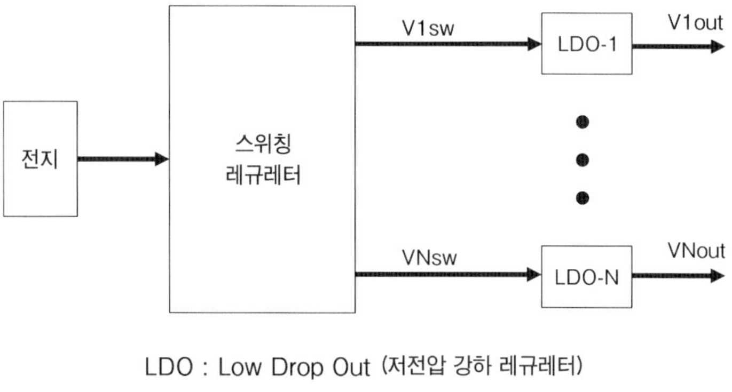

【그림 2.14】 전원 공급 예

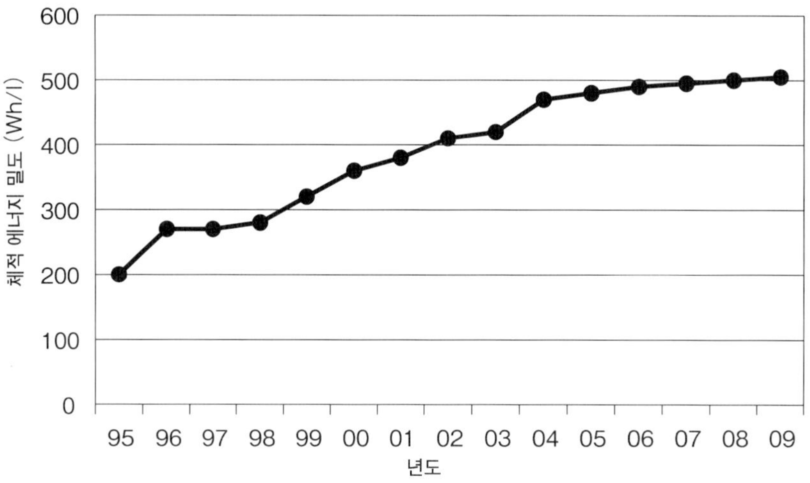

【그림 2.15】 리튬 이온 전지의 성능 향상

【그림 2.16】 사각형 리튬 이온 전지 예

(4) 전지의 향후 발전 방향

휴대전화 단말용 전지로서 연료 전지나 태양전지 등도 거론되고 있지만, 동작 전류(통화 시의 200mA 이상)나 체적 등의 요소를 고려한다면 당분간은 리튬 이온 전지를 대체하는 것은 어려울 것이며, 대기 상태 등과 같이 비사용 시에 충전용도로 주로 사용되고 있다. 사용자의 입장에서는 오히려 리튬 이온 전지를 단시간에 충전할 수 있는 급속 충전 기능 등의 개발이 더욱 바람직할 것이다.

2.3 휴대전화 단말의 소프트웨어

2.3.1 개요

멀티미디어 정보 단말로서의 휴대전화 단말기는 통신 기능을 표준으로 내장하고 있다는 점에서 본다면 이미 PC 이상의 기능을 실현할 수 있게 되어 있다. 이 때문에 소

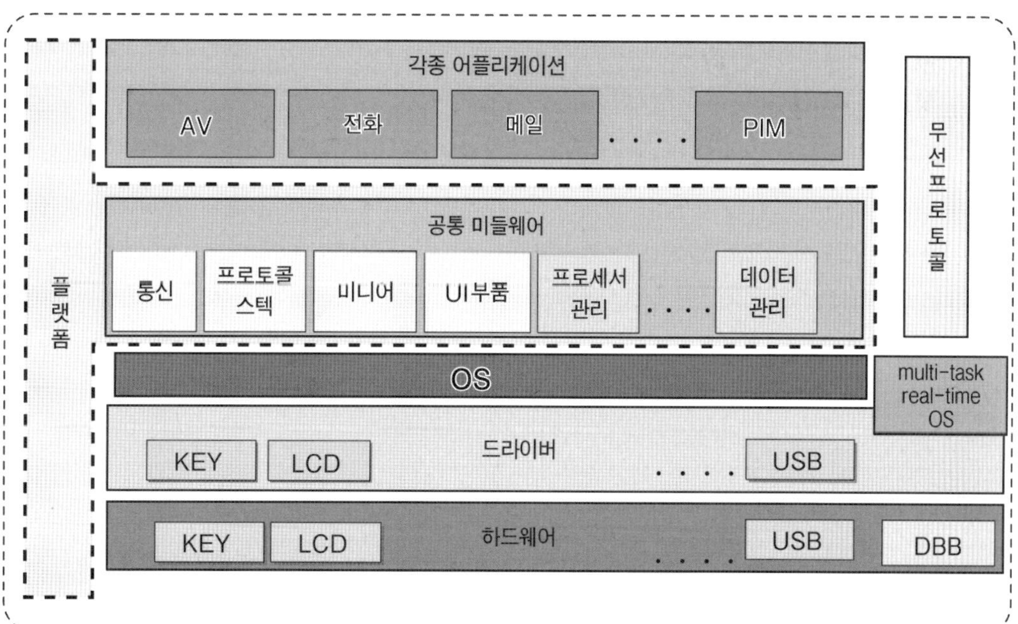

【그림 2.17】 소프트웨어의 구성

프트웨어의 구성도 PC와 같이 OS나 디바이스 드라이버 그리고 미들웨어 등의 계층 구조가 갖추어진 형태가 보편적인 것이 되었다. [그림 2.17]에서 소프트웨어의 구성 개요 예를 나타낸다.

이러한 풍부한 기능을 실현하기 위해서 소프트웨어는 이미 방대한 양이 되어 있어 1기종당 프로그램 스텝 수는 500만 줄(신규 개발 부분만으로도 1기종당 100만 줄 정도)을 넘고 있다. 이 때문에 휴대전화 단말의 개발 비용의 절반 정도가 소프트웨어 개발비용이 차지하고 있다.

통신 프로토콜에 관한 소프트웨어는 휴대전화 회사 혹은 휴대전화용 칩 공급 회사로부터 제공되어, 단말 개발·제조 회사는 그것을 블랙 박스로 취급하는 것이 일반적이다.

2.3.2 휴대전화용 OS

음성 통화가 주였던 시대의 휴대전화 단말에서는 Single task용 OS만으로 단말 전체를 제어할 수 있었다. 그러나 인터넷 메일이나 Web 브라우저의 지원, GPS·음악 재생·DMB 등의 멀티미디어 기능까지 지원하려면 본격적인 Multi task, Multi jobs을 실행할 수 있는 OS가 필요하게 되었다.

한편, 휴대전화 단말에 있어서는 전화로서의 통화 기능이 최우선된다. 이 때문에 단말을 제어하는 소프트웨어에 있어서도 통화 기능을 맡는 부분은 가장 높은 우선도가 주어지는 반면, 각종의 멀티미디어 기능 등 이른바 어플리케이션 기능에 대해서는 우선도가 낮다. 이 때문에 휴대전화 단말의 소프트웨어를 관리하는 OS는 실시간 동작을 하는 OS와 고도의 어플리케이션(시스템)을 제어하기 위한 OS, 2종류를 탑재하는 것이 보통으로 되었다. 프로세서도 각각의 OS에 대응하는 별개의 것이 사용된다. [그림 2.10 참조]

단 '휴대전화 단말용 OS'라고 하는 경우에는 후자의 어플리케이션(시스템) 제어용 OS를 가리키는 것이 보통이다. 현재의 휴대전화 단말에서는 [그림 2.18]에 나타낸 OS가 이용되고 있다. 이 그림은 인터넷 액세스 기능을 가진 스마트폰에서의 OS 점유율을 나타내고 있다.

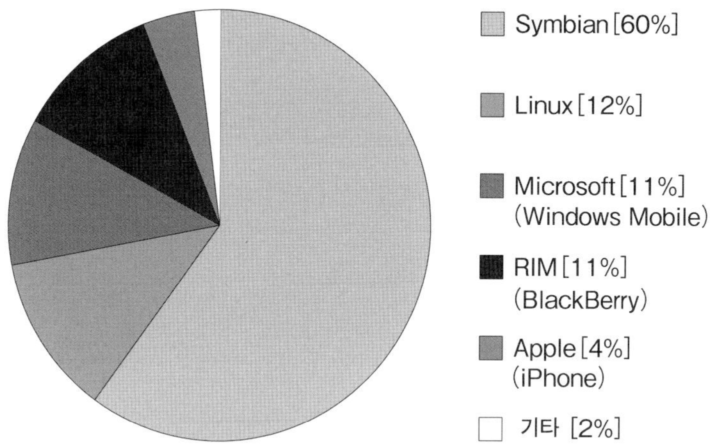

【그림 2.18】 휴대전화 단말용 OS의 점유율(2008년 시점)

Symbian, Windows Mobile이나 iPhone은 1사가 규격을 결정하는데 반해, Linux는 개방형 OS라는 특징을 가지고 있으므로 여러 가지 안이 존재하기 때문에, LiMo Foundation(Linux Mobile Foundation)라는 조직에서 플랫폼의 통일을 도모하고 있다.

2008년에 미국의 Google사가 Android라는 개방형 휴대전화 단말용 소프트 개발 환경을 제안하여 큰 주목을 받았다. 그러나 어플리케이션 개발 환경이라는 의미에서는 Symbian, Windows Mobile, iPhone도 개방형 환경을 제공하기 때문에 모든 OS가 개방적이라고도 말할 수 있다.

2.3.3 어플리케이션

휴대전화에는 아래와 같은 각종 어플리케이션들이 있으며 대부분의 단말기에 내장되어 있다.

- 전화번호부, 스케줄
- 메일/브라우저
- 멀티미디어
- 카메라, TV 등의 영상 관련

- 음악, 레코더 등의 사운드 관련
- 그 외 GPS, DMB 등

iPhone에서는 사용자가 작성한 어플리케이션 소프트웨어를 유통 가능하도록 App Store 플렛폼이 제공되기 때문에, 단말기 구입 후 원하는 어플리케이션을 다운로드 하여 설치하는 방식이 널리 이용되고 있다. iPhone에서 실행하는 방법과 유사하게 Android도 비슷한 방식을 채택하고 있지만, 단말기 자체를 Google이 판매하는 것이 아니라, 제3의 단말 제조사가 판매하는 형태가 되어 있기 때문에, 판매 프로모션이 충분하지 않아 iPhone에 비해 보급이 늦다. 앞으로는 이렇게 사용자가 작성한 어플리케이션 소프트웨어가 유통 가능하도록 한 개방형 단말기의 보급이 급증할 것이라는 점에 주목할 필요가 있다.

하드웨어적인 기능 면에서는 PC에서 실현된 거의 모든 것이 휴대전화 단말기에서도 실현되었기 때문에 더는 획기적인 기능이 나오기는 어려울 것이다. 앞으로 단말기에서의 경쟁은 인기 어플리케이션을 얼마나 빨리 구현할 수 있는가가 중요한 포인트가 될 것이며, 제조 회사나 휴대전화 회사 주도가 아닌 사용자 주도의 다양한 어플리케이션 개발의 중요성이 크게 부각될 것이다.

또한, 휴대전화에서는 접속에 필요한 인증 정보나 과금 정보 등, 네트워크의 보안이나 금융에 관련된 정보도 다루어진다. 이러한 정보에 대해서는 일반 어플리케이션에서는 액세스할 수 없도록 되어 있는 것이 일반적이다.

2.4 휴대전화 단말 내장 시뮬레이션 기술

휴대전화 단말은 작은 케이스 내부에 여러 부품을 탑재하면서도 경량화가 요구되기 때문에,

- 케이스의 강도
- 발열
- 전파 방사 효율, 불요 전파 방사

등과 관련한 여러 가지 문제점들이 있다.

이러한 문제들에 대해서 실제로 단말이 완성된 후에 시험에서 발견하여 수정을 하게 되면, 공정 수뿐만 아니라 비용면에서도 커다란 부담이 되어 개발 주기가 짧은 제품 속에서 경쟁력을 잃어 버리게 된다. 이 때문에 케이스의 강도, 발열, 전파 방사 등에 대해서는 설계한 부품 배치를 근거로 사전에 시뮬레이션으로 평가를 실시해, 그 결과를 부품 배치에 피드백 하는 공정을 반복하는 생산/조립 전 사전 성능 평가를 실시하는 것이 일반적이다.

이하에서는 시뮬레이션 예를 몇 가지 소개하도록 하겠다.

2.4.1 케이스의 강도 해석 예

폴더식(Clamshell형) 휴대전화 단말기의 Hinge(경첩 부분) 부분이 낙하 시에 어느정도 영향을 받아 일그러지는가에 대한 시뮬레이션 결과를 [그림 2.19]에 표시하였다. 여러 높이로부터 어느 각도로 낙하시켰을 때의 일그러진 양의 시간적 변화를 표시하고 있으며, 이 결과로부터 케이스의 강도가 충분한가를 판정한다.

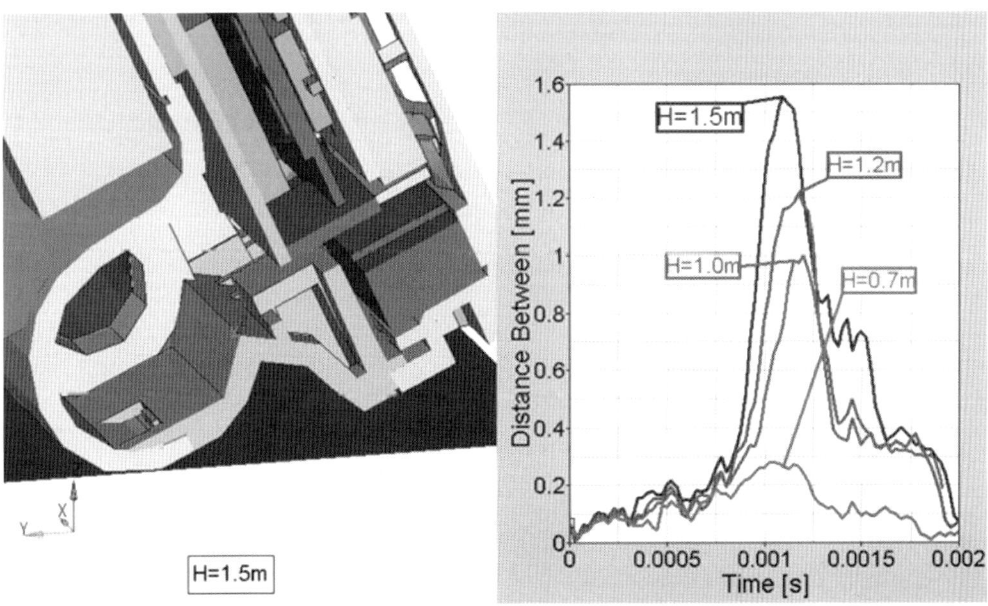

【그림 2.19】 케이스 강도 시뮬레이션 예

2.4.2 전자계의 특성 해석 예

안테나로부터 방사되는 전파가 어떻게 되는지를 시뮬레이션한 결과를 [그림 2.20]에 나타내었다. 우선 각종 안테나 및 주위의 구조체를 모델화한 구조체 모델(Skeleton Model)을 작성한다(a). 다음으로 에너지를 보내는 것처럼 해당 안테나에 고주파 전류를 흘려 가장 큰 전류가 흐르는 경로에 따라 그 안테나의 형상을 결정한다(b). 마지막으로 얻어진 안테나 형상과 구조체의 영향을 고려하여, 그 안테나로부터 방사되는 전파의 패턴을 구한다(c). 이러한 순서를 반복해서 방사 강도를 가장 강하게 할 수 있는 안테나 패턴을 구한다.

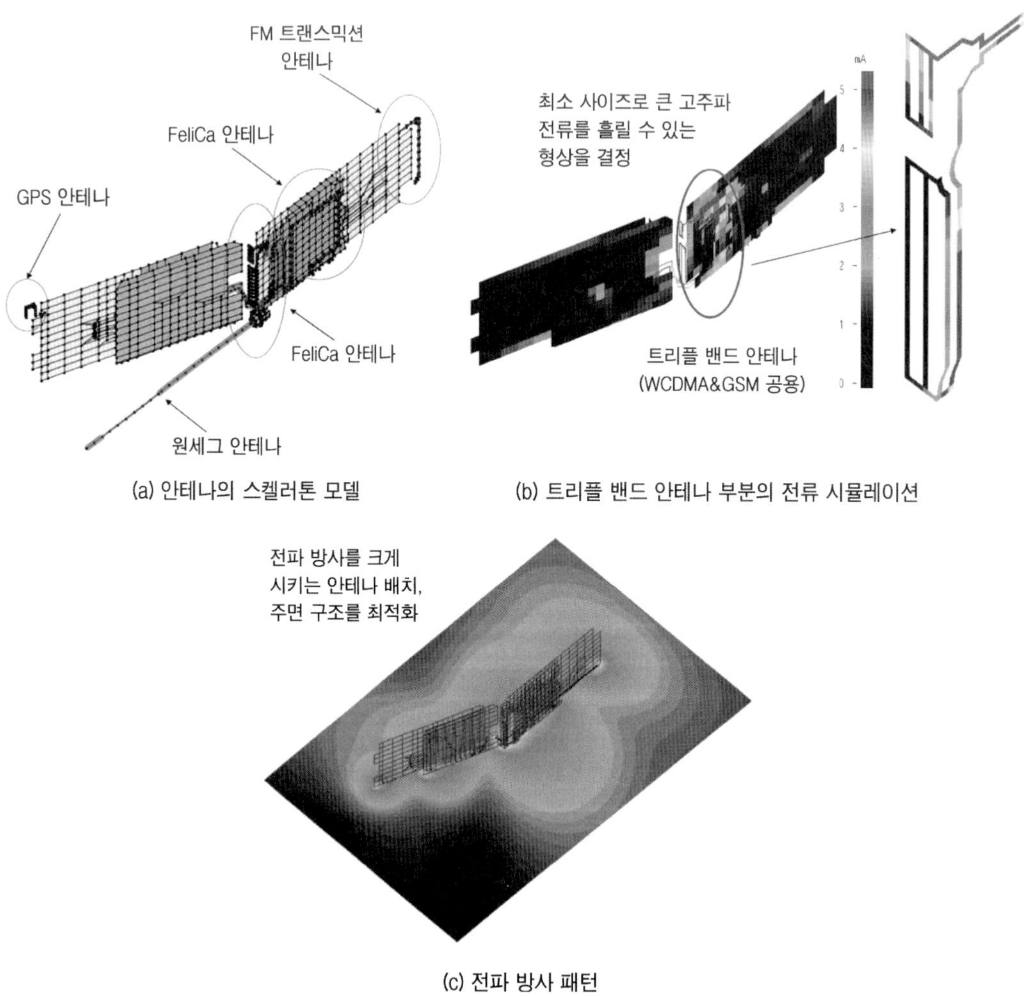

(a) 안테나의 스켈러톤 모델

(b) 트리플 밴드 안테나 부분의 전류 시뮬레이션

(c) 전파 방사 패턴

【그림 2.20】 전파 방사 패턴의 시뮬레이션 예

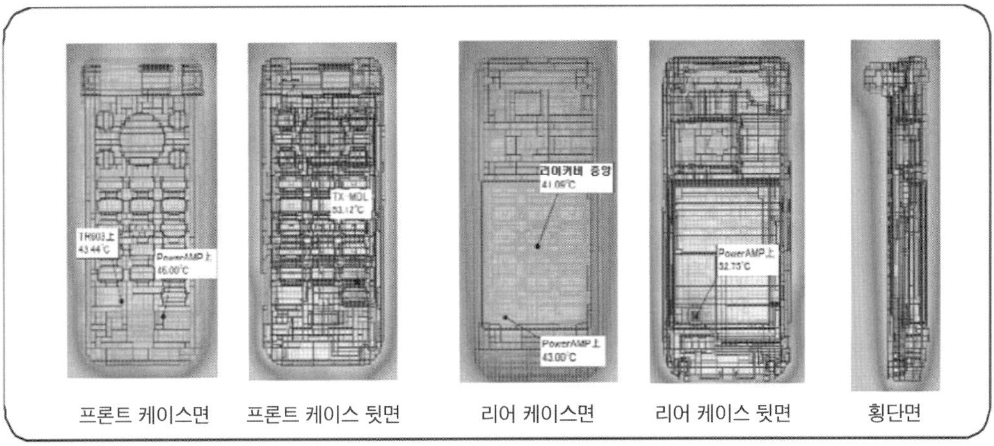

【그림 2.21】 열 해석의 예

2.4.3 열 해석 예

설계에 의해서 배치된 부품으로부터 나오는 열로 인해 휴대전화 단말기 내부의 온도 분포가 변화하는 시뮬레이션 예를 [그림 2.21]에 나타내었다. 시뮬레이션 결과, 특정 부위에서 규정 이상의 온도 상승 부분이 발견되면, 부품의 배치 변경이나 방열재의 삽입 등을 다시 해서 시뮬레이션 하는 프로세스를 반복적으로 수행하여 발열 문제를 해소한다.

2.4.4 제조 시뮬레이션

제조 시뮬레이션은 시뮬레이션의 마지막 단계에서 실행한다.

휴대전화 단말기는 작은 체적에 다수의 부품이 들어 있기 때문에 조립 순서도 별도의 기술이 필요하거나, 경우에 따라서는 구성 부품의 형상 변경이 요구되는 경우도 있다. 이러한 문제를 사전에 파악하여 개선하는 툴로서 VPS(Virtual Product System : 가상 제조 시스템)가 있다. 이것은 휴대전화 단말을 조립할 때, 구성 부품이 어떻게 이동되어 탑재되는가를 애니메이션으로 표시하여 도중에 이동에 곤란이 생기지 않는지를 판정하고 조립 작업상의 주의 사항 등도 추출 가능한 툴이다.

VPS의 화면 예를 [그림 2.22]에 표시하였다. 그림에서는 폴더형의 휴대전화 단말 본체 측과 디스플레이 측을 조합할 때의 주의 사항이 표시되어 있다.

마지막으로 위의 공정을 거쳐 만들어진 휴대전화 단말 내부의 전체 레이아웃을 [그림 2.23]에 표시하였다.

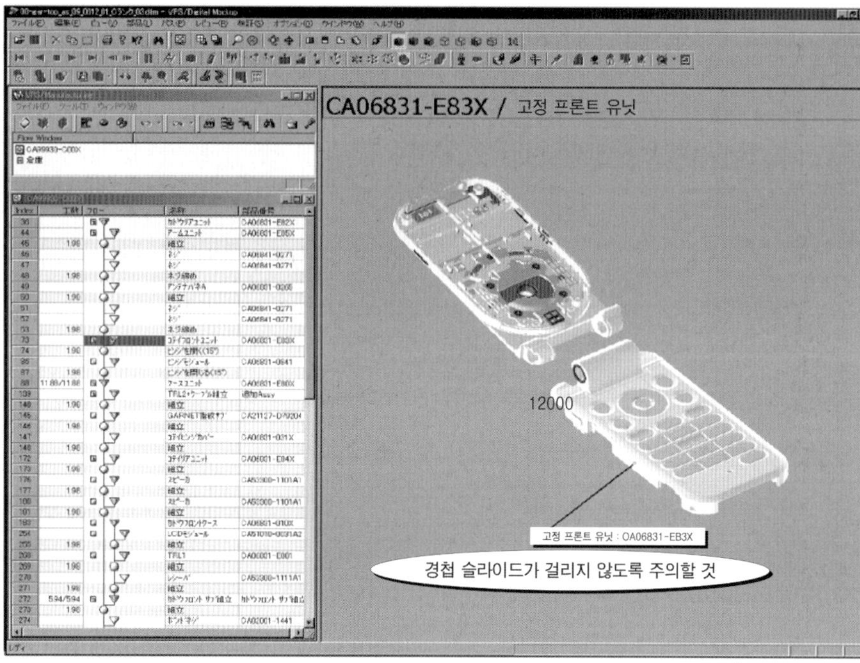

【그림 2.22】 VPS의 화면 예

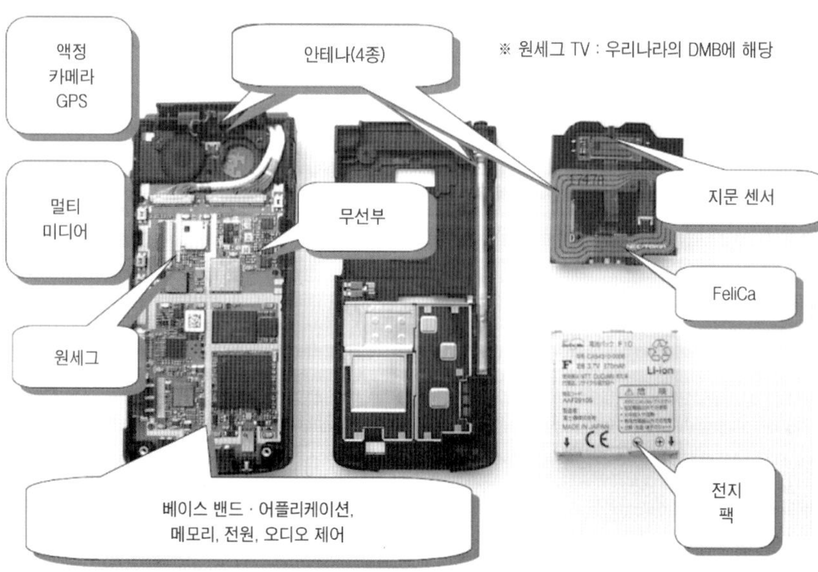

【그림 2.23】 휴대전화 단말의 내부 레이아웃 예

2.5 차별화 기술

본장의 도입 부분에서도 설명하였듯이, 휴대전화 단말은 전지에 의해 동작한다는 제약과 함께 ① 장시간 동작, ② 소형 경량화, ③ 다기능화, ④ 고속화 등에서의 차별화를 기할 수 있도록 기술 개발이 진행되어 왔고 앞으로도 끊임없이 혁신되어 갈 것이다. 여기서는 그 밖의 몇 가지에 대해 설명하겠다.

첫 번째로는 휴대전화 단말기가 정보 단말기로서 사용되면서 하드웨어 관련된 기술 이외에 이용 방법에 대한 기술 개발이 필요하게 되었으며, 이러한 이용 방법에 대한 기술개발이 이 제품의 차별화를 가져올 수 있다는 점에서 매우 중요하게 되었다. 여기에 포함되는 기술로서 iPod나 iPhone에서 쓰이고 있는 MMI(Man-Machine-Interface, HMI : Human-Machine-Interface라 한다)의 중요성이 크게 부각되고 있다.

두 번째로는 어떠한 환경에서도 사용하기 쉬운 단말이어야 한다는 점이다. 예를 들어 소음이 많은 환경에서도 알아 듣기 쉽게하거나 소음 환경에서도 자신의 목소리가 상대방에게 제대로 전해질 수 있게 하는 등의 음성 신호 처리 기술의 구현을 들 수 있으며, 앞으로도 더욱 중요하게 될 것이다.

다른 예로 카메라에 대해 언급하자면, 300만 화소 정도의 화소 수면 일반적인 사진 인쇄에 충분하므로 카메라 제조 회사에서는 이 이상의 화소 수의 필요성에 대해 부정적인 견해도 있었다. 그러나 화소 수를 증가시키면 구도를 별로 신경쓰지 않아도 나중에 필요한 부분만큼 자르면 된다는 공간적인 사용상의 용이성을 얻게 되었다. 앞으로는 디지털 카메라 일부에서 실현되고 있는 연속 촬영을 도입함으로써 셔터 찬스에 신경 쓰지 않아도 되는 시간적인 사용상의 편이성과, 카메라의 다이내믹한 Range를 넓히는 것으로 조명과 노출에 대해 신경 쓰지 않아도 되는 계조 공간에서의 사용 편이성 향상이 이루어질 것이다. 다만, 이러한 사용상의 편이성은 소비전력을 증가시키므로 이에 대한 배려도 필요하다.

세 번째로는, 인터넷 접속이 가능하게 된 결과, PC의 경우와 같이 보안과 안전성의 문제가 휴대전화에도 생기고 있다. 휴대전화의 경우 단말은 개별 식별 번호에 의해 휴대전화 회사가 관리하고 있지만 인터넷에 접속하게 되면 보안관리 등이 충분하지 않는 PC 등과의 접속도 이루어질 수 있다. 앞으로는 PC에서 발생하는 바이러스 등의 문제가 휴대전화 단말에서도 큰 문제가 될 것이므로 전자지갑 서비스(일본에서의 FeliCa) 등 금융 관련 기능이 휴대전화에 탑재될 것을 사전에 대비한 보안 대책 마련이 앞으로 중요한 과제가 될 것이다.

2.6 앞으로의 동향

휴대전화 단말을 ① 가볍고, 작고 얇게, ② 다기능·고기능이라는 상반된 요구에 대하여 어떻게 실현할 것인가가 각사의 기술력에 달려 있다. 다음 휴대전화 단말 성능이 지금까지 어떻게 변해 왔는지를 설명한다.

먼저 체적에 대해서 살펴보면, 2000년경까지는 소형화 경쟁이 우선되어 부피로 70cc 이하의 단말기도 출현하였다. 이 시기는 휴대전화 단말기의 크기를 작게 하는 것에 집착하여 사용상 부자연스러움을 느낄 정도로 작은 단말기도 출시되었다.

그러나 일본의 경우 1999년에 시작된 i모드에 의해 데이터 통신(휴대폰 메일)이 활발하게 이용되면서, 많은 문자 수를 표시할 수 있는 큰 화면이 필요하게 되었다. 또한, 2000년 11월 처음으로 출시된 카메라 내장 단말기에 의해 '사진 메일'이라고 불리는 사진 첨부 메일 서비스가 급속히 보급되는 등, 2000년 이후는 고기능화가 커다란 흐름이 되었다. 그리고 2005년까지는 GPS/지문 센서/가속도 센서(만보계)/비접촉 카드(일본에서 FeliCa 서비스)/Bluetooth(근거리 무선)/USB 인터페이스/TV 등과 같은 기능이 점차적으로 단말기에 탑재되면서 단말기의 체적 증가는 자연스러운 흐름이 되었다.

2005년 후에 신규로 탑재될만한 기능들이 거의 다 실현되면서, 다시 소형화가 중시되는 듯하였지만, 이 시기의 소형화의 의미는 얇게 만드는 박형화에 의해 체적을 감소하는것이 중시되었다. 이러한 박형화가 중시된 이유는 이미 어느 정도 이상의 화면 크기가 필요한 현실에서 체적을 줄이기 위한 남은 방법이 두께를 줄이는 방법을 선택할 수밖에 없었던 것이다.

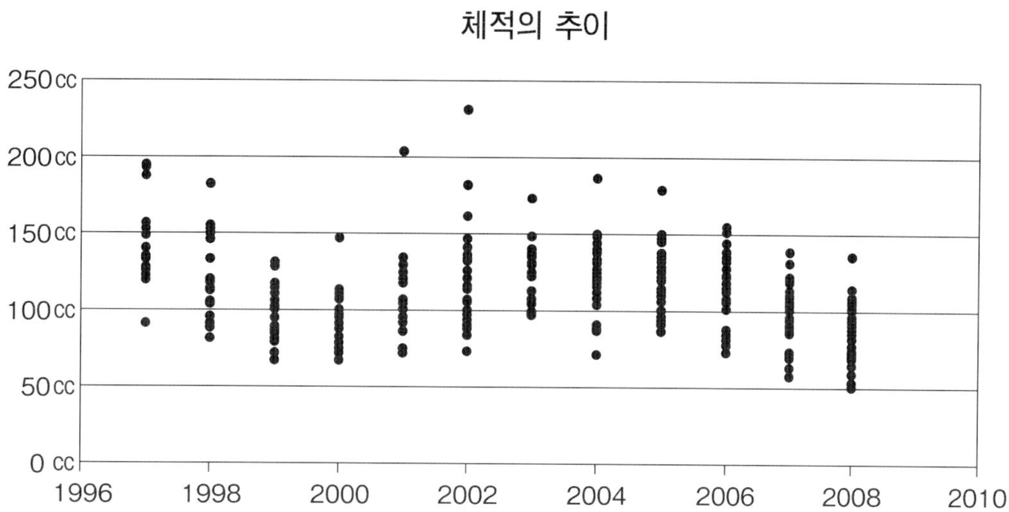

【그림 2.24】 체적의 추이

다음으로 [그림 2.25]에 무게에 대한 경향을 나타내었다. 무게도 체적과 거의 같은 경향을 나타내고 있다. 2000년까지는 무게의 경량화 경쟁이 있었지만, 그 이후 2005년 경까지는 적정 중량하에서의 다기능화가 진행되었으며, 다시 2005년 이후부터는 다기능화가 일단락되어 다시 경량화가 중시되는 추세를 나타내고 있다.

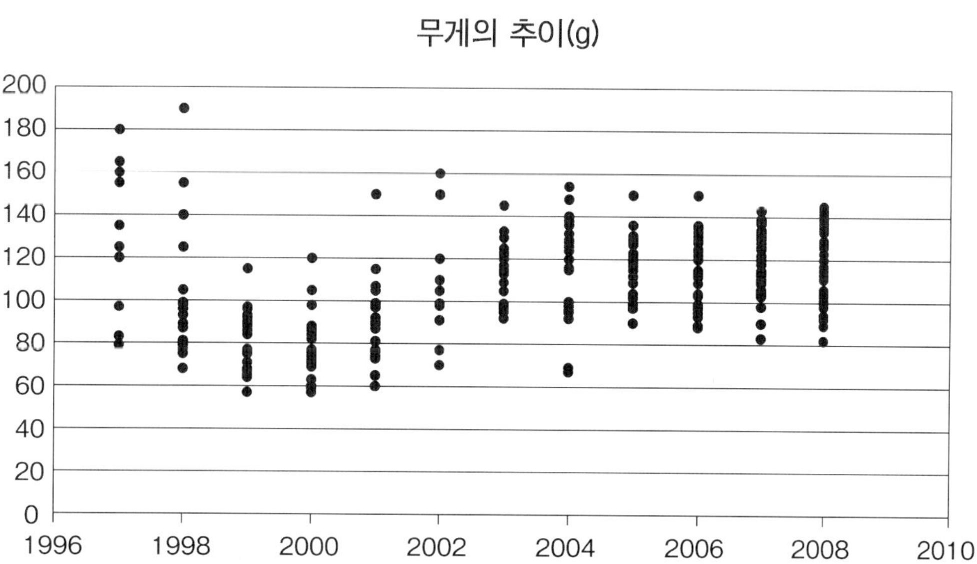

【그림 2.25】 무게의 추이

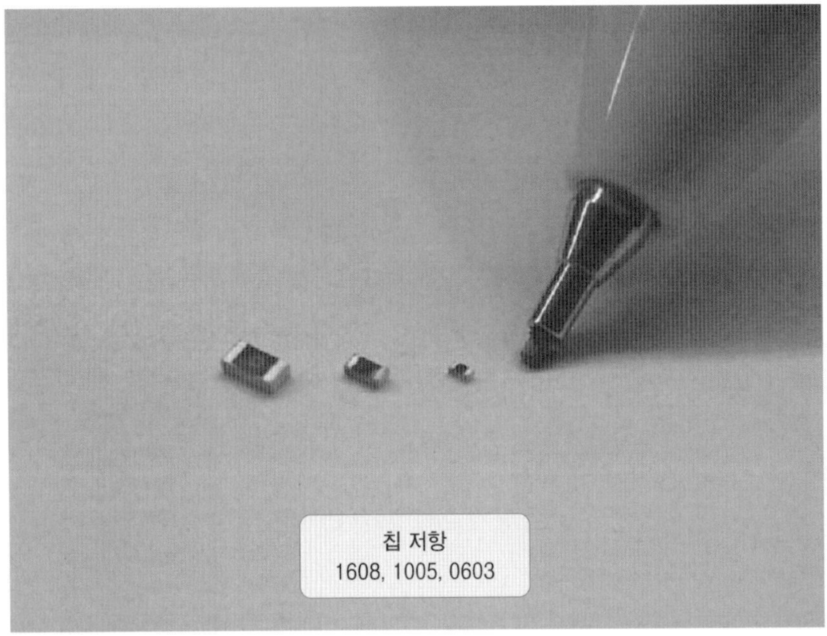

【그림 2.26】 칩 저항의 크기 예(우측에 보이는 것은 샤프펜슬의 첨단부)

소형·경량화를 위한 수단으로서 부품의 수를 가능한 한 줄이는 방법이 있다. 예를 들면, 2000년도의 휴대전화 단말기에는 약 900개 정도의 부품이 있었지만, 2008년도에는 부품 수가 500개 정도로 감소하였다. 그러나 이것은 전자회로의 철저한 LSI화에 의한 감소였다. 또한, 수동 소자에 대해서도 2000년 무렵에는 이른바 '1005 사이즈'라 불리는 1mm × 0.5mm × 0.5mm의 저항기나 콘덴서 등이 주류였지만, 2008년에는 0.6mm × 0.3mm × 0.3mm의 '0603사이즈'라고 불리는 것이 주류를 이루게 되었으며, 일부에서는 '0402 사이즈'도 사용되고 있다. [그림 2.26]에서는 칩 저항의 크기에 대한 예를 나타내었다. 그림에서 크기의 비교를 위해 우측에 샤프펜슬의 첨단 부분을 나타내었다.

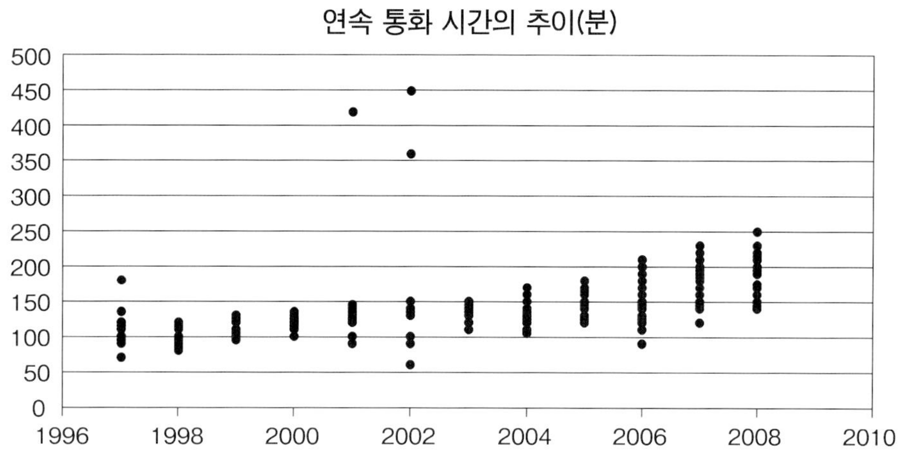

【그림 2.27】 연속 통화 시간의 추이

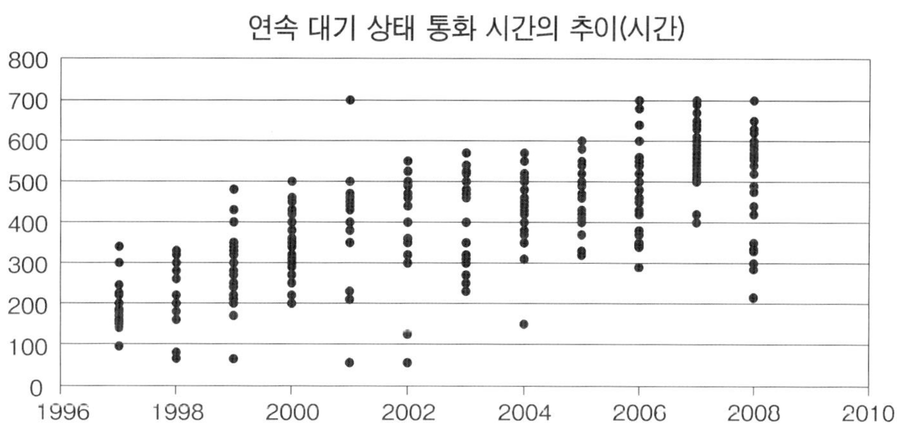

【그림 2.28】 연속 대기 상태 시간의 추이

이와 같이 부품의 크기가 작아지면서 사람의 손에 의한 부품 조립 및 내장이 불가능하게 되어, 휴대전화 단말기의 부품 내장은 대부분 조립용 로봇에 의한 자동화가 이루어지고 있다. 자동화의 영향때문에 휴대전화 단말기의 단가에서 차지하는 인건비의 비율이 작아지게 되는 반면 설비 투자비 비율이 크게 되는 것을 의미한다. 이러한 이유로 인건비가 싼 외국생산이 별 의미를 갖게 되지 못하여 국내 시장용 단말의 경우 수요 변동에 즉시 대응 가능한 국내 생산이 적합한 경우가 많아지고 있다.

마지막으로 연속 통화 시간과 연속 대기 상태 시간의 변동 추이에 대해서 [그림 2.27]과 [그림 2.28]에 나타내었다.

2개의 그래프로부터 알 수 있듯이, 연속 통화 시간이나 연속 대기 상태 시간은 점진적으로 늘어나고 있으며, 이것은 2.2.3에서 설명한 것처럼 전지의 고성능화 및 회로의 저소비 전력화에 의한 영향이 크다.

앞으로는 기존의 휴대전화에서 정보 단말로의 진화가 아니라, Apple사의 iPhone에서 보여지듯이, 이른바 PDA(Personal Digital Assistant)로부터 휴대전화를 흡수하는 방향으로 활발히 진화되어, 대화면 · 다기능 · 고속 · 경량화되면서 동시에 장시간 동작이 가능한 기술이 지속적으로 개발될 것이다.

제3장 무선 LAN

무선 LAN은 특별한 면허나 자격을 필요로 하지 않고 사용할 수 있는 저출력 데이터 통신 방식으로서, 1990년대 후반부터 보급이 진행되었다. 이더넷 구성이었던 LAN을 무선으로 연장하는 것이 가능하여 오피스뿐만 아니라 가정에서도 널리 사용되게 되었다. 지금까지는 노트 PC가 무선 LAN 대응의 주요 단말이었지만, 휴대 게임기, 음악 플레이어, 휴대전화, 스마트 폰, 디지털 가전 등 무선 LAN 대응 기기가 증가하고 있어, 앞으로는 한층 더 광범위한 장소에서 사용될 것으로 예상된다. 본 장에서는 무선 LAN기술의 구조적인 이해에 대하여 중점적으로 설명한다.

3.1 무선 LAN 규격

무선 LAN은 1997년 6월에 IEEE에 의해 IEEE802.11로 규격화되었다. 규격화되기 전에도 무선 LAN의 제품이 사용되었지만, 모두 제조 회사의 독자적인 사양에 의한 것이었다. 802.11의 통신 속도는 최대 2Mbps였다. 그 후 11b, 11a, 11g에서 물리층(Physical Layer)에 대한 확장이 이루어져 최대 속도가 54Mbps까지 가능해졌다. 이러한 진화는 주로 변조 방식의 개량에 의한 고속화가 주류를 이루지만, 그 이외에 11i에 의한 보안의 강화, 11e에 의한 QoS 기능의 부가 등도 실행되고 있다. 현재 제정 중인 11n에서는 물리층과 MAC층을 한층 더 확장하여 최대 600Mbps 이상의 속도도 가능해질 전망이다. 이처럼 무선 LAN은 최초의 규격으로부터 약 10년 만에 커다란 발전을 이뤄냈고 발전을 지속하고 있다.

3.1.1 IEEE 규격 802.11a/b/g/n

주요 규격에 대하여 간단히 설명한다[표 3.1].

【표 3.1】 802.11n까지의 변천

	802.11	802.11b	802.11a	802.11g	802.11n
제정 시기	1997년 6월	1999년 7월	1999년 7월	2003년 6월	미제정
최대 속도	2Mbps	11Mbps	54Mbps	54Mbps	600Mbps
2차 변조방식	DSSS	DSSS	OFDM	DSSS/OFDM	OFDM
주파수대	2.4GHz	2.4GHz	5GHz	2.4GHz	2.4/5GHz
공간 스트림	1	1	1	1	4
채널 폭	20MHz	20MHz	20MHz	20MHz	20/40MHz

802.11은 1997년에 제정된 최초의 규격으로 2Mbps까지의 통신 속도를 지원한다. 11에서는 2.4GHz 대역을 사용하지만, 이 시기에 일본에서는 2471MHz에서 2497MHz까지의 26MHz 대역만이 사용 가능했기 때문에 1개의 채널만을 사용할 수 있었다(편의상 이 채널을 채널 14로 한다). 하지만 이 채널은 일본 독자적인 것으로 유럽의 채널과의 호환성은 없었다. 802.11에서의 물리층으로서는 무선과 적외선이 제정되었고 무선 구간의 변조 방식으로서는 직접 확산(DSSS)과 주파수 호핑(FH)의 2종류가 제정되었다.

1999년 7월에 11b와 11a가 제정되었다. 11b는 11을 확장하여 통신 속도를 11Mbps까지 가능하게 한 것으로, 12Mbps의 속도에서는 11과의 호환성을 가지고 있다. 물리층에서의 무선 방식은 직접 확산 방식(DSSS 및 CCK)만이 채택되었다.

방식에 직교 주파수 다중 분할 방식(OFDM)을 채용하고 있다. 최대 속도가 54Mbps이지만, 물론 2.4GHz대의 11/11b와는 호환성이 없다.

2003년 6월에는 11g가 제정되었다. 11g에서는 2.4GHz 대역에서 최대 속도 54Mbps를 지원하는 방식으로, 11Mbps 이하의 속도에서는 11b와의 호환성도 확보하고 있으며, 11a와 같은 OFDM 변조방식을 사용한다. 사용 가능한 채널은 11b 규격 제정 시에 개방된 13채널이며, 11에서 사용되었던 14채널은 사용할 수 없다(실질적으로 사용할 수 있는 채널은 3개이다). 11g에 의해 무선 LAN의 보급도 한층 더 탄력이 붙었다.

11n은 2009년의 후반에 채택되었으며, 현재는 Draft 2.0에 근거한 제품이 판매되고 있

다. 2.4GHz대와 5GHz대의 양쪽 모두에 대응하며, 변조 방식은 OFDM을 사용하지만 11a/g보다는 개량된 것을 사용한다. 풀 스펙(Full Sepcification)을 내장하면 최대로 600Mbps 이상이 가능하지만, 채널 폭을 11a의 두 배인 40MHz를 사용, MIMO를 사용해 통신을 다중화하는 등, 대대적인 확장을 실행하고 있다. 통신 속도만이 아니라 전파의 도달범위도 크게 개선된다. 11a/b/g는 802.11에 대한 물리층만을 확장한 것으로 MAC 층은 일치하지만 11n에서는 Frame Aggregation 등 MAC 층의 확장도 포함하고 있다. 11n는 그 높은 통신 속도로 무선 LAN의 용도를 크게 변화시킬 가능성을 보여주고 있다.

11n에서 최고 속도 실현을 위해서는 40MHz 채널이 필요하지만, 일본에서는 2007년 6월의 전파법 개정에 의해 40MHz 채널이 가능하게 되었다.

802.11 규격은 제정된 후에도 각종 확장을 계속해, 정식으로 제정된 확장판을 독립된 문서로서 발행하고 있다[표 3.2].

【표 3.2】 무선 LAN의 표준 물리층 및 MAC층

레이어	규격	상황	Wi-Fi인정	내용
MAC층	11k	완료		무선 자원 측정
	11r	완료		고속 핸드 오버
	11s	제정 중		메쉬・네트워크
	11f	완료		AP간 통신 프로토콜(IAPP)
	11i	완료	WPA, WPA2, EAP	보안 기능확장
	11e	원료	WMM, WMM Power Save	MAC층 기능 확장(Qos 대응)
물리층 및 MAC층	11n	재정 중	11n Draft 2.0	2.4/5GHz 600Mbps 무선 LAN
	11	완료		2.4GHz 2Mbps 무선 LAN
물리층	11h	완료		유럽 무선규격(DFS/TPC 대응)
	11j	완료		4.9GHz 54Mbps 무선 LAN
	11g	완료	11g	2.4GHz 54Mbps 무선 LAN
	11g	완료	11a	5GHz 54Mbps 무선 LAN
	11b	완료	11b	2.4GHz 11Mbps 무선 LAN

아래의 표준이 본래의 802.11에 포함되어 2007년 6월 802.11-2007로 발행되었다.

IEEE Std 802.11a™-1999(Amendment 1)

IEEE Std 802.11b™-1999(Amendment 2)

IEEE Std 802.11b™-1999/Corrigendum 1-2001
IEEE Std 802.11d™-2001(Amendment 3)
IEEE Std 802.11g™-2003(Amendment 4)
IEEE Std 802.11h™-2003(Amendment 5)
IEEE Std 802.11i™-2004(Amendment 6)
IEEE Std 802.11j™-2004(Amendment 7)
IEEE Std 802.11e™-2005(Amendment 8)

전체가 약 1200페이지 이상의 문서이지만, IEEE의 홈페이지로부터 무료로 다운로드 가능하다.

3.1.2 2.4GHz 대역의 채널과 주파수

2.4GHz 대역에서는 14번째의 채널 이외는 모두 5MHz 간격으로 되어 있다. 그러나 채널 간의 간섭을 피하기 위해서는 최소 22MHz 이상 떨어져서 사용할 것을 권장하고 있다. 이러한 이유로 11g에서는 1,6,11과 같이 25MHz 간격으로 3채널을 동시에 사용이 가능하다.

【표 3.3】 2.4 GHz대의 채널

채널	중심주파수	11	11b	11g	11n
1	2412		○	○	○
2	2417		○	○	○
3	2422		○	○	○
4	2427		○	○	○
5	2432		○	○	○
6	2437		○	○	○
7	2442		○	○	○
8	2447		○	○	○
9	2452		○	○	○
10	2457		○	○	○
11	2462		○	○	○
12	2467		○	○	○
13	2472		○	○	○
14	2484	○	○		

3.1.3 5GHz 대의 채널과 주파수

5GHz 대역에 대해서는 수차례 전파법의 개정이 이루어졌기 때문에 이해하기 힘든 부분이 있다. 11a가 제정되었을 때에 개방된 4개의 채널은 J52라고 불리며, 일본이 독자적으로 할당한 채널이다. 2005년 5월에 전파법이 개정되어, J52 대신에 W52의 4개의 채널이 만들어져 총 8개의 채널이 사용 가능하도록 되었다. 여기서 W52는 J52를 10MHz 늘린 것으로 유럽의 채널과 호환성을 가지고 있다.

W52/W53는 J52처럼 옥외에서는 사용할 수 없으며, 특히 W53에서는 레이더와의 간섭을 피하기 위해서 DFS(동적 주파수 선택)가 의무화되었다. DFS는 TPC(송신 출력 제어)와 함께 세계적 공통된 조건으로 802.11h로서 IEEE에 의해 제정되었다. DFS는 기상 레이더와의 채널 경합을 회피하는 구조이며, TPC는 위성과의 간섭을 피하기 위한 구조를 갖는다. DFS에서 무선 장치를 기동 시에 반드시 1분간 주위 전파를 검색하여 레이더파의 검출을 실행하고, 만일 이 검출 과정에서 레이더파가 검색되는 경우에는 그 채널을 사용할 수 없게 된다. 이러한 경우에는 다른 채널로 전환해 다시 같은 순서로 다른 레이더파를 검출하는 과정을 거쳐 레이더파가 검출되지 않는 경우에만 그 채널을 사용할 수 있다. 이 레이더파 검출은 기동 시뿐만 아니라 운용 중에도 수시로 실행되며, 만일 운용 중에 레이더파가 검출되었을 경우에는 10초 이내에 송신을 정지해야만 한다. 그리고 다시 간섭이 없는 채널을 찾아서 채널을 바꾸게 된다. 만일 변환된 채널에서 레이더파의 유무가 분명치 않은 경우에는 1분간 검색 과정을 실행하게 된다. 한 번이라도 레이더파가 검출된 채널은 검출 후 30분 동안 사용해서는 안 된다. 기상 레이더는 전파 발신원으로서는 극히 안정되어 있기 때문에, 갑자기 레이더파가 검출되어 통신이 중단하는 사태는 거의 없다.

J52와 W52/W53의 제품은 혼재되어 사용될 가능성은 있지만 서로 간에 통신은 할 수 없다. 전파법에 의해 액세스 포인트 제품은 J52와 W52/W53의 양쪽 모두를 지원할 수는 없지만, 무선 단말 제품에 대해서는 J52에 Passive Scan을 사용하는 조건으로 J52와 W52/W53 양쪽 모두를 지원하는 것이 가능하다. 이와 같이 신11a와 구11a 양쪽 모두 대응 가능한 무선 단말 제품은 2008년 5월까지 인증 취득이 허가되어, 무선 단말 측의 변천기에 호환성의 확보를 꾀한 제품으로 볼 수 있다.

【표 3.4】 5GHz 대역의 채널

채널	중심주파수	구11a	신11a	11n/40MHz채널	DFS
34	5170	J52			
36	5180		W52	36(+1)	
38	5190	J52		40(-1)	
40	5200		W52		불필요
42	5210	J52			
44	5220		W52	44(+1)	
46	5230	J52		48(-1)	
48	5240		W52		
52	5260		W53	52(+1)	
56	5280		W53	56(-1)	
60	5300		W53	60(+1)	
64	5320		W53	64(-1)	필수
100	5500		W56	100(+1)	
104	5520		W56	104(-1)	
108	5540		W56	108(+1)	
112	5560		W56	112(-1)	
116	5580		W56	116(+1)	
120	5600		W56	120(-1)	
124	5620		W56	124(+1)	
128	5640		W56	128(-1)	필수
132	5660		W56	132(+1)	
136	5680		W56	136(-1)	
140	5700		W56		

2007년 2월에는 W56라고 하는 5.6GHz대도 개방되었다. 기존의 11a처럼 채널 간격은 20MHz이지만 11채널도 있다. W53과 같이 DFS가 필수이지만 옥외에서 사용 가능하며, 2007년 6월 전파법 개정으로 40MHz 대역의 채널도 사용 가능하게 되었다. 이것은 802.11n의 40MHz 채널 대역 폭을 고려한 것이다.

지금까지는 5GHz 대역이 2.4GHz 대역에 비해 별로 인기가 없는 상태였으나, 2.4GHz 대역이 널리 사용되는 특징으로 간섭에 대한 문제가 커지고 있다. 현재는 사용 가능한 채널 수가 5GHz 대역에서 압도적으로 많은 현실이며, 옥외에서 사용할 수 없는 제약 조건도 W56에 의해 해소되었다. 앞으로는 11n의 보급과 함께 5GHz대의 활용이 진행될 것이다.

3.1.4 Wi-Fi 얼라이언스

무선 LAN의 규격은 IEEE에서 제정한다. 각 제조 회사는 규격을 바탕으로 제품의 개발/판매를 하지만 실제로 서로 다른 제품에 대한 호환성이 확보되어져 있는지에 대해서는 일반 사용자가 검증할 수 밖에 없으며, 이러한 사실은 단지 무선 LAN에 한정되지 않고 일반적인 IT 기기에 대해서도 마찬가지라고 할 수 있다. 이런 상태를 방치한다면 무선 LAN의 보급이 진행되지 않을 가능성이 대두되어, 1999년 8월에 업계 단체인 WECA (Wireless Ethernet Compatibility Alliance)가 설립되었다. 2002년 10월에는 그 명칭을 변경하여 현재의 Wi-Fi 얼라이언스가 되었다. Wi-Fi 얼라이언스에서 호환성 검증 시험을 실시하여 이 시험에 합격한 제품에 대해서는 인증 로고를 발행하고 있다. 인증된 제품에 대해서는 Wi-Fi 얼라이언스의 홈페이지에서 검색할 수 있다. 이러한 시험 인증 방법이 성공하여 현재 대부분의 무선 LAN 제품이 인증 로고를 취득하고 있다.

Wi-Fi 얼라이언스의 인증은 IEEE802.11의 각 규격에 대응하는 것이지만, 엄밀히 말하자면 1대 1 대응이 아닌 경우도 있다. 예를 들어 무선 LAN의 보안 규격으로서 802.11i가 있지만, 11i의 제정에 시간이 걸렸기 때문에, Wi-Fi 얼라이언스가 11i의 서브세트를 WPA로서 제정하여 인정 과정을 수행했다. 802.11i가 정식으로 제정된 후에는 802.11i와 동일한 것으로서 WPA2가 새롭게 제정되어 인증 과정에 사용되고 있다.

IEEE802.11에는 여러 가지 다양한 옵션이 포함되어 있지만 Wi-Fi 얼라이언스의 검증에서 이러한 모든 옵션이 검증의 대상이 되는 것은 아니다. 여러 가지 필수 기능에 몇개의 옵션을 추가하여 프로파일을 정의하고, 그 프로파일을 근거로 검증함으로써, 규격에 포함된 모든 기능에 대해서 호환성이 보증되는 것은 아니다.

3.2 물리층

무선 LAN의 특징적 부분인 물리층에 관해서 설명한다. 물리층에서 대상이 되는 전파는 눈에 보이지 않기 때문에 쉽게 image 하기 어렵다. 무선 고유의 개념으로서 2차 변조나 채널에 대해, 그리고 11n에서 채용된 MIMO 등에 대하여도 설명한다.

3.2.1 각종 변조 방식

유/무선에 상관없이 데이터 통신에서 송신 데이터인 비트열을 전압 혹은 전파의 진폭 등의 아날로그 신호로 변환해야 하며, 이 변환 과정을 1차 변조라고 한다. 무선 LAN에서는 1차 변조 후에 잡음이나 간섭을 회피할 수 있도록 다시 2차 변조를 실행한다. 무선 LAN에서 특징적인 2차 변조로서는 스펙트럼 확산이나 OFDM 방식이 잘 알려져 있다.

【표 3.5】 변조 방식

Mbps	1차변조	2차변조	11	11b	11g	11a
1	DBPSK	DSSS	○	○	○	
2	DQPSK	DSSS	○	○	○	
5.5	PBCC	CCK		○	○	
6	BPSK	OFDM			○	○
9	BPSK	OFDM			○	○
11	PBCC	CCK		○	○	
12	QPSK	OFDM			○	○
18	QPSK	OFDM			○	○
24	16-QAM	OFDM			○	○
36	16-QAM	OFDM			○	○
48	64-QAM	OFDM			○	○
54	64-QAM	OFDM			○	○

3.2.2 1차 변조

변조 방식은 크게 나누어 진폭 변조(AM), 주파수 변조(FM), 위상 변조(PSK)의 3가지 방식이 있으며, 각각의 방식은 비트를 전파의 진폭 변화, 주파수 변화, 위상 변화에 대응한 것이다. 변조의 효율을 높이기 위해서 여러 방법을 조합해서 사용하기도 한다. 예를 들면 11a/g의 54Mbps에서 통신하는 경우, 64-QAM(Quadrature Amplitude Modulation)가 사용된다. 이것은 진폭 변조에 8단계의 전압을 사용하지만 여기에 위상 변조를 동시에 실행하여 64패턴을 만들었다. 이 방식에서는 1개의 전파로 6비트에 해당하는 데이터를 송신할 수 있다. 다만, 각 패턴의 차이가 크지 않기 때문에, 잡음 등의 영향을 받기 쉬워진다. 이러한 이유로 통신 환경에 대응되는 변조 방식이 선택되어 통신속도가 결정되는 방식을 취하고 있다. 예를 들어 잡음이 많은 환경에서는 속도를 다소 떨어뜨려 원하는 통신 품질을 확보한다. 이때 사용되는 데이터 속도 조정 방식을 ARS(Automatic Rate Shifting) 혹은 DRS(Dynamic Rate Switching)라고 한다.

[표 3.5]에서처럼 1차 변조 방식에서도 여러 가지 방법이 있고, 같은 규격이라고 할지라도 통신 속도에 따라서 다른 1차 변조 방식이 사용되고 있다. 예를 들어 11g에서는 11b의 속도와 변조 방식을 포함하고 있는데, 이는 호환성을 확보하기 위해서이다.

무선 LAN의 프레임은 선두 부분에 PLCP 프리앰블과 PLCP 헤더로 불리는 부분이 있으며, 이는 수신시 동기를 위해 필요한 영역이다. 무선 LAN은 프레임마다 속도가 가변적이기 때문에, PLCP 프리앰블은 반드시 수신될 수 있도록 항상 최저의 통신 속도로 보내진다. 802.11에서 프리앰블과 해더는 1Mbps, 11b에서는 프리앰블이 1Mbps, 해더는 2Mbps, 11g와 11a에서는 프리앰블과 헤더(정확하게는 STF, LTF 및 SIG로 불리는 필드가 사용된다)를 6Mbps로 송신한다. 구조상으로 PLCP 프리앰블은 무선 LAN의 오버헤드로서 고속화하기가 어렵다.

PLCP 헤더에는 연속되는 프레임 전체에 대한 통신 속도와 길이를 표시하고 있다. 이 정보를 해독함으로써 통신의 유무나 통신의 규격을 판별할 수 있다. 11g의 기기에서는 11/11b프레임의 판별이 가능하지만, 11/11b의 기기에서 11g의 OFDM에 의한 STF, LTF, SIG 필드는 판별할 수 없기 때문에 11g의 통신에 대한 검출은 불가능하여 충돌을 일으킨다.

11g의 무선기기가 11b의 프리앰블과 헤더로 송신하면 11/11b의 무선기기는 통신이 행해지는 것을 탐지할 수 있다. 해더에는 프레임의 길이에 관한 정보도 포함되어 있기

때문에 프레임 자체를 수신할 수 없어도 송신 자체는 가능하다. 그러나 저속의 프리앰블이나 헤더 등으로 인해 부가되는 오버헤드가 크기 때문에 이러한 방법은 물리층에서 하나의 옵션으로 채택되었다. 이외에 MAC층에서 RTS/CTS라고 불리는 방법도 채택되어 MAC층의 기능에서도 하위 규격과의 충돌을 회피할 수 있다.

11n에서는 Legacy, Mixed, Greenfield의 3가지 포맷이 규정되었으며, 여기에서 Mixed와 Greenfield는 HT모드라고 하며 11n 고유의 포맷이다. Legacy는 11a/g와 같은 포맷으로 11a/g에서처럼 같은 동작을 한다. 11n만의 장점은 없지만 완전한 호환성을 갖게 된다. Mixed에서 STF, LTF, SIG 필드는 11a/g와 같은 포맷으로 한 후 11n 고유의 정보와 데이터를 송신하는 것으로, 11a/g의 기기에 프레임을 검출과 송신을 가능하도록한 방법이지만, 이러한 구조에서는 11b를 위한 기능이 없기 때문에 11b 기기에서는 검출 및 송신이 불가능하다. 11n의 특징으로서는 오버헤드가 발생하지만 하위 규격과의 충돌을 회피할 수 있으며, 11b, 11g와 혼재할 수 있다.

Greenfield는 11n 기기만의 환경에서 사용하는 포맷으로서 11a/b/g의 기기에서의 검출은 불가능하다. 규격상 Legacy와 Mixed 포맷은 필수이지만 Greenfield는 옵션이다. 이러한 이유로 11n 기기 중에서도 Greenfield에 대응하지 않는 제품이 있으며, 이와 같은 제품에서도 프레임의 내용은 수신할 수 없지만 프레임의 송신을 검출할 필요는 있다. 이 때문에 Mixed와 거의 같은 포맷이 채용되었지만, 반드시 효율성이 좋은 사양이라고는 할 수 없다.

이러한 물리층에서의 충돌 회피는 상황에 따라서는 확실히 유효하지 않은 경우가 있다. 11n에서도 11g와 마찬가지로 RTS/CTS 등에 의한 MAC 층에서의 충돌 회피 기능도 갖추고 있다.

3.2.3 2차 변조(스펙트럼 확산부터 OFDM까지)

2차 변조 목적은 노이즈나 간섭을 피하기 위한 것으로서 1차 변조 후에 실행된다. 무선 LAN에 할당된 2.4GHz대는 ISM 밴드라고도 하며, 공업용 기기나 의료용 기기의 주파수대로서 이미 기존에 사용되고 있었다. 뒤늦게 시작된 무선 LAN에서는 다른 용도에서 사용되는 무선과의 간섭을 일으키지 않을 것이 요구되며, 이러한 이유로 인해 무선 LAN에서의 2차 변조는 중요한 의미를 가진다. 무선 LAN의 2차 변조에서는 스펙트럼 확산 방식(11/11b)과 OFDM(11a/g/n)이 사용되고 있다.

최초 규격인 802.11이 제정되었을 때 무선에서는 스펙트럼 확산 방식이 채택되었다. 당시의 무선 LAN 업계에서는 스펙트럼 확산 방식에서, 직접 확산 방식(DSSS)과 주파수 호핑 방식(FH)의 2종류 방식이 존재하여 각 방식에 대한 우열 논의가 있었지만 양쪽 다 채택되었다. 그러나 11b가 제정되었을 때, 직접 확산 방식(DSSS의 확장판인 CCK)만이 채택되어 주파수 호핑은 무선 LAN으로부터 자취을 감추게 되었다. 그러나 주파수 호핑 방식 자체가 부정된 것이 아니라 현재도 Bluetooth 등에서 사용되고 있다.

스펙트럼 확산 방식은 기술적으로 매우 흥미로운 방식이다. 무선통신 기술 발전 역사에서 보면 좁은 주파수 대역에 송신 전파를 집중시킴으로써 가능한 좁은 대역에서 많은 데이터를 송수신하는 것이 요구되었다. 즉 전파는 유한한 자원이며 협대역이 간섭을 피할 수 있기 때문에 사용 효율을 높게 할 수 있다고 생각되어 왔다. 스펙트럼 확산은 기존의 이와같은 생각과는 완전히 반대의 발상으로 송신파를 가능한 한 광대역으로 확산한다. 광대역을 사용함으로써 잡음에 강해지며, 확산으로 인해 주파수별 출력을 저하시켜 다른 통신 방식과의 간섭이 발생할 가능성도 줄어들게 된다. DSSS방식에서는 확산 부호를 사용하여 신호를 광대역으로 확산하여 송신하는 방법에 대해, FH 방식에서는 송신을 짧은 타임의 슬롯으로 분할하여 송신 주파수를 타임 슬롯마다 바꾸어 송신한다. DSSS 방식에서는 확산 부호를 그리고 FH 방식에서는 호핑의 패턴을 각 사용자마다 바꾸어주면, 동시에 여러 사용자가 통신할 수 있게 된다. 이것을 CDMA라고 하여 3세대 휴대전화에서 사용하고 있는 기술이다. 하지만 유감스럽게 802.11b에서 사용되는 CCK는 확산 부호의 일부도 데이터 송신에 사용되기 때문에 각 사용자에 대해 확산 부호를 바꿀 수는 없다.

제2차 세계대전 중인 1941년에 주파수 호핑에 관한 특허가 신청되어 있다(U.S. Patent #2.292.387). 이 특허를 출원한 것이 할리우드 여배우 헤디・라마르(Hedy Lamarr)와 작곡가 겸 음악가인 죠지・앤실(George Antheil)이다. 라마르의 남편인 프리드리히 만들(Friedrich Mandl)은 독일 나치의 군사장비 제조업자로서, 라마르는 언제나 그의 비즈니스상의 모임에 동석하였고, 그녀는 이러한 자리에서 군사 기술을 배워 주파수 호핑을 생각해 내었다. 나치가 싫었던 그녀는 런던을 경유로 미국에 건너가, 앤실과 만나 특허를 출원하게 된다. 이 특허는 미 해군에 무상으로 제공되어 어뢰를 유도하는 시스템으로서 연구와 개발이 계속되었으나 사실상 거의 잊혀진 기술이 되었다. 이후 1980년대부터 이 기술은 다시 주목을 끌기 시작하였다.

OFDM(직교 주파수 다중 분할)에서는 1개의 채널을 한층 더 상세한 서브 캐리어라고 하는 주파수로 나누어, 복수의 주파수로 동시에 송신하는 방법이다. 데이터 전송 속도가 고속화가 될수록 1비트(1심볼)당 전송 시간이 점점 짧아지게 되어 마침내는 전송시간이 반사파의 지연 시간과 동일한 정도가 되어 버린다. 이렇게 되면 심볼 간의 간섭으로 수신 신호의 복원이 곤란하게 되며, 이것을 다중 경로 페이딩(Multipath fading)이라고 한다. 하지만 여러 심볼을 여러 개의 서브 채널로서 동시에 송신하게 되면 전체적으로는 데이터 전송 속도를 유지하면서 심볼당 전송 시간을 길게 할 수 있는 장점을 얻게 되어, 이 방식으로 고속화와 다중 경로 페이딩 문제를 해결할 수 있게 되었다.

일반적으로 이러한 송신을 실행하면 송신파끼리 서로 겹치게 되어 간섭을 일으키기 쉽다. 이러한 이유로 2.4GHz대에서는 인접한 채널을 사용할 수 없다. OFDM에서는 인접한 서브 캐리어에 직교성을 두는 방법으로 간섭을 회피할 수 있다. 직교는 수학적인 성질로 직행하는 전파 간에 있어서 겹치는 부분도 수학적인 처리를 이용하면 서로 분리할 수 있다라는 의미이다. 그러나 간섭을 이렇게 간단히 회피할 수 있다면 왜 더 빨리 OFDM이 사용되지 않았었을까? 하는 의문이 생길지도 모른다. OFDM은 1960년대에 고안되었지만, OFDM을 실현하기 위해서는 고도의 연산처리가 필요하였기 때문에 고안된 후부터 오랫동안 실용화될 수 없었다. 하지만 최근에 와서 디지털 기술, 반도체 기술의 진보에 의해 실용화가 가능해 졌으며, 현재 OFDM은 WiMAX에서도 지상 디지털 방송에서도 사용되고 있다.

무선 LAN에서는 11a에 의해 OFDM이 처음으로 도입되었지만, 11n에서는 한층 더 확장되었다. 11a/g에서는 52의 반송파(서브 캐리어)를 사용하지만, 이중 4개는 동기용이며 데이터 통신에 사용할 수 있는 것은 48개이다. 11n에서는 반송파를 11a/g보다 4개를 늘려 56개(데이터 통신용은 52)로 하고, 오류 정정 부호(ECC)도 개선하여 11a/g에서의 54Mbps를 웃도는 65Mbps까지 가능하게 되었다. 이 OFDM를 High throughput 모드(HT 모드)라 부르지만 11a/g와의 호환성은 없다. 11n에서는 11a/g와 같이 OFDM도 Legacy 모드로서의 내장이 필수로 되어 있다.

3.2.4 채널 할당

무선 LAN에서의 통신 기기는 같은 채널을 사용해야만 하며, 같은 채널로 한 번에 송신할 수 있는 기기는 1대뿐이다. 만일 동시에 복수의 기기가 송신을 한다면 전파가 간섭되어 통신이 불가능하게 되므로, 복수의 기기가 간섭 없이 동시에 통신하기 위해서는 채널을 나누지 않으면 안 된다. 무선 LAN에서의 채널 할당은 5GHz대와 2.4GHz대에서 다른 부분이 있다.

2.4GHz대의 경우, 11b/g에서는 13채널이 있지만, 채널의 간격은 5MHz밖에 되지 않았다. 이러한 채널 간격에서는 인접한 채널과의 오버랩이 발생하게 되므로 2.4GHz대에서의 채널은 최저 5채널분, 즉 25MHz 간격을 갖는 것을 추천하고 있다[그림 3.1]. 이 규칙에 따르면 13채널이 존재하지만 동시에 사용할 수 있는 채널의 수는 3개 채널 정도가 된다. (채널 1, 6, 11 등). 11b의 규격에서는 스펙트럼 확산(CCK)의 경우, 채널의 중심 주파수로부터 22MHz 떨어지면 신호 강도는 -50dB까지 감쇠한다고 되어 있어, 간섭은 무시할 수 있다는 개념이지만, 5채널 정도의 간격을 떨어뜨려 놓아도 전파가 완전히 도달하지 않는다라는 의미는 아니다. 실제로 비콘(Beacon)과 같은 관리 프레임은 저속으로 수신이 용이한 특성으로 5채널 이상 떨어진 채널에 대해서도 영향을 줄 수 있다. 만일 원하지 않는 신호를 프레임에 읽어들였을 경우, CSMA/CA의 구조가 동작하여 송신을 기다리는 상태가 된다. 인접한 AP와 다른 채널이 설정되어 있어도, 이러한 형태의 간섭이 생기고 처리율이 떨어질 가능성이 있다. 이러한 이유로 채널 간격을 가능한 한 넓혀 두는 것이 바람직하다.

5GHz대에서 채널은 20MHz 간격으로 설정되어 있어, 2.4GHz대와는 달리 각 채널간 오버랩이 없다. 즉 인접한 채널을 그대로 사용하는 것이 가능하다. 11a에서는 채널의 중심 주파수로부터 20MHz 떨어진 OFDM의 신호 강도는 -28dB 감쇄하도록 되어 있기 때문에 인접한 채널을 사용할 수 있다는 결론이다. 하지만 규격상 충분히 감쇄가 발생하여 간섭을 피할 수 있다고는 하지만, 2.4GHz대와 같이 가능하다면 인접한 채널은 피하는 것이 좋다고 생각된다. 실제로 인접한 채널에서 간섭이 생기는가는 무선 환경에 의존한다.

무선 LAN에서는 1개의 채널로 복수의 무선기기를 공유하는 것이 가능하지만, 한 번에 송신 가능한 장치는 한 개의 장치로서, 공유하는 기기가 많으면 많을수록 송신의 효율이 떨어져 버린다. 예를 들면 11a/g에서 최대 속도가 54Mbps라고 하는 경우, 이 속도는 같은 채널을 사용하는 모든 기기의 대역의 합계를 나타내고 있다. 만일 10대의 무선 기기가 있으면 이론적으로는 1대당 약 5Mbps 정도가 되며, 실제 속도는 이 값의 반 정도가 된다. 이러한 이유로 채널당 수용 기기의 대수를 검토해 둘 필요가 있다.

주파수(Hz)	채널	예 1	예 2	예 3	예 4	예 5
2412	1	1				
2417	2		2			
2422	3			3		
2427	4				4	
2432	5					5
2437	6	6				
2442	7		7			
2447	8			8		
2452	9				9	
2457	10					10
2462	11	11				
2467	12		12			
2472	13			13		
2484	14※	14			14	

【그림 3.1】 2.4GHz대에서의 채널 할당 방법 ※11/11b

근접한 위치에 같은 채널을 사용하는 무선 기기가 있는 경우에 CSMA/CA 방식의 특성상 비록 그 기기와 통신하지 않는다 할지라도 다른 기기의 송신을 검지한 기기는 송신할 수 없다. 이 간섭을 피하기 위해서는 채널을 분리할 수밖에 없지만, 무선 LAN 기기가 많은 경우 간섭을 피해서 적절한 채널을 설정하는 것은 간단치 않다. 또한 관리 대상 외의 외부 기기로부터 해당 무선 LAN 기기에 신호가 도달하는 경우, 채널 설정을 어렵게 만들어, 실제 사용 가능한 채널 수는 더욱 줄어들기 때문에 운용 시 면밀히 고려해야 한다.

3.2.5 40MHz 채널(11n)

11a의 5GHz대에서 채널의 간격은 20MHz이며 한 개의 채널 대역폭은 20MHz이다.

11n에서는 20MHz 채널 2개를 묶어 40MHz 채널로서 사용 가능하며 이러한 것을 채널 본딩이라고 한다. 하나로 묶이는 대상의 20MHz 채널은 서로 인접한 채널이어야 한다. 예를 들어 채널 36과 40, 44와 48처럼 미리 정해져 있으며 40과 44를 묶어서 사용하는 것은 안 된다. 묶인 채널의 한쪽을 프라이머리 채널, 그리고 나머지 한쪽을 세컨더리 채널이라고 부른다. 어느 쪽이 프라이머리인가는 상관없으며, 그 표기 방법은 채널 36을 프라이머리로 한 경우에 이 40MHz 채널은 36(+1), 채널 40이 프라이머리라면 40(-1)로 표기하지만, 사용하는 주파수대는 변함이 없다. 이 사용법에서는 20MHz 채널을 단순히 2개 더한값 이상의 대역 사용이 가능하게 된다. 40MHz 채널에서 OFDM의 반송파(서브 캐리어)의 수는 20MHz 사용채널의 HT 모드에서의 56보다 두 배가 넘는 114가 되며, 송신 속도 또한 65Mbps의 두 배 이상이 되는 135Mbps 정도 지원 가능하다. 또한 한 개의 40MHz의 HT 모드 채널로서 사용 가능할 뿐만 아니라 2개의 20MHz의 HT 모드 채널로서도 운용할 수 있다. 이 경우는 20MHz 채널 HT 모드의 두 배의 송신 속도를 갖는다.

기본적으로 40MHz 채널은 11n에 있어서 필수라고도 할 수 있는 기능이지만, 나라마다 허용되지 않는 경우도 있으므로, 규격상으로는 옵션으로 되어 있다. 따라서 11n대응의 HT 모드 무선 기기에서도 20MHz 채널 대응 기기와 20/40MHz 채널 대응 기기가 혼재할 수 있다. 비콘은 20MHz의 비HT 모드(Legacy mode)로 프라이머리 채널에서만 송신하지만, CCA를 위한 감시는 프라이머리와 세컨더리 양쪽에서 행하여진다.

2.4GHz대에서도 기술적으로 40MHz 채널 사용이 가능하며 11n 규격에서도 제정될 예정이지만, 실용상 과제가 많다. 위에서 설명한 것처럼 2.4GHz대에서는 실질적으로 3채널 정도밖에 사용하지 못하며 만일 40MHz 대역의 채널을 사용한다면 3채널 중 2채널이 점유되어 버린다. 11b/g용 기기가 사용 가능한 채널은 1채널 밖에 없기 때문에 실질적인 운용이 어려워질 것으로 예상된다.

3.2.6 MIMO(11n)

MIMO(Multi Input Multi Output)는 복수의 안테나를 송신과 수신에 사용하는 기술이다. MIMO에 의해 얻을 수 있는 효과는 처리율(throughput)의 증대, 신호 품질의 향상 등 여러 가지가 있다. 하지만 얻을 수 있는 효과는 MIMO의 구성이나 사용법에 의존하며, 모든 효과를 동시에 얻을 수는 없다. 11n에서 제정되어 있는 MIMO의 기능은 다음과 같다.

- SDM(공간 다중)
- 송신 빔포밍
- STBC(시공간 블록 부호화)

SDM은 처리율 throughput을 배 이상으로 증가시키고, 송신 빔포밍은 통신의 안정성을 높이며, STBC는 전파 도달 거리를 늘리는 방식이다.

이 중에서 SDM은 11n에서 필수적인 조건이고 송신 빔포밍과 STBC는 옵션으로 사용되지만, 이러한 기능들을 동시에 사용할 수 없는 경우도 있다. 예를 들어 1쌍(2개)의 안테나에서는 SDM와 송신 빔포밍을 동시에 수행할 수는 없다. 11n에서는 SDM에 의해 규격상 정해진 최대 속도 600Mbps를 얻을 수 있도록, 마치 MIMO=SDM과 같이 설명하는 것이 많지만 SDM은 MIMO의 하나의 기능일 뿐이다. 현재 판매되고 있는 11n 드래프트 2.0대응의 제품에는 SDM이 내장되어 있지만, 송신 빔포밍과 STBC에 대응하는 제품은 없다.

11n에서 MIMO에 의해 실현되는 기능은 WiMAX에서도 거의 같은 방식으로 채택하고 있다. 무선 LAN에서 10년 이상 걸려 도달한 기능이 WiMAX에서는 초기 단계에서부터 고려되고 있다.

3.2.7 MIMO/SDM(11n)

SDM은 송신과 수신을 다중화하는 기술로서 주파수나 출력을 증가할 필요없이 데이터 통신의 처리율을 큰 폭으로 증가시키는 것이 가능하다. MIMO는 복수의 안테나를 사용하는 기술이지만, SDM에서는 안테나 그 자체의 수가 아니라, 송신 데이터의 흐름인 공간 스트림의 수가 중요하다. 11a/b/g에서도 복수의 안테나를 송수신에 사용할 수는 있지만, 이런 복수의 안테나는 다이버시티를 위한 것으로 실제 공간 스트림은 1개뿐이다. 즉 안테나를 늘리는 것으로 수신 감도를 높이는 것은 가능하지만 처리율은 증가하지 않는다.

11a/b/g에서 사용되고 있는 다이버시티는 대부분이 선택 다이버시티 혹은 안테나 다이버시티라고 불리며, 2개의 안테나가 존재하여 수신 감도가 좋은 쪽에서 수신이 이루어 진다. 물론 송신 시에도 감도가 좋은 쪽에서 송신하게 된다. 즉 안테나가 2개 존재하

지만 어느 한 시점에서 사용되는 것은 항상 1개의 안테나뿐이다. 송신 데이터를 생성하는 무선 모뎀은 1개만 존재하므로 공간 스트림은 1개만 존재하게 된다[그림 3.2].

11n에서는 송신 측과 수신 측 모두 복수의 안테나와 복수의 무선 모뎀을 갖추는 것이 가능하다. 간단한 설명을 위해서 안테나의 수와 무선 모뎀의 수가 같은 경우에 대해 생각해보자. 예를 들어 송신 측에 무선 모뎀이 2개 있고, 각각 안테나가 1개씩 있는 경우, 각 안테나로부터 다른 데이터를 동시에 평행으로 송신하면 공간 스트림은 2개가 된다. 2개의 공간 스트림을 수신하기 위해서는 수신 측도 안테나가 1개씩 붙은 무선 모뎀 2개가 필요하게 된다. 송/수신 양쪽 모두 외관상 안테나가 2개 존재하고 있어 다이버시티와 구별되지 않지만, 처리율은 2배가 되며, 이것을 공간 다중이라고 부른다. 11n에서는 최대 4공간 스트림까지 가능하며, 이는 1공간 스트림의 4배의 대역폭이 있다는 것과 같다. 11n의 액세스 포인트 제품은 최저 2공간 스트림 이상을 지원해야 하지만, 소비전력의 증가 등 여러 가지가 고려되어야 한다. 무선 클라이언트 제품에서 SDM은 필수사항이 아니다[그림 3.3].

- 상기는 2공간 스트림의 예로 [2×2]라고 표현하지만, 아래와 혼동하기 쉽기 때문에 현재는 이러한 표기는 하지 않는다.

- 이것은 안테나, 다이버시티의 구성 예로, 외관에서는 MIMO와 구별할 수 없지만, 1공간 스트림

【그림 3.2】 공간 다중화와 다이버시티

- 독립하여 별개로 부호화된 데이터 신호(스트림)가 복수의 송신 안테나로 송신된다.
- 공간 스트림 수는 송신 측 무선 모뎀(Radio)의 수를 넘지 않는다.
- 하나의 공간 스트림이 복수의 무선 모뎀으로 수신된다.

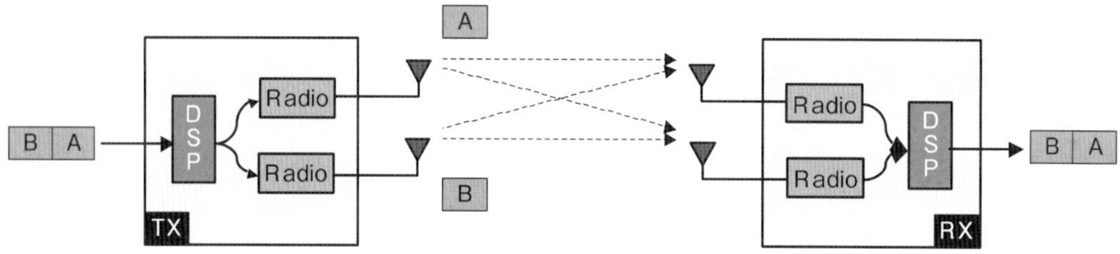

【그림 3.3】 공간 다중화

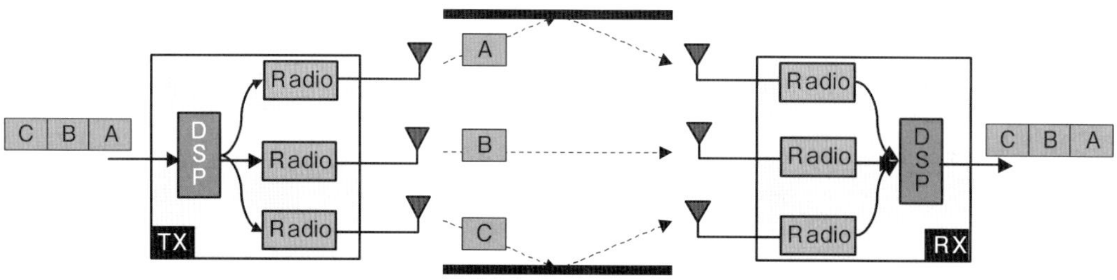

- 공간 다중에 의해 멀티 패스는 이점으로 바뀌어, 전송률과 도달 거리가 큰 폭으로 향상한다.
- 이 예는 3스트림으로 전송 속도는 3배가 된다.
- 1스트림을 합성 다이버시티에 사용하는 방법도 있다(전송율은 2스트림분이 되지만, 도달 거리나 내간섭성이 높아진다).

【그림 3.4】 11n에서의 다중 경로의 이용

수신 측 각각의 안테나에는 2개의 공간 스트림이 섞인 상태로 수신이 이루어진다. 이렇듯 수신된 신호를 잘 분리하여 합성해야 하지만, 이러한 처리에는 다중 경로 페이딩이 유효하게 사용된다. 각 공간 스트림이 각각의 안테나에 서로 다른 경로로 도달하기 때문에 분리하기 쉽다. 전파는 장애물에 대해 회절하는 성질을 가지고 있지만, 11a/b/g에서는 원칙상 가시거리에서 통신하는 것을 기본으로 하였다. 멀티 페이딩은 기본적으로 바람직하지 않은 것이지만, SDM에서는 이러한 다중 경로 페이딩을 활용할 수 있기 때문에, 가시거리가 아니더라도 통신이 가능하다. 하지만 가시거리가 아닌 경우에는 신호의 SNR이 저하되는 단점이 있다.

SDM의 통신에 있어서 2×3과 같은 표기를 하는데, 이것은 송신 측에서의 안테나가 2개, 수신 측에서의 안테나가 3개라는 의미이다. 무선 모뎀 당의 안테나를 1개라고 한다면 송신 측에는 2개 수신 측에는 3개의 무선 모뎀이 존재하게 된다. 중요한 것은 공간 스트림의 수이며 처리율은 그 수로 정해진다. 따라서 2×3 F2와 같이 표기하여 표기 F에 지원 가능한 공간 스트림의 수를 표기하는 것이 바람직하다. 실제로 통신에서 사용될 수 있는 공간 스트림 수는 송/수신 측의 무선 모뎀의 수 중에서 작은 쪽을 기준으로 정해진다.

MIMO/SDM과 선택 다이버시티를 조합해서 사용하는 것은 가능하지만, 선택 다이버시티를 사용하는 경우에 무선 모뎀과 안테나의 수가 1대 1대응이 될 수 없지만, 안테나가 증가한다고 해도 공간 스트림은 증가하지 않는다.

MIMO에서는 MRC라고도 불리는 최대비 합성 다이버시티도 가능하다. 이것은 11n 고유의 기능이 아니라, 11a/b/g의 무선 단말에서도 내장 가능한 기술이다. 하지만 11a/b/g는 일반적인 MIMO가 아니고 무선 모뎀이 1개 밖에 없기 때문에 거의 사용되지 않는다. 최대비 합성 다이버시티에서는 선택 다이버시티와는 달라서 1개의 공간 스트림을 복수의 안테나에서 동시에 수신하며, 이것은 복수의 무선 모뎀에 의해 가능하다. 각 안테나의 수신 신호를 합성함으로써 어느 한 안테나에서 수신이 약한 주파수대를 다른 안테나로부터의 수신 신호가 보충하는 것이 가능하게 되어, 효율적으로 수신 신호의 품질을 높일 수 있다. 최대비 합성 다이버시티는 11a/b/g의 무선 단말이 11n의 액세스 포인트에 송신할 때에도 효과적이다. 이 다이버시티는 수신에만 사용할 수 있는 것으로, 선택 다이버시티와 같이 송신에서는 사용할 수 없지만, 11n에서 사용하는 송신 방법에는 이와 거의 동등한 효과를 가지는 MIMO/STBC를 사용할 수 있다.

SDM과 최대비 합성 다이버시티를 같이 사용하는것은 가능하지만, 이러한 경우에는 수신 측의 안테나(무선 모뎀)가 공간 스트림의 수보다 많아야 한다. 예를 들면 '2×2 : 2'이 아니고, '2×3 : 2'일 필요가 있다.

3.2.8 MIMO/STBC(11n)

다이버시티에 관한 옵션으로서 STBC(시공간 블록 부호화)도 제정되어 있다. 송신 측 무선 모뎀이 복수의 안테나를 동시에 사용하여 STBC 부호화 처리된 신호(데이터)를 송신하고, 수신 측 무선 모뎀에서는 STBC 복합 처리를 실행함으로써 1개의 수신 안테나에서 복수의 수신 안테나를 가지는 동등한 다이버시티 효과를 얻을 수 있는 기술이다. 감도가 좋아지기 때문에 전파의 도달 범위도 넓어지며, 수신 측의 장치를 간소화하여 소비 전력도 낮출수 있기 때문에, 특히 휴대 단말에서 유효한 옵션이라고 할 수 있다. 액세스 포인트가 송신 측으로서 복수의 안테나를 그리고 휴대 단말을 수신 측으로 하여 1개의 안테나로 가능하다. 이와는 반대로 휴대 단말로부터 액세스 포인트에 송신하는 경우에 STBC는 사용할 수 없지만, 액세스 포인트에서는 다수의 안테나가 있으므로 다이버시티(최대비 합성 방식)를 사용해서 수신 감도를 높일 수 있다. STBC에서 얻을 수 있는 수신 감도의 향상은 최대비 합성 방식의 다이버시티와 같기 때문에 어느 방향의 송신에서도 수신 감도가 개선된다.

STBC에서는 신호 송신을 통상의 비콘과 STBC에 의한 비콘으로 2번 송신할 필요가 있다. 그 이유는 STBC 대응 기기에서는 전파의 도달 거리가 늘어나 통상의 비콘이 도달하지 않기 때문이다. 11n에서는 CTS에 의한 보호 기능(충돌 회피)도 이처럼 Dual CTS를 채택하고 있다. Dual CTS는 RTS에 대해 STBC 대응 기기가 CTS를 2번 송신한다. 한 번은 STBC 신호로, 다른 한번은 비STBC 신호로 송신한다. 통상 CTS에서는 통지할 수 있는 범위가 좁고, STBC 대응 기기에 대해서 통지가 도달하지 않을 가능성이 있어 충돌이 발생 가능하기 때문이다.

예를 들어 STBC에서는 2개의 안테나에서 같은 공간 스트림을 부호화 처리를 바꾸어 동시에 송신하기 때문에 SDM에서처럼 처리율에 대한 증가는 없다. 송신 측에 안테나가 2개밖에 없는 무선기기에서는 STBC와 SDM을 동시에 사용할 수 없다는 것이다. 예를 들어 '2×2 : 2'의 시스템에서, 송신 측의 안테나는 2개로 각각 다른 공간 스트림을 송신하게 된다. STBC와 SDM을 동시에 사용하는 경우에는 각각의 안테나를 2개씩 증가하여, 1개의 공간 스트림마다 STBC를 지원하게 되어 결과적으로 송신 측의 안테나는 4개가 되어 '4×2 : 2'의 구성이 된다. 외관상으로는 4스트림의 MIMO/SDM처럼 보이지만 실제로는 2스트림의 처리율로 전파 도달 거리가 증가하게 된다.

3.2.9 MIMO/송신 빔포밍(11n)

1개의 공간 스트림을 복수의 안테나에서 동시에 송신한다. 이때 각 안테나의 송신부호의 위상을 특정 송신 대상에 대해서 조정하고, 수신 무선기기에서는 각 신호의 위상을 조절하여 수신신호의 강도를 최대화시키는 기술이다. 지향성 안테나를 대체하며, 이를 이용하여 액세스 포인트로부터 멀리 떨어진 장소에서도 데이터 통신 속도를 높일 수 있다. 다만, 수신 측에서는 1개의 안테나만을 사용하기 때문에, 다이버시티의 효과는 없게 되지만 통신 환경은 안정된다. 송신 측에서 MIMO가 필요하기 때문에 주로 액세스 포인트에 내장되어 무선 단말에 송신하는 경우에 사용될 것으로 예상된다. 수신 측에서 MIMO가 내장되지 않은 경우에 역방향에서의 통신 속도나 전파 도달 거리가 떨어지게 되지만 송신 측에서 MIMO의 최대비 합성 다이버시티로 수신 가능하기 때문에 이러한 속도나 도달 거리의 차이는 상쇄될 수 있다.

송신 빔포밍에는 몇 가지 방법이 있으며, 특히 무선 단말 측에서 별다른 대응이 필요하지 않는 것도 있다. 이러한 방식이라면 11a/b/g의 무선 단말에서도 빔포밍의 혜택을 받을 수 있다. 하지만 빔포밍에서는 송신 측이 수신 측의 수신 상황을 알지 못하기 때문에 적절한 위상 조정을 하는것은 어렵다. 11n에서 채용된 방식에서는 무선 단말기로부터 수신 상황에 관한 피드백을 필요로 하기 때문에 11n 대응 무선 단말기만이 대상이 된다. 11n에서의 빔포밍은 옵션 기능이기 때문에 모든 11n 기기가 대상이 되지는 않는다.

송신 빔포밍의 효과는 통신 환경의 변화에 민감하게 되는데, 예를 들어 2.4GHz에서의 파장은 12cm 정도, 그리고 5GHz에서의 파장은 6cm 정도밖에 되지 않기 때문에, 이 파장보다 짧은 거리를 송신 측이나 수신 측 혹은 송/수신측 사이에서 장애물이 이동하는 것만으로도 영향을 받을 수 있다. 또한, 무선 단말기가 걷는 속도로 이동하여도 효과가 손상되어 버린다.

송신 빔포밍은 특정 무선 클라이언트의 방향에 송신 전력을 향하게 하기 때문에 다른 방향에서의 송신 전파는 약하게 된다. 이러한 이유로 단말이 방향에서 벗어나거나 CSMA/CA 자체가 제대로 동작하지 않고 충돌이 발생하는 경우가 증가할 수 있다.

원리적으로 송신 빔포밍에서는 전파의 도달 거리를 늘릴 수 있지만, 무선 셀 반경은 비콘이 도달하는 범위에 한정된다. 비콘은 브로드캐스트이기 때문에 송신 빔포밍을 적용할 수 없고 무선 셀의 크기는 변하지 않다. 셀 내에서 무선 단말의 수신 신호가 약해지거나 혹은 통신 속도가 저하되는 상황이 있기는 하지만 이러한 경우에 송신 빔포밍을 사용하면 통신 속도를 유지할 수 있다.

3.2.10 Short Guard Interval(11n)

OFDM에서는 송신 데이터를 복수의 서브 캐리어로 분할하여 송신한다. 각각의 서브 캐리어는 본래 통신 속도에 비해서 저속이며, OFDM 심볼(부호)당 송신 시간도 길어진다. 다중 경로에 의해서 생기는 지연 시간에 대해 심볼의 송신 시간이 길어짐으로서 다중 경로에 의한 영향을 적게 받는다. 또한, 각각의 심볼과 심볼 사이에 가드 인터벌로 불리는 연장신호를 첨가함으로써 다중 경로에 대한 효과를 높이고 있다. 11a/g의 OFDM에서 가드 인터벌이 800ns로 고정되어 있지만, 11n에서는 400ns가 옵션으로서 제정되어 있다. 이것을 Short Guard Interval(ShortGI)이라고 부르며, 대략 10% 정도 통신 속도가 향상된다고 추측된다.

Short GI를 사용하면 다중 경로에 약해지기 때문에 근거리에서 비교적 안정된 통신 환경에서 사용해야 할 옵션이라고 생각된다. 전파 환경이 좋다면 통신 속도를 높게 설정하여 속도를 향상하는 것도 가능하지만, 먼저 다른 방법으로 속도를 높이고 최고속도를 얻을 수 있는 경우에 한정하여 Short GI를 사용해야 한다. 속도를 높게 설정할 수 없는 경우에는 전파 환경이 좋지 않을 가능성이 높고 만일 이러한 경우에 Short GI를 사용하게 되면 오히려 통신 속도를 악화시킬 가능성이 있다.

3.2.11 802.11n의 통신 속도

지금까지 11n에서 사용된 물리층의 기술을 설명하였고, [표 3.6]에는 앞서 설명한 모든 내용들을 조합한 경우에 대한 데이터 통신 속도를 정리하였다.

[표 3.6] 802.11n의 최대 처리율과 조건

단위 : Mbps

		채널 폭			
		20MHz		40MHz	
OFDM 형식	스트림 수	GI=800	GI=400	GI=800	GI=400
Legacy	1	54*	없음	없음	없음
HT 모드	1	65*	72.2**	135**	150**
	2	130*	144**	270**	300**
	3	190	217	405	450
	4	260	289	540	600

모든 옵션을 조합한 경우에 600Mbps의 데이터 속도를 얻을 수 있다. 여기서 '*'의 표시는 Wi-Fi 얼라이언스가 802.11n 드래프트 2.0에 근거한 인증에서 필수로하고 있는 조합이며, '**'의 표시도 옵션을 조합한 것을 나타낸다.

[표 3.6]에서 나타내고 있는 것은 각각의 조건에서 최고 속도(최대 throughput)이다. 예를 들면, ODFM 형식이 Legacy이고, 공간 스트림 수가 20MHz 채널로 GI(Guard Interval)=800ns인 경우에 최대 throughput은 54Mbps이지만, 이 조건으로 사용할 수 있는 속도는 6, 9, 12, 18, 24, 36, 48, 54Mbps의 8가지 있다. 다만, 이 조건은 11g와 동일하며 11g와의 완전한 호환성이 있는 사용상의 경우이다. 옵션을 조합한 경우에 300Mbps의 최대 속도인 경우에도 사용 가능한 속도는 30, 60, 90, 120, 180, 240, 270, 300Mbps 등 8가지 있다. 이처럼 전체적으로는 많은 다양한 속도가 지원 가능하다.

최대 속도는 물리층의 확장만으로 실현 가능한 것이지만, 이것은 데이터 통신 시의 데이터만을 송신하는 경우의 속도이며 프로토콜의 오버헤드 등은 고려하지 않았다. 11a/g에서의 규격상 최고속도가 54Mbps이지만 실효 속도는 반 정도이다. 11n의 600Mbps는 11a/g에서의 54Mbps와 같이 순수한 데이터 통신 시에 얻을 수 있는 최고 속도를 의미하며 실효 속도에 대해서는 후반부에 다시 설명하겠다.

3.3 MAC층

무선 LAN의 특징은 MAC 층에도 잘 나타나 있다. 10 Base-5나 10 base-2와 같은 초기의 이더넷은 CSMA/CD 방식이 사용되어 Half Duplex 통신(반이중 통신)이었다. 1개의 케이블을 여러 기기가 공유하여, 누군가가 송신하고 있는 동안은 다른 기기는 송신할 수 없었다. 그러나 10 Base-T 이후 통신은 Full Duplex(전이중 통신)가 되어 각각의 기기가 LAN 스위치까지의 케이블을 점유하여 사용할 수 있는 구조가 되었다. 예를 들면 100Mbps의 이더넷의 경우에 실효 속도가 70Mbps에서 80Mbps 정도로 통신 효율이 큰 폭으로 향상되었다.

무선 LAN에서 케이블에 해당되는 것이 채널이지만, 채널을 간단히 늘리는 것은 쉽지는 않다. 1개의 채널을 여러 기기에서 공유해야 하므로 반이중 통신의 CSMA의 프레임 워크로부터 벗어나는 것은 어려울 것이다. ACK나 Hidden node 문제 등 무선 LAN 고유의 오버헤드가 통신 효율을 높이는데 장애가 된다. 11a/g에서의 규격상 54Mbps까지 속도를 낼 수 있지만, 실효 속도는 20Mbps에서 30Mbps 정도가 되어 규격 최대의 반 정도를 나타내고 있다. 11n에서는 MAC 층에도 여러 가지가 개선되어 실효 속도를 규격상의 속도에 근접하도록 하는 방식이 실행되고 있다.

MAC 층에서의 주요 기능은 :

- 스캔(비콘, Probe)
- 프레임의 송수신(CSMA/CA)
- 데이터 보호(WEP에 의한 암호화)
- 재접속(Reassociation)
- 단편화(Fragmentation)
- 동기
- 인증
- 접속(Association)
- 소전력 기능
- 간섭・충돌 회피(RTS/CTS)

3.3.1 CSMA/CA의 구조

무선 LAN에서의 액세스 제어에는 DCF(Distributed Coordination Function)와 PCF (Point Coordination Function)의 2가지 방법이 있다. DCF는 초기의 이더넷에서 사용되고 있던 CSMA/CD(Carrier Sense Multiple Access/Collision Detection)와 유사한 CSMA/CA(Carrier Sense Multiple Access/Collision Avoidance)를 사용한 구조이다.

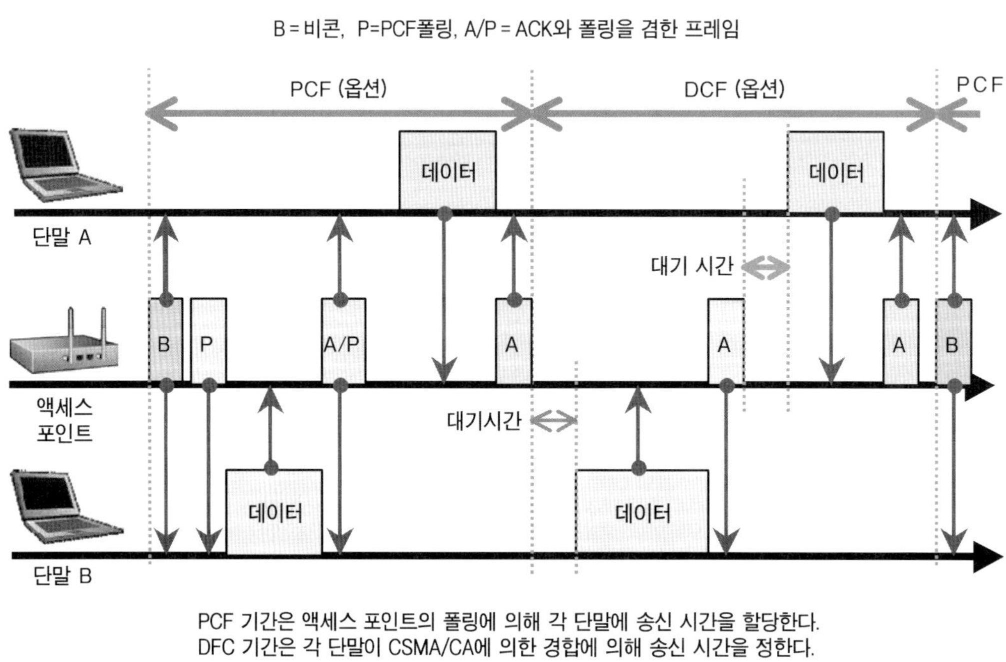

【그림 3.5】 PCF / DCF

액세스 포인트를 포함한 각 무선 단말이 캐리어 센스를 실행하여 스스로 송신하는 타이밍을 결정하지만, 충돌과 충돌에서 생기는 백 오프가 발생할 가능성이 있다. PCF에서는 액세스 포인트가 각 무선 단말을 차례로 폴링하고, 폴링된 무선 단말이 송신을 허락하는 방식으로, 이러한 방법으로 무선 단말기 간의 충돌을 피할 수 있다. DCF는 필수이며 PCF는 옵션으로서 제정되고 있다. PCF를 사용하는 경우에서도 DCF가 필수이기 때문에, DCF에 의한 액세스 제어의 시간과 PCF에 의한 액세스 제어의 시간이 교대로 이루어진다. 현재로서는 PCF를 내장한 제품은 거의 없으며, 사실상 802.11의 액세스 제어는 DCF, 즉 CSMA/CA만이라고 생각해도 된다[그림 3.5].

초기의 이더넷에서 사용된 CSMA/CD에서는 송신전에 다른 기기가 송신 중인지를 조사하여 만일 아무도 송신하고 있지 않는 경우에 송신을 시작한다. 송신 중에서도 케이블의 전압 변화를 항상 감시하여 다른 기기의 송신을 감지하는 방식으로 충돌이 발생하는지를 알 수 있다. 만일 충돌이 발생하는 경우에는 즉시 송신을 중지하고 랜덤대기 시간 후에 재송신을 한다. 이와 마찬가지로 무선 LAN의 CSMA/CA에서도 송신 전에 채널을 감시하여 아무도 송신하고 있지 않는 경우에만 송신을 하며, 이것을 CCA (Clear Channel Assessment)라고 한다. 그러나 무선 LAN에서 송신 중에는 다른 기기와의 충돌을 감지할 수 없다. 전파의 강도는 거리에 따라 크게 바뀌기 때문에, 먼 곳에 있는 기기와의 충돌을 정확하게 감지하는 것은 곤란하기 때문이다. 이러한 이유로 송신 후에 상대방으로부터 ACK 신호를 수신하는 방식으로 통신의 성공 여부를 판단한다. ACK 신호가 돌아오지 않으면 충돌이나 혹은 다른 문제가 발생했다고 판단하여 랜덤 대기 시간 후에 재발송을 실행한다. 이처럼 ACK를 사용하는 점이 CSMA/CD와 CSMA/CA의 최대의 차이이다. 송신이 성공하든 실패하든 ACK의 수신 대기 시간이 필요하며 이 대기 시간은 오버헤드가 된다.

그 외의 차이로서 CSMA/CA에서는 송신 전에 반드시 대기 시간을 확보한다는 특징이 있다. 송신 전에 채널을 감시해 다른 기기의 송신이 없는 것을 확인했을 경우에도 즉시 송신을 시작하는 것이 아니라, 반드시 DIFS(DCF Interframe Space) 동안 감시를 한 후 다른 기기의 송신이 없는 경우에 송신을 시작한다. 이것은 무선 LAN에서 송신을 한 후 ACK 응답을 기다리는 송수신의 경우가 많이 존재하여 채널 감시 기간이 송신과 ACK의 사이에 있을 가능성이 있기 때문이다. ACK는 DIFS보다도 짧은 대기 시간 SIFS(Short Interframe Space)로 송신되기 때문에, 다른 송신과 충돌되어 ACK 신호가 없어지는 가능성을 없애게 하였다. SIFS는 ACK 이외에 RTS(Request-to-Send) 프레임에 계속되는 CTS(Clear-to-Send) 프레임, fragment 된 프레임의 송신 대기 시간과 같이 도중에 삽입이 곤란한 송신에 사용된다[그림 3.6].

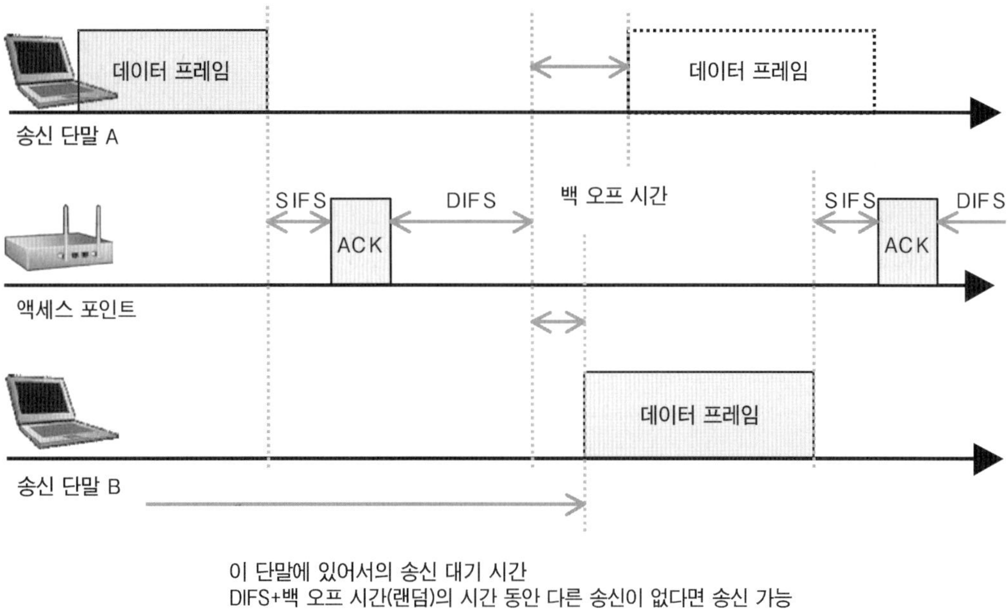

【그림 3.6】 CCA

대기 시간에는 SIFS, PIFS, DIFS, EIFS의 4종류가 존재하며, 11n에서는 RIFS가 추가되었다. 대기 시간에는 슬롯 시간이라는 것이 있어, 아래와 같다.

슬롯 시간= 11a/g/n에서 9μs

SIFS = 11a/g/n에서 16μs

PIFS = SIFS + 1 슬롯 시간=25μs(11a/g/n)

DIFS = PIFS + 1 슬롯 시간=34μs(11a/g/n)

EIFS = SIFS + ACK 대기 시간+ DIFS

RIFS = 2μs(11n)

SIFS : Short Inter Frame Space

PIFS : PCF IFS

DIFS : DCF IFS

EIFS : Extended IFS

RIFS : Reduced IFS

PIFS는 액세스 포인트가 DCF 기간에서 PCF 기간으로 바뀌는것을 통지하는 프레임을 송신할 때의 대기 시간이다. 또한, PIFS는 비콘 송신 시 대기 시간에서도 사용된다. EIFS는 무선기기가 수신한 프레임이 파손되었을 경우에 수신측의 무선기기가 다음 송신까지의 대기 시간으로서 송신 전에 백오프 시간을 확보한다. 프레임 파손의 원인이 hidden node일 가능성이 있으며, hidden node의 ACK와 송신이 겹치지 않기 위한 대책이다.

다른 기기의 송신을 감지했을 경우에 그 송신이 종료된 후, DIFS 동안 채널을 감시하고 나서도 랜덤 대기 시간 동안 감시를 계속하여 다른 기기의 송신이 없는 경우에 송신한다. 이 랜덤 대기 시간은 슬롯 시간의 정수배이며, 이때 사용되는 배수를 백오프 값이라고 하여 충돌 윈도우라고 하는 범위 중에서 랜덤으로 선택한다. 11b에서의 충돌 윈도우는 0에서 31, 그리고 11a에서는 0에서 15로 설정되는 경우가 많다. 송신을 기다리는 동안 슬롯 시간의 경과마다 백오프 값을 감산하여 '0'이 되는 시점에 송신한다. 만일 대기 시간 동안 다른 기기의 송신을 감지했을 경우에는 같은 방법으로 대기 동작이 반복되지만 백오프 값은 이전의 값을 계승하여 대기 시간이 불공평하게 길어지는 것을 막을 수 있다.

백오프 값이 0이 되어 송신 가능하여도 ACK가 돌아오지 않아 충돌이 발생하였다고 판단되는 경우가 있다. 간혹 2개의 무선 단말에서 우연히 같은 백오프 값이 선택되는 경우가 있으며, 이러한 경우는 단말의 수가 많으면 많을수록 충돌의 가능성도 높아지게 된다. 이러한 경우에는 재송신의 필요성이 있다. 송신 종료 후부터 DIFS 동안 대기하고, 백오프 값에 근거한 랜덤 시간을 기다린 후 재송신을 할 수 있다. 이때의 백오프 값과 선택된 충돌 윈도우는 전 단계에서의 충돌 윈도우의 2배에 1을 더한 범위까지 넓힐 수 있으며, 11a에서는 0에서 31까지이다. 11a의 경우 충돌 윈도우는 최대 1023까지 확장되며, 재송신 충돌 윈도우를 넓히는 것으로 반복되는 충돌의 가능성을 낮추는 구조이다.

11n에서 추가된 RIFS는 연속하여 프레임을 송신할 때의 송신 간격이다. 지금까지의 무선 LAN에서는 동일한 무선기기가 프레임을 연속해서 송신하는 경우에서도 송신 전

에 DIFS의 대기 시간이 필요하다. 원래 DIFS가 필요한 것은 다른 기기의 통신의 유무를 감지하기 위해서이다. 11e에서는 같은 상대에게 연속 송신하는 경우에 한정해서, SIFS를 사용하는 것이 가능하게 되었다. SIFS는 데이터와 ACK, RTS와 CTS와 같이 무선기가 수신과 송신을 바꾸기 위해서 필요한 시간이기 때문에 대폭적인 단축은 어렵지만, 연속적으로 송신하는 경우에서는 이러한 것을 고려할 필요가 없다. 11n에서는 이것을 한층 더 발전시켜 RIFS까지 단축 가능하여 복수의 프레임을 버스트(burst)로 송신 가능하게 되었다. 하지만 11n 이외의 기기에서는 이 간격을 인식하지 못하고 따라서 연속적인 송신을 감지 못할 가능성이 존재한다. 무선 셀에 비HT 모드의 단말이 존재하는 경우에 액세스 포인트는 비콘 등을 통하여 접속된 HT 모드의 단말에 RIFS 사용의 가능 여부를 통지할 수 있다.

RIFS는 프레임・어그리게이션(Frame Aggregation)과 유사하지만, 프레임・어그리게이션보다 간단히 내장할 수 있는 이점이 있다.

3.3.2 비콘

무선 LAN 기기가 통신하기 위해서는 우선 서로의 존재를 파악하고 그 후에 접속해야 한다. 무선 LAN 기기는 자신의 존재와 지원하고 있는 파라미터를 알리기 위해서 비콘이라 불리는 관리 프레임을 일정 간격으로 브로드캐스트 한다(일반적으로 100msec간격). 비콘의 송신도 CSMA/CA의 방식을 따르기 때문에 송신 타이밍에서도 다른 무선기기가 통신 중인 것을 감지하면 비콘의 송신을 대기하여야 한다. 따라서 항상 같은 간격으로 비콘을 송신할 수 있는 것은 아니다. 여기서 대기 상태 시간은 DIFS가 아니라 PIFS다.

IEEE의 규격에서는 무선 LAN의 접속 형태를 Ad hoc mode와 Infrastructure mode의 2가지 형태로 나누어 정하고 있다[그림 3.7].

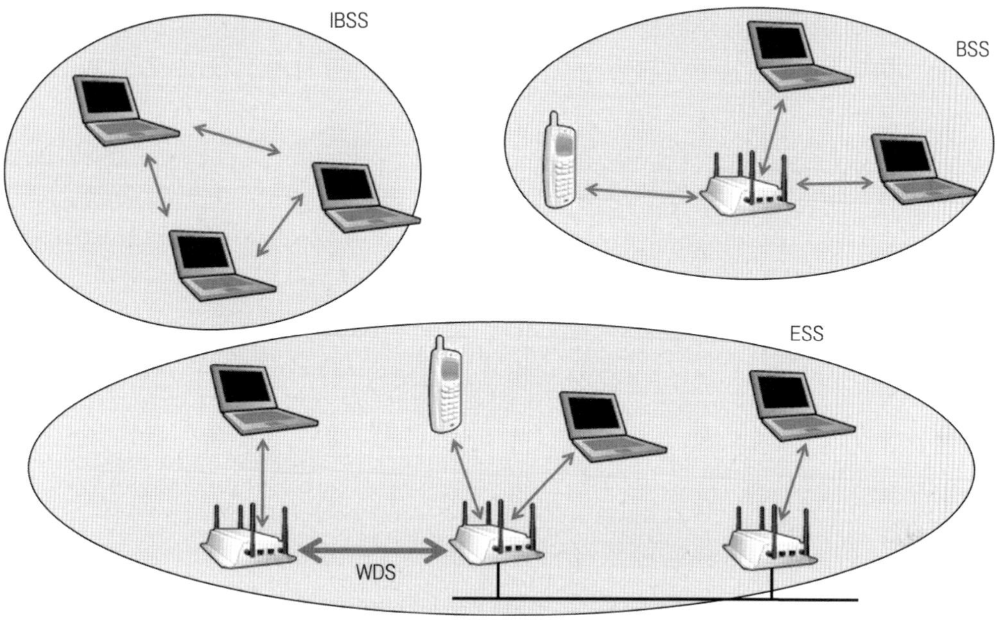

【그림 3.7】 IBSS, BSS, ESS

Ad hoc mode는 무선 단말만으로 구성되는 네트워크이며, 액세스 포인트는 사용하지 않는다. 무선 단말은 무선으로 서로 직접 접속하며, 이 네트워크를 IBSS(Independent BSS)라고 한다. 무선 단말에는 패킷을 중계하는 기능이 없기 때문에, 메쉬 네트워크(Mesh Network)와 같이 사용될 수 없다. 통신 상대는 반드시 직접 접속되어야 하므로 소규모의 네트워크만 구축이 가능하다. Ad hoc mode에서는 각 무선 단말이 순치적으로 비콘을 브로드캐스트한다. 이때 각 무선 단말기들은 비콘에 한정되지 않고 서로 대등한 관계로 존재하기 때문에 분산 처리적인 방법이 제정된다. Ad hoc mode는 지금까지는 별로 사용되어 오지 않았지만, 최근에 게임 단말 등에서 사용되고 있다. 이 책에서는 주로 인프라스트럭처(Infrastructure) 모드에 대해서 설명하도록 하겠다.

인프라스트럭처 모드는 액세스 포인트와 무선 단말로 구성되며, 무선 단말의 통신은 반드시 액세스 포인트를 경유한다. 11e에서는 옵션으로서 DLS가 제정되었으며, DLS에서는 액세스 포인트를 중개하지 않는 통신이 가능하다. 한 개의 액세스 포인트와 이 액세스 포인트에 접속하는 무선 단말로 구성되는 네트워크를 BSS(Basic Service Set)라고 한다. 또한, 복수의 액세스 포인트를 이더넷(ethernet)으로 접속하여 무선 단말이 액세스 포인트 간을 이동(로밍)할 수 있는 구성도 가능하다. 이와 같이 BSS를 1개 이상 접속한 것을 ESS(Extended Service Set)라 부른다.

BSS 간(즉 액세스 포인트 간)을 접속하는 네트워크를 DS(Distribution System)라 하며, 대부분의 경우는 이더넷(ethernet)가 사용되지만 그 이외의 방법도 가능하다. DS에 무선 LAN 접속을 사용하는 방법은 WDS(Wireless DS)라고 하며 최근 주목받고 있다. 802.11에서는 WDS의 프레임의 포맷 만이 규정되었을 뿐 접속 순서 등이 규정되어 있지 않기 때문에 제조 회사 간의 호환성은 없다. 그러나 WDS를 사용하면 액세스 포인트의 설치 시 배선이 불필요하게 된다. 제조 회사도 독자적으로 기능을 추가하여 액세스 포인트의 장해 등으로 WDS 접속이 절단되었을 경우에 자동적으로 대체 경로를 확립하는 구조 등을 갖춘 제품을 판매하고 있으며, 메쉬 네트워크 제품보다 저가로 네트워크를 구축할 수 있기 때문에 인기 있다. 또한, IEEE에서는 11s로서 WDS를 사용한 메쉬 네트워크 기능을 준비 중이다.

인프라스트럭처 모드의 경우에 비콘은 가각의 액세스 포인트가 송신하며, 비콘에는 여러 가지 정보가 포함된다. 먼저 중요한 것이 SSID(Service Set ID)이다. SSID는 ESS를 특정하는 식별자로서 2에서 32바이트의 임의의 문자열이다. 예를 들어 'hotspot' 등과 같이 일반적으로는 ESS가 제공하는 서비스를 나타내는 명칭이 할당되는 경우가 많으며, ESS는 같은 SSID를 가진 액세스 포인트의 집합이 된다. 각각의 액세스 포인트는 BSSID로 불리는 고유의 식별자를 가지며, BSSID는 48비트의 중복이 없는 식별자로 MAC 주소와 같은 포맷이 사용된다. 이러한 이유로 MAC 주소라고도 불리는 경우도 많다. 무선 단말은 비콘으로부터 SSID를 검출하여 접속 대상인지 아닌지를 판단한다.

비콘에는 SSID 이외에도 시큐리티, 데이터 통신 속도 등에 관한 파라미터 등이 포함되어 있으며, 무선 단말은 스스로의 파라미터와 일치하는지를 판단할 수 있다. 이러한 파라미터는 비콘 안에서 케이퍼빌리티 정보(CI)와 엘리먼트 정보(EI)라고 하는 필드에 정의되어 있다.

무선 단말은 수동으로 비콘이 도달하는 것을 대기하는 방법과 스스로 액세스 포인트에 응답을 요구하는 방법이 있다. 전자를 패시브 스캔, 후자를 액티브 스캔이라 부른다. 일반적으로는 패시브 스캔으로 충분하지만, 가급적 빨리 액세스 포인트에 무선 접속을 실행하고 싶을때 또한 어떠한 사정으로 액세스 포인트가 정기적으로 비콘 송신을 실행하지 않은 경우에 액티브 스캔을 사용한다. 무선 단말은 액티브 스캔에서

SSID를 지정하여 프로브 요구를 송신한다. 프로브 요구를 수신한 액세스 포인트에서는 지정된 SSID를 가진 모든 단말에 대해 프로브 응답을 하며, 이때 프로브 응답은 TIM이 포함되지 않는다는 점만 빼고는 비콘 과거의 같은 내용을 가진다. SSID를 지정하지 않고 프로브 요구를 송신하면, 프로브 요구를 수신한 모든 액세스 포인트에서 설정되어 있는 SSID를 포함해서 프로브 응답을 한다.

802.11 표준에서는 이와같은 동작이 규정되어 있지만, SSID를 지정하지 않는 프로브 요구에 응답하지 않거나 또한 비콘을 송신하지 않도록 설정된 제품이 많다. 이것은 무선 LAN이 최초에 등장했을 때에 시큐리티의 구조가 전혀 없고, SSID를 은폐함으로써 접속을 피하려 했던 것에서 기인한 것이다. 하지만 전파를 감시하는 것으로 무선통신이 존재한다고만 하면 SSID는 간단히 알 수 있으므로 이러한 방법에 의존해서는 안된다.

3.3.3 인증과 어소시에이션

무선 LAN에서 무선 단말이 액세스 포인트에 접속하는 순서가 있다. 먼저 인증 순서를 실행한다. 무선 단말이 액세스 포인트에 인증 요구 프레임을 송신하여 액세스 포인트로부터 인증 프레임에 대한 응답을 받는 것으로 완료한다. 여기서의 인증은 인증을 전혀 실행하지 않는(오픈 시스템 인증)과 WEP에 의한 인증과 암호화(공유 키 인증)를 선택할 수 있다. 802.1x 인증 등 다른 인증에 대해서는 어소시에이션 완료 후에 실행되지만, 이 경우에는 오픈 시스템 인증을 선택한다. 이러한 인증 과정은 액세스 포인트에서만 실행되는 인증이지만, 11i에서는 보다 강력한 인증 방식을 포함한 시큐리티 기능으로서 MAC 층의 확장형으로 제정되어, 현재로서는 11i 혹은 WPA/WPA2를 사용해야 한다.

무선 LAN에서 무선 단말이 액세스 포인트에 접속하는 것을 어소시에이션이라 한다. 인증 절차 완료 후, 무선 단말은 액세스 포인트에 어소시에이션 요구 프레임을 송신하고, 액세스 포인트는 해당 어소시에이션 응답 프레임을 전송하는 것으로 어소시에이션 과정이 완료된다. 어소시에이션 완료 후 무선 단말이 액세스 포인트로부터 인식되어 액세스 포인트의 어소시에이션 테이블에 등록되어 통신 가능 상태가 된다. 액세스 포인트와 무선 단말 간에 기본 데이터 통신 속도 등과 같이 지원 가능한 기능 등에서 차이가 나면 어소시에이션은 실패하지만 이러한 가능성은 극히 적다고 할 수 있다. 무선 단말은 사전에 비콘으로부터 액세스 포인트에 대한 기능을 알고 있기 때문이다.

다만 액세스 포인트의 무선 단말 접속 수가 포화 상태인 경우에는 어소시에이션을 거부하는 경우도 있다.

이 어소시에이션 과정이 완료되면 무선 단말은 통신 가능한 상태가 되지만, 이것은 L2 레벨에서의 접속 완료이다. 예를 들면 IP주소의 취득 · 할당 등은 L3이며 이것은 무선 LAN의 기능이 아니라 DHCP 등과 같은 상위 계층에서의 기능에 의해 실행될 필요가 있다. 이 시점에서 어플리케이션으로서 통신이 성립되어 있는 것은 아니다.

무선 단말은 본래 무선 셀로부터 떨어진 경우는 접속 해제(디스어소시에이션) 프레임을 액세스 포인트에 송신하여 통지해야 한다. 그러나 실제에 있어서는 접속 해제를 하지 않고 무선권 밖으로 나가거나, 어소시에이션 중에 전원을 갑자기 끊는 경우와 같은 상황이 있어 접속과는 달리 절단에서는 명확하게 실행되지 않는 경우가 많다. 따라서 액세스 포인트에서는 일정 기간 동안 통신이 전혀 없는 무선 단말을 어소시에이션 테이블에서 삭제하는 방법이 이루어지고 있다.

3.3.4 RTS/CTS와 데이터/ACK에 의한 충돌 회피

무선 LAN 고유의 문제로서 hidden node 문제가 있다. 무선은 이더넷과는 달리 충돌의 유무를 확실히 감지할 방법이 없다. 신호의 강도가 거리에 따라서 큰 폭으로 바뀌기 때문에 송신 측에서는 감지할 수 없지만, 수신 측에서는 감지 가능한 다른 기기로부터의 송신이 수신 측에서 충돌을 일으킬 가능성이 있다.

예를 들어 액세스 포인트 사이에 2개의 무선 단말 A, B가 존재하는 경우를 생각해보자. 무선 단말 A와 B는 액세스 포인트와 통신할 수 있지만, A와 B는 서로 자신의 무선 권외에서 직접 전파가 도달하지 않는다고 한다. 무선 단말 A가 액세스 포인트에 송신한 경우, 무선 단말 B에 그 전파는 도달하지 않기 때문에, 캐리어 센스 해도 A의 존재는 검지할 수 없다. 무선 단말 B도 동시에 액세스 포인트에 송신을 하는 경우에 액세스 포인트에서는 충돌이 발생한다. 이 경우 A와 B는 서로에 있어 hidden node가 되며, [그림 3.8]에 나타내었다.

이것을 회피하기 위한 방법이 RTS/CTS이다. RTS/CTS 방법에서 무선 단말 A는 데이터의 송신 전에 RTS(Request To Send)를 송신한다. 이것은 액세스 포인트에는 도달하지만 B에는 도달하지 않는다. 액세스 포인트는 채널의 빈 곳을 확인해서 CTS(Clear To Send)를 A에 보내 송신을 허가한다. 이때 CTS는 B에도 도달하기 때문에, B는 다른 기기가 송신을 실행할 예정인 것을 감지하여 송신을 연기하여 충돌을 회피한다. RTS/CTS의 프레임에는 NAV(Network Allocation Vector)라 불리는 채널의 점유 예정 기간이 쓰여 있다. RTS/CTS를 수신한 단말은 어느 정도 간 송신을 연기할지를 판단하게 된다. 이 순서를 가상 캐리어 센싱이라고 부르기도 한다[그림 3.9].

이러한 구조에서 오버헤드는 무시할 수 없으므로, hidden node에 의한 충돌이 일어나는 경우에 사용 방법으로 유용한 것이다. 또한, 큰 프레임일수록 충돌을 일으킬 가능성이 높기 때문에, 프레임 사이즈가 일정치 이상의 경우에 사용 방법으로도 유효하다.

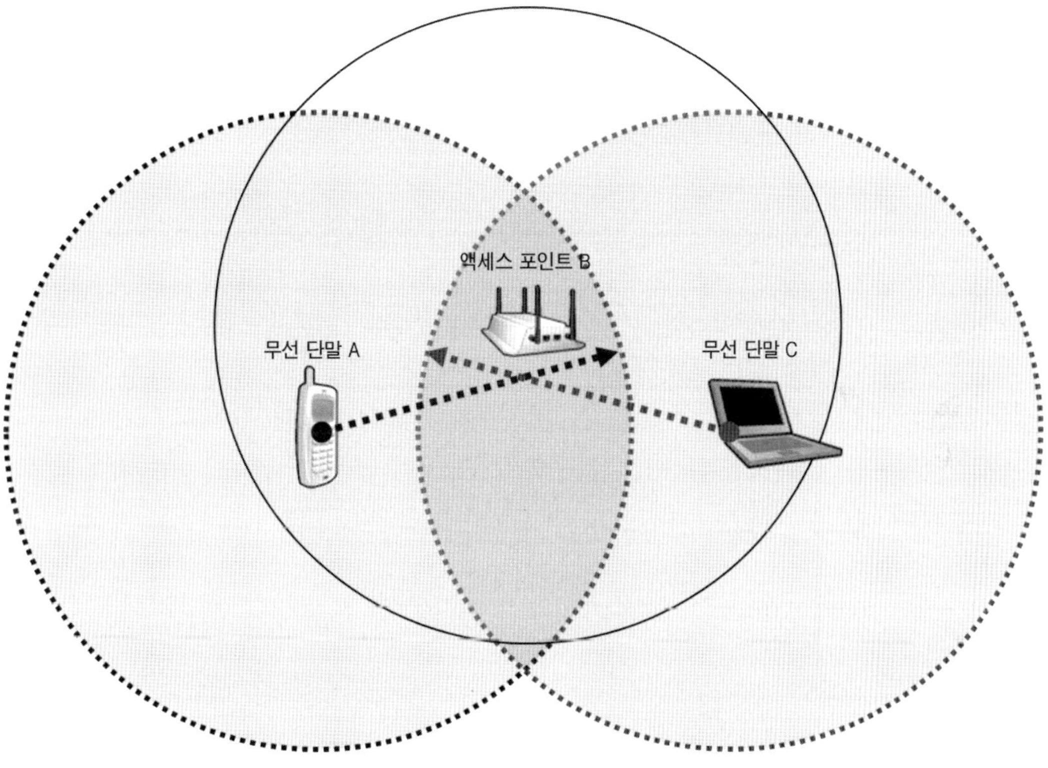

【그림 3.8】 hidden node

RTS/CTS는 'hidden node' 처리 이외의 목적에서도 사용되기도 한다. 예를 들면 11b와 11g의 단말이 혼재하는 경우에 처리율이 저하되는 것을 막기 위해서도 사용된다. 11g의 무선기기가 11g의 모드에서 송신하면 변조 방식이 OFDM이 되어, 11b의 기기에서는 검지할 수 없다(11g에서는 PLCP 프리앰블과 헤더만을 DSSS로 변조해서 송신하여, 11b 기기에 검출시키는 방법은 옵션으로서 규정되어 있다). 11g의 송신 중에 11b도 송신을 시작하여 충돌을 발생시키고 그 결과 처리율이 낮아진게 된다. 이러한 조건에서 11g의 무선기기는 11g 모드의 송신에 앞서, 11b로 RTS를 송신해 RTS/CTS 순서를 실행한다. 오버헤드를 경감하기 위해 CTS-to-self(자기 CTS)라 하는 방법도 고안되고 있다. 즉 RTS를 생략하고, 액세스 포인트나 무선 단말이 송신 전에 스스로에 CTS를 송신함으로써 전파 범위에 있는 단말들은 앞으로 송신이 이루어질 것을 인식하여 송신을 연기할 수 있다. CTS-to-self는 상위 규격의 프레임을 하위 규격의 프레임과의 충돌로부터 보호할 수 있지만, hidden node에 대한 대책은 되지 않는다.

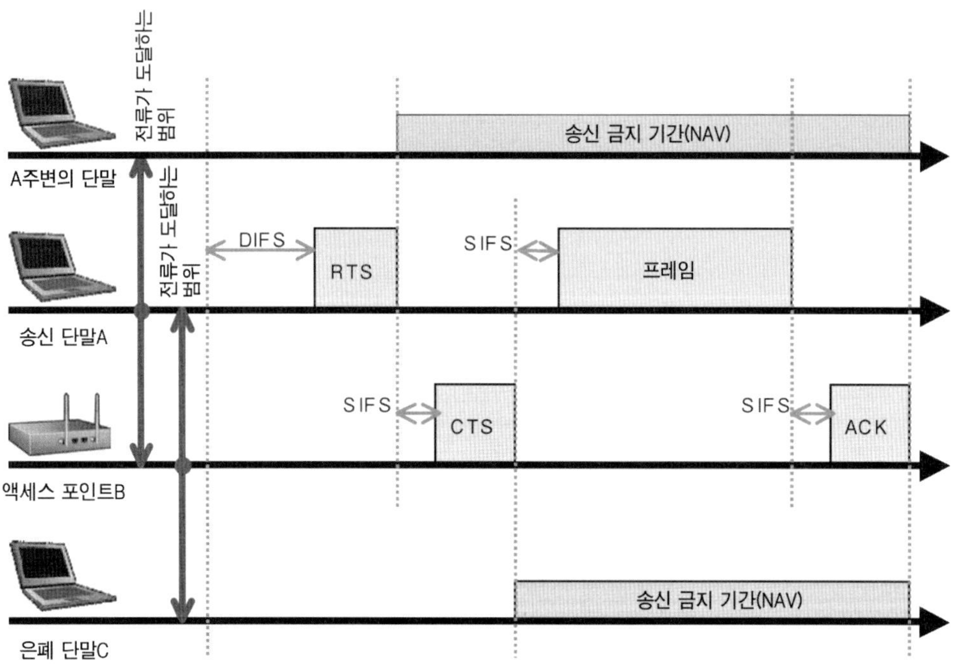

【그림 3.9】 RTS / CTS

RTS/CTS나 CTS-to-self는 11n의 통신을 11b/g로부터 보호하기 위해서도 사용되고 있다. 11n의 HT 모드의 무선기기가 11b의 무선기기의 존재를 감지했을 경우, 11b(DSSS/CCK)에서 RTS/CTS 또는 CTS-to-self를 실행한다. 40MHz 채널을 사용하고 있는 경우RTS/CTS 또는 CTS-to-self는 프라이머리 · 채널에서 이루어진다.

11n의 HT 모드의 무선기기와 11a나 11g의 OFDM의 무선기기가 혼재하는 경우, 11n기기는 믹스드 · 포맷으로 송신하여 11a/g의 기기에서 프레임 첫 부분을 읽어내도록 하게 하여 송신을 감지하도록 하는 방법이 있다. 이 구조가 제대로 기능하지 않거나 혹은 11n 기기가 11a/g에는 읽어낼 수 없는 그린필드 · 모드를 사용하는 경우, 그리고 RIFS에 의한 버스트 송신을 실행하는 경우 등에서는 충돌이 일어날 가능성이 있다. 이때문에 여기에서도 RTS/CTS, CTS-to-self가 사용된다.

RTS/CTS나 CTS-to-self 이외 방법도 가능한데, 예를 들면 ACK를 RTS/CTS 대신에 사용하는 방법이다. 11e에서는 TXOP에 의한 프레임의 연속 송신이 지원되고 있다. 무선 LAN에서 충돌이 생겼을 경우는 ACK가 돌아오지 않는 것으로밖에 감지할 수 없다. 만약 이 연속 송신이 충돌하면 TXOP Limit의 사이에 송신한 프레임이 모두 소용없어져 버리기 때문에 손실이 크다. 여기에서 연속 송신을 개시하기 전에 1회만 송신 측과 수신 측에서 프레임의 교환을 실행하여 충돌이 없는 것을 확인하는 것과 동시에 주변의 무선기기에 NAV를 설정한다. 이것은 RTS/CTS로 완성되지만, 데이터 · 프레임과 ACK를 사용할 수도 있다. RTS/CTS와 달리 실제로 데이터를 송신할 수 있기 때문에 효율이 좋다. 그러나 ACK는 최저 속도로 송신되지만, 데이터 · 프레임은 최저 속도에서는 송신하지 않기 때문에, 수신할 수 없는 무선기기도 존재할 가능성이 있기 때문에 그만큼 보호 기능도 약하게 된다.

데이터/ACK의 조합은 11n과의 충돌 회피에도 사용할 수 있다. 데이터 · 프레임은 HT 모드의 포맷으로 송신하지만, 그 ACK를 11a/g의 OFDM로 송신한다. 그리고 ACK로 NAV를 설정해서, 연속되는 그린필드의 프레임이나 RIFS 버스트 송신의 송신 시간을 예약해 버리는 경우가 있다.

STBC에서 Dual CTS가 사용되는 내용에 대해서는 이미 설명하였다.

3.3.5 프레임 · 어그리게이션과 블록 ACK 11n

11n에서 도입된 MAC 층의 확장이다. 지금까지 설명한 것처럼 11a/b/g에서는 ACK, DIFS, RTS/CTS 등의 메커니즘에 의해 처리율을 높이는 것이 어려우며, 아래의 [표 3.7]에서는 11a에서의 송신 시간에 대한 값을 나타내고 있다. 이 결과는 다른 무선기기가 없이 오직 2개의 무선기기 사이에서의 통신을 가정한 이상적인 상태를 가정하고 있

기 때문에, 평균 백 오프 시간이 '0'가 된다.

【표 3.7】

항목		시간(μ초)	비고
캐리어 센스 시간(CCA)	DIFS	34	SIFS+(2 × Slot Time)
	평균 백 오프 시간	0	다른 통신이 있으면 67.5μ초
데이터 송신 시간	프리앰블	20	6Mbps
	송신 시간	228	1536byte@54Mbps
ACK 대기 시간	SIFS	16	
ACK 송신 시간	프리앰블	20	6Mbps
	송신 시간	4	54Mbps
합계		322	

무선 LAN의 규격에서는 프레임의 최대 사이즈는 2312바이트이지만, 대부분이 이더넷(ethernet)과 조합되어 사용되므로, 사실상 최대 프레임 사이즈는 1536바이트가 된다. 11a의 경우에서 54Mbps의 데이터 통신 속도를 가정하면 데이터는 228us로 송신 가능하지만, CCA나 ACK 등으로 약 100us의 오버헤드가 걸린다. 동기를 위해 필요한 프리앰블은 그 특징상 최저의 속도로 송신해야 하기 때문에, ACK 프레임에서는 ACK 자체보다 긴 시간을 필요하게 된다. 이러한 이유로 약 38Mbps밖에 속도를 낼 수 없다. 그러나 실제로 여기에다 백 오프 시간과 RTS/CTS 등의 보호를 위한 오버헤드 등이 추가되고 또한, IP층에서 상위의 프로토콜의 오버헤드도 무시할 수 없는 이유로 11a나 11g에서의 실효 속도는 54Mbps의 약 반 정도가 된다.

앞에서 설명된 것처럼 11a의 예에서 데이터와 ACK의 송신 시간이 0, 즉 데이터 송신 속도를 무한대로 가정한다고 해도 각종 오버헤드가 있기 때문에 74Mbps 정도가 최대치가 된다. 11n에서는 규격상의 최대 속도가 600Mbps이지만, 이것은 데이터 송신 속도가 600Mbps이며, CSMA/CA에 의한 MAC층의 구조와 여기에서 발생하는 오버헤드는 11a나 11g와 같다. 지금까지 설명한 MIMO/SDM, HT 모드의 OFDM, 40MHz 채널, 쇼트 GI 등 물리층의 개량만으로는 실행 속도가 규격의 반 혹은 수분의 1 정도에 머무를 수밖에 없다.

11n의 제정에 있어서 이러한 문제를 극복하여 실효 속도를 100Mbps 이상 실현하기 위해 도입된 것이 프레임・어그리게이션과 블록 ACK이다. 간단하게 말하면 복수의 프레임을 연결하여 1개의 프레임으로서 송/수신함으로써 ACK나 DIFS에 필요한 시간을 줄이는 구조이다. 지금까지는 기본적으로 이더넷(ethernet)의 프레임과 무선 LAN의 프레임이 1대 1의 관계였다. 프레임・어그리게이션에 의해 복수의 이더넷(ethernet)・프레임을 1개의 무선 LAN 프레임에 통합함으로써 해더의 오버헤드를 줄일 수 있으며, ACK 또한 대응하는 블록 ACK에 의해 1회로 처리 가능하다.

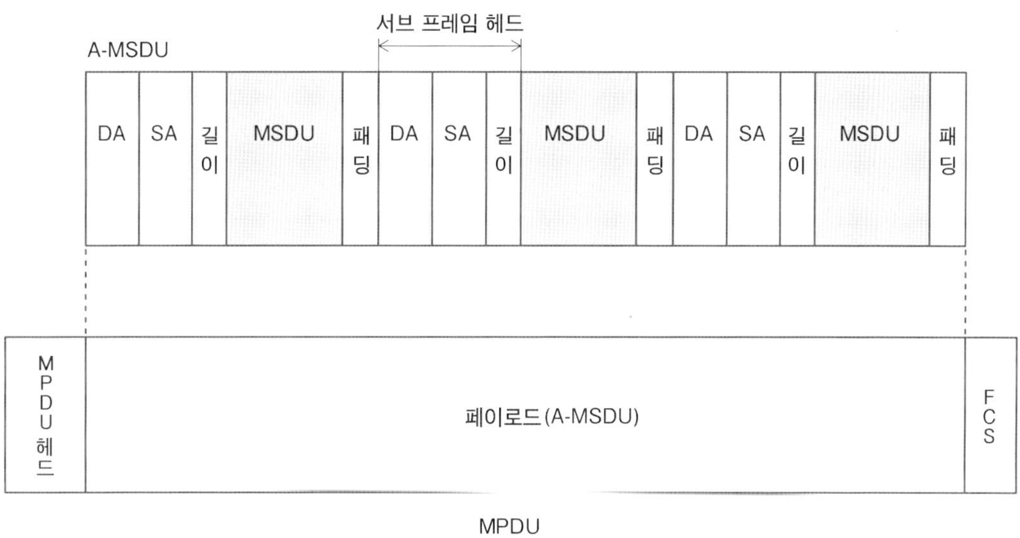

【그림 3.10】 A-MSDU

프레임・어그리게이션에서는 2가지의 방법이 제정되고 있다. 첫 번째 방법으로는 상위 레이어인 LLC 층의 프레임(MSDU)을 복수로 묶어 커다란 MAC 프레임을 만드는 것이다. 여기서 엄밀하게 말하면 LLC 층의 프레임을 묶을 때에 MSDU에 서브 프레임 해더 추가와 패딩을 실시한다. 이 커다란 MAC 프레임은 A-MSDU로 불리어 최대 8K 바이트가 될 때까지 LLC 프레임을 묶을 수 있으며, 옵션으로서 4K바이트까지도 지원 가능하다. A-MSDU는 단일의 MAC 프레임이기 때문에, 무선 해더(STF, LTF, SIG 등)와 MAC 해더가 1개씩 존재한다. 무선 고유의 오버헤드를 줄일 수 있지만 FCS도

1개밖에 가질 수 없으므로 에러가 발생했을 경우는 A-MSDU 전체의 재전송이 이루어지게 된다. 11n의 규격에서 이러한 A-MSDU는 하나의 옵션 기능으로써 설정되어 있다[그림 3.10].

두 번째 방법으로는 각각의 MAC 프레임(MPDU)을 묶어서 1개의 커다란 물리 층 프레임으로 송신하는 방법이다. 이 MAC 프레임을 묶은 것을 A-MPDU라고 하며, 최대 64K바이트가 될 때까지 MAC 프레임을 묶을 수 있다. 또한, 옵션으로서 8K, 16K, 32K바이트까지도 지원 가능하다. A-MPDU에는 무선 헤더가 1개밖에 없지만, 묶어진 각 MAC 프레임에는 MAC 헤더(MPDU 헤더)가 있고, 게다가 MAC 프레임 간에 MSDU 구분자(Delimeter)가 설치되어 있다. 이것들은 비록 오버헤드이지만, 구분자에는 MAC 프레임의 길이나 CRC가 포함되어, MAC 프레임마다 에러 검출을 실행할 수 있다. MAC 프레임은 패딩(Padding)되어 MSDU 구분자는 항상 32비트 경계에 오도록 배치된다. 구분자가 파손되어도 다음의 구분자를 검출할 가능성은 높게 되며, 에러로 처리된 MAC 프레임만 손실되게 된다. A-MPDU는 블록 ACK를 사용하여 파손된 MAC 프레임만을 재전송하는 것이 가능하다. 11n의 규격에서는 A-MSDU와 블록 ACK는 필수의 기능으로 되어 있다[그림 3.11].

블록 ACK는 최대 64까지의 MAC 프레임에 대해 일괄적으로 한 번의 ACK로 응답할 수 있다. 또한, 비트 맵을 가지고 있기 때문에, 특정 프레임에 대해 에러의 유무를 포함한 성공 여부를 통지할 수 있다. 원래 블록 ACK는 802.11e의 QoS 기능으로서 고안되었기 때문에, 블록 ACK를 사용할지에 대해서는 11e의 액션·프레임을 사용하여 결정한다.

앞에서 설명한 2가지 방법을 함께 사용할 수도 있다. 즉 A-MPDU를 구성하는 MAC 프레임으로서 A-MSDU를 사용하는 것이 가능하다. 이처럼 어그리게이션을 삽입하여 사용하는 상황에는 다음과 같은 것이 생각될 수 있다. 음성 트래픽과 같이 작은 패킷이 다수 송신되는 경우에 블록 ACK가 최대 64까지이므로, 64까지의 MAC 프레임을 연결해도 A-MPDU의 최대치에는 이르지 않을 가능성이 생기며 이러한 경우 A-MPDU의 효율을 최대한 살릴 수 없다. 여기서 우선 A-MSDU에서 어그리게이션하는 것으로 64 이상의 음성 패킷을 일괄하여 묶는 것이 가능하게 된다.

【그림 3.11】 A-MPDU

A-MSDU와 A-MPDU에 있어서 공통적인 고려사항이 존재한다. 연결하는 경우에 연결된 모든 프레임은 같은 QoS 클래스에 속해야 한다. 또 일반적으로 프레임의 사이즈가 길면 길수록 송신 중에 에러가 될 가능성이 높아진다. 특히 무선의 경우에 이러한 경향이 강하게 나타난다. A-MSDU는 에러의 경우, 프레임 전체를 재전송할 필요가 있기 때문에, 통신 환경에 따라서는 생각한 만큼의 처리율을 향상시킬 수 없을 가능성이 있다. 무선 LAN 기기에서는 에러율에 의해 송신 속도를 자동적으로 낮추는 구조를 갖는 제품이 많아, 만일 큰 프레임의 송신에서 에러율이 높아진다면 결과적으로 저속으로 전환되어 버릴지도 모른다.

11n의 프레임・어그리게이션과 블록 ACK의 효과를 개산한 것이 이하 [표 3.8]에서 나타낸 것이며 이는 11a에서 계산과 같은 조건을 가정하고 있다.

【표 3.8】

항목		시간(μ초)	비고
캐리어 센스 시간(CCA)	DIFS	34	SIFS+(2 × Slot Time)
	평균 백 오프 시간	0	다른 통신이 있으면 67.5μ초
데이터 송신 시간	L-STF/L-LTF/L-SIG	28	6.5Mbps(Greenfield)
	송신 시간	873	64 Kbyte@600Mbps
ACK 대기 시간	SIFS	16	
ACK 송신 시간	L-STF/L-LTF/L-SIG	28	6.5Mbps(Greenfield)
	송신 시간	0.5	6.5Mbps(Greenfield)
합 계		979.5	

A-MPDU에서 64K바이트까지 어그리게이션하고 있는 경우를 가정한다. 원래는 구분자나 패딩, MAC 해더, 그리고 그밖의 오버헤드도 고려해야 하지만 계산상 생략하고 있다. 이 계산에서는 최대 데이터 송신 속도가 600Mbps에 대해서 약 535Mbps의 처리율이 가능하리라고 추측된다. 상위층의 오버헤드 등으로부터 실제의 실효 속도는 이것보다 낮아진다고 할 수 있지만, 어느 정도 충분한 처리율을 확보할 수 있다고 생각된다.

11n에서는 이러한 고속성이 최대의 화제이며, 이것을 가능케 하는 기술로서 MIMO/SDM을 중심으로 한 물리층의 기술이 많이 거론되고 있다. 그러나 지금까지처럼 100Mbps 이상의 처리율을 가능하게 하고 있는 것은 MAC 층의 개량이다. 프레임・어그리게이션을 사용하지 않는 이상, 물리층의 고속화는 불가하다.

3.3.6 QoS

원래 802.11이 DCF에 채용한 CSMA/CA의 구조는 충돌을 수반하는 랜덤 대기 시간 등이 있어 QoS를 적용하기가 어렵다. 그러나 무선 LAN을 사용한 음성 단말 등, 지연이 적은 실시간의 데이터 전송이 필요한 어플리케이션이 증가하고 있다. 그러나 802.11에는 QoS의 구조가 없기 때문에, 11e에서 이를 추가하였다.

QoS는 MAC 층의 액세스 제어 구조를 확장하는 것으로 실현된다. 11e에서 제정된 QoS의 구조는 DCF와 PCF의 양쪽 모두를 통합하여 확장한 HCF(Hybrid Coordination Function)라는 방법이다. HCF에서는 2가지 방법이 제정되어 있다. 첫 번째는 HCF Contetion-Based Channel Access이며, 이 방법에서는 CSMA/CA의 구조를 사용하지만 충돌 때의 백 오프 시간을 우선도에 따라 변경하는 것으로서 우선 제어를 실행한다. 또한, 이 방법은 EDCA로 많이 불린다. 또 다른 1가지 방법은 HCF Controlled Channel Access(HCCA)이며 PCF에서 제정되어 있던 폴링의 구조를 한층 더 개량해서 대역폭이나 지연 시간 등을 조정하는 것으로 우선 제어를 실행한다.

11e에 대응하는 Wi-Fi 얼라이언스의 인정은 WMM과 WMM Power Save (WMM-PS)의 두 가지로 나누어진다. 이것도 WPA와 같이 11e의 제정에 시간이 걸렸기 때문에 우선 11e의 서브 세트로서 WMM이 제정되었다. 혼동하기 쉬운 것이, WMM은 WME라고도 불리지만, 모두 11e의 EDCA에 대응하는 것이다. 현재 제품에 내장되어 있는 QoS는 대부분이 EDCA이며, HCCA에 대응하는 Wi-Fi 얼라이언스의 인정은 존재하지 않는다. QoS를 유효하게 사용하기 위해서는 액세스 포인트와 무선 단말 모두가 QoS를 지원할 필요가 있다.

EDCA에서는 우선도를 높은 쪽으로부터, 음성 데이터(AC_VO), 비디오・데이터(AC_VI), best effort・데이터(AC_BE), 백그라운드・데이터(AC_BK) 등 4개의 액세스・카테고리로 정의하고 있다. EDCA에서는 송신까지의 대기 시간과 충돌이 일어났을 때의 충돌 윈도우의 확장을 액세스・카테고리마다 바꾸는 것으로 우선 제어를 실현한다. EDCA에서는 송신까지의 대기 시간에 DIFS 대신에 AIFS를 사용한다. AIFS는 액세스・카테고리마다 다른 값을 가지며 높은 우선도를 가지는 액세스・카테고리일수록 짧은 시간이 된다. DIFS는 SIFS에 2슬롯 시간을 더한 것이지만, AIFS도 SIFS에 슬롯 시간의 배수를 더한 것이다. 초기 설정은 AC_VO, AC_VI에서 SIFS + 2슬롯 시간, 즉 DIFS와 같고, AC_BE에서 SIFS + 3슬롯 시간, AC_BK에서 SIFS + 7슬롯 시간이 된다. AIFS 후에 랜덤인 백오프 값에 근거한 대기 시간이 있기 때문에, 반드시 높은 우선도의 무선 단말을 먼저 송신할 수 있다고는 할 수 없지만, 확률적으로 우선적인 취급을 받게 된다. 또 충돌이 감지되어 재송신을 실행하는 경우, 백오프 값의 범위인 충돌 윈도우가 넓어지지만, 이처럼 충돌 윈도우의 증가 방법도 액세스・카테고리마다 구별되게 설정되어 높은 우선도의 단말일수록 확률적으로 우선되는 구조로 이루어져 있다[그림 3.12].

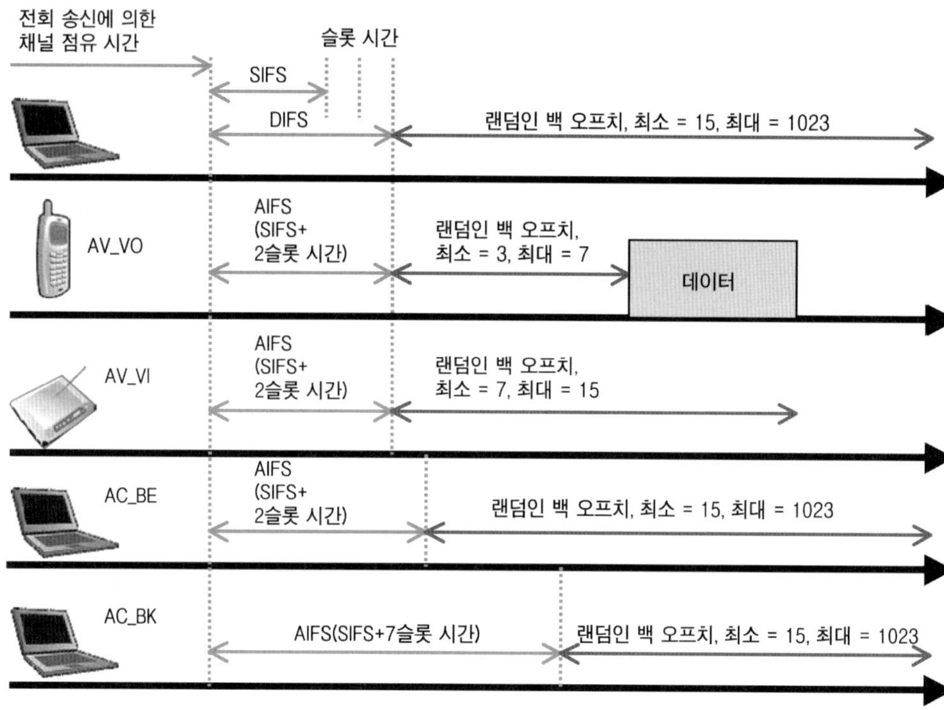

【그림 3.12】 AIFS

EDCA에서는 새롭게 TXOP라고 하는 개념이 도입되었다. 지금까지 CSMA/CA에 의한 송신 제어는 1프레임마다 이루어지고 있었지만, 액세스 · 카테고리마다 TXOP Limit가 설정되어, 이 시간을 넘지 않는 범위에서 어떤 프레임에서도 연속하여 송신할 수 있다. 초기 설정에서 TXOP가 설정되는 것은 AC_VO와 AC_VI의 2개의 액세스 · 카테고리로, 각각 1.5msec와 3.0msec이다. 블록 ACK를 병용하는 것으로 송신 프레임마다의 ACK를 생략 가능하고, 송신 간격을 SIFS(16us)로 할 수 있다. 11n에서는 이 간격을 RIFS(2us)로 하는 것이 가능하다.

11e에서 규정한 QoS는 무선통신뿐으로, 같은 액세스 포인트에 접속한 무선 단말 간의 통신인 경우에는, 통신 경로가 모두 무선이며 전 경로에 대해서 QoS가 유효하게 된다. 그러나 통신에서는 대부분의 경우 이더넷(ethernet)을 경유하며, 이러한 경우에서 이더넷(ethernet)의 구간에서도 QoS를 적용하지 않는다면, 무선통신에서 QoS를 적용하

더라도 결과적으로는 우선 제어가 되지 않는다. 이더넷(ethernet)에서는 IEEE 802.1Q로서 태그 VLAN이 제정되어 있으며, 태그 VLAN에서는 QoS 기능으로서 8단계의 우선도를 설정할 수 있다. 11e에서는 11e의 4단계의 우선도를 VLAN의 8단계의 우선도에 매핑하는 방법을 제정하고 있다. 이 때문에 액세스 포인트는 이더넷(ethernet)로부터 보내져 오는 프레임을 QoS가 유지된 상태로 무선측에 전송할 수 있다. 반대로 무선 측에서의 프레임도 QoS가 유지된 상태로 이더넷(ethernet) 측에 전송될 수 있다. 또한, 이더넷(ethernet)에서의 QoS로서 VLAN은 레이어 2이지만, DiffServ, IP-TOS와 같이 레이어 3에서 QoS를 사용하는 방법도 있다. 이 경우는 제조 회사가 독자적인 구조로 11e의 우선도를 DiffSrv나 IP-TOS에 대응시킨 제품도 있다.

3.3.7 전력 절약 모드

무선 LAN에서는 노트북 PC나 모바일 단말 등 휴대형의 기기가 많이 사용된다. 무선이 전력을 소비하는 요인이 되며, 이러한 배터리로 구동되는 기기들에서 얼마나 전력 소비의 억제가 가능한지는 중요한 과제이다. 이 때문에 무선 LAN에서도 전력소비를 줄이기 위한 방안이 포함되었으며, 이것을 전력 절약 모드라고 한다. 기본 개념은 무선기기를 상시 사용할 수 있는 상태로 유지하는 것이 아니라, 간헐적으로 동작시키는 것으로, 이것은 결국 성능과 트레이드오프 관계가 있다.

처음에 전력 절약 모드는 제조 회사의 독자적인 기술로서 등장했지만, 최초의 802.11에서는 PSP(Power Saving Poll)로서 제정되어 있었다. 그리고 11e의 일부로서 APSD(Automatic Power Save Delivery)로 확장되었다. 11n에서는 이보다 한층 더 개선되어 PSMP(Power Save Multi-Poll)로 되었으며, PSMP는 MAC층의 옵션 기능이다.

PSP에서 무선 단말은 무선 유닛을 'Off' 상태로 유지하고 비콘을 수신할 때에만 'On' 상태로 유지한다. 액세스 포인트는 어느 무선 단말이 PSP 상태인지를 파악하고 있으며, 그 무선 단말에 대한 프레임은 버퍼링을 하고 있고 비콘에 그것을 통지하는 정보를 포함하고 있다. 유니 캐스트에 관한 것을 TIM, 브로드 캐스트/멀티 캐스트에 관한 것을 DTIM이라고 한다. DTIM은 모든 비콘에 포함되는 것이 아니라 2간격, 3간격과 같이 몇 번에 걸쳐 한 번 동작한다. 무선 단말은 비콘으로부터 자신에 해당하는 프레임이 있는 것을 검출하고, 액세스 포인트에 송신을 요구하며, 이러한 동작을 폴링이라 한다. 한 번의 폴링으로 액세스 포인트는 1프레임 만을 송신한다. 만일 복수의 프레임이 버퍼링되고 있는 경우, 그 수만큼 폴링할 필요가 있다. PSP에서 무선 단말은 비콘을 매회 수신할 필요는 없고 2간격, 3간격으로 수신할 수도 있다. 비콘은 100msec간격으로 송신되는 것이 일반적이기 때문에, 실시간이 필요한 어플리케이션에서는 지연의 영향이 크다.

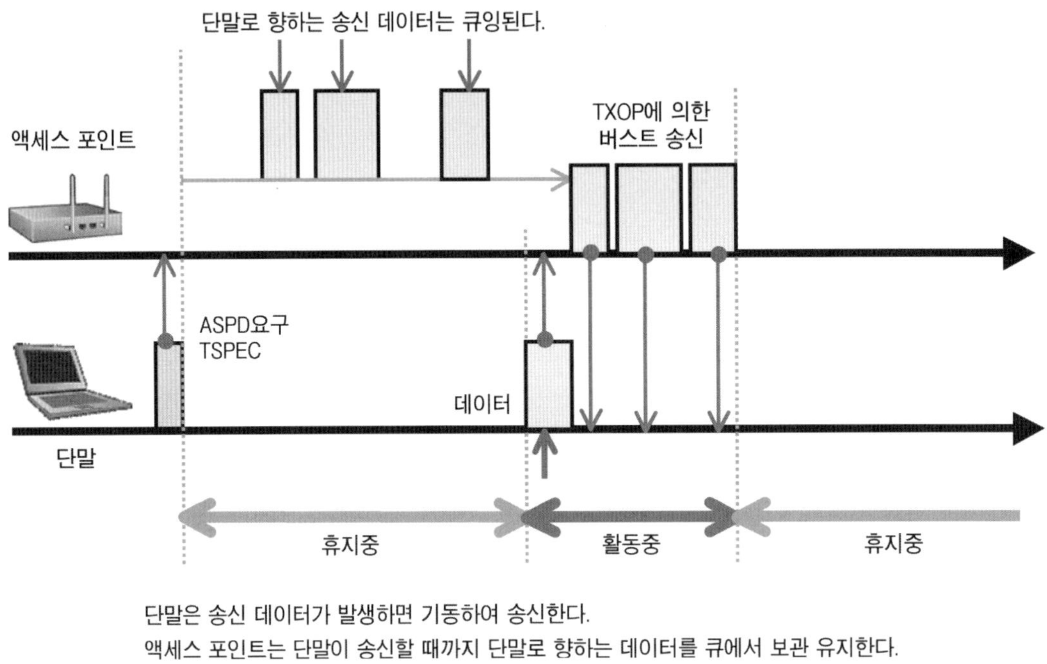

【그림 3.13】 U-APSD

11e에서 QoS가 제정되었을 때에, 응답성과 전력 절약을 양립시키는 구조로서 APSD가 옵션으로 채용되었다. HCCA에서 사용되는 스케줄된 서비스 기간에 의한 APSD(S-APSD)와 EDCA에서 사용되는 스케줄되지 않는 서비스 기간에 의한 APSD(U-APSD)의 2가지가 존재한다. 전자는 PSP와 유사한 구조이며, 액세스 포인트에 대해서 무선 단말이 미리 시간을 예약하고, 그 예약된 시간에 기동하여 폴링에 의해 액세스 포인트로부터 데이터를 수신한다. 기동하는 타이밍에 비콘을 사용하지 않고, 멀티 캐스트를 사용하여 보다 정확한 동기를 실행할 수 있다. 후자에서 무선 단말은 액세스 포인트에의 송신 프레임이 생길 때까지는 휴지 상태를 유지하고 있다. 이 사이에 액세스 포인트는 그 무선 단말에 대한 프레임을 버퍼링하고 있다. 무선 단말은

송신 데이터가 발생하면 휴지 상태에서 활동 상태가 되어 액세스 포인트에 송신하고, 이때 액세스 포인트에 버퍼링된 프레임을 수신한다. 이 수신은 TXOP가 적용되므로 복수의 프레임을 버스트로 수신할 수 있다. 무선 단말은 수신하는 프레임이 없어지면 다시 휴지 상태가 된다. 이 방식에서는 송수신의 타이밍을 비콘에 의존하지 않고 무선 단말 측이 결정할 수 있고 또한 송/수신 양쪽 모두에 거의 동일한 정도의 데이터가 발생하는 음성 통화와 같은 어플리케이션에 적용되고 있다. U-APSD는 Wi-Fi 얼라이언스의 WMM-PS로서 제정되어, 인정받은 제품이 이미 다수 존재한다[그림 3.13].

11n의 MIMO에서는 복수의 무선 모뎀을 동시에 가동시키기 위해 전력 절약은 특히 중요한 과제이다. 11e의 S-APSD와 U-APSD를 한층 더 세련시킨 S-PSMP와 U-PSMP가 제정되고 있다. 약간의 기능 추가가 있지만, 각각 근본이 된 S-APSD, U-APSD와 거의 같은 구조이다. S-PSMP에 관해 간단하게 설명한다. 미리 액세스 포인트가 하행 방향(액세스 포인트로부터 무선 단말의 방향)과 상행 방향(무선 단말로부터 액세스 포인트의 방향)의 통신을 스케줄해서, 그 이외의 시간에 무선 단말을 sleeve할 수 있게 하는 구조이다. 이 순서는 액세스 포인트가 PSMP 프레임을 송신하는 것으로 개시된다. PSMP 프레임에는 하행 방향 송신 기간(PSMP-DTT)과 상행 방향 송신 기간(MSMP-UTT)이 지정되어 있어, 각 무선 단말은 PSMP-DTT와 PSMP-UTT 중의 자신의 차례가 올 때까지 sleep하고 있다. PSMP-DTT, PSMP-UTT는 무선 단말이 아니라, 액세스 포인트의 TXOP로서 확보된다. 또 각 무선 단말의 상행/하행 송신 시간은 무선 단말이 속하는 액세스・카테고리 등 QoS를 고려해서 결정된다. 이 방법에서는 CCA나 충돌에 의한 재송신을 회피할 수 있기 때문에 효율이 매우 좋다. 단지 제품으로서 내상되는 것은 U-APSD와 같이, U-PSMP가 수류가 된다.

MIMO에 관한 것으로서는 정적 공간 다중 전력 절약 모드와 동적 공간 다중 전력 절약 모드가 있다. 전자에서는 1개의 무선 모뎀을 제외하고 모두 휴지 상태로 한다. 이 상태에서는 통신도 가능하지만 MIMO는 사용할 수 없다. 이 상태는 액세스 포인트에 통지되어, 이 모드의 사이는 1공간 스트림으로 통신을 실행한다. 후자에서도 1개의 무선 모뎀을 제외하고 모두 휴지 상태로 하지만, 통신에 앞서 RTS/CTS 순서가 실행되어, 그것에 의해 다른 무선 모뎀도 활동 상태가 되어 MIMO를 사용할 수 있게 된다.

그런데 지금까지 전력 절약은 무선 단말기 측의 문제로, 액세스 포인트 측에서는 특히 배려할 필요가 없는 사항이었다. 그러나 PoE로 급전하고 있는 경우, 11n 대응의 액세스 포인트에서는 문제가 될 가능성이 있다. PoE의 국제 표준인 IEEE802.3af에서는 1포트 근처의 공급 전력은 15.4와트로 정해져 있다(이것은 급전 측으로 장치 측에서는 12.95와트가 된다). 지금까지의 액세스 포인트에서 이것의 상한으로 들어가지 않는 제품은 거의 없기 때문에, 이것을 별로 의식하지 않았다. 최근은 2.4GHz대와 5GHz대의 양쪽 모두에 대응하는 등의 이유로, 복수의 무선 유닛을 탑재한 액세스 포인트 제품도 증가하고 있다. 11a/b/g 대응의 Dual 무선의 액세스 포인트에서도 소비전력은 10와트 전후이다. 그러나 11n에서는 상황이 바뀐다.

11n의 MIMO/SDM에서는 동시에 복수의 무선 모뎀을 구동하기 때문에, 소비 전력이 지금까지의 액세스 포인트보다 많다. 다중도가 많을수록 소비전력도 증가한다. 현재 상태로서는 3다중으로 약 20와트 정도의 소비전력이 되는 것 같다. 또 그 결과, 15.4와트 이상이 되는 제품이 증가하고 있는 것이다. PoE로 급전한다면 PoE 스위치도 용량을 증대시킨다. 또는 용량을 증대시킨 밋드스판형이라 불리는 파워 injector를 케이블과 연결하여 급전할 필요가 있다. 지금까지의 PoE 기기로 운용한다면 SDM의 다중도를 낮추어 사용하는 등의 방안이 필요하게 되어, 제품의 능력을 충분히 살릴 수 없을 가능성이 있다.

또한, 제품의 전력 절약화는 각 제조 회사도 적극적으로 임하고 있는 과제이며, 개량이 급속히 진행될 가능성이 있다. 특히 무선 칩의 효율화의 효과는 크고, 1~2년 후에는 3다중에서도 802.3af의 규격 내에 들어가는 제품도 등장하고 있을지도 모르다. IEEE에서는 새로운 PoE의 국제 표준을 제정, 작업 중이며, 2009년에 완료된 상태이다. 이것은 802.3at라 불리며, 최대 30와트 이상을 공급할 수 있는 사양이 된다. 이미 802.3at 대응(드래프트 근거)을 표현하고 있는 제품도 판매되고 있다.

3.3.8 가상 액세스 포인트

원래 802.11의 무선 LAN에서 액세스 포인트는 SSID를 1개만 가지는 것으로 생각되었다. 1개의 SSID는 1개의 무선 LAN를 나타내, 거기에 무선 단말을 접속시키는 것이다. 무선 LAN의 대중 보급에 따라 같은 장소에서 복수의 무선 LAN을 사용하고 싶어하는 상황도 발생할 수 있다. 예를 들면 기업이면 1개의 SSID를 사원 전용으로서 사내의 서버에 액세스할 수 있도록 하고, 다른 1개를 방문자 전용으로서 인터넷 접속을 행한다. 용도마다 액세스 포인트를 설치하는 것은 불가능하지 않지만, 코스트가 늘어나 채널도 복수 준비하지 않으면 안 된다[그림 3.14].

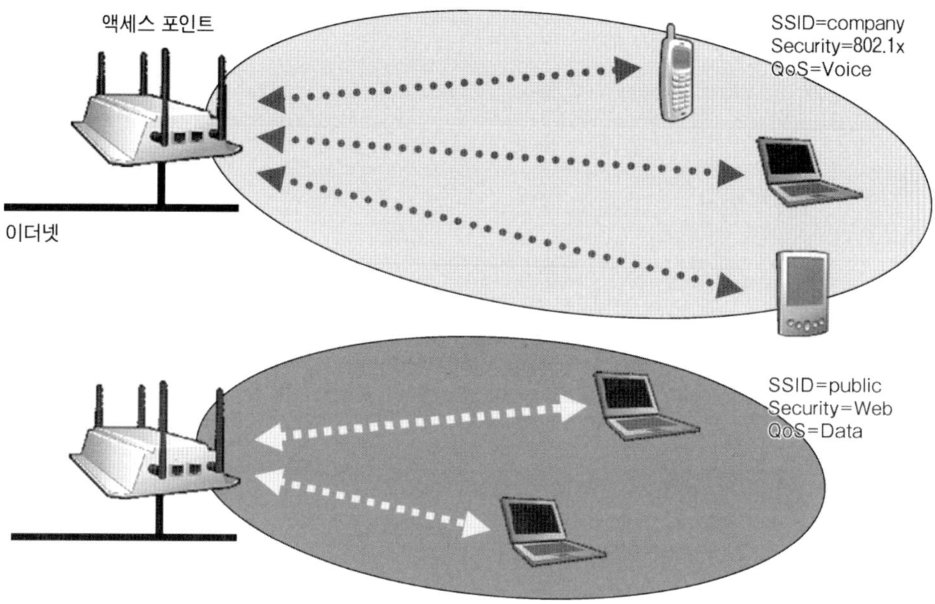

【그림 3.14】 복수의 AP

거기서 1대의 액세스 포인트로 복수의 SSID를 가진 제품이 등장하였다. SSID에 따라 복수의 비콘을 브로드캐스트함으로, 무선 단말에서 보면, 실제로 복수의 액세스 포인트가 설치되어 있는 상황과 구분할 수 없다. 이러한 제품을 가상 액세스 포인트라 부른다. 이 아이디어는 마이크로소프트사의 Bernad Aboba 씨가 2003년에 가상 액세스 포인트의 요건을 고찰한 논문이 발단이다. IEEE에서도 연구는 되고 있는 것 같지만, 표준화의 움직임은 지금은 없다.

많은 제품에서 4에서 64까지의 SSID를 지원한다. SSID마다 시큐리티나 QoS를 설정할 수 있다. 업무용 액세스 포인트에서는 이더넷(ethernet)·포토에서 VLAN을 지원해서, SSID와 VLAN를 대응하는 제품이 대부분이다. VLAN가 마치 무선 LAN까지 연장되어 있는 것 같이 네트워크를 구축할 수 있다. 그 사용법의 예로서 액세스 포인트의 소유자가 각 SSID와 거기에 대응하는 VLAN을 다른 기업이나 사업자에게 대출하거나 도매하는 사업 모델이 가능하게 되었다. 핫 스포트에 적절한 장소에는 많은 통신 사업자가 액세스 포인트의 설치를 생각하지만, 설치 공간이나 네트워크 배선, 채널의 확보 등이 어렵다는 단점을 갖는다. 이에 반해 1개사가 가상 액세스 포인트를 설치해서, SSID와 VLAN세트를 다른 사업자에게 대출하는 방법이 새로운 사업 모델로서 각광을 받고 있다. [그림 3.15]는 가상 AP를 통한 구성 예를 보이고 있다.

초기의 가상 액세스 포인트에는 모든 SSID로 비콘이 브로드캐스트할 수 없다거나, 모든 SSID로 BSSID(MAC 주소)가 동일하게 되어 있어서 한 번에 1개의 비콘밖에 낼 수 없기 때문에 SSID를 늘리면 특정의 SSID에 대해 비콘의 간격이 넓어진다거나 하는 등 업무용 제품에서도 구현이 불완전한 것을 볼 수 있었다. 지금 가정용의 액세스 포인트에서도 복수 SSID를 지원하는 것이 있지만, 가상화가 충분하지 않은 것이 있다. 무선 LAN에서는 칩 세트의 범용화가 진행되어, 실질적으로 2, 3사의 칩 세트・벤더의 무선 칩에 집약되고 있다. 액세스 포인트는 어느 제조 회사의 제품에서도 유사한 칩 세트가 사용되고 있어, 그러한 범용적인 칩 세트는 원래 가상 액세스 포인트를 상정한 설계는 아니며, 하드웨어로서 복수의 BSSID를 가질 수 있는 구조가 아니었다. MAC 레이어의 소프트웨어에서 복수의 물리 계층이 있는 것처럼 에뮬레이션하지 않으면 안 되기 때문에, 제조 회사의 기술력 차이가 드러나는 부분이다.

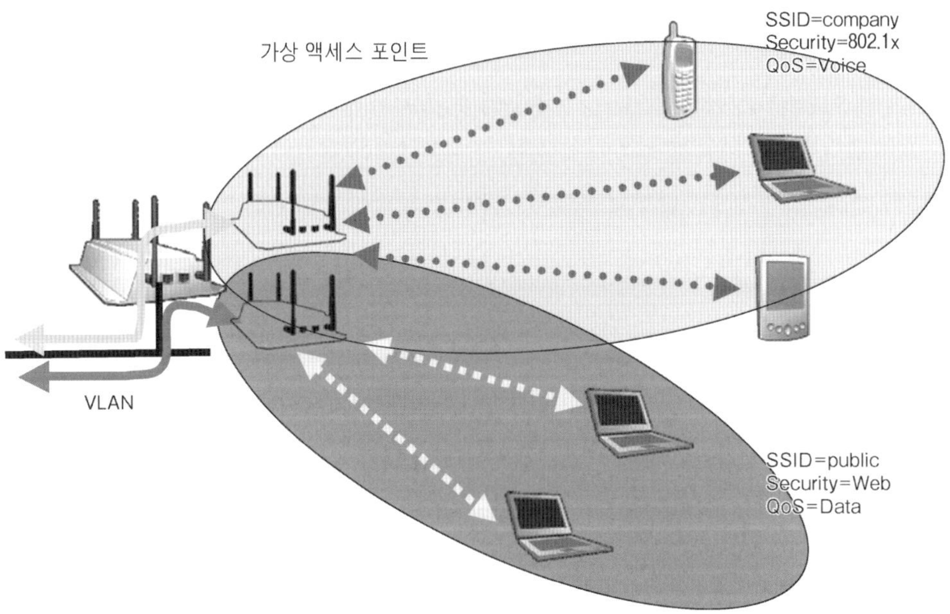

【그림 3.15】 가상 AP

가상 액세스 포인트의 모든 SSID는 같은 채널을 공유한다. 11g에서는 54Mbps의 대역폭을 모든 SSID로 서로 나누기 위해서, SSID당의 대역폭이 좁아진다. 일견 불리한 것 같이 보이지만, SSID의 사이에서 충돌이나 간섭은 일어나지 않기 때문에 결과로서 주파수의 유효 이용이 된다.

3.3.9 스프리트 MAC

802.11에서는 무선 LAN의 모든 기능, 즉 물리층과 데이터 링크층의 기능을 1개의 장치 내에 내장하는 것을 가정하고 있었다. 실제로 많은 액세스 포인트 제품이 그처럼 되어 있다. 이러한 액세스 포인트를 자율 액세스 포인트(Autonomous AP)나 Fat AP라고 표현한다. 자율 액세스 포인트는 수가 많으면 관리가 힘들게 된다. SNMP를 사용한 관리 툴 등도 있지만, 액세스 포인트에서의 설정 작업을 필요 없도록 제거하는 것은 쉽지 않다.

이로 인해 최근에는 무선 LAN 스위치와 제휴하여 동작하는 액세스 포인트가 증가하고 있다. 무선 LAN 스위치에서는 액세스 포인트를 집중 관리할 수 있다. 많은 제품에서 액세스 포인트의 거의 완전한 자동 구성이나 관리를 실행하는 기능이 있다. 액세스 포인트를 무선 LAN 스위치와 같은 네트워크에 접속해서 전원을 켜는 것만으로 자동적으로 무선 LAN 스위치에 인식되어, 펌 웨어의 자동 갱신에서 설정까지 모두 자동적으로 실행된다. 그 후의 운용・감시도 모두 무선 LAN 스위치 측에서 실행할 수 있다. 대규모 오피스 빌딩 등 1개소에 집결된 수의 액세스 포인트가 설치되는 경우에 효과적이다.

내부의 구조로서 물리층의 기능과 MAC층의 기능의 일부를 액세스 포인트에 남겨, 나머지의 전 기능을 무선 LAN 스위치에 집약시키는 제품이 많다. 액세스 포인트는 그 자체로서 완성된 기능을 가지고 있지 않기 때문에 그 하나로만 독자적으로 사용할 수 없게 된다. 암호화・복합화도 무선 LAN 스위치에서 실행하는 제품도 있으며, 극단적인 예로서, 액세스 포인트는 안테나로서의 역할만을 할 뿐이다. 이러한 액세스 포인트를 Thin AP 또는 Light Weight AP라 불러, 이 구조를 스프리트 MAC라 부르고 있다. 어느 제품에서는 효율 관점으로부터 이하의 기능을 액세스 포인트에 남기고 있다.

- RTS에의 CTS 응답, 데이터・프레임에의 ACK 응답 등 수신과 반대가 된 송신

- 비콘의 송신
- 무선 단말로부터의 프로브 요구에의 응답(프로브 요구는 무선 LAN 스위치에도 통지)
- 무선 단말이 전력 절약 모드의 경우, 프레임의 버퍼링
- L2의 암호화
- 11e의 액세스・카테고리에 응한 프레임의 송신 큐의 제공

무선 LAN 스위치는 실시간으로 각 액세스 포인트가 수신한 프레임의 신호 품질의 정보를 받아들이고 있다. 또 액세스 포인트는 각 채널의 잡음, 간섭 등의 전파 상황의 정보도 실시간으로 무선 LAN 스위치에 보고하고 있다. 무선 LAN 스위치는 이러한 정보를 근거로 전파 감리를 집중화하여 실행할 수 있다. 예를 들면 어느 액세스 포인트가 고장났을 경우, 주변에 있는 액세스 포인트의 출력과 채널을 자동적으로 변경해서, 데드 스포트가 최대한 없도록 조정할 수 있다. 이러한 기능은 자율 액세스 포인트에서는 구현이 어렵다.

스프리트 MAC에도 결점이 있다. 사용자・트래픽이 무선 LAN 스위치를 경유하지 않으면 안 되기 때문에, 통신 경로가 길어지게 되며, 이것은 곧 지연이나 지터로 연결된다. 또 무선 LAN 스위치에서 병목현상이 발생할 가능성이 있다. 무선 LAN 스위치가 고장나면 모든 무선통신이 멈춰 버리게 된다(스위치의 이중화 기능 등 대응책은 있기는 하나, 비용이 들게 된다). 무선 LAN 스위치가 반드시 필요하기 때문에, 비용의 관점에서 소규모의 환경에는 도입하기가 쉽지 않다. 그러나 최근에 무선 LAN 스위치의 저가격화가 진행되어 이 문제점은 점차 완화되어 가고 있다.

자율 AP와 Thin AP의 어느 쪽이 좋은가는 여러 가지 논의가 있으며, 서로 장점과 단점이 대비되고 있다. 공중 무선 LAN 핫 스포트와 같이 1개소에 1대 정도, 많은 장소에 설치하는 경우는 자율 AP가 사용되고 있으며, 회사의 사업소 등 1개소에 정리해서 액세스 포인트를 설치하는 경우는 Thin AP와 무선 LAN 스위치가 사용되는 곳이 많다.

최근에는 스프리트 MAC와 자율 액세스 포인트의 절충안과 같은 방식도 등장하고 있다. 무선 LAN 콘트롤러를 사용해서, 액세스 포인트의 자동 구성, 집중 관리를 실행하는 점은 같지만, 액세스 포인트에는 자율형과 같은 기능이 구현되어 있다. 이 때문에 사용자・트래픽의 처리가 모두 액세스 포인트 내에서 처리할 수 있기 때문에, 무선

LAN 콘트롤러를 경유할 필요가 없다. 원칙적으로 무선 LAN 콘트롤러가 취급하는 것은 제어·관리의 트래픽 뿐이므로, 병목현상이 발생되지는 않는다. 액세스 포인트를 제어 모드와 자율 모드에 자유롭게 바꿀 수 있기 위해서는, 우선 자율 모드로 도입해서, 액세스 포인트의 대수가 증가한 후에 제어 모드로 무선 LAN 콘트롤러를 도입하는 사용법도 있다.

스프리트 MAC은 CAPWAP(Control And Provisioning of Wireless Access Points)로서 IETF에 의해 2009년에 RFC5415로서 표준화되어 있다.

3.4 보안

최초의 규격인 802.11에서는 보안 기능이 일체 고려되어 있지 않았다. 지금으로서는 생각할 수 없는 것들이지만, 인증이나 암호화 구조는 무선 LAN 자신이 제공하지 않았다. 그러나 이런 점들이 무선 LAN 보급에 방해 요소가 되어, 1999년에 WEP가 추가되었다. 이것은 공유 키 방식에 의한 암호화의 구조이며, 같은 공유 키를 가진 것으로 인증의 역할도 어느 정도 하게 되어 있었다. 그러나 WEP의 수학적인 구조에 약점이 있는 것이 판명되어, 근본적인 보안 기능의 추가가 급선무가 되었다. IEEE802.11에서는 유선 LAN의 레이어 2의 보안 규격인 802.1x를 무선 LAN에 응용한 11i의 규격 작성을 진행시켰지만 예상외로 시간이 걸렸다. 거기서 Wi-Fi 얼라이언스가 제정되기 전 단계의 11i의 서브 세드를 사실상의 시큐리티 표준으로 하여 WPA라는 이름을 붙여 인정함으로써, 보안 기능의 내장을 재촉하였다. WPA는 2002년 10월에 제정되어 제조 회사도 대응 제품의 출하를 개시했다. 그 후로 2004년 6월에 IEEE에 의해 11i가 정식으로 제정되어, 11i와 거의 같은 내용인 WPA2가 Wi-Fi 얼라이언스로 제정되었다. 이것들은 강력한 인증과 암호화의 기능을 가지고 있어, 바르게 설정해서 사용하는 한 충분한 보안 기능이 제공된다[표 3.9].

【표 3.9】 보안의 종류

인증의 구조	명칭	인증 방식	암호화 방식	비고
802.1x	802.1x	802.1x/EAP	동적WEP	디팩트
	WPA	802.1x/EAP	TKIP	Wi-Fi 얼라이언스가 제정
	WPA2	802.1x/EAP	CCMP	Wi-Fi 얼라이언스가 제정
	802.11i	802.1x/EAP	CCMP	IEEE가 제정
공유 키	WEP	WEP키	WEP	IEEE가 제정
	WPA홈	PSK	TKIP	Wi-Fi 얼라이언스가 제정
	WPA2홈	PSK	CCMP	Wi-Fi 얼라이언스가 제정

3.4.1 MAC 어드레스 인증

무선 단말의 MAC 어드레스를 그 단말의 사용자명과 패스워드로 간주하고, RADIUS 등의 인증 서버를 사용하여 인증한다. 특히 인증의 순서는 없고, 액세스 포인트는 보통 데이터 프레임으로부터 무선 단말의 MAC 어드레스를 판별한다.

이 단순한 구조 때문에, 무선 단말 측에는 일체의 제약이 없고, 어떠한 무선 단말기에도 사용할 수 있다. 그러나 무선 프레임을 캐치하는 것만으로 정당한 단말의 MAC 어드레스가 간단히 판명될 뿐 아니라, 많은 무선 단말에서는 MAC 어드레스를 고쳐 쓸 수 있다. SSID의 은폐와 같이 오 접속을 막을 수 있는 정도로서 보안로서의 의미는 거의 없지만, 아직도 넓리 사용되고 있다. 자연 발생적으로 사용된 방법으로 사양이나 규격도 존재하지 않는다. 또 인증만 수행하며 암호화 기능도 없다.

3.4.2 WEP

무선 단말과 액세스 포인트로 같은 암호화 키(WEP 키)를 공유해서, 그 키를 인증과 암호화에 사용하는 구조이다. 키의 길이는 최초 40비트이었지만 104비트도 나중에 추가되었다. 원래 40비트로는 충분치 않다는 우려가 있었으나, 미국의 법률상 키가 긴 제품은 수출할 수 없는 제한 조건 때문에 40비트로 정하게 되었다. 실제의 암호화에는 키에 IV로 불리는 24비트의 문자열을 부가한 것을 사용한다. 이 때문에 각각 64비트, 128비트로 표현하기도 한다. 또한, 제조 회사의 독자적인 확장으로 128비트의 키를 지원하는 제품도 있다(IV를 더하면 156비트).

WEP에는 운용상의 과제가 있다. 같은 액세스 포인트에 접속하는 모든 무선 단말에 액세스 포인트와 같은 WEP 키를 설정하지 않으면 안 된다(이것은 키가 해독되던지 누설되면, 전 무선 단말의 통신이 해독될 수 있게 된다. 설정 화면으로부터 키를 입력하는 경우, 단말 대수가 많으면 대단히 어려운 작업이 된다). 또 WEP키의 갱신 방법(모든 단말에서 일제히 실행할 필요가 있다), 단말을 도난당해서 WEP키가 누설될 가능성등에 관한 구조가 규정되어 있지 않다. 이후에 기술할 '동적 WEP키' 방법에서는 이 점을 회피할 수 있지만, 아래에 기술한 것처럼 필수적으로 사용해야만 하는 상황은 아니라고 판단된다.

잘 알려진 사실이지만, WEP에는 인증에도 암호화에도 수학적인 구조에 미비점이 있어, 2001년에 최초의 해독 방법이 발표되어, 이 후 시중에 해독 툴이 나돌게 되어 버렸다. IV는 프레임마다 다른 문자열이기는 하나 평문으로 프레임과 함께 송신되기 때문에, WEP가 해독되는 하나의 요인이 되고 있다. 종래의 WEP의 해독 방법에서는 대량으로 무선 패킷을 캐치할 필요가 있어(수십만부터 수백만 패킷 이상), 수시간 정도는 걸렸었다. 따라서 단 시간의 사용이나 2시간 마다 갱신 등 WEP키를 빈번히 갱신하면 어느 정도의 안전성은 확보된다고 생각되고 있었다. 그러나 2007년 4월에 독일의 다룸슈타트 대학으로부터 WEP의 암호를 1분 정도로 해독하는 논문이 발표되었다. 4만 ARP 패킷을 해석하는데 50%의 확률로 104비트의 키를 해독할 수 있어, 8만 5천의 ARP 패킷에서는 95%의 확률로 해독이 된다. 게다가 2008년 10월에 히로시마대학과 코베대학의 연구 그룹이 보통 패킷을 20MB 정도 수집하는 것으로, 104비트의 키를 약 10초에 해독하는 연구 성과를 발표하였다. WEP는 이미 "없는 것보다 있는 것이 좋다."에서 "없는 것도 괜찮다."라는 상황에 있다.

3.4.3 802.1x 인증

802.1x 인증은 3개의 구성 요소가 제휴하여 실현된다. 그것들은 인증 요청자, 인증 수행자, 인증 서버이다. 인증 요청자는 무선 클라이언트상에서 동작하는 소프트웨어인 경우가 많다. 인증 수행자는 액세스 포인트, 인증 서버는 통상 RADIUS 서버(또는 동

등의 제품)이다[그림 3.16]. 인증은 인증 요청자와 인증 서버가 EAP로 불리는 프로토콜을 사용하여 실행한다. EAP는 RFC 3748에서 제정되어 있는 체제이며, 복수의 인증 방식을 캡슐화하여 취급할 수 있다. 캡슐화된 인증 방식에 따라 EAP에는 많은 변동 요인이 있어, 인증을 실시하는 점은 같지만 상세한 기능이나 시큐리티의 강도가 다르다. 액세스 포인트(인증 수행자)는 EAP-LEAP 이외, EAP 패킷을 투과적으로 전송할 뿐이므로 EAP의 종류에는 의존하지 않는다. 사용하는 단말의 지원 상황, 사용도, 비용, 필요한 보안의 강도 등으로부터 적절한 EAP를 선택하게 된다[표 3.10].

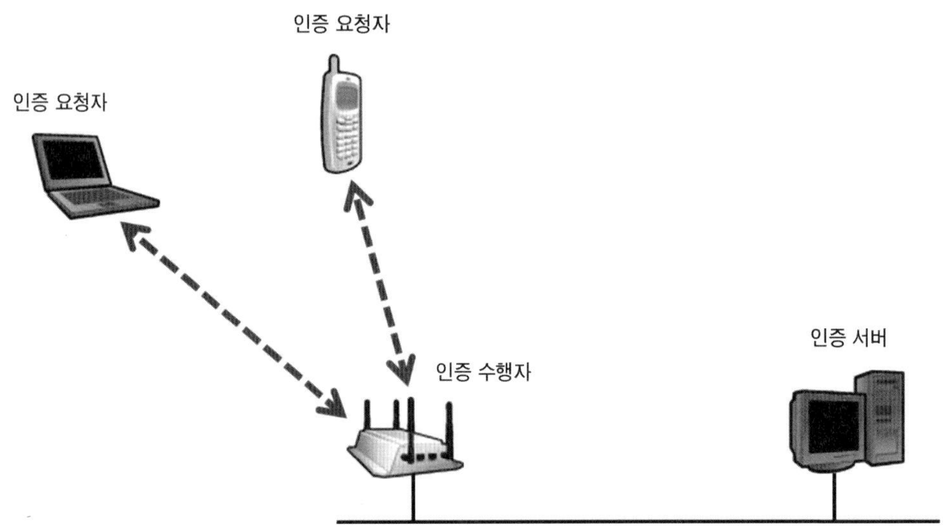

【그림 3.16】 802.1x 인증

EAP의 선택 방법에 관해서, RFC 4017에 무선 LAN에서 사용할 때에 EAP가 대응해야 할 요건으로서 다음의 4개가 있다.

- 상호 인증
- 사전 공격의 내성
- 개입자 공격(man-in-the-middle)으로부터의 방어
- 암호화 방식을 결정하는 순서를 보호

유감스럽지만 모든 EAP 방식이 위의 사항들을 만족시키는 것은 아니다. EAP-MD5나 EAP-LEAP와 같이 취약성이 보고되고 있는 것도 있다. 또 EAP-TTLS나 TLS와

같이 증명서를 사용한 강력한 인증을 사용할 수 있는 방법도 있지만, 그 기능을 무효로 설정해서 사용하면 의미가 없어진다.

【표 3.10】 EAP의 종류

명칭	특징	RFC4017 대응
EAP-MD5	취약성이 있어, 암호화 키의 배포를 할 수 없는 제약이 있다.	×
EAP-LEAP	시스코사의 독자 규격으로 취약성이 보고되고 있다.	×
EAP-PEAP	증명서를 사용해서 인증 서버의 정당성을 확인할 수 있다. 마이크로소프트, 시스코, RSA사가 공동으로 개발했다.	○
EAP-TTLS	PEAP와 거의 같지만, Funk Software, Certicom가 공동으로 개발했다.	○
EAP-TLS	증명서를 사용해서 인증 서버, 서프리컨트가 서로 정당성을 확인할 수 있다. 인터넷 표준(RFC5216)이다.	○
EAP-FAST	시스코사의 독자 규격이었지만, 지금은 인터넷 표준(RFC4851)으로 되어 있다.	○

EAP에 의한 인증이 성공한 후, RADIUS 서버는 암호화 키(페어 와이즈 · 마스터 키라 부른다. 생략해서 PMK)를 무선 단말과 액세스 포인트에 배포한다. PMK는 인증마다 작성된다. PMK가 직접 패킷의 암호화에 사용되는 것이 아니라, PMK로부터 파생한 트랜잭션 키가 사용된다. 트랜잭션 키는 패킷마다 다른 키가 사용된다. WEP의 구조도 이것과 비슷해서 패킷의 암호화에는 WEP 키에 패킷마다 다른 IV를 부가한 것이 사용되고 있다). 암호화 방법은 WPA에서는 WEP를 개량한 TKIP가 채용되고 있다. WPA2와 11i에서는 한층 더 강력한 CCMP(AES)가 사용된다. CCMP의 처리에는 하드웨어의 지원이 필요하지만, 현재 판매되고 있는 제품에서는 모두 대응하고 있다.

이와 같이 802.1x 인증에서는 인증과 암호화가 명확하게 나뉘어 있어, 각각 복수의 선택 사항이 있다. 실은 암호화에 WEP를 사용하는 방법도 가능하다. WPA가 제정되기 전에 사용되기 시작한 방법으로 단지 '802.1x 인증'이나 생략해 '1x 인증'이라고 부르는 경우, 암호화에 WEP를 사용하는 것을 가리키기도 한다. WEP 키는 EAP의

PMK와 같이 생성되어 배포된다. 이 때문에 사용자마다 다른 WEP 키를 사용할 수 있다. 또 재인증을 일정 시간마다 반복하는 것으로 WEP 키의 정기적인 갱신도 할 수 있다. 이것을 '동적 WEP 키'라고 부르는 경우가 있다. 지금도 널리 사용되고 있는 것 같으나, 시급히 WPA나 WPA2로 이행이 이루어져야 한다고 본다.

802.1x 인증에서 인증 요청자는 OS에 부속의 것, 프리 소프트, 제조 회사 제품 등 몇 종류가 있다. 인증 서버도 또한 같이 실제로 사용하는 편성에서의 사전 검증을 빠뜨릴 수 없다. 패치가 릴리즈되어 있는 경우에 적용하고 있지 않으면 잘 동작하지 않을 가능성도 있다. WEP까지의 방법으로 지적되고 있던 문제점은 극복되어 있지만, 특히 개인이나 SOHO의 환경에서는 간편하게 사용하기에 어려운 면이 있다.

Wi-Fi 얼라이언스에서는 인증 서버(RADIUS 서버)를 사용하지 않아도 운용할 수 있는 WPA/WPA2 홈이나 WPA/WPA2 퍼스널이라 하는 옵션 사항을 제정하고 있다. 이에 대해서 풀 규격의 쪽을 WPA/WPA2 엔터프라이즈라 부르기도 한다. WPA/WPA2 홈에서는 EAP의 순서를 생략해서, 본래는 EAP의 성공에 의해 배포되어야 하는 PMK와 동등의 것인 PSK(사전 공유 키)를 손작업으로 액세스 포인트와 무선 단말에 설정한다. 정확히 말하면 입력하는 것이 패스 프레이즈로, 패스 프레이즈로부터 PSK가 생성된다. 사용하는 측에서 보면 WEP와 동일한 정도의 손쉽게 운용할 수 있다. 다만, WEP와 같은 키의 배포나 갱신에 수반하는 관리의 과제는 남는다. WEP보다는 훨씬 더 안전해서, WEP를 사용할 정도라면 WPA/WPA2 홈을 사용해야 한다고 할 수 있다. 다만, WPA/WPA2 엔터프라이즈와 같이 인증마다 PMK가 생성되는 것은 아니기 때문에, 그 만큼 시큐리티의 강도는 떨어진다. 또 패스 프레이즈도 충분한 길이로 적절한 문자열을 선택하지 않으면 안 된다.

3.4.4 HTML 인증(Web 인증)

핫 스팟 등 불특정 다수의 무선 단말이 접속하는 장소에서 잘 사용되는 인증 방법이다. 미인증 사용자(단말)로부터의 네트워크 액세스는 반드시 로그인 페이지에 리다이렉트되어, 사용자명과 패스워드의 입력이 요구된다. 입력된 사용자명, 패스워드는 RADIUS 등에 의해 인증되어, 성공하면 네트워크 접속이 가능하게 된다. 구조로서는 인증의 결과에 따라 라우터나 파이어월(fire wall)의 액세스 리스트를 동적으로 변경하는 제품이 많다. 암호화의 기능은 없기 때문에 사용자 측이 VPN나 SSL 등의 수단을 강구할 필요가 있다. 무선 단말 측에서는 브라우저만 사용할 수 있으면 좋고, 기기나 소프트웨어에의 제약이 적은 데다가 조작 방법도 알기 쉽다. 그러나 이 인증 방법도 표준화, 규격화된 것은 아니다.

로그인 페이지를 포털 사이트와 같이 구축해서, 사용자 등록을 실행하거나 광고를 표시하거나 하는 각종의 정보 제공을 실행할 수 있다. 또 인증 후에 특정의 사이트에 유도하거나 특정의 페이지를 표시하는 설정이 가능하며, 상업적인 용도에 적합하다.

액세스 포인트와 RADIUS 서버 이외에 HTML 인증용의 콘트롤러가 필요하게 된다. 액세스 포인트를 일괄 관리하는 무선 LAN 스위치들에는 이 기능을 가진 것이 많다. 또 액세스 포인트 측에 HTML 인증의 콘트롤러 기능을 내장한 제품도 있다. 이더넷(ethernet)・스위치도 HTML 인증을 실행할 수 있는 것도 있다.

3.4.5 현재의 무선 LAN 보안 상황

이와 같이 종래부터 지적되고 있던 보안의 약점은 기술적으로 극복되어 가고 있지만, 그럼에도 불구하고, 무선 LAN 보안에 과제가 없는 것은 아니다. 액세스 포인트의 가격은 개인이 간단하게 구매할 수 있도록 가격이 낮아져, 상당수 시중 판매 노트 PC에는 최초부터 무선 LAN 기능이 탑재되어 있다. 무선 LAN 기기가 사용자들에게 친밀해져, 사용자의 사용법 등 운용이나 관리 방법에 있어서의 미비점들이 보안의 문제로 연결되는 경우가 증가하고 있다. 또 공격하는 측의 기술이나 수법도 진화하고 있어, 무선 패킷의 감청과 그 해독과 같은 수동적 공격으로부터 점차 능동적인 공격으로 변하고 있는 상황이다. 최근 자주 듣는 보안상의 과제로서 구체적인 예를 들면, 이하가 있다.

- 부정 액세스 포인트
- 무선 클라이언트의 오접속
- 허니 포트(이빌・트윈이라고도 불린다.)
- DoS 공격
- 의도하고 있지 않는 애드 혹・모드에서의 접속

부정 액세스 포인트는 네트워크 관리자가 관리 대상으로 식별하고 있지 않는 액세스 포인트로, 누군가(대부분은 사원 등의 사내 문제)가 임의 설치한 액세스 포인트를 의미하는 것이 많다. 무선 LAN을 금지해야 할 회사에서 무선 IPS 시스템(뒤에 설명)을 시험삼아 도입해 보면 액세스 포인트가 많이 발견되었다는 예도 있다. 이러한 관리되어 있지 않은 액세스 포인트를 통해서 사내에 공격자가 침입할 가능성도 있다.

오 접속은 정당한 무선 클라이언트가 인근 빌딩의 액세스 포인트에 모르고 접속하게 되는 경우이다. 악의가 있는 사용자가 의도적으로 설치한 액세스 포인트에 오 접속시키는 경우도 있어, 이런 것을 '허니 포트' 또는 '이빌・트윈' 등이라고도 부른다. 윈도우즈에서는 한 번 접속한 액세스 포인트의 SSID와 설정 파라미터를 자동적으로 프로파일로서 보존해서, 다음에 같은 SSID를 찾아내면 그 프로파일로 접속을 시도한다. 또 같은 SSID를 가진 액세스 포인트가 다수 있으면 전파의 강한 쪽을 선택한다. 예를 들면 자택에서 가정용의 액세스 포인트를 초기 설정으로 사용하고 있는 사용자의 경우, SSID는 그 액세스 포인트의 제조 회사명 등에서, 또 시큐리티는 설정하고 있지 않는 것도 많을 것이다. 누군가가 거의 같은 설정으로 보다 강한 전파의 액세스 포인트를 근처에 설치하면, 그쪽에 접속해 버릴 가능성이 높다.

DoS 공격은 무선 LAN의 '인증 해제'와 같은 관리 프레임을 송신해서 무선 클라이언트를 무리하게 액세스 포인트로부터 떼어내는, 'RTS/CTS', '어소시에이션 요구'와 같은 관리 프레임을 다수 송신해서 채널을 점유 하는 등, 정당한 통신을 할 수 없게 하는 공격이다. 무선 LAN의 관리 프레임은 암호화나 인증 등의 구조가 없기 때문에 위조가 가능하며 공격에 쉽게 노출된다.

애드 혹・모드는 별로 사용되지 않는 기능이지만, 무선 LAN을 탑재한 PC라면 지원하고 있는 기능이다. 사내의 PC가 애드 혹・모드로 사외의 무선 단말과 접속되는 방식으로 최근 증가하고 있는 것은 공항 등 핫 스폿에서의 접속이다. 악의 사용자가'Free Public Wi-Fi' 등의 SSID로 무료의 액세스 포인트를 가장해 애드 혹・모드로 대기하고 있다가 초심자가 핫 스폿으로 착각하여 액세스 포인트에 접속하면 공유 폴더 등을 통해서 바이러스나 웜등을 이송시킨다. 감염된 PC가 사내에서 다른 PC에 애드 혹・모드를 통해서 감염이 확산된다.

3.4.6 무선 IDS/IPS

이러한 상황에 대응할 수 있는 제품이 등장하고 있다. 무선 IDS/IPS(침입 방어) 등으로 불리는 카테고리의 제품이다. 여러 가지 제품이 있지만 무선 시큐리티・센서와 무선 시큐리티・서버로부터 구성된 것이 많다. 센서에서는 전용의 하드웨어를 사용하는 것이나, 액세스 포인트의 설정을 바꾸어 센서로서 사용하는 것이 있어, 서버도 전용의 어플라이언스 형이나 무선 LAN 스위치와 일체형이 된 것이 있다. 이 분야는 비교적 새롭게 표준화가 되어 있지 않다. 제품의 기능은 제조 회사에 따라 차이가 있기에, 다음 설명에서는 HP사의 ProCurve 제품인 RF 센서와 RF 매니저를 중심으로 해설한다.

RF 센서는 통상의 액세스 포인트의 무선 유닛의 하나를 센서에 설정 변경한 것이다. 그 무선 유닛은 센서 전용이 되어, 클라이언트 접속에는 사용할 수 없다. RF 센서는 항상 전파를 감시해서 감시는 2.4와 5GHz의 양쪽 모두의 주파수대와 채널에 대해서 실행한다. 또 그 나라에서는 허락하지 않은 채널도 감시하고 있다. RF 센서가 검지한 정보는 RF 매니저에서 분석되어, 사전에 설정되어 있는 정책에 따라서 경고를 내고, 방어등 필요한 조치를 수행한다. 또 정당한 액세스 포인트에서도 설정 미스 등이 있으면 감지해 낼 수 있다.

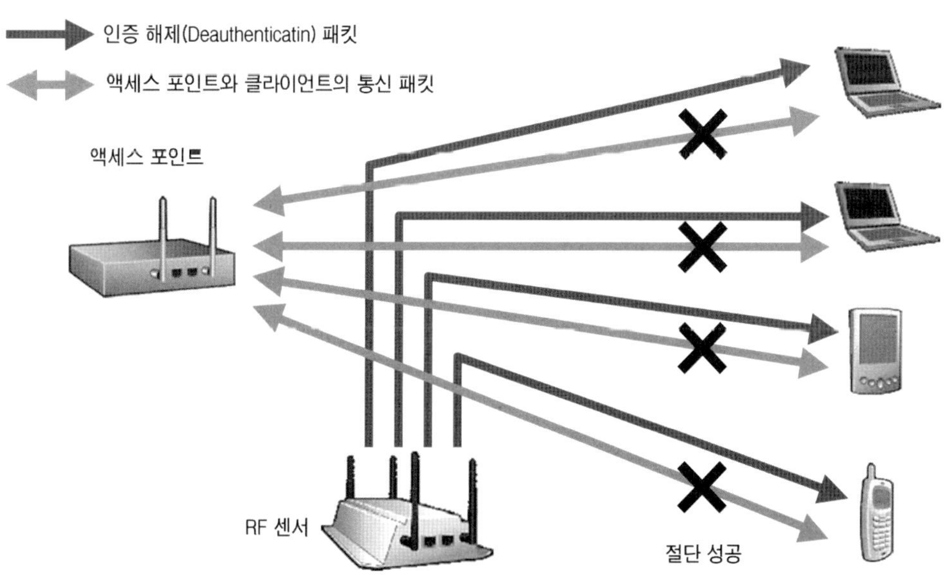

【그림 3.17】 인증 해제에 의한 분리

무선 IPS의 특징은 공격을 방어할 수 있다는 점에 있다. RF 매니저에는 부정 액세스 포인트나 특정의 무선 클라이언트를 격리하는 기능이 있다. 격리된 대상은 통신할 수 없게 된다. 유선의 IPS같이 통신 경로의 도중에 삽입되고 있는 것은 아닌데, 어떻게 방어(격리)가 가능인 것일까 사실은 무선 IPS는 방어에 공격과 같은 수법을 사용하고 있기 때문이다. 센서가 인증 해제와 같은 관리 프레임을 통신 상대(액세스 포인트 또는 무선 클라이언트)에게 송신하여, 강제적으로 무선을 분리시키는 것이다. 무선 클라이언트는 분리되었을 경우, 자동적으로 대신하는 액세스 포인트를 찾아 접속을 시도하는 것이 많다. 이때 센서는 이 움직임 따라 반복하여 지속적으로 접속을 끊는 시도를 한다[그림 3.17].

방어는 센서에 있어서는 부하로 작용되어, 결정된 공격을 계속하여 받게 되면 검지력이나 방어력이 저하한다. 방어 기능은 어디까지나 일시적인 대처이며, 원인을 찾아내 배제하는 것을 전제로 한다. 이 때문에 많은 무선 IPS 제품이 위치 검지 기능을 갖추고 있다. 또 방어라는 것이 100% 패킷을 차단한다는 의미는 아니다. 계속적으로 접속을 분리시켜도 타이밍에 따라서는 그것을 빠져나가는 무선 패킷도 있다. 그러나 대량의 무선 패킷이 드롭되어 통신이 성립되지 않는다. 어느 조사에 의하면 65% 정도 드롭시키면 대부분의 어플리케이션에서는 통신이 성립되지 않게 되므로, 차단하고 있는 것으로 간주될 수 있다. 어느 정도를 드롭시킬까에 의해, 센서의 방어 가능한 공격의 수도 바뀐다. 현재의 시판 제품에서는 센서당 동시에 방어할 수 있는 공격은 최대로 2에서 4정도이다.

빈도가 높은 공격이 예상되는 경우는 센서를 넉넉하게 배치하는 등, 사전의 계획도 중요하다. 액세스 포인트의 배치에는 시뮬레이션·툴을 이용할 수 있어, 사이트 조사를 생략할 수 있지만, 센서의 배치에 관해서도 시뮬레이션·툴이 대응하고 있는 것이 많다. ProCurve 제품에는 RF 프랜너라고 하는 윈도우즈에서 가동하는 소프트웨어 제품이 있어, 액세스 포인트의 시뮬레이션과 함께 RF 센서의 배치도 실행할 수 있다. 플로어의 레이아웃 그림상에서 검지나 방어하고 싶은 범위를 고려하여 필요한 센서의 수와 위치를 결정할 수 있다. 일반적으로는 방어 범위 쪽이 검지 범위보다 좁다.

3.4.7 무선 IPS에 의한 방어

전술한 각 공격에 대해서 무선 IPS에서는 어떻게 대처하는지 살펴보고자 한다. 부정 액세스 포인트의 경우, 사전에 모든 정당한 액세스 포인트가 파악되어 있는 경우는 그것들의 MAC 어드레스를 RF 매니저에 등록해 두는 것으로 검지 실행이 쉬워진다. 기기의 선정이나 도입 권한이 부문마다 위탁 및 이양되고 있는 경우는 이 방법이 어려울지도 모른다. 따라서 사내 LAN에 접속해서, 또 보안・정책(인증 방식, 암호화의 유무, SSID 등)에 맞지 않는 액세스 포인트를 자동적으로 부정기기로 보고 필요하면 격리한다. RF 매니저에는 검지한 액세스 포인트를 자동적으로 판정해서 '인증이 끝난 상태', '외부', '부정', '분류 불능'에 구분하는 기능이 갖춰지고 있다.

알기 어려운 것은 사내 LAN에 접속하고 있는가의 판단이다. 인근 회사나 빌딩의 액세스 포인트는 단지 외부 액세스 포인트이며, 격리해 버리면 타사의 무선 LAN을 공격하고 있는 것과 같다. 센서는 무선 채널만이 아니고, 이더넷(ethernet)도 감시하고 있다. 예를 들면 RF 센서가 특수한 마킹을 한 패킷을 이더넷(ethernet)에 브로드캐스트 해서 판별 대상의 액세스 포인트의 무선 인터페이스로부터 송신되는지를 감시한다. 이 방법을 '패킷・인젝션'이라 한다[그림 3.15]. 효과적인 방법이지만 만능은 아니다. 이외에도 복수의 판별 방법을 케이스 바이 케이스로 구분하여 사용해서 판정한다. '분류 불능'의 경우는 관리자가 조사 후 판단하게 된다. 진짜의 부정 액세스 포인트를 간과해 버리는 것보다는 바람직하지만, 검지한 액세스 포인트의 대부분을 불명이라 분류하는 제품들에 관한 운용이 대단히 힘들다. 제조 회사의 기술력이 표시나는 부분이다.

무선 클라이언트의 오 접속에의 대응도 액세스 포인트의 분류 기능이 기본이 된다. RF센서는 '외부', '부정', '분류 불능'으로 구분된 액세스 포인트에 접속하고 있는 무선 클라이언트를 분리한다(이 동작은 RF매니저의 설정에 의존한다). 부정 액세스 포인트의 경우는 일률적으로 격리해 버리면 좋지만, 외부 액세스 포인트의 경우는 자사의 무선 클라이언트만을 분리해 내지 않으면 안 된다. 또한, 분리한 무선 클라이언트가 정당한 것인지도 고려하지 않으면 안 된다. 사전에 정당한 무선 클라이언트가 모두 파악되어 있으면, 그 리스트를 RF 매니저에 등록해 둔다. 그렇지 않은 경우는 RF 매니저가 자동적으로 폴리시 설정에 따라 무선 클라이언트를 자동 판별한다. 예를 들면 한 번이라도 '인증이 끝난 상태' 액세스 포인트에 접속한 무선 클라이언트는 정당한 '인증이 끝난 상태' 클라이언트라고 판단한다(인증 방식이 일치 해서 패스워드나 증명서 등 필요한 정보를 가지고 있기 때문이다). RF 매니저에서는 무선 클라이언트를 '미분류', '미

인증', '인증이 끝난 상태'의 3개의 카테고리로 나누어 대응 방안을 설정할 수 있다.

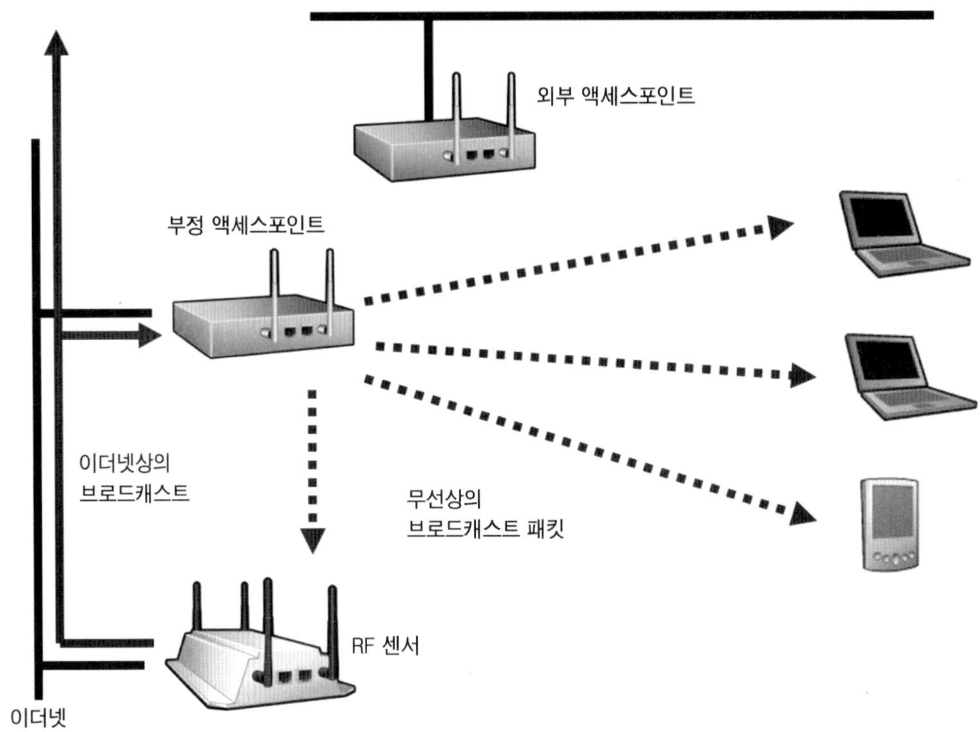

【그림 3.18】 패킷 인젝션

DoS 공격의 방어는 어렵다. 관리 프레임이 위장되면 그것이 위장이라고 판단할 수 있는 방법은 없다. '인증 해제' 프레임이라면 진짜로 간주해서 무선이 절단되어 버린다(그러니까 방어 수단으로서도 사용할 수 있다). RF 매니저에서는 특허를 취득하고 있는 '선택적 가상 재밍'이라고 하는 방법으로 대처한다. 대부분의 무선 LAN의 프레임에는 기간 필드(Duration field)가 있어, 송신 측의 채널 점유 시간을 나타낸다. 이 기간이 끝날 때까지는 수신 측을 포함해 모든 무선기기(액세스 포인트도 포함)는 송신할 수 없다. RF 센서는 이 필드에 의도적으로 큰 값을 입력시켜 송신하여, 공격자도 이 규칙에 의해 이 기간은 송신할 수 없게 된다. RF 센서는 이 기간 중에 정당한 무선기기에만 통신을 시켜 DoS 공격을 회피한다.

무선 IPS에서는 애드 혹・모드 접속도 검지해 막을 수 있다. 애드 혹・모드는 본래

라면 인증 해제 프레임으로 무선을 절단할 수 있지만, 왠지 인증 해제 프레임을 무시하는 무선 카드도 많은 듯하고, 내장방법에 따라 차이가 보인다. RF 센서에서는 선택적 가상 재밍을 사용해서 이러한 동작에도 대처할 수 있다. 이와 같이 내장에 따라서도 대처 방법의 유효성이 바뀌기 때문에 각 제조 회사의 개발 부문에서는 여러 시판 제품을 지속적으로 연구해서, 대처 방법을 개발하고 있다.

3.5 무선 셀 설계와 로밍

무선 LAN의 도입을 검토할 때에 고려하지 않으면 안 되는 것은 무선 셀의 배치, 즉 액세스 포인트의 위치이다. 무선 단말이 통신하면서 이동하는 것을 가정한다면, 로밍에 대응할 필요가 있다. 이동 중에 통신이 중단되지 않게 무선 셀이 오버랩하고 있을 필요가 있다. 또 음성 통화와 같이 실시간의 높은 트래픽에서는 로밍 때의 재인증에 의한 지연도 과제가 된다.

3.5.1 무선 셀 설계의 구상

지금까지는 무선 LAN에서 액세스 포인트의 수가 적어도 된다고 하는 경제적인 장점도 있어, 전파가 먼 곳까지 도달하는 것이 좋은 일로 되어 있었다. 그러나 무선 LAN이 보편적으로 보급됨에 따라 이 상식은 바뀌고 있다.

우선 액세스 포인트의 대역 용량에 고려해야 할 점이 있다. 무선 셀이 크면 그 만큼 많은 무선 단말이 액세스 포인트에 접속한다. 11a/g에서는 최대 54Mbps이지만, 실효 속도는 약 반 정도이며, 이것을 전 무선 단말에서 서로 나누게 된다. 어플리케이션 때문이기도 하지만, 20~30대 정도를 기준으로 설계하는 예가 많다. 사용자의 밀도가 높은 환경에서는 의도적으로 무선 셀을 작게 하고, 굳이 액세스 포인트의 대수를 늘려서 무선 단말을 분산시키는 방안도 필요하다. 11n에서는 속도가 대폭으로 향상하므로, 어플리케이션이 같으면 가능한 접속 수도 그 만큼 증가한다. 이 고려사항은 11n에서 완화된다.

다음으로 간섭 대책이다. 최근에는 특히 2.4GHz대의 이용이 많기 때문에, 사외로부터

가 강해지면 그쪽으로 전환하는 동작을 실행한다. 새로운 액세스 포인트에 다시 접속하는 동작을 리어소시에이션이라 부른다. 동작은 어소시에이션과 거의 같지만, 리어소시에이션 요구의 프레임에는 현재 어소시에이션 하고 있는 액세스 포인트의 BSSID (MAC 어드레스)가 포함된 점이 다르다. 리어소시에이션을 개시하는 타이밍이나 조건은 무선 단말이 결정하고, 액세스 포인트는 수동적인 역할밖에 완수하지 않는다. 이 동작이 로밍이다.

로밍을 개시하는 조건은 802.11에서는 규정되어 않기 때문에, 무선 단말 제조 회사에 의한 내장 방법은 가지각색이다. 로밍의 계기로서 잘 사용되는 지표로서, 신호 강도, 비콘의 소실, 재전송수, 데이터 통신 속도의 저하 등이 있다. 신호 강도가 일정 이하가 되면 새로운 액세스 포인트를 찾는 방법에서는 단시간의 전파 환경의 악화로 로밍을 개시하면, 빈번히 로밍을 반복해 통신이 불안정하게 될 가능성이 있다. 신호 강도가 일정 시간에 걸쳐 설정치 이하가 되었을 경우에 새로운 액세스 포인트를 찾게 되어 있는 경우가 많다. 비콘을 사용하는 방법에서는 연속해서 설정되어 있는 횟수만 비콘의 수신을 할 수 없으면, 새로운 액세스 포인트를 찾는 구조이다. 비콘의 소실은 충돌에 의한 것도 있으므로 설정 횟수가 너무 작으면 로밍해서는 안 될 경우에도 로밍을 시작해 버린다. 재전송 횟수를 지표로 하는 경우도 재전송의 이유가 BSS의 혼잡으로 충돌이 다발하고 있기 때문에 인가, 접속하고 있는 액세스 포인트의 전파 권외에 나오면서 있기 때문인가를 판별할 수 없다. 최적 수치는 환경에 의해서 바뀐다. 데이터 통신 속도의 저하는 일반적으로 무선 셀의 인연의 부분에서 일어나기 때문에 로밍의 계기로 될 수 있지만, 잘못 로밍할 가능성도 있다.

어느 무선 단말에서는 신호 강도가 상당히 저하할 때까지 로밍을 실시하지 않기 때문에, 새로운 액세스 포인트의 근방까지 이동해도 물리적으로는 원거리에 있는 원래의 액세스 포인트에 접속한 채로 있는 일이 있다. 근처에 의해 안정되어 접속할 수 있는 액세스 포인트가 있는 것에도 불구하고, 로밍을 실시하지 않고 통신 품질이나 속도가 저하한 통신을 계속해 버린다. 위에서 설명한 로밍의 역치는 설정할 수 있는 제품도 많다.

무선 단말이 새로운 액세스 포인트를 찾는 경우, 상시 찾을 수도 있다. 이 방법에서는 로밍이 필요하게 되었을 경우는 신속히 개시할 수 있다. 그러나 액세스 포인트를 찾을 때 다른 채널로의 비콘의 수신이나 프로브 요구의 송신을 실행하므로, 그 사이는 데이터의 송수신을 할 수 없어, 통신이 일시적으로 중단된다. 이 때문에 로밍에는 보다 시간을 필요로 하지만, 실제로 지표가 설정치를 밑돌았을 때에 새로운 액세스 포인트의 탐색을 시작하는 내장이 많다. 로밍처로서 복수의 액세스 포인트가 발견되었을 경우, 어느 액세스 포인트를 선택할까는 무선 단말의 내장에 의존한다.

어느 액세스 포인트에 무선 단말이 리어소시에이션 했을 경우, 그 액세스 포인트에서는 로밍인 것이 알 수 있다. 그리고 이동원의 액세스 포인트를 특정할 수 있기 때문에, 이동원의 액세스 포인트와 통신해서 필요한 처리를 완료할 수 있다. 이 로밍에 수반하는 액세스 포인트 간의 통신 프로토콜은 IAPP로 불려 11F로서 표준화되어 있다. 그러나 11F는 필수도 옵션도 아니고, 단순한 참고라는 위치 설정이다(다른 규격과 달라 F가 대문자인 것에 주의). 실제는 제조 회사의 독자적인 프로토콜이 내장되고 있는 것이 대부분이다.

IAPP에 의해서 실행되는 처리는 이동원 액세스 포인트로부터 로밍한 무선 단말의 어소시에이션 정보를 삭제하는 것, 만약 이동원 액세스 포인트에 버퍼되어 있는 데이터・프레임이 있으면, 이동처의 액세스 포인트에 전송하는 처리가 포함된다. 이것들은 이동처의 액세스 포인트가 IAPP-ADD 통지 프레임을 멀티캐스트로 송신하는 것으로 실행된다. 이것으로 이동 원을 포함한 모든 액세스 포인트의 어소시에이션・테이블을 최신으로 유지할 수 있다. 또 이동처의 액세스 포인트가 이더넷(ethernet) 측의 포트에 무선 클라이언트로 되어 대신하여 패킷을 송출해서, 스위치의 MAC 어드레스・테이블을 갱신한다.

이상으로 설명한 것처럼 로밍의 타이밍, 속도는 무선 단말의 내장이나 설정에 의한 부분이 크다. 또 IAPP에 대응한 액세스 포인트가 적기 때문에, 다른 제조 회사의 액세스 포인트 간에 로밍을 실시했을 경우, 리어소시에이션 후의 처리가 부드럽게 실행되지 않고, 데이터・프레임이 없어질 가능성이 높다. 그러나 통상은 상위층의 프로토콜에서 재전송 등의 처리를 하기 때문에 많은 어플리케이션에서는 이 로밍에 수반하는 1~2초정도의 지연은 문제가 되지 않는다. 예외는 실시간성이 필요한 어플리케이션이며, 음성 통화나 비디오 스트림이다.

업무용의 액세스 포인트의 경우, 사양상의 어소시에이션 할 수 있는 무선 단말의 수는 최대로 100에서 200대 이상 정도가 많다. 실제로 시뮬레이션・툴 등에서 벤치마크를 실행해도 이것은 확인할 수 있다(이 상태에서는 1대당의 대역폭이 꽤 적기 때문에,

유효한 데이터 통신을 실행할 수 있을지는 별도이다). 따라서 로밍처의 액세스 포인트로부터 리어소시에이션이 거부된 가능성은 통상 생각하기 어렵다.

그러나 음성 단말과 같은 지연에 민감한 무선 단말 등이 있는 경우, 필요한 대역을 확보하기 위해 접속할 수 있는 대수를 제한하는 것은 유효하다. 기계적으로 접속 대수를 제한하는 것은 가장 간단한 방법이며, 많은 액세스 포인트 제품이 지원하고 있지만, 반드시 최적화되지 않는다. 실제의 트래픽(호출 수)이나 채널의 사용 상황으로부터 대역의 빈 용량을 계산해서, 동적으로 무선 단말의 접속의 가부를 판단하는 기능을 CAC(Call Admission Control)라 부른다. 이 기능은 802.11e의 일부로서 EDCA와 HCCA의 양쪽 모두에 각각 제정되어 있다. 그러나 필수의 기능이 아니고, Wi-Fi 얼라이언스의 인정 대상은 아니기 때문에 내장하고 있는 제품은 적다.

로밍처에 빈 용량이 없는 경우, 근방의 빈 곳이 있는 액세스 포인트에 무선 단말을 유도하는 구조를 제공하는 제품도 있다. 용량이 가득찬 액세스 포인트의 출력을 찾아내서, 주위의 액세스 포인트의 출력을 높이는 등의 수단을 사용한다. 이러한 기능은 무선 LAN 스위치를 사용한 집중관리형의 무선 LAN 시스템으로 충실하다.

3.5.5 고속 로밍

로밍에서는 전술의 리어소시에이션과 IAPP의 처리만으로는 완료하지 않는 경우가 있다. 특히 802.1x 인증과 같은 RADIUS를 이용한 인증을 실행하는 경우이다. 이 인증의 처리는 리어소시에이션이 완료한 후에 실행된다. 이동처의 액세스 포인트에 있어서는 처음으로 접속하는 무선 단말이므로 인증을 실행하게 된다. WEP나 WPA-PSK의 사전 공유 키를 사용하는 방법이면, 액세스 포인트만으로 인증이 완료하기 때문에 인증의 오버헤드는 문제가 되지 않는다. RADIUS 등의 인증 서버를 사용한 인증에서는 외부와의 통신이 발생하기 때문에, 오버헤드는 수백msec에서 1초 정도에 머물 가능성이 있다. 어플리케이션에도 의하지만, 음성 트래픽은 50msec 이상의 지연으로 중단된다고 여겨지므로, 이 오버헤드는 문제가 된다.

최초의 802.11에는 이 오버헤드를 작게 하는 구조는 없었다. 11i에 의해 PMK 캐싱과 사전 인증(Pre-authentication)이 제정되어 추가되었다. PMK 캐싱은 대응한 무선 단말이 증가하고 있지만, 사전 인증은 넓게 보급되어 있다고는 말할 수 없다. 그 이외에는 각 제조 회사가 독자적인 방법으로 대처하고 있다. 그중에서 현실적으로 가장 잘 사용되고 있는 방법이 OPC(Opportunistic PMK Caching)이다. 현재 IEEE802.11에서 11r로서 고속 로밍이 제정되었지만, 이것은 OPC를 규격화한 것이다.

802.1x 인증에서는 인증에 성공하면 PMK(페어 와이즈・마스터 키)가 생성되어, 이것을 액세스 포인트와 무선 단말에서 공유한다(PMK로부터 4-Way 핸드 셰이크에 의해 생성한 트랜직션 키가 암호화에 사용된다). PMK 캐싱은 한번 생성한 PMK가 액세스 포인트와 무선 단말에서 서로 캐싱해 주는 구조이다. 무선 단말이 일단 이탈해서, 재차 같은 액세스 포인트에 접속하는 경우는 이미 서로 같은 PMK를 가지고 있기 때문에, 트랜직션 키의 생성만으로 오버헤드가 지극히 작다. 액세스 포인트에의 최초의 로밍에서는 인증의 오버헤드를 삭감할 수 없기 때문에, 효과는 한정되지만, 내장이 간단하다. 이 기능은 옵션이기 때문에 모든 제품에 갖춰지고 있는 것은 아니다. 로밍 시에 PMK를 파기해 버리는 무선 단말도 있다. WPA2에서는 필수의 기능이 되고 있으므로, WPA2에 준거한 무선 제품이면 대응하고 있다. WindowsXP도 서비스・팩 2와 WPA2/WPA IE에 관한 갱신을 적용하는 것으로 대응한다.

사전 인증은 로밍을 실행하기 전에(즉 로밍이 아직 필요하지 않은 상황에서), 로밍처의 액세스 포인트와의 인증을 완료시켜 버리는 방법이다. 로밍처의 액세스 포인트와 무선 단말은 현재 접속하고 있지 않기 때문에 통신할 수 없다. 거기서 현재 접속하고 있는 액세스 포인트를 경유해서, 이더넷(ethernet)를 경유하여, 로밍처의 액세스 포인트와 통신한다. 로밍 시에는 이미 인증이 완료하고 있어, PMK도 서로 공유하고 있기 때문에 트랜직션 키의 생성만으로 된다.

사전 인증에는 결점도 있다. 사전 인증을 위해 실행하는 무선 단말과 로밍처의 액세스 포인트의 통신은, EAPOL-Start 등의 802.1x 프레임이며, 이더넷(ethernet)의 타입・필드가 88-C7이다. 통상의 88-8E는 아니기 때문에, 이 프레임을 전송할 수 없는 브릿지 등이 많다. 또 무선 단말에 로밍처의 액세스 포인트의 전파가 도달해 있지 않은 경우, 로밍처의 액세스 포인트의 존재를 아는 방법이 필요하게 된다(사전 인증에 대응하고 있는 액세스 포인트는 비콘에 그것을 표시하고 있다). 이 부분은 11i에서는 규정되어 있지 않기 때문에, 현재 접속하고 있는 액세스 포인트가 주변의 액세스 포인트의 리스트를 무선 단말에 보내는 등 제조 회사의 독자적인 방법이 내장되고 있다. 게다가 사전 인증은 무선 단말과 개개의 로밍처 후보의 액세스 포인트와의 개별 인증 작업이지만, 무선 단말과 액세스 포인트의 수가 많으면 다수의 사전 인증이 필요하게 된다. 그러나 실제로 로밍은 일어나지 않고, 그 대부분이 소용없게 되어 버릴 가능성이 높다. 원래 자율형 액세스 포인트를 상정한 구조이지만, 호환성이나 확장성에 과제가 있어, 넓게 사용되는 데에는 이르지 않고 있다.

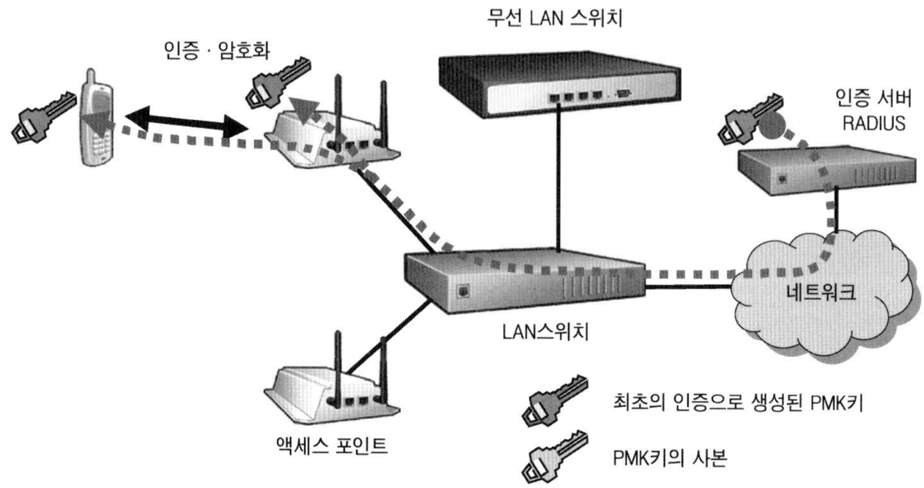

【그림 3.21】 고속 로밍(OPC) 1

OPC는 스프릿트 MAC 등 무선 LAN 스위치나 콘트롤러를 전제로 해서 내장되어 있는 것이 많다. 이 구조에서는 무선 LAN 스위치가 모든 액세스 포인트의 PMK를 입수할 수 있다. 제품에 따라서는 PMK를 액세스 포인트로 보유하지 않고, 무선 LAN 스위치(또는 콘트롤러)에게만 보유하는 것도 있다. 스위치는 무선 단말이 최초의 액세스 포인트와의 802.1x 인증으로 생성한 PMK의 사본을 로밍처의 액세스 포인트를 예상해서 미리 거기에 배포해 둔다. 실제로 로밍이 일어났을 때에, 로밍처의 액세스 포인트는 이미 PMK를 가지고 있기 때문에 트랜직션 키의 생성부터 시작할 수 있다. 이 구조는 무선 단말이 PMK 캣싱에 대응하고 있는 것, 즉 WPA2 준거인 것을 전제로 하고 있다. 같은 무선 LAN 스위치에 접속하고 있는 액세스 포인트 간을 로밍하는 한, 이 기능은 유효하다[그림 3.21, 그림 3.22]. 무선 LAN 스위끼리가 제휴해, 다른 무선 LAN 스위치의 부하의 액세스 포인트에 로밍해도 대응할 수 있는 기능을 갖춘 제품도 있다.

11r에서는 OPC와 거의 같은 구조가 채용되었다. OPC와 다른 점으로서 로밍 시에 QoS의 설정이 유지되는 것, 무선 LAN 스위치(콘트롤러) 간의 PMK 배포 구조가 제정

된 것을 들 수 있다. 이것들은 이미 독자적인 방식으로 대응하고 있는 제품도 있기 때문에, 현저한 차이는 없다.

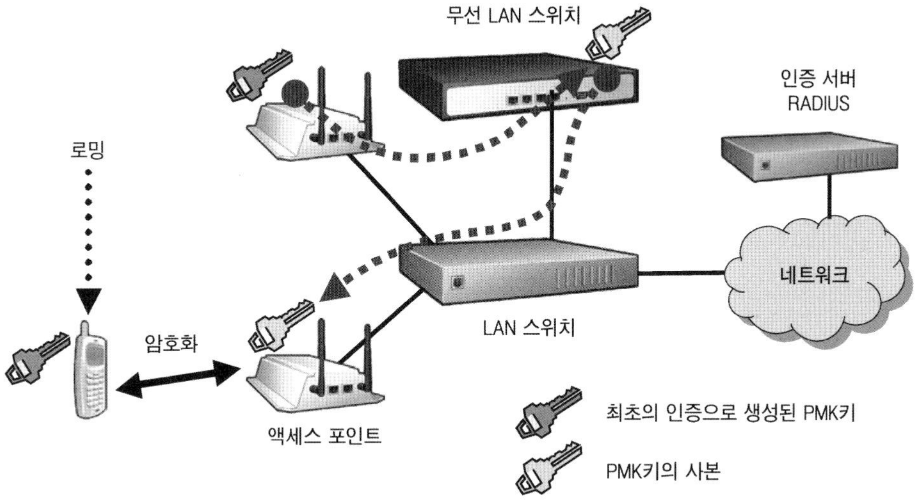

【그림 3.22】 고속 로밍(OPC) 2

3.5.6 L3 로밍

무선 LAN은 L2의 기술이다. 따라서 로밍에서는 로밍 전과 후의 액세스 포인트가 같은 IP 서브 네트워크인지 어떤지에는 관계없이 완료한다. 그러나 실제로 무선 단말은 TCP/IP 등 L3 이상의 레이어를 사용해서 통신하기 때문에, L3의 경계를 넘어 다른 IP 서브 네트워크상의 액세스 포인트에 로밍하면 통신할 수 없게 되어 버린다. 이것에 대응하는 표준적인 방법으로서, DHCP와 모바일 IP가 있다. 무선 단말이 로밍 후에 DHCP로 IP 주소를 새롭게 취득하면 통신은 가능하게 된다. 그러나 IP 주소가 붙여 바뀌는 것으로 통신 중의 어플리케이션은 모두 통신을 종료해서, 재차 다시 접속할 필요가 있다. 모바일 IP에서는 IP 주소가 변하지 않기 때문에 통신이 중단되는 것은 없다. 그러나 모바일 IP에도 어느 정도 과제가 있는 것이 판명하고 있다. 모바일 IP는 IP 레이어의 기술이기 때문에, L2 이하인 무선 LAN의 기능에 대응할 수 없는 것이 있다. 예를 들면 QoS를 들 수 있다. 11e의 QoS는 VLAN의 QoS 우선도에 대응하여 붙일 수 있지만, 모바일 IP에서는 IP 터널을 사용하기 때문에, VLAN처럼 L2 헤더의 정보는 잃게 되어 버린다.

이 점에 관해서 802.11에서는 일정 규정이 없고, 제조 회사가 독자의 기술로 대응하고 있다. L3 로밍은 자율형의 액세스 포인트에서는 대응이 어렵고 현재 상태로서는 거의 수단이 없다. 대응책은 무선 LAN 스위치를 사용하는 제품으로 적극적으로 개발되고 있다. 가장 많은 것이 독자 기술의 터널 또는 GRE 터널을 사용하는 방법이다. 무선 LAN 스위치(또는 콘트롤러)는 액세스 포인트를 집중 관리해서, 사용자・트래픽을 무선 LAN 스위치에 모아서 처리하는 구조로 되어 있다. 이 때문에 무선 LAN 스위치와 액세스 포인트의 사이에서 터널을 사용하는 것이 많다. 이동처와 이동원의 액세스 포인트가 무선 LAN 스위치를 개입시켜 터널에서 서로 접속되고 있으면, 이 구조를 이용해서 마치 무선 단말이 이동하고 있지 않는 듯한 상황을 만들어 낼 수 있다. 이동처가 다른 IP 서브 네트워크이어도, 이동 후의 무선 단말로부터의 트래픽을 모두 원래의 IP 서브 네트워크에 터널 경유로 전송할 수 있다. 또 이동 단말앞의 트래픽도 원래의 IP 서브 네트워크로부터 전송할 수 있다. 모바일 IP와 비슷하지만, L2 레벨에서 패킷을 캡슐화할 수 있는 것, 또 로밍한 무선 단말과의 통신은 모두 로밍 전의 IP 서브 네트워크를 기점으로 하기 위해 보다 투과성이 높다. 그 반면, 통신 경로가 효율적이라고는 할 수 없다. L3 로밍을 지원하는 제품은 고속 로밍에도 대응하고 있는 경우가 많다.

L3 로밍은 음성 단말 등 이동 중에도 실시간의 통신이 필요한 어플리케이션에 있어서 중요한 기술이다. 그러나 제조 회사 독자 기술의 솔루션이며, 사전의 동작 검증이 불가결하다. 실제로는 복수의 IP 서브 네트워크에 걸친 로밍을 실현하고 있는 사례는 적다. 네트워크를 설계한 단계에서 무선 LAN이 단일의 IP 서브 네트워크에 모여지듯이 연구하고 있는 경우가 많다.

3.5.7 가상 셀 단일 채널・구조

완전한 독자 구조로 로밍의 오버헤드를 해결하고 있는 제조 회사도 있다. 가상 셀 또는 가상 셀로 불리는 방식이 알려져 있다. 이것은 인접한 액세스 포인트에서는 간섭을 피하기 위해 채널을 바꾼다고 하는 상식과는 반대의 발상으로 개발된 구조이다. 이 방식에서는 무선 LAN을 구축하는 모든 액세스 포인트에서 동일한 채널을 사용한다. 이 때문에 싱글・채널・구조(SCA)라고도 불린다. 채널이 1개뿐이므로 무선 셀을 설계에 있어 채널의 배치에 염려할 일도 없다[그림 3.23].

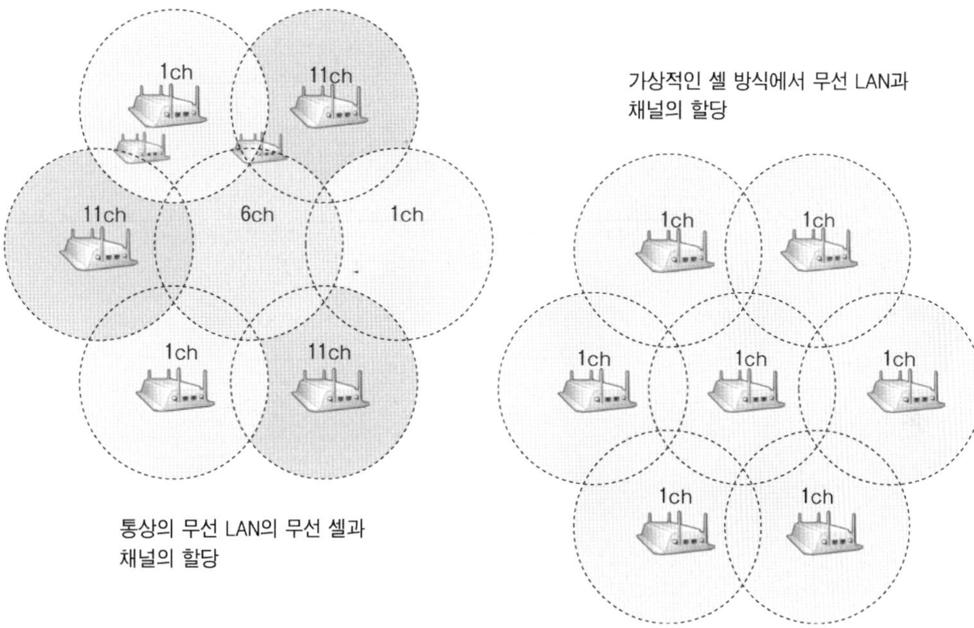

【그림 3.23】 가상 셀

각 액세스 포인트는 무선 LAN 콘트롤러로부터 집중 제어되고 있어, 모두 같은 SSID와 BSSID(MAC 어드레스)를 사용한다. 이 때문에 무선 클라이언트에서는 각 액세스 포인트를 구별할 수 없다. 액세스 포인트가 다수 있는 것도 인식하지 못하고, 거대한 단일의 무선 셀(액세스 포인트)이 있는 것처럼 보인다. 따라서 어느 액세스 포인트에서 수신하여, 어느 액세스 포인트로부터 송신하는지를 결정하는 것은 무선 LAN 콘트롤러이다.

무선 단말이 이동했을 경우, 그 신호 강도의 변화 등으로부터 최적이라고 생각되는 액세스 포인트를 선택해서, 무선 단말에의 송수신을 거기로 바꾼다. 이 동작은 액세스 포인트가 무선 LAN 콘트롤러와 제휴해서 실행하여 무선 단말은 일절 관여하지 않는다. 표준적인 무선 LAN에서 로밍은 무선 단말이 주도해서 실행되지만, 이 구조에서는 완전히 역이 된다. 무선 단말에는 통신 상대의 액세스 포인트가 바뀐 것도 모른다. 이 때문에 로밍 시간은 거의 존재하지 않는다. 이 변환에 필요로 하는 지연은 2~3msec

정도이며, OPC 등에서 얻을 수 있는 20~50msec에 비해 현격히 짧다. 음성 단말 등 실시간성의 필요한 단말에 적절한 방식이라 할 수 있다.

이 구조에서는 QoS도 무선 단말의 기능에 관계없이 움직이는 구조가 내장되어 있다. 표준화되어 있는 11e의 QoS에서는 무선 단말과 액세스 포인트의 양쪽 모두가 11e에 대응하고 있을 필요가 있다. 무선 단말이 11e비대응으로 액세스 포인트만이 대응하고 있는 경우, 액세스 포인트로부터 무선 단말에의 트래픽(하행 방향)에는 QoS를 적용할 수 있다. 그러나 무선 단말로부터 액세스 포인트에의 트래픽(상행 방향)에 QoS는 움직이지 않는다. 여기에 시분할의 개념을 도입하여 무선 단말마다 타임슬롯을 할당하는 방식을 내장하고 있다. 타임슬롯의 할당은 무선 LAN 콘트롤러가 집중 제어한다. 우선도의 높은 무선 클라이언트에 우선적으로 타임슬롯을 할당하는 것으로 상행 방향에도 의사적으로 QoS와 같은 효과를 만들어 낼 수 있다.

이 구조는 로밍이 고속이며, 또 무선 단말에 관계없이 의사적으로 QoS를 사용할 수 있는 것으로부터 특히 음성 단말에 대해서 효과적이라고 생각할 수 있다. 이러한 구조는 대단히 흥미로운 것이지만, 이점뿐만이 아니라 고려점도 보고되고 있다. 모든 액세스 포인트가 같은 채널이기 때문에, 당연히 액세스 포인트의 사이에서 간섭이나 충돌이 일어나 처리율을 저하시키는 일이 있다. 로밍 시간이 짧은 반면, 무선 단말이 장시간 대기 모드에 들어가지 못하고, 배터리의 지속 시간이 짧아져 버린다.

의사적인 QoS를 위해서 타임슬롯을 확보하지 않으면 안 되지만, 이것에는 NAV를 사용하고 있는 것 같다. CSMA/CA가 올바르게 기능하기 위해서는 모든 무선기기가 실제로 채널을 점유할 시간을 NAV로 지정하지 않으면 안 된다. 그러나 타임슬롯은 이 규정에 따라서 할당되어 있지 않다. 이것은 IEEE802.11의 사양으로부터는 일탈하고 있다고도 생각할 수 있다. 이 구조로 제품을 판매하고 있는 제조 회사는 2사 정도이며, 또 제조 회사 독자의 기술로서 기술적인 상세가 공개되어 있지 않기 때문에 평가하는 것이 어렵다.

3.5.8 무선 단말의 설정과 동작

무선 단말에서는 배터리의 지속 시간이 큰 과제이다. 특히 음성 단말이나 PDA와 같은 휴대 단말은 노트 PC와 달라 사용 중에 AC 어댑터를 사용하는 것은 생각할 수 없다. 거기서 전력 절약 기술이 중요하게 된다. 무선 LAN의 규격으로서 PSP나

U-APSD 등이 있어, 이것들은 무선 유닛을 간헐적으로 동작시키는 것이지만, 무선 단말측에서 그 이상의 방안을 하고 있는 것이다.

무선 단말에서는 전력 절약의 정도를 '성능 우선', '배터리 지속 시간 우선' 등 단계적으로 선택할 수 있다. 배터리 지속 시간 우선을 선택했을 경우, U-APSD 등을 사용하는 것은 당연하지만, 거기에다가 데이터 통신 속도를 내리는, 무선 유닛의 송신 출력과 수신 감도를 내리는 등의 동작을 실행하는 경우가 있다. 확실히 이것들은 전력 절약에 공헌하지만, 간헐적인 동작과 함께 성능이나 통신의 안정성에 큰 열화를 가져오는 일이 있다.

일반적으로 통신 속도가 높을수록 전력을 소비한다. 11b의 DSSS/CCK보다 11g의 OFDM 쪽이 소비 전력은 크다. 11g가 제정된 후도, 당분간 음성 단말 등은 11b 대응의 것이 주류이었던 것은 이 때문이다. 전력 절약의 정도를 높이면, 통신 환경의 우열이나 액세스 포인트로부터의 거리에 관계없이 통신이 저속으로 고정되어 버린다. 저속의 무선 단말은 BSS 전체의 처리율 저하로 연결된다. 액세스 포인트나 무선 LAN 스위치에서는 무선 단말과의 송신, 수신의 속도를 감시할 수 있는 기능이 있다. 예를 들면 11g의 경우, 액세스 포인트로부터의 송신이 54Mbps인 것에도 불구하고, 무선 단말로부터의 수신이 1~2Mbps에 머무는 경우는 이 가능성이 있다. 이 문제를 회피하려면 기본적으로는 배터리 지속 시간을 희생해서 '성능 우선'을 선택할 수밖에 없다. 일반론이지만 액세스 포인트는 무선 단말보다 송신 출력, 수신 감도가 높은 경우가 많고, 전력 절약 동작도 필요없다. 액세스 포인트로부터의 송신 속도와 무선 단말로부터의 수신 속도가 같지 않은 것이 드문 일은 아니다.

'배터리 지속 시간 우선'에 의해 무선 단말이 송신 출력과 수신 감도를 내렸을 경우, 은폐 단말의 문제를 일으킬 가능성이 있다. 같은 액세스 포인트에 접속하고 있는 무선 단말의 사이에서 무선 단말의 송신 속도에 커다란 불균일이 있는 경우, 은폐 단말에 의한 충돌이 일어나고 있을 가능성이 있다. 이것은 액세스 포인트나 무선 단말의 밀도가 높은 경우에 일어나기 쉽다. 이 해결책도 무선 단말로 '성능 우선'을 선택하든가, 액세스 포인트의 송신 출력, 수신 감도를 내려 무선 셀을 작게 하면 된다. 이 경우 액세스 포인트의 밀도가 낮으면 데드 스포트가 생긴다.

통신의 특징으로서 사이즈가 큰 프레임 쪽이 에러가 되기 쉬운 경향이 있다. 사이즈가 크면 그만큼 송신에 시간이 걸려, 무언가의 문제에 조우할 가능성이 높아지기 때문이다. 이것은 무선통신에 한정한 것은 아니지만, 무선 LAN에서는 다른 통신과의 충돌이나 잡음 등의 영향도 있어, 이 경향은 보다 현저하다. 또 같은 사이즈의 프레임에서는 송신 속도가 늦을 정도로 채널 점유 시간이 길어지기 때문에, 에러가 될 가능성이 높아진다. 무선 단말에서는 송수신에 에러가 증가하면 통신 환경이 좋지 않다고 판단해서 자동적으로 통신 속도를 낮추는 동작을 실행하는 것이 많다(이것은 무선 단말이 액세스 포인트로부터 멀어져 무선 셀의 구석에 이동할 때에도 일어난다). 단지 속도를 내릴 뿐이라면 채널 점유 시간이 길어져, 그 효과로 에러가 일어날 가능성이 있다. 거기서 송신 시에 분할을 실행해, 프레임을 복수의 작은 프레임으로 분할해서 송신하는 일이 있다. 에러가 일어났을 경우는 에러에 조우한 분할만 재전송이 된다. 분할은 송신측도 수신측도 처리가 증가하기 때문에 오버헤드가 되지만, 분할을 실행하는 것에 의해 얻을 수 있는 에러의 저감 효과와의 트레이드 오프가 된다.

이 분할의 메커니즘은 자동적으로 움직여 조정할 수 없는 것이 많다. 또한, 무선 LAN에서의 최대 프레임 사이즈는 2,312바이트이며, 이더넷(ethernet)의 1,500바이트보다 크다. 이 때문에 이더넷(ethernet)으로부터 무선 LAN에 프레임을 전송할 때, 즉 액세스 포인트로부터 무선 단말에 송신하는 경우, 에러를 회피하는 이외의 이유로 분할를 실행할 필요는 없다.

3.6 휴대전화로서의 무선 LAN

여기서 휴대전화, 즉 음성 통화의 수단으로서의 무선 LAN에 대해 고찰해 본다. 여기에서는 휴대전화, LTE, WiMAX 등 다른 무선 기술에 대해서도 해설하고 있다. 휴대전화는 바야흐로 전화로서 설계 개발된 시스템이며, 음성 통화가 그 주요한 용도이다. 메일, 인터넷 접속 등의 데이터 통신은 나중에 부가된 기능에 지나지 않는다. LTE도 휴대전화이지만, 데이터 통신도 고려한 구조가 되어 있어, 데이터 통신의 구조가 크게 향상되고 있다. WiMAX는 최초부터 음성 통화와 데이터 통신을 전제로 설계 개발된 시스템이며, 어느 쪽도 적절히 취급할 수 있는 설계로 되어 있다. 이것들 중에서는 무선 LAN이 데이터 통신만을 전제로 해서 설계 개발된 유일한 시스템이라 할 수 있다. 이 배경으로부터 봐도 무선 LAN과 음성 통화와의 친화성이 별로 높지 않은 것임을 쉽게 상상할 수 있다.

무선 LAN는 이 책에서 해설하고 있는 다른 시스템과 비교해서 구조가 간단하고, 가장 염가로 실현될 수 있는 것이다. 또 유일하게 면허를 필요로 하지 않고 일반 기업이나 개인이 네트워크를 구축해서 소유하는 것이 가능한 시스템이기도 하다. 이 때문에 데이터 통신의 수단으로서 보급이 진행되고 있어 특히 일반 가정에서의 보급이 현저하다. 이 시스템에서 음성 통화를 취급할 수 있으면 편리한 것은 틀림없지만, 원래의 시스템이 그러한 용도를 상정한 설계로 되어 있지 않다고 하는 과제가 있다. 구체적으로 말하면, CSMA/CA의 구조가 음성의 통화와 같이 높은 실시간성을 필요로 하는 사용법에 적합하지 않는 점이 크다. 액세스 포인트나 무선 단말이 서로 송신 타이밍의 조정을 실행하지 않고, 경합에 의해 결정하기 때문에 송신이 보증되지 않는다.

또 무선 LAN의 동작은 데이터 통신에 최적화되고 있는 경우가 많다. 예를 들면 무선 단말이 송수신 에러를 검지하면 통신 속도를 낮추는 동작이다. 이것은 저속이 되도 극력 통신을 계속하기 위해서는 유효한 수단이다. 그러나 음성 통화에서는 통화 품질이 대폭으로 저하할 가능성이 있어, 또 다른 통화에도 영향을 끼칠 가능성도 있다. 음성 통화에 관해서 말하면 일정의 속도 이하가 되면 절단해 버리는 것이 바람직하다.

지금까지 본 것처럼 무선 LAN에서는 음성 통화를 취급하기 위한 개량이 되어져 있어, 실제로 제품도 판매되고 있다. 그 기술의 중심이 802.11e로 제정된 QoS(EDCA와 HCCA), 전력 절약 기능, 어드믹션 제어이며, 802.11r에서 제정된 OPC에 의한 고속 로밍이다. 특히 HCCA에서는 송신 스케줄의 관리를 실행할 수 있기에 유효한 수단이라고 생각할 수 있었지만, 스케줄러의 기능에 불충분한 부분이 있는 것, 또 규격상은 필수의 기능이 아니라, Wi-Fi 얼라이언스도 인정 세도에 포함하지 않았기 때문에 거의 보급되어 있지 않다.

이러한 개량은 음성 통화의 실현에 유효한 것이지만, 다른 시스템에 비하면 아직도 발전도상이라고 말할 수 있는 상황이다. 또 이것들은 어디까지나 무선 LAN의 규격 내에서의 기술이며 음성 통화 실현에는 SIP 서버 등 L3 이상의 기능도 필요하다. 무선 LAN에서의 음성 통화를 휴대전화와 같이 사용할 수 있기 위해서는, 전화로서의 체재를 정돈하지 않으면 안 된다. 전화번호를 지정해서 발신한다라고 하는 구조는 무선 LAN 표준에는 포함되지 않고, SIP 프로토콜(그리고 SIP 서버나 IP-PBX 등)의 구조를 사용자 측의 책임으로 구축할 필요가 있다. 이것에는 예를 들면 어드믹션 제어를 액세스 포인트가 내장하고 있어 대역 용량 부족으로 접속할 수 없는 경우, 발신한 사용자에게(통화 중의 톤을 돌려주는 등) 그것을 통지하는 구조등도 포함된다. 그 밖에도 그룹 착신 등 전화로서의 기능은 다방면에 걸치지만 그것들을 실현하려면, 사용자(또는 시스템을 구축하는 인테그레이터)가 음성 단말, 액세스 포인트, 콘트롤러, SIP 서버 등이 적절한 제품을 선정하여 조합시켜, 동작을 검증해서, 필요에 따라서 설정이나 기능을 조정할 필요가 있다. 시판 제품을 그대로 도입하면 곧바로 전화로서 사용할 수 있다고 하는 상황으로는 되지 않은 것이 현실이다.

그리고 본질적인 과제이지만, 무선에는 아무래도 간섭의 문제가 항상 따라다닌다. 간섭을 피하기 위해서는 최소한 사용하는 주파수대나 채널을 다른 사용자(다른 무선 LAN의 소유자)가 사용하지 않은 것이 전제가 된다. 휴대전화나 WiMAX가 면허제로 되어 있어, 사업자마다 주파수대를 할당하고 있다는 것이 이 때문이다. 무선 LAN은 저출력이지만, 누구라도 면허나 허가 없이 사용할 수 있는 것이 최대의 특징이며, 같은 주파수대를 사용한다. 이것은 확실히 다른 사용자와의 간섭을 피할 방법이 없는 것을 의미한다. 채널의 할당이나 조정 등에 곤란이 따라, 확실히 발신하여 통화할 수 있는 환경을 구축하는 것을 어렵게 한다. 본질적으로 휴대전화나 WiMAX와 같은 수준의 음성 통화 시스템을 구축하려면 허들이 높게 된다.

이상은 무선 LAN에서의 음성 통화에 관해서, 어디까지나 휴대전화나 WiMAX를 비교했던 경우이다. 실제로는 무선 LAN를 탑재한 휴대전화가 증가하고 있어, 특히 인터넷・액세스를 중심으로 한 데이터 통신을 보완하는 용도로 사용되어 가고 있다. 휴대전화에서도 데이터 통신의 이용이 증가하고 있지만, 시스템의 구축과 운영에 막대한 투자가 필요하고 아무래도 무선 LAN보다 요금이 비교적 비싸다. 제1장에 설명되어 있지만, 휴대전화의 사업자는 수익의 대부분을 음성 통화에 의존하고 있어, 할 수 있는 것이라면 데이터 통신이 네트워크의 대역을 압박하는 것은 피하고 싶다고 하는 상황이다. 이 때문에 휴대전화를 모뎀 대신하여, 노트 PC를 인터넷에 접속한다고 하는 용도에서 대부분의 사업자는 정액제 요금을 채용하지 않는다. 무선 LAN을 사용하면 데이터 통신의 부하를 휴대전화 네트워크로부터 놓아 줄 수 있다. 휴대전화 사업자가 공중 무선 LAN의 핫 스포트를 운영하고 있는 것이 많은 것은 우연이 아니다.

지금은 아직 무선 LAN을 사용할 수 있는 장소는 한정되지만, 전철 및 고속버스 등 핫 스포트의 설치는 증가하고 있다. 사업자에게 있어서 설치・운영 비용이 저가이고,

사용자에 있어서도 저가인 대부분의 노트 PC에는 최초부터 탑재되어 있는 것 등에서 데이터 통신의 수단으로서 휴대전화나 WiMAX 등의 보완적 역할로서의 용도가 진행한다고 생각된다. 공중 무선 LAN 핫 스팟은 통신 사업자가 구축하여 운영하는 경우가 많기 때문에, 휴대전화에서의 음성 통화도 무선 LAN의 권내에서는 무선 LAN을 사용하여 실행하게 될 것이다. 이미 설명한 것처럼 음성 대응 무선 LAN 구축에는 고려할 점이 많지만, 통신 사업자가 전 설비를 소유해서, 시스템 전체의 구축과 운용을 다룬다면 대책도 강구하기 쉬울 것이다.

제4장 WiMAX

WiMAX는 최근 몇 년간 많은 화제가 되었다. 특히, 1.4에서 소개하였듯이, 모바일 WiMAX는 우리나라에서 WiBro라는 이름으로 전국적인 상용 서비스가 개시되어 본격적인 보급이 시작되었다. 기술적으로는 변조 방식을 OFDM으로 사용하는 등 무선 LAN과의 공통점도 존재하지만, 전파의 도달 거리는 무선 LAN이 수 10미터에서 100미터 전후인 것에 비해 수 km까지 달한다. 무선 LAN에서 개정된 규격으로 추후에 추가된 보안과 QoS, 핸드 오프(로밍) 구조가 WiMAX에서는 시작부터 고려하고 있다. 무선 LAN과 달리, 커넥션 지향의 통신으로 1대 다수 형의 통신을 가정하고 있어 시스템의 전체적인 구조로서는 휴대전화에 가깝지만, 사용법이나 어플리케이션에 관해서는 아직도 미지수인 부분이 많다. 본 장에서는 무선 LAN 기술과 비교하면서 그 구조에 대해서 설명한다.

4.1 WiMAX 규격

WiMAX 규격 제정은 IEEE802.16위원회에 의해 진행되고 있지만, 지금까지의 표준화 경위에 대해 여러 가지 설명할 부분이 있다.

원래 WiMAX는 '라스트 원 마일'이라 하여, 기지국으로부터 사용자 가정까지의 회선을 무선화하는 기술로서 고안되어, IEEE가 802.16으로 규격화하고 있었다. 최초로 규격화된 것이 2001년 12월로, 이때에는 'Wireless MAN' 혹은 '고정 브로드밴드 무선 접속 시스템(BWA) 용의 에어・인터페이스'라고도 불리어졌다. 사용 주파수는 10~66GHz 주파수대이었다. 2002년 12월 시스템 프로파일이 추가되어 802.16c가 되었고, 2003년 1월에는 주파수대가 2-11GHz로 변경되어 802.16a로 되었다.

최초의 규격인 802.16과 802.16c, 802.16a를 정리 통합한 것이 802.16-REVd로서 표준화되었다. 표준 규격 명칭은 그 후에 802.16-2004로 바뀌었고, 802.16a에서 2 GHz이었던 주파수의 하한이 없어졌다. 이것이 '고정 WiMAX'이다.

WiMAX의 기술 개발 과정에서는 고정 회선을 대체하는 것뿐만 아니라, 이동 단말에도 대응하도록 기능이 확장되었다. 주파수대는 6GHz 이하이며, 시속 120km의 이동성에도 대응하는 것으로 약 75Mbps의 대역폭을 갖는다. 이것이 '모바일 WiMAX'로 2005년 12월에 802.16e-2005로서 제정되었다. 802.16e-2005는 그 자체로는 독립된 규격이 아니고 802.16-2004에 대한 보충(Amendment)으로 제정되었다. 또한, 네트워크 관리에 관한 기능은 802.16g로서 별도로 제정되었다.

여기서 한 가지 주의해야 할 것은 '모바일 WiMAX'라고 하는 명칭으로, 모바일을 표방하고 있지만, 고정 WiMAX로서의 이용 방법 또한 포함하고 있어, 이의 활용 또한 기대된다. 본 장에서는 WiBro로 불리는 모바일 WiMAX(802.16e-2005)를 중심으로 설명한다. 본 기술은 국내에서는 와이브로란 이름으로 국내 환경에 맞게 약간 수정된 형태로 표준화되어 사용되고 있다.

4.2 WiMAX 포럼에 대해

무선 LAN에서는 표준화 단체인 IEEE802.11위원회가 존재하고, 업계 단체인 Wi-Fi 얼라이언스가 보완적인 역할을 하고 있다. WiMAX에서도 업계 단체인 WiMAX 포럼이 있다. IEEE802.16에서 규정하고 있는 내용들에는 많은 옵션이 존재하므로, 제품화 시에는 이러한 옵션들 중 적절히 조합하여 선택하지 않으면 안 된다. WiMAX 포럼에서는 '시스템 프로파일'이라 하고, 물리계층과 MAC 층에 관해 필수와 옵션 기능을 802.16-2004로 하여, 802.16e-2005부터 선정하여 정의하였다. 근본이 되는 802.16 규정과 WiMAX 포럼의 프로파일은 특정 기능에 대해서는 필수와 옵션 양쪽 모두에서 약간의 차이가 있다.

802.16-2004/802.16e-2005에서는 무선 인터페이스만을 제정하고 있다(이것은 무선 LAN의 802.11도 같다). IEEE의 규격에는 네트워크 층부터 상위 레이어는 포함되지 않는다. WiMAX는 그 구조나 어플리케이케이션 실행 시에 무선 인터페이스나 MAC 층 이하

에서의 기능이 완전하지 않기 때문에, 802.16만 따른다고 해서 제품의 호환성을 갖는 것은 아니다. 종단 간(End-to-end)의 상호 운용성을 확보하기 위해서는 시스템 전체에 대한 규격도 필요하다. WiMAX 포럼에서는 IP 네트워크 전체를 전제로한 구조(참조 모델)도 규정하고 있다. 무선 LAN에 대해서도 이러한 사정은 같지만, LAN이라는 이유로 큰 문제가 되지 않았었다(현재는 L3 로밍 때의 IP 주소 관리 등을 제조 회사가 독자적인 방법으로 해결하고 있다).

WiMAX 포럼에서는 프로파일에 근거한 상호 운용 시험도 실행하여 합격한 기기에는 인증을 해주고 있다. 이와 같이 WiMAX 포럼의 역할은 무선 LAN에 대한 Wi-Fi얼라이언스보다 영향력이 크며, 사실상 WiMAX 포럼이 WiMAX 규격을 완성시키고 있다고 해도 과언이 아니다.

4.3 물리층

모바일 WiMAX의 물리층은 무선 LAN과 같은 OFDM를 채용하고 있고, 복수 사용자 동시 통신에 대응한 OFDMA로 확장되어 있다.

4.3.1 주파수 대역

802.16-2004에서는 11GHz 이하, 802.16e에서는 6GHz 이하로 정해져 있다. 무선 LAN과는 달리 세계적으로 합의되어 있는 주파수대가 없기 때문에, 실제로 사용 주파수 선택이 어렵다. 전파의 특성상 주파수가 높을수록 직진성이 높아져, 장애물에 대한 회절 특성이 없어지게 되어 전파가 도달하지 못하므로, 통신 상대가 가시거리에 존재하는 것이 조건이 된다. 최초로 제정된 802.16의 10~66GHz에서는 가시거리가 되지 않는 장소에서의 사용은 곤란하여, 통신 상대는 고정국에 한정되어 버렸다. 802.16-2004에서 11GHz로 한 것은 가시거리가 되지 않는 고정국에의 통신도 고려했기 때문이며, 802.16e에서 6GHz 이하로 규정한 이유는 이동 단말을 고려하고 있기 때문이다. WiMAX 포럼에서는 2.3GHz, 2.5GHz, 3.8GHz를 추천하고 있어 이 대역의 할당이 진행되고 있다.

4.3.2 1차 변조

WiMAX의 1차 변조에는 무선 LAN의 OFDM과 같이, QPSK, 16-QAM, 64-QAM이 채용되었다. 변조 방식은 데이터 통신 속도에 직접적인 영향을 준다. QPSK는 가장 저속이지만 잡음 등에 대해 가장 안정되어 있고, 64-QAM는 가장 고속이지만 다른 변조 방식보다 잡음 등에 약하며, 상향 방향에서 옵션으로 정의된다. 또 오류 정정 코드(ECC)도, 부호화 방법과 부호화율을 복수로 제정하고 있고, 부호화 방법에는 길쌈 부호(CC), 길쌈 터보 부호(CTC), 블록 터보 부호(BTC), 저밀도 패리티 체크 부호(LDPC)가 있다. 길쌈 부호화가 필수이며, 그 외는 옵션이다. 부호화율도 1/2, 2/3, 3/4, 5/6(상향 방향만 옵션으로 선택)의 적응 부호화가 된다.

이러한 변조 방식, 부호화 방법, 부호화율의 조합으로 52 방법의 패턴이 가능하지만, 대부분의 제품이 모두를 지원하는 것은 아니다. 환경이 좋은 경우는 송신 효율이 높지만, 오류 정정 효율이 낮은 방식과의 조합이 선택되는 등, 통신 중의 채널 상태에 따라 최적인 방식의 조합이 선택된다. 이것을 적응형 변조·부호화(AMC)라 부른다.

4.3.3 2차 변조(SODFMA)

802.16-2004/802.16e-2005에는 물리층에 WirelessMAN-SCa, WirelessMAN- OFDM, WirelessMAN-OFDMA, WirelessHUMAN 등 4가지가 규정되어 있다. 이것들은 같은 규격에 포함되어 있지만, 상호 간의 호환성은 없도록 복수의 규격을 병기하고 있다. WiMAX 포럼의 프로파일에서는 WirelessMAN-OFDMA만을 대상으로 하고 있어, 이것이 모바일 WiMAX로서 인지되고 있다.

무선 LAN 및 고정 WiMAX에서는 2차 변조에 OFDM(직교 주파수 분할 다중)을 선택하고 있지만, 모바일 WiMAX에서는 OFDMA(Orthogonal Frequency Division Muliple Access : 직교 주파수 분할 다중 접속)을 선정하고 있다.

전송 속도가 높아지면 송신 데이터(심볼) 당 송신 시간이 짧아진다. 수신측에서는 장애물에 의한 반사파가 지연되어, 본래의 신호파와 겹쳐져 파형 왜곡이 발생하기도 한다. 이것을 다중 경로라 하며, 다중 경로에 의해 전후의 심볼 간에서도 간섭이 일어나게 된다. 특히 송신 시간이 짧은 심볼 송신의 경우 심볼 간 간섭을 받기 쉽다. 이러한 경우, OFDM에서는 복수의 서브 캐리어로 나누어, 서브 캐리어 당 전송 속도를 낮추는 것이 가능하게 되어, 다중 경로에 대한 내성을 높인다. 또 심볼 간에 간격을 두는 것으로, 심볼 간 간섭은 거의 완전하게 제거할 수 있다. 이 간격을 가드 인터벌이라 한다. 가드 인터벌은 심볼 송신 시간의 1/4, 1/8, 1/16, 1/32이 가능하며, 서브 캐리어의 수가 적을수록 큰 가드 인터벌이 필요하게 된다.

다중 경로 대책이라는 관점에서는 서브 캐리어의 수가 많은 만큼 유리하지만, 채널 대역폭이 같으면서 서브 캐리어가 증가하면 서브 캐리어 간격이 감소하며, 특히 모바일 단말에서는 도플러 효과에 의한 서브 캐리어 간 간섭에 약해진다. 또 회로가 복잡하게 되어 높은 처리 능력도 필요하게 된다. 이것을 감안하면서 서브 캐리어 수를 결정할 필요가 있다. 또한, 서브 캐리어 모두가 데이터 송신에 사용되는 것은 아니고, 채널 추정이나 추적에 사용되는 파일럿・서브 캐리어, 출력을 할당하지 않는 Null・서브 캐리어(가드・서브 캐리어와 DC서브 캐리어 등)도 있다.

고정 WiMAX의 OFDM에서는 채널의 대역폭을 1.75에서 10MHz까지 몇 가지를 규정하고 있지만, 서브 캐리어 수는 2,048로 고정하고 있다. 이 때문에 채널 대역폭을 변경하면 서브 캐리어 간격이 변동해서, 모든 채널 대역폭에 대해서 최적화할 수가 없게 된다. 모바일 WiMAX의 OFDMA에서는 채널 대역폭을 1.25에서 20MHz까지 규정하고 있지만, 특히 SOFDMA(Scalable OFDMA)라 불리는 방식에서는, 서브 캐리어의 수가 채널 대역폭에 맞추어 128에서 2,048까지 가변하게 하고 있다. 즉 채널 대역폭이 증감하더라도 서브 캐리어 간격은 항상 약 11Kbps가 되도록 설계되어 있어 채널 대역폭 변경에 대응할 수 있다.

4.3.4 서브 채널화

OFDM에서는 모든 서브 캐리어가 1명의 사용자의 송신에 사용된다. OFDMA에서는 서브 캐리어 전체를 복수의 그룹으로 나누어, 그것을 서브 채널이라 부른다. 서브 채널을 사용자에게 할당하는 것으로, 서브 채널 수만큼의 사용자를 동시에 통신할 수 있는 구조이다(복수의 사용자를 동시에 지원할 수 있는 방법을 다중 접속이라 한다). 서브 캐리어를 서브 채널에 묶어 할당하는 방법에는 Contiguous와 다이버시티 2개가 있다. 다이버시티는 채널 전체의 주파수대역 중에서 의사 랜덤에 의해 선택된 서브 캐리어로 서브 채널을 구성한다. 이 방법에서는 각 서브 채널의 주파수 특성을 다양화할 수 있고, 셀 간의 간섭을 평균화할 수 있다.

다이버시티로 서브 채널화하는 방법은 몇 가지 정해져 있다. DL FUSC에서는 채널 주파수대 전역에서 균등하게 선택한 48개의 데이터・서브 캐리어로 1개의 서브 채널을 구성한다. DL PUSC에서는 우선 연속된 14개의 서브 캐리어를 2 심볼 시간에 걸쳐 묶어서 클러스터라고 하는 집단으로 정의한 후, 클러스터를 랜덤으로 골라내 전부 6개의 그룹을 만들어, 같은 그룹 내 2개의 클러스터를 조합해 1개의 서브 채널로 한다(서브 채널은 28개의 서브 캐리어를 포함하지만, 4개가 파일럿이며 데이터는 24개가 된다). 이 6개 그룹 모두 또는 그 일부를 특정 송신기에 할당할 수 있다. 예를 들면 기지국이 3 섹터의 경우, 각 섹터의 송신기에 다른 그룹을 1개나 2개 할당하는 것으로 각 송신기가 서로 모두 직교적인 서브 캐리어를 사용하게 된다. 이것을 세그멘테이션이라 하며, 전 섹터에서 같은 채널을 사용할 수 있으므로 효율적인 주파수 재이용이 된다. 하지만 데이터 송신 속도가 줄어드는 단점이 있다.

이상은 모두 기지국으로부터 단말에의, 즉 하향 방향(DL)의 경우이지만, 상향 방향에는 ULPUSC가 제정되어 있다. DL PUSC와 유사하며, 클러스터 대신에 타일이 사용된다. 타일은 4개의 서브 캐리어를 3개의 심볼 시간 분으로 묶은 것으로, 1 서브 캐리어분이 파일럿이 되어 있다(특정의 서브 캐리어가 연속해 3 심볼 시간 분에 걸쳐 파일럿이 되는 것이 아니라, 파일럿이 되는 서브 캐리어는 심볼 시간마다 다르다). 타일을 랜덤하게 조합해서 6개의 그룹을 구성한다. 같은 그룹 내의 6개 타일을 조합해서 1개의 서브 채널로 한다. 여기에서도 세그멘테이션을 실행할 수 있는 구조가 되어 있다.

Contiguous에서는 9개의 연속된 서브 캐리어(8개의 데이터와 1개의 파일럿)를 빈이라 하고, 4개의 연속된 빈을 밴드라 한다. 밴드 안에서 다이버시티처럼 심볼 시간을 고려하여 6개의 빈을 1개의 서브 채널로, 1개의 빈을 6 심볼 시간 분으로, 2개의 연속한 빈을 3 심볼 시간 분으로 혹은 3개의 연속한 빈을 2 심볼 시간에 걸쳐 추려내는 것이 가능하다. 이 방법은 밴드 AMC라고도 하며 DL AMC, UL AMC가 제정되어 있다. 하향 방향도 상향 방향도 같은 구조이다. 이 방법에서는 서브 채널마다 감쇄 등 특성의 차이가 발생하지만, 사용자마다 최적의 특성을 가지는 서브 채널을 할당함으로서 전체의 용량을 최대화할 수 있다.

다이버시티는 모바일 사용자(어플리케이션)에 대해, Contiguous는 고정 사용자나 이동성이 낮은 사용자에 대해, 적합하다고 할 수 있다. 이것은 이동성과 throughput 중 어느 쪽을 중요시하느냐에 따라 정해진다. 친화성의 높은 안테나 기술로서 다이버시티에서는 MIMO, Contiguous에서는 빔 포밍을 들 수 있다.

서브 채널을 사용자에게 할당할 때에 슬롯 단위로 할당한다. 이미 설명된 것처럼 모바일 WiMAX에서 서브 채널는 주파수(서브 캐리어) 만이 아니고, 시간(심볼 시간)도 배려해야 한다. 앞서 설명한 각 서브 채널화 방법으로 규정된 서브 채널이 그대로 슬롯으로서 각 사용자에게 할당할 수 있는 최소 단위가 된다. 또 하향, 상향의 각 프레임을 존이라 불리는 연속된 심볼 시간마다 단락시키고, 각 존마다 서브 채널화 방법을 바꿀 수도 있다.

4.3.5 최대 통신 속도

여기서 WiMAX의 통신 속도에 대해 살펴보자. 일반적으로 모바일 WiMAX는 최대 75Mbps가 가능하다고 하며, 이러한 속도의 산출 조건은 아래와 같은 조건에 근거를 두고 있다.

- 최고 속도가 가능한 64QAM 변조를 사용하면 1 심볼로 송신할 수 있는 비트 수는 6이다.
- 가장 효율이 좋은 부호화율 3/4을 사용하는 것을 가정한다.
- 20MHz 폭의 채널을 사용하여, 서브 캐리어 수를 2,048로 한다. 샘플링 팩터를 8/7로 하면, 서브 캐리어 간격은 아래와 같게 된다.

  20MHz×8/7÷2,048 = 11.1607kHz

- 서브 채널화 방법을 다이버시티의 DL FUSC로 하여, 2,048 서브 캐리어 중 1,536을 데이터용 서브 캐리어로 한다.
- 가드 인터벌을 심볼 송신 시간의 1/32로 한다. 1 심볼 당 송신 시간은 1 + 1/32 = 33/32배만큼 길어진다. 같은 시간에 송신할 수 있는 심볼 수는 이 역수 배만큼 작아지게 된다.

이것들을 모두 곱하면 다음과 같다.

6 (bit) × 3/4 × 11.1607 (kHz) × 1,536× 32/33=74.806 Mbps

이렇게 해서 모바일 WiMAX의 데이터 속도를 75Mbps로 정한 것이다. 이 계산은 물리층 기능만을 감안해 계산한 것이며, 무선 LAN의 802.11a/g의 최대 속도가 54Mbps라고 하는것과 같은 의미다. 11a/g가 MAC 층에서 CSMA/CA 오버헤드가 있는 경우에 실효 속도가 약 반 정도인 20~30Mbps가 되는 것처럼, 모바일 WiMAX에서도 MAC 층이나 그 상위층의 오버헤드가 존재한다. 또 이 속도는 모든 사용자에 대해 합산한 값이므로 사용자 수가 많으면 1인당 속도는 그만큼 낮아진다.

조건을 바꿨을 경우, 계산상 최대 속도가 어떻게 변화하는지를 아래 표에 나타내었다.

앞서 본 것처럼 모바일 WiMAX에서는 파라미터에 옵션이 매우 많으며, 이에 따라 최대 속도도 바뀌게 된다. 또한, 모바일 WiMAX에서는 같은 채널을 시분할로 하향 방향과 상향 방향에서 공유한다. 앞에서는 하향 방향과 상향 방향을 서로 더한 값으로 되어 있다. 하향 방향과 상향 방향을 나누어 생각한다면, 하향과 상향의 채널 점유 시간이 2 : 1인 경우, 하향 방향의 최대 속도는 앞의 계산치의 3분의 2가 된다.

【표 4.1】 최대 통신 속도

단위 : Mbps

변조 방식		QPSK	16QAM	16QAM	64QAM	64QAM
부호화율		1/2	1/2	3/4	2/3	3/4
채널폭	1.25MHz	1.04	2.08	3.12	4.16	4.68
	5	4.16	8.31	12.47	16.62	18.70
	10	8.31	16.62	24.94	33.25	37.40
	20	16.62	33.25	49.87	66.49	74.81

이와 같이 파라미터에 여러 가지 전제 조건을 설정해야만 속도를 추정할 수 있게 된다. 또한, 오버헤드뿐만이 아니라, MIMO처럼 전송률을 향상시키는 기술도 존재하여 이러한 기술들에 대한 영향도 평가하지 않으면 안 된다.

4.3.6 이중 방식(Duplex Operation System)

무선 LAN의 경우, 2대의 무선기기가 1개의 채널을 사용하여 서로 통신하기 위해서는 한쪽이 송신할 때는 다른 한편이 수신하도록 되어 있어 양쪽 모두가 동시에 송신할 수는 없다. 이러한 방식을 반이중 통신이라 하며, 양쪽 모두가 동시에 송신과 수신을 하는 방식을 전이중 통신이라 한다. WiMAX는 이중 방식이며 기지국으로부터 무선 단말에 대한 송신을 하향(Downlink), 무선 단말에서 기지국에 대한 송신을 상향(Uplink)이라고 표현한다.

이중 방식을 실현하기 위해서 802.16e에서는 주파수 분할(FDD)과 시분할(TDD)을 쓰도록 규정하고 있다. FDD에서는 2개의 주파수(채널)를 각각 상향(UL)과 하향(DL)으로 사용하며, 휴대전화에서도 사용되고 있는 방식이다. TDD는 같은 채널에서 단시간(msec 단위)에 상향과 하향을 번갈아가며 바꾸는 방식으로서, 상향에서 사용하는 시간과 하향에서 사용하는 시간이 같은 값일 필요는 없다. 상향과 하향의 비율을 1 : 1에서 1대 3까지의 범위에서 자유롭게 바꿀 수 있다.

WiMAX에서는 여러 가지의 이유로 TDD가 유리하다고 생각하고 있다. TDD에서는 점유 채널이 1개로서 이용 효율이 높으며, 그 이유로 상향과 하향의 대역폭 비율을 비대칭으로 조정이 가능(FDD에서는 대칭 구조)하고, TDD가 링크 최적화나 MIMO 등 최신의 안테나 기술과의 친화성이 높은 것 등을 들 수 있다. TDD는 일반적으로 회로가 복잡해 기기 가격이 비싸지만, 최근에는 기술의 진보로 이러한 비용적인 과제는 거의 해소되고 있다. WiMAX 포럼의 인정 프로파일에서는 TDD만이 포함되어 있다. TDD가 주로 사용되지만, 법규제 등으로 TDD를 사용할 수 없는 나라나 지역에서는 FDD가 사용될 수도 있다.

TDD의 프레임은 DL 서브 프레임과 UL 서브 프레임으로부터 구성된다(그림 4.1을 참조). 서브 프레임의 사이에 갭이 설치되어, 서브 프레임의 충돌을 막는다. DL서브 프레임은 기지국으로부터 각 단말에의 송신 데이터를 1개의 프레임으로 집약한 것이다. UL 서브 프레임은 각 단말로부터 기지국에의 송신 데이터의 동기를 잡아 1개의 프레임으로 집약한 것이다.

DL 서브 프레임은 프리앰블, 프레임 제어 헤더(FCH), DL-MAP, UL-MAP의 제어 정보를 선두에 포함하고 있다. DL-MAP, UL-MAP은 각각 DL, UL 서브 프레임의 서브 채널 할당 정보와 다른 제어 정보들을 제공한다. 이들 제어 정보에 이어서 하향 방향의 통신 데이터, 즉 각 무선 단말(모바일 스테이션)에의 송신 데이터(버스트)가 전송된다.

UL 서브 프레임은 옵션적인 제어 정보로서 ULCQICH와 UL-ACK를 포함하며, 각 무선 단말로부터의 상향 방향의 통신 데이터(버스트)가 포함된다. 모바일 WiMAX에서는 개개의 단말에는 슬롯 단위로 서브 채널을 할당하기 위해, 무선 LAN의 CSMA/CA와 같이 단말이 송신 슬롯을 경합해서 획득할 필요는 없다. 그러나 UL 서브 프레임에는 UL-Ranging로 불리는 서브 채널이 존재하며, 이 서브 채널은 사전에 특정 단말기에 할당되어 있지 않고, 단말 간의 경합으로 획득한다. UL-Ranging은 단말이 네트워크에 참가할 때의 ranging으로 불리는 절차로서, 단말이 상향 방향의 대역폭을 요구하는 경우 등에 사용된다.

DL-MAP/UL-MAP는 브로드캐스트되는 정보로, 개개의 사용자 버스트에 관한 변조 방식이나 코드화 방법 등에 대해 기술하고 있다. 즉 사용자 혹은 버스트마다 채널의 상황에 응해 변조 방식이나 전송 속도를 바꿀 수 있다. DL-MAP/UL-MAP에 이어 한층 더 자세한 채널 구조와 관련된 제어 정보를 기술한 DCD/UCD가 정기적으로 부가된다. 하지만 대역을 절약하기 위해서 DCD/UCD는 모든 하향 프레임에는 부가되지 않는다. 버스트는 상위 레이어의 패킷을 복수 집계한 것을 포함할 수 있다. 무선 LAN에서는 프레임 어그리게이션으로서 11n에서 처음으로 가능하게 된 것을 최초부터 고려하고 있다. 또는 상위 레이어의 패킷이 분할화 된 것도 가능하다. 프레임이 포함하는 버스트의 수는 가변적이며, 프레임의 사이즈도 2msec에서 20msec까지 가변이지만 WiMAX 포럼의 최초 프로파일에서는 5msec의 프레임만이 지원되고 있다.

이와 같이 무선 LAN과는 달리, 1개의 DL, UL 서브 프레임은 1 대 다수의 통신(1개의 기지국과 복수의 단말)을 전제로 해서 구조화되어 있다. 통신이 1 대 다수이기 위해 시스템 전체에서 동기를 취하는 것이 매우 중요하게 된다.

프리앰블은 동기를 취하기 위한 구조이다. UL 서브 프레임은 개개의 무선 단말의 버스트의 집합이므로, 프리앰블은 버스트마다 부가된다. 시간 변동에의 내성을 높이는 옵션으로서 'midambles'라고 불리는 프리앰블을 많이 부가하는 방법이 있다. 하향에서는 각 버스트의 선두에 그리고 상향에서는 8, 16, 32 심볼마다 프리앰블을 삽입할 수 있다. 10 심볼마다 'midamble'을 삽입하는 것으로 시속 150km까지의 이동에도 대응할 수 있다.

4.3.7 최신기술이 적용된 물리층 기능(AMC/CQICH/HARQ)

모바일 WiMAX에서는 전파 도달 범위나 용량을 개선하기 위해 AMC(Adaptive Modulation and Coding : 적응 변조 부호화), HARQ(Hybrid Automatic Repeat Request : 하이브리드 자동 재발송 요구), CQICH(Fast Channel Feedback : 고속 채널・피드백)이 포함되어 있다. 이것들을 모두 병용함으로써 시속 120km 이상으로 이동하는 무선 단말에도 대응이 가능하다.

AMC에 의해 기지국의 스케줄러는 채널의 전파 상황에 대응하여, 최적의 변조 방식이나 부호화 방식을 버스트마다 선택할 수 있다. 모바일 WiMAX에서는 QPSK, 16-QAM, 64-QAM이 채용되고 있지만(64-QAM은 상향 방향에서는 옵션), FEC(순서 방향 오류 정정) 부호화나 그 외의 부호화 옵션을 고려하면, 전부 52가지 방법의 조합이 있다. 이 중에서 최적인 것을 선택해서 시스템 전체에서의 용량를 최대화한다.

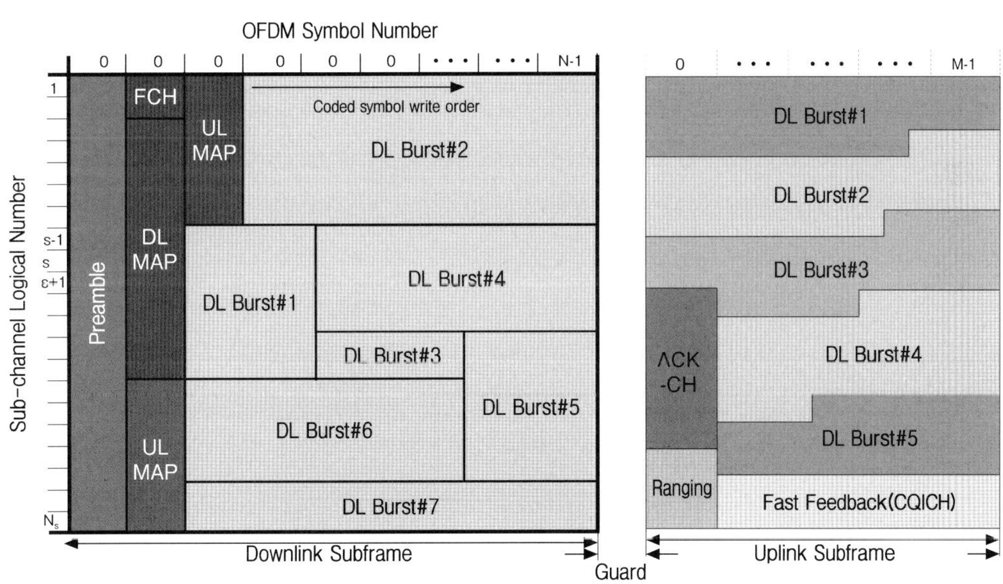

【그림 4.1】 프레임의 구성

기지국의 스케줄러는 수신 측(무선 단말) 채널의 전파 상황이나 버퍼 사이즈 등, 개개의 버스트에 할당하는 적절한 데이터 속도를 결정하기 위한 정보가 필요하다. 무선 단말로부터 기지국에 하향 채널의 상황에 관한 정보를 알리기 위해서 채널 품질 표시 채널(UL-CQICH)이 사용된다. 상향 채널에 관해서는 기지국은 수신 신호 품질로부터 추정한다.

HARQ는 패킷・에러에의 신속한 응답을 가능하게 해서, 셀 경계에서의 전파 상황을 개선하며, HARQ에서는 UL-ACK를 사용한다. ARQ는 TCP에서도 사용되고 있는 오류 검출 자동 재발송 방식이며, TCP에서는 Go-back-n ARQ가 사용되고 있다. HARQ에서는 Stop and Wait ARQ를 바탕으로 하고 있다. ARQ에서 에러가 된 패킷은 파기되고 재전송이 이루어진다. HARQ에서는 에러가 된 패킷을 버퍼에 보존하며, 재전송된 패킷에 에러가 발생하였을 경우에도, 최초의 에러 패킷과 합성하는 방식으로 에러를 정정할 수 있다. 에러가 된 패킷을 재이용하는 것으로 재전송(정확하게는 여러 번 전송) 횟수를 줄일 수 있게 된다. 이 방법에서는 일반적으로 통신의 신뢰성이 향상하지만, 특히 셀에서의 퍼포먼스를 향상시킨다고 할 수 있다. 패킷의 합성 방법에는 체이스 합성법과 IR법이 제정되어 있지만, WiMAX 포럼의 시스템 프로파일에서는 체이스 합성법을 필수로 하고 있다.

4.4 MAC층

모바일 WiMAX는 커넥션 지향의 통신과 1 대 다수의 통신 형태를 가정하며, 시큐리티나 QoS, 그리고 대역 관리 기능도 처음부터 고려되었다. 또 무선 단말의 이동 관리 기능(핸드 오프), 소전력 기능도 제공된다. 하지만 이러한 선진 신규 기능이 반드시 최초부터 모든 제품에 내장된 것은 아니다.

커넥션 지향의 통신이나 QoS의 실현에는 기지국의 스케줄러가 중요한 역할을 하며, 모바일 스테이션 측 스케줄러는 없다. 스케줄러 그 자체가 규격으로 규정되고 있는 것은 아니지만, 채널의 상황 변화에 대응한 신속한 커넥션과 대역 할당, 상/하향 양방향 스케줄링, 자원의 프레임 단위 동적 할당, 주파수 선택 스케줄링 등 다방면에 걸쳐 동작한다.

모바일 WiMAX에서는 송신측과 수신측 사이에 커넥션으로 불리는 논리적인 링크가 확립된다. 커넥션은 한 방향이며, 커넥션 식별자로서 CID가 할당된다. 상향과 하향의 양방향 통신에는 2개의 커넥션이 필요하고, CID도 또한 2개 필요하다. 또 커넥션에는 관리용과 데이터용이 있다. 데이터 통신을 개시하기 전에 단말과 기지국은 관리용 커넥션을 만든다. 데이터 통신을 시작하기까지의 흐름은 다음과 같다.

1. 스캐닝

단말이 주위의 전파를 스캔해서 기지국을 발견한다.

2. 초기 ranging

출력과 타이밍 등 필요 최소한의 무선 파라미터의 설정을 실행하며, CID 할당도 이루어진다.

3. Basic Capacility 교환

기지국과 단말 사이에서의 무선통신에 관한 주파수폭이나 변조 방식, 서브 채널화 방식 등 섬세한 파라미터 조정을 실행한다.

4. 인증/암호화

기지국은 단말의 인증을 실행하여, 데이터 암호화에 대한 키를 전송한다.

5. 등록

네드워크에의 등록을 실행한다. 딘말이 기지국에 등록 요구 메시지를 보내고 기지국은 단말에 등록 응답을 돌려준다. 네트워크 파라미터 조정이 실행된다.

6. IP 정보의 취득

DHCP 등을 통해 단말에 IP 주소를 할당하여 시각 동기, 설정 파일의 취득 등이 실행된다.

7. 사용자 커넥션의 확립

사용자 커낵션(트랜스포트 접속)을 확립한다. 필요에 따라서 트래픽을 전송할 때에 트래픽용의 CID가 할당된다.

4.4.1 Ranging

단말(MS)은 이전에 기동 시 사용한 주파수 등의 파라미터를 보관 유지하고 있어, 전원을 켜면 보관된 데이터를 근거로 하향 방향(DL)의 주파수를 스캔한다. 만약 기지국을 검지할 수 없으면 스캔하는 주파수를 넓혀, 검지한 기지국의 DL 프레임과 동기를 취해 FCH, DCD, UCD, DL-MAP, UL-MAP 등의 제어 정보를 읽어내며, 읽어낸 정보로부터 접속하는데 적절한 채널인지 아닌지를 판단한다. 부적절하다면 재차 스캔하여 다른 기지국을 찾고, 적절하다면 UL-MAP로부터 ranging에 필요한 정보를 얻는다. 그리고 단말은 기지국과의 상향 방향(UL)의 접속을 유지하기 위해 필요한 타이밍과 출력을 알기 위해서 ranging을 실행한다.

단말은 기지국의 DCD에 포함된 정보 등으로부터 계산한 출력으로 CDMA 코드를 기지국에 대해 송신한다. 기지국으로부터의 ranging 응답의 내용이 '계속'인 경우, 재차 CDMA 코드를 송신하고, '성공'인 경우에 ranging을 완료한다. ranging 응답에는 단말에 할당된 CID도 포함되어 있다. ranging 응답이 없는 경우에는 백 오프 시간뒤에, 단말은 새로운 CDMA 코드를 한 단계 높은 출력으로 송신한다.

단말이 최초로 네트워크에 등록될 때에 실행하는 ranging을 초기 ranging라 부른다. ranging은 단말이 기지국 간을 이동할 때(핸드 오프)에도 실행된다. 네트워크에 등록을 완료한 다음에도, ranging은 정기적으로 실행된다(정기 ranging). 이는 기지국과 단말의 거리가 항상 일정하다고 할 수 없으며, 상향 방향의 동기를 취하는 것이 지극히 중요하기 때문이다. 또 상향 방향의 출력 제어는 단말에 있어서 배터리 지속시간에 크게 영향을 주고, 다른 셀과의 간섭 스퓨리어스의 감소나 원근 문제의 회피 등에도 유용하다.

단말이 초기 ranging을 실행할 때에는 네트워크에 등록되어 있지 않기 때문에, 할당 가능한 슬롯은 없다. 이러한 이유로 Contention 방식인 UL-Ranging 서브 채널을 사용하게 된다. 정기적으로 실행되는 ranging에서는 이미 슬롯이 할당되어 있기 때문에 UL-Ranging을 사용할 필요는 없다.

4.4.2 QoS

무선 LAN에서는 데이터 송신을 전제로 하여, 모든 무선기기를 평등하게 취급하는

CSMA/CA를 채용했다. 이러한 이유로 처음에는 QoS의 기능이 없었고, 추후 11e로서 추가되었지만 이것은 확률적으로 우선도를 확보하는 구조이다. 또 무선 LAN에서 송신은 기본적으로 프레임마다 독립되어 있어, 커넥션이라는 개념이 없었다. WiMAX에서는 무선 LAN과는 대조적으로 최초부터 비디오・스트림이나 음성과 같이 지연에 민감한 트래픽을 취급하는 것을 전제로 하여 설계되어, 커넥션의 개념이 있다.

모바일 WiMAX에서는 데이터 통신을 개시할 때에, 송신측에서 수신측에 대해 커넥션 데이터 통신용 커넥션을 확립하며, 이것은 관리용 커넥션을 사용해서 실행된다. 커넥션에는 CID가 할당된다. 커넥션이 전송되는 데이터를 서비스・플로우라고 하며, QoS는 서비스・플로우에 대해서 제공된다. 서비스・플로우에도 SFID로 불리우는 식별자가 붙는다. 서비스・플로우와 관련되는 QoS는 무선 인터페이스에서의 송신 순서와 스케줄을 결정한다. 서비스・플로우에 근거한 QoS는 상향, 하향 양쪽 모두에 적용되며, 어플리케이션의 요건에 따라 다음의 5개의 QoS 카테고리가 제정되고 있다.

- UGS : VoIP
- rtPS : 스트리밍・오디오, 비디오
- ErtPS : 무음 억제 첨부 VoIP
- nrtPS : 파일 전송
- BE : 데이터 통신

4.4.3 전력 절약 기능

모바일 WiMAX에서는 모바일 스테이션으로서 휴대 단말을 가정하고 있지만, 배터리 지속 시간이 큰 과제가 된다. 무선 LAN에서도 소전력 모드가 제정되어 있었지만, WiMAX에서도 같은 구조가 존재한다. 소전력 모드에는 sleep 모드와 idle 모드의 2종류가 있다. 기지국은 모바일 스테이션이 현재 어떤 모드에 있는지를 파악하고 있어, 모바일 스테이션에 대해 하향 트래픽이 있는 경우에 어떤 모드에 있던지 간에 기지국은 모바일 스테이션을 호출(페이징)할 수가 있다.

sleep 모드에서 모바일 스테이션은 기지국과 사전에 조정된 기간 동안만 통신을 전혀 실행하지 않는 상태가 된다. 이것을 휴지 기간이라고 하며, 이 휴지 기간을 정하는 방법에는 클래스 I, 클래스 II, 클래스 III의 3가지가 제정되어, 휴지 기간 사이에 수신 기간이 설정되어 있다. 하향 방향의 트래픽이 있는 경우, 모바일 스테이션은 수신 기간에 기지국으로부터 통지를 받아 정상적인 동작으로 복귀한다. 상향 방향의 트래픽이 있는 경우에는 즉시 정상 동작에 복귀할 수 있다. 이 구조는 모바일 스테이션 측의 전력 절약뿐만이 아니고, 기지국 측의 무선 인터페이스에 대해서도 부담을 경감하는 효과가 있다. 이 모드에서는 휴지 기간 중에 있는 모바일 스테이션이 핸드 오프에 대비하기 위해서 다른 기지국을 스캔할 수 있다.

idle 모드는 옵션 기능이며, 더우기 소전력 효과가 크다. idle 모드로 들어갈 때에 모바일 스테이션은 기지국에 대한 등록을 해제하고, 접속하고 있는 기지국에 의해 페이징 그룹이라 불리는 복수의 기지국 그룹에 할당된다. 페이징 그룹에는 idle 모드의 모바일 스테이션을 관리하는 페이징 콘트롤러가 있다(이것은 기지국 아니면 다른 기기가 실행한다). 모바일 스테이션은 휴지 상태에 들어가지만, 정기적으로 수신 상태가 되어, 하향 방향의 브로드캐스트(페이징・메시지)를 수신한다. 이때 하향 방향의 브로드캐스트는 페이징 그룹에 속하는 모든 기지국에서 실행한다. 모바일 스테이션에 하향 방향의 트래픽이 있는 경우에, 페이징・메세지가 보내어져, 모바일 스테이션은 정상 동작으로 복귀한다. 그때에 ranging, 인증이 실행되어 기지국에 등록된다. 모바일 스테이션은 정기적으로 활동 상태가 되어 페이징 그룹을 갱신한다. 기지국이 다수 있고 모바일 스테이션이 이동해도, 등록이나 핸드 오프 등의 처리가 필요없기 때문에 절전 효과가 크다.

4.4.4 핸드 오프

모바일 스테이션이 기지국 간 이동했을 경우의 절차를 말한다. 무선 LAN에서는 로밍이라고 하여, 참고 규격으로서 11F에서 액세스 포인트(기지국) 간의 처리 방법을 규정하고 있다. 인증에 관한 오버헤드를 경감하는 구조가 일부 11i 혹은 11r에서 추가로 제정되어 실용화 수준에는 있지만, 완성된 구조라고 하기는 어렵다.

모바일 WiMAX에서는 이러한 구조에 대한 충분한 검토가 이루어져 있다. 무선 LAN에서 핸드 오프의 결정은 무선 단말에서만 실행하지만, 모바일 WiMAX에서는 무선 단말 혹은 기지국 중 어느 쪽에서 실행되어도 상관없다. 핸드 오프를 실행하는 판단 기준은 모바일 WiMAX 규격에는 제정되어 있지 않다. 핸드 오프에 관해 802.16e-2005에서는 HHO, FBSS, MDHO의 3가지 방법이 제정되어 있지만, WiMAX

포럼에서는 레이어 2에서의 핸드 오버 시간을 50msec 이하로 하는 것을 목표로 하고 있다. 3가지 방법 중 HHO가 필수이며, FBSS, MDHO는 옵션으로 정의되어 있다. HHO에 대해서 FBSS, MDHO의 2가지를 합쳐서 소프트 핸드 오버라 한다.

HHO(Hard HandOver)에서 모바일 스테이션은 정기적으로 주변에 있는 기지국의 스캔을 실행하여, 신호의 품질을 모니터한다. 모니터 결과를 근거로 모바일 스테이션, 기지국, 또는 다른 기기 중 어느 쪽에서 핸드 오프를 실행할지 결정한다. 핸드 오프를 실행하는 경우, 모바일 스테이션은 핸드 오프하는 기지국의 하향 방향 송신에 동기하여 ranging을 개시하고, 현재 등록되어 있는 기지국과의 커넥션을 절단한다. 이 방법에서는 핸드 오프 타겟 기지국으로의 등록을 완료하여 데이터 통신용 커넥션을 개설하기 전 단계로, 핸드 오프 소스 기지국과의 커넥션을 절단하게 되어 있다. 이 때문에 모바일 스테이션은 2개의 커넥션을 동시에 개설할 필요가 없어 부담이 적다. 또 채널도 2개 동시에 사용하지 않기 때문에, 주파수의 이용 효율도 높다. 그러나 어떤 이유에 의해 핸드 오프가 실패했을 경우, 커넥션은 완전히 중단되어 버릴 가능성이 있다.

FBSS(Fast Base Station Switching)에서 모바일 스테이션은 액티브·세트라고 하는 복수의 기지국 리스트를 갖고 있다. 액티브·세트에 포함된 기지국 전부를 모니터하여, ranging을 실행하여 커넥션을 유지한다. 그러나 실제로 통신이 이루어지는 기지국은 액티브 세트 중 하나뿐이며, 해당 기지국을 앵커 기지국이라고 한다. 어떠한 이유로 앵커 기지국의 변경이 필요하게 될 때, 모바일 스테이션은 새로운 앵커 기지국에 CQICH를 사용해서 통지한다. 특별히 핸드 오프 처리를 실행하지 않고서도, 커넥션이 소스 앵커 기지국으로부터 타겟 앵커 기지국으로 변경된다. 이 변환은 프레임마다 실행할 수 있다.

MDHO(Macro Diversity HandOver)에서는 FBSS와 같은 구조이지만, 모바일 스테이션은 상향/하향 양방향 모두 액티브·세트 중의 모든 기지국과 동시에 통신을 실행한다. 이 경우에 액티브·세트를 다이버시티·세트라 부르기도 한다. 하향 방향에서 모바일 스테이션은 같은 프레임을 복수로 수신하고, 다이버시티 기술을 이용하여 신호를 합성한다. 상향 방향에서는 복수의 기지국이 같은 프레임을 수신하지만, 선택 다이버시티가 실행되어 가장 상태가 좋은 링크의 프레임이 선택된다.

FBSS, MDHO에서는 액티브·세트 중의 모든 기지국이 동기를 이루어야 할 필요가 있다. 프레임의 송수신 시각에 대한 동기뿐만 아니라, 프레임의 구성, 주파수 할당도 동기를 이루어야 할 필요가 있다. 또한, 암호화의 정보 등 MAC 층의 파라미터를 맞출 필요가 있다. MDHO에서는 모든 기지국에서 같은 CID를 사용해야 하지만, 이러한 방법들에 대해서는 아직까지는 개발 단계로서, WiMAX 포럼 릴리즈 1 네트워크 규격에는 포함되지 않는다. 그러나 모바일 스테이션이 고속으로 이동하는 경우(시속 70km 이상), 커넥션이 중단되지 않기 위해서는 소프트 핸드 오버를 사용할 필요가 있다.

4.4.5 보안

무선 LAN과는 달리 보안 기능도 초기부터 모바일 WiMAX의 일부로서 제정되었다. 무선 LAN에서는 보안 규격으로서 WPA/WPA2/802.11i가 제정되었고, 그중에 EAP를 사용한 인증을 실행한다.

모바일 WiMAX에서는 프라이버시・키 관리(PKM) 프로토콜이 MAC 층의 일부로서 제정되어 있다. PKM은 모바일 스테이션과 기지국 간의 인증 키(AK)로 불리는 공유 비밀 키를 생성하는 구조이다. AK가 생성되면 다시 키 암호화 키(KEK)가 생성되어, 추후 PKM을 사용하여 트래픽 암호화 키(TEK)를 교환하는 절차를 암호화하기 위해서 사용된다. 이 AK 생성의 구조에는 두 가지 방법이 있다.

첫 번째 방법은 RSA에 의한 X.509 전자 증명서를 사용하는 방법이다. 모바일 스테이션은 그 제조 사업자에 의해 최초부터 X.509 전자 증명서가 도입되고 있다. 모바일 스테이션이 AK를 기지국에 대해서 요구할 때에 전자 증명서를 송부한다. 기지국은 전자 증명서를 확인한 후, 모바일 스테이션의 공개 열쇠(PK)로 암호화한 AK를 반송한다. 이 방법에서 인증은 모바일 스테이션과 기지국만으로 완결하지만, 기기의 인증만을 실행할 수 있다. RADIUS 등의 AAA가 관여하지 않기 때문에, 사용자의 인증을 실행하지 못하고 과금 정보도 수집할 수 없다.

두 번째의 방법은 EAP를 사용하는 것이다. 이것은 무선 LAN에서 사용되고 있는 방법과 같지만, 사용자의 식별을 무엇을 사용하며 어느 EAP 타입을 사용하는지에 대해서는 통신 사업자가 선택한다. SIM, USIM, X.509 전자 증명서, 또는 사용자명과 패스워드를 사용하는 방법이 지원되어 각각에 대응한 EAP-SIM, EAP-AKA, EAP-TLS 또는 EAP-TTLS(EAP-MSCHAPv2)가 지원된다. RADIUS 등의 AAA를 사용하기 때문에 기기에 대한 사용자 인증이 가능하다.

위와 같은 인증 절차 후, 인가(Authorization) 절차가 이루어진다. 모바일 스테이션은 기지국에 인가를 요구한다. 요구에는 모바일 스테이션의 X.509 전자 증명서, 암호화 알고리즘 및 암호화 ID가 포함된다. 기지국은 AAA 서버와 통신해서 필요한 확인을 실행한 후, 모바일 스테이션에 AK, 라이프 타임 · 키, SAID를 반송한다. SA는 모바일 스테이션과 기지국에서 공유되는 일련의 시큐리티 정보이며, SAID로 구별된다. 1대의 모바일 스테이션이 동시에 복수의 서비스 · 플로우를 가지는 것이 있지만, SA 및 SAID는 서비스 · 플로우마다 동적으로 설정된다.

AK는 160비트 길이이지만, 120비트 길이의 KEK가 도출된다. 기지국에서 KEK가 암호화 키로서 사용되어, TEK 암호화 알고리즘을 사용해서, 트래픽 암호화 키(TEK)가 생성된다. 이 TEK가 데이터의 암호화에 사용된다. TEK는 128비트 또는 256비트 길이이며 정기적으로 갱신된다. 데이터의 암호화 알고리즘에는 무선 LAN의 WPA2와 같이 AES-CCM와 3DES가 지원되고 있다.

이것들은 사용자 · 데이터의 암호화에 쓰이지만, 제어용 커넥션의 암호화에는 AES에 근거한 CMAC, 또는 MD-5에 근거한 HMAC이 사용된다.

4.5 WiMAX의 첨단 기술

모바일 WiMAX에서는 옵션으로서 여러 가지 첨단 기술에 대해 규정하고 있지만, 여기에서는 3가지만 설명하겠다.

4.5.1 스마트 안테나(AAS)

복수의 안테나를 동시에 사용하는 첨단 기술로서 시스템 전체의 용량과 주파수 이용 효율을 향상시킨다. 빔포밍, 송신 다이버시티(STBC), 공간 다중(SM-MIMO)의 3가지가 있다. 이것들은 넓은 의미로 모두 MIMO라고 불리기도 하며, 무선 LAN에서도 802.11n으로 지원되는 기술이다. OFDM과 친화성이 높으며, Wi-Fi와 WiMAX가 같은 기술로 수렴하고 있다는 것은 흥미로운 사실이다. 기지국에서는 복수의 안테나를 문제없이 설치할 수 있지만, 이동 단말의 경우에는 어렵다. 단말 크기에 대한 물리적인 제약이 있으며, 만일 안테나가 증가한다면 소비전력도 증가해 버리게 된다. 단말 측에 복수 안테나를 갖게 한다는 것은 어려우며, 이러한 기능은 기본적으로 기지국 측에 도입되는 것이라 할 수 있다.

빔포밍은 각 안테나로부터 같은 신호를 적절한 Weight를 주어 송신해서, 송신 빔을 수신 측 방향에 집중시키는 것으로, 안테나의 방사 패턴을 지향성 안테나와 같이 수신 측을 향하게 하는 기술이다. 빔포밍을 이용하여 송신 방향에 대한 이득을 향상시킬 수 있어, 전파 도달 거리, 통신 용량, 그리고 통신 품질이 큰 폭으로 개선될 것으로 기대된다. 빔포밍에서는 빔의 방향으로 송신 측(기지국 측)의 수신 감도를 높이는 효과도 있다. 통신 상대로부터의 신호 감도를 높여, 다른 간섭원이 되는 단말로부터의 신호 감도를 낮출 수 있다.

구체적인 방법에는 몇 가지가 있으며, 그 예로서 EBF(Eigen Beamforming)와 MRT (Maximum Ratio Transmission) 2가지가 있다. MRT가 높은 이득을 실현 가능하지만, 그만큼 채널 상태에 관한 많은 정보가 필요하게 된다. 이 때문에 MRT는 고정적인 무선 단말 통신에 적합하다고 할 수 있다. 이동 단말의 경우 채널 상황이 단시간에 쉽게 변하며, 측정된 타이밍과 실제로 송신이 이루어지는 타이밍의 시간 차이에 의한 영향이 발생한다. 이러한 상황에서는 EBF가 보다 적합하다.

클로즈드 루프(Closed Loop) MIMO라고도 불리는 방식은 송신 측의 신호의 위상, 진폭, 및 weight의 계산을 실행하여, 채널 상황에 관한 수신 측으로부터의 피드백이 필요하다. 빔포밍은 프레임 단위로 실행 가능하다.

송신 다이버시티(STBC)와 공간 다중(SM-MIMO) 방식은 수신 측에서의 피드백이 필요하지 않고, 오픈 루프(Open Loop) MIMO라고 한다. WiMAX에서 STBC는 MIMO 매트릭스 A, SM-MIMO는 MIMO 매트릭스 B로 불리기도 한다.

STBC는 같은 신호(데이터 스트림)를 복수의 안테나로부터 개별적으로 부호화하여 동시에 송신한다(이 부호화 방법을 STBC라 부른다). 수신 측에서는 1개의 안테나로 같은 스트림을 복수 수신하지만, 개개의 스트림은 서로 수학적으로 직교하듯이 부호화되고 있기 때문에 분리 가능하고, 신호 강도가 강한 것을 선택할 수 있다. 결과적으로 전파의 도달 범위를 넓힐 수 있다. 통상 이러한 다이버시티 효과는 수신 측에서 복수의 안테나를 사용하는 경우에 얻어질 수 있는 것이지만, STBC에서는 송신 측에 복수의 안테나를 갖추는 것으로 수신 측에 다이버시티 효과를 가져오게 하는 결과를 갖게 된다. 휴대 단말에서의 수많은 제약으로 인해 복수의 안테나를 갖추는 것이 어렵기 때문에, 이러한 면에서의 장점이 커지게 된다.

공간 다중(SM-MIMO)은 복수의 안테나로부터 다른 데이터 스트림을 동시에 송신한다. 다중 경로가 있으면 수신 측에서 각 데이터 스트림을 분리하기 쉬워진다. 채널의 용량을 늘리는 기술이며 STBC와 달리 수신 측에서 복수의 안테나가 필요하게 된다. 모바일 스테이션에 안테나가 1개밖에 없는 경우에서도, 2대의 모바일 스테이션이 안테나가 2개 있는 기지국에 대해서 같은 주파수로 동시에 송신할 수 있다. 이것은 상향링크의 통신 용량을 전체적으로 두 배로 늘릴 수 있는 기술이며 협조형 상향 링크 공간 다중(Collaborative UL MIMO)으로 불린다.

STBC와 SM-MIMO는 동시에 사용할 수 없는 기술로서 서로 보완 관계에 있다. 예를 들면 STBC는 셀 경계와 같이 신호 강도가 약하고 통신이 불안정한 환경에서 효과를 발휘한다. 또한, 신호의 강도는 충분히 강하지만 다중 경로가 많은 환경에서는 SM-MIMO를 사용하여 데이터 통신 용량을 늘릴 수 있다. STBC는 옥외나 도심외 환경에서 전파를 먼 곳까지 보내고 싶은 경우에, 그리고 고속으로 이동하는 무선 단말의 경우에도 적절한 방식이라고 할 수 있다. SM-MIMO는 옥내 환경에서 보다 좋은 효과를 발휘할 수 있다.

4.5.2 부분 주파수 재이용

무선 LAN에서는 무선 셀의 배치가 한 가지 큰 과제였지만, 모바일 WiMAX에서도 마찬가지다. 모든 기지국이 같은 채널을 사용하면 인접하는 기지국 사이에서는 무선 셀이 오버랩되는 부분에서 간섭이 생긴다. 무선 LAN 시스템에서 인접하는 무선 셀(액세스 포인트)에서는 일반적으로 채널을 바꾼다.

모바일 WiMAX에서는 서브 채널 구조가 존재하여, 각 모바일 스테이션에는 채널 전체 주파수의 일부분이 할당된다. 셀 경계에 있는 모바일 스테이션에 대해서는 인접한 셀에서 사용하지 않는 서브 채널을 할당함으로써 셀 간의 간섭을 회피할 수 있다. 이 방법에서는 셀의 가장자리까지 모든 서브 채널을 사용할 수 없기 때문에, 전체의 대역폭은 감소한다. 서브 채널 구조에 의해 모바일 WiMAX에서는 모든 셀로 같은 채널을 사용하는 것이 가능케 된다.

4.5.3 멀티 캐스트/브로드캐스트 · 서비스(MBS)

모바일 WiMAX에서는 복수의 모바일 스테이션에 대한 멀티 캐스트 및 브로드캐스트가 지원된다. 이러한 트래픽(서비스 · 플로우)에도 QoS가 적용되어, 암호화도 실행할 수 있다. 모바일 WiMAX에서는 모든 모바일 스테이션이 기지국에 등록되어 있다고 할 수 없기 때문에, 일부분은 idle 모드로 등록되지 않은 경우도 있을 것이다. 하지만 이러한 경우에도 MBS가 가능하다. MBS에서는 그 특징상 HARQ를 사용할 수 없다.

MBS에서는 1개의 기지국의 경우와 복수의 기지국에 대한 경우가 가정되어 있다. 1개의 기지국의 경우 각 모바일 스테이션은 기지국에 등록되어 있지 않으면 안 된다. 멀티 캐스트 커넥션에 대해 모든 모바일 스테이션은 같은 CID를 공유하여 같은 채널을 사용한다.

복수의 기지국인 경우에 기지국은 MBS 존을 형성하고 멀티 캐스트 서비스플로우에 관해 동일 CID와 SA를 공유한다. 기지국이 1개인 경우와는 달리, 모바일 스테이션은 어느 기지국에도 등록되어 있을 필요는 없다. MBS 존에서의 동기를 취하기 위해서 네트워크 전체에서는 같은 채널을 사용할 필요가 있다. MBS 존에 속하는 모든 기지국은 동기가 이루어져 멀티 캐스트, 브로드캐스트를 송신한다. 모바일 스테이션은 어느 MBS 존에 있어도 수신 가능하며, 또 같은 데이터를 복수의 기지국으로부터 수신한다. 이것은 특히 셀의 경계에서의 수신 상태를 개선한다. 모바일 스테이션이 idle 모드의 경우에도 대응할 수 있다.

4.6 시스템 전체 구조

IEEE802.16e의 규격에는 무선 인터페이스만이 포함되어 있다. 예를 들면 기지국과 이동 단말 간의 통신 인터페이스에 대해서는 규정하고 있지만, 기지국 간의 통신 인터페이스는 제정하고 있지 않다. 그러나 로밍 등이 이루어지는 경우에, 기지국 간의 통신은 반드시 필요한 사항으로서, 이러한 이유 때문에 WiMAX 포럼에서는 네트워크 워킹 그룹(NWG)을 설립하여, 네트워크 참조 모델(NRM)을 제정하고 있다. 네트워크 참조 모델의 구조는 순수하게 기술적인 견지뿐만이 아니라, 쉽게 사업 모델을 구축할 수 있는 비즈니스적인 부분도 배려하고 있다.

4.6.1 구조

네트워크는 논리적으로 3개의 부분으로 나누어 진다. 첫째는 엔드 사용자가 사용하는 가입자 단말(SS)과 이동 단말(MS), 둘째는 1개 이상의 기지국(BS)과 1개 이상의 ASN 게이트웨이(ASN-GW)로 구성되는 액세스 서비스 · 네트워크(ASN), 셋째는 인증과 인터넷이나 전화망 등 다른 네트워크와의 접속을 제공하는 커넥티비티 · 서비스 · 네트워크(CSN)이다. 모바일 WiMAX에서 네트워크는 모두 IP 네트워크(IPv4

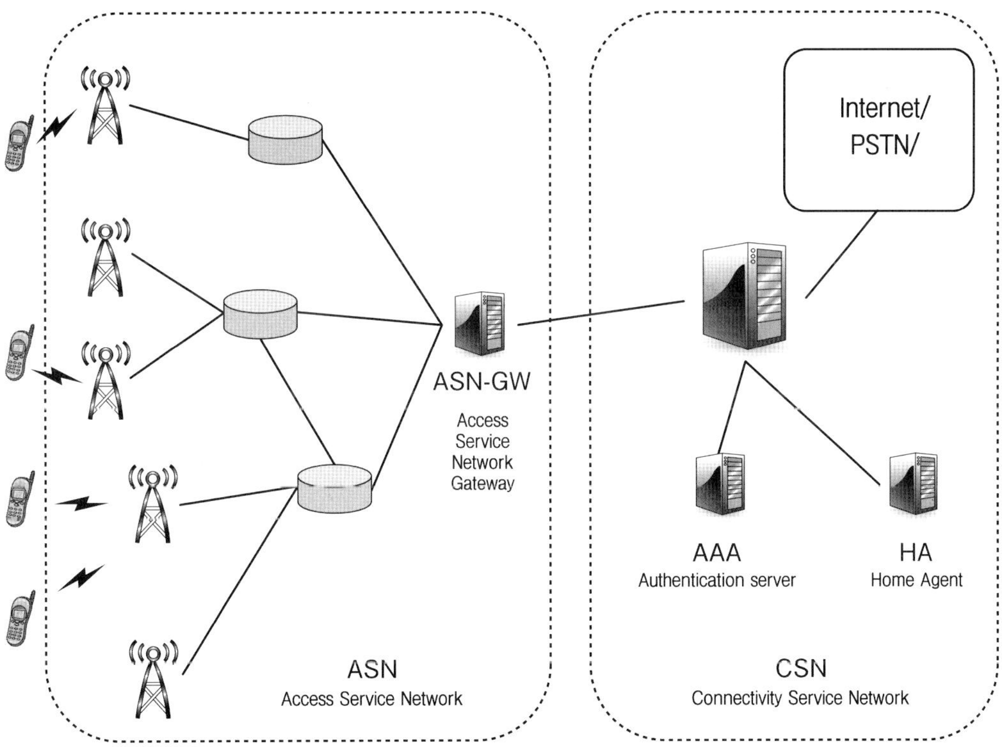

【그림 4.2】 구조

와 IPv6의 양쪽 모두)로 통일되어 있다. ASN는 네트워크 · 액세스 · 프로바이더(NAP)가 소유하여 무선 네트워크를 운용하며, CSN는 네트워크 · 서비스 · 프로바이더(NSP)

가 소유하여 가입자의 관리를 실행하는 것을 가정하여 논리적으로 네트워크가 분할된 구조로 되어 있다. 1개의 ASN을 복수의 NSP가 이용하거나 혹은 복수의 ASN을 1개의 NSP가 이용하는 사용법이 가능하다. CSN에 접속되는 것으로서는 각종 서비스를 제공하는 어플리케이션・서비스・프로바이더 (ASP)를 가정하고 있다. 이와 같이 무선 네트워크를 소유하지 않아도 MVNO(가상 이동체 서비스 사업자)로서, 모바일 WiMAX를 이용한 사업을 구축할 수 있는 구조로 되어 있다.

4.6.2 ASN와 CSN

ASN은 네트워크 가입자에 대해서 필요한 모든 무선 접속 기능을 제공한다. 개개의 BS는 무선 접속 기능, QoS의 적용, 인증 메시지의 중계와 키의 배포, 세션 관리, 멀티캐스트 그룹의 관리 등을 실행한다. ASN은 복수의 BS를 통합하는 기능으로서 ASN-GW를 포함한다. ASN-GW는 ASN의 트래픽을 집약해서 기본적으로 레이어 2까지의 처리를 실행한다. ASN-GW는 ASN 내에서의 위치 관리, 페이징, 어드미션 제어, 가입자 프로파일과 암호화 키의 캐쉬, AAA 클라이언트 기능, CSN에 대한 루팅 등 복수의 BS를 제어하고 관리하는 기능을 가진다. 핸드 오프에 관한 처리와 전파 관리 기능은 ASN-GW에 집중화해서 내장하는 경우와 각 BS에 분산해서 내장하는 경우가 가정되고 있다(각각 다른 프로파일로서 제정되고 있다). ASN-GW는 물리적으로 BS와 독립하고 있을 필요는 없고, 일체화해서 내장하는 것도 가능하다. 또 ASN-GW의 기능을 제어나 관리 기능을 정리한 DP와, 데이터 통신과 그 관련 기능을 정리한 EP의 2개의 그룹으로 나누어, 물리적으로 2개의 제품으로서 내장하는 것도 가능하게 되어 있다. ASN-GW가 여러 개 필요한 경우, DP를 1개에 집약해서 복수의 EP로 공유하도록 하는 제품도 가능하다.

CNS는 인터넷, 다른 공중 네트워크, 기업 네트워크, 또 어플리케이션・서비스・프로바이더(ASP)에의 접속을 제공한다. 그 때문에 필요한 인프라 기능, 폴리시 제어기능을 제공한다. 또 CSN는 MS에의 IP 주소 할당, AAA 서버 또는 AAA 프록시의 기능, 폴리시와 QoS의 관리, 가입자에의 청구 처리, NSP 간의 로밍 지원, ASN 간의 위치 관리, 같은 CSN에 속한 ASN 간의 로밍 처리를 실행한다.

4.6.3 참조점

네트워크 참조 모델에서는 참조점으로 불리는 MS, ASN, ASN-GW, CSN 등의 각 기능 간의 인터페이스(프로토콜과 순서)가 정의되고 있다. 예를 들면 MS와 ASN 사이는 R1, MS와 CSN 사이는 R2로 불리는 참조점이 된다. MS와 CSN의 통신은 물리적으로 반드시 ASN을 경유하기 때문에 R2는 논리적인 링크가 된다. 참조점은 R1에서 R8까지 정의되고 있다.

참조점은 각 기능간의 논리적인 인터페이스이며, 실제의 제품이 물리적으로 참조점에서 분리되어 있을 필요는 없다. WiMAX 포럼의 릴리즈 1에서는 R1부터 R5가 적용되어, 다른 참조점은 옵션으로 취급되고 있다.

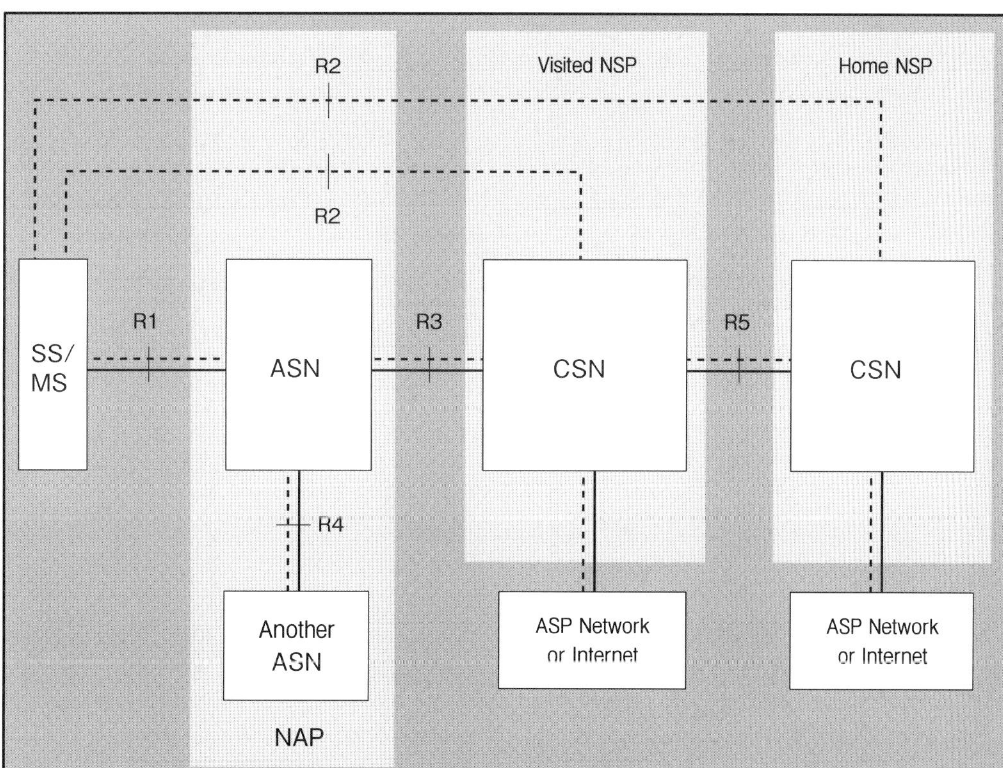

【그림 4.3】 참조점

4.6.4 핸드 오프 지원

핸드 오프는 MAC 층에 대한 설명에서도 잠시 언급했지만, 네트워크의 구조와도 관련된다. 핸드 오프 시에, 이동 소스와 이동 타겟의 BS가 같은 ASN에 속하는지 또 같은 IP 서브 네트워크에 속하는지에 따라서 필요한 구조가 다르다.

같은 ASN 내에서의 핸드 오프는 마이크로 모빌리티 또는 ASN 내 이동(ASN-anchored Mobility)으로 불린다. 이 경우 참조점으로서는 R6(BS와 ASN-GW의 사이)과 R8(BS와 BS의 사이)이 관련된다. MS가 접속하는 BS가 바뀌게 되면 R6도 바뀌게 된다. R8은 미송신 프레임을 이동 타겟의 BS에 전송하는데 사용된다. 이 핸드 오프는 L2 이하에서 이루어지기 때문에 CSN은 관여하지 않는다.

다른 ASN으로의 핸드 오프는 매크로 모빌리티 또는 CSN 내 이동(CSN-anchored Mobility)으로 불린다. 관련되는 참조점은 R3(ASN와 CSN의 사이)와 R4(ASN와 ASN의 사이)가 된다. R4는 미송신 프레임을 이동처의 ASN에 전송하기 위해 사용된다. ASN에 의해 IP 서브 네트워크가 바뀌는 경우, 이동 단말(MS)의 IP 주소가 변경되지 않으면 안 되며, 어플리케이션 통신이 중단된다(다만 이 경우에서도 L2이하의 무선 접속은 유지된다). 모바일 WiMAX에서는 이 문제에 대응하기 위해 모바일 IP가 사용된다. 모바일 IP는 어플리케이션에 대해서, 마치 단말이 이동하고 있지 않는 것처럼 보이게 된다. IPv4에서 모바일 IP는 완전한 형태가 아니었고 여러 가지 고려해야 할 점도 많으나, IPv6의 초기 설계 단계에서부터 단말의 이동이 고려되고 있기 때문에 모바일 IP는 높은 완성도를 갖는다.

4.7 모바일 WiMAX의 향후

모바일 WiMAX와 향후 보급될 것으로 예상되는 다른 무선 기술과의 비교를 간단히 [표 4.2]에 정리하였다.

규격상의 최대 속도를 비교하면 11n이 가장 빠르고, 모바일 WiMAX가 가장 저속 이다. 11n으로 최대 속도를 얻기 위해서는 MIMO에서 4다중을 해야할 필요가 있지만, 소비전력이나 공간 관계로 특히 휴대 기기에서의 실현은 곤란하다고 생각된다. 실제로는

1~2다중의 제품이 대부분일 것이라고 예측되어, 실효 속도는 100Mbps 전후가 일반적이라 예상된다. 이러한 사정은 LTE에서도 마찬가지이다. 모바일 WiMAX는 2009년에 서비스가 시작되었지만, 규격 그 자체는 4년 전에 제정된 것으로 현재 제정 중인 다른 2개에 비하면 오래된 편이다. 이미 모바일 WiMAX의 차세대 버전인 IEEE802.16m이 표준화가 진행되어 왔으며 2014년경에는 상용화될 것으로 보이나, LTE 계열과의 경쟁에서 승패 여부에 따라 그 귀추가 주목된다 하겠다.

【표 4.2】 무선 기술의 비교

	무선LAN IEEE802.11n	모바일WiMAX IEEE802.16e	LTE 릴리즈8
규격 책정 시기	2009년 가을 이후	2005년 12월	2008년 3월 기본 규격 제정
하행 방향 속도		최대 80.8Mbps	최대 326.4Mbps
상행 방향 속도	하행과 상행의 합계로 최대 600Mbps	최대 21.1Mbps	최대 86.4Mbps
조건	40MHz 채널 MIMO 4공간 스트림	하행 상행 비율=2 : 1、 20MHz 채널 MIMO 2공간 스트림	20MHz×2 채널 MIMO 4공간 스트림
상용화 시기	2009년 중	2006년 6월<한국> 2009년 3월<일본>	2011년 7월<한국> 2010년 12월<일본>

제5장 LTE

5.1 LTE

5.1.1 배경

유선 시스템의 고속화(FTTH로 100Mbps)와 더불어 휴대 액세스 시스템에 있어서도 고속・광대역에 대한 검토가 1990년대 후반부터 진행되었다. 이것을 제4세대 혹은 Beyond 3G라 하고, 2010년경에 서비스 개시를 목표로 하고 있다. 2002년까지는 일본의 휴대전화 사업자가 주도하여 진지하게 검토가 진행되었으며 다음의 2가지 관점에서 3G와 4G 사이의 중간 단계를 검토하였다.

1. 3G의 상용화가 늦어짐에 따라, 4G에 대한 주파수 할당 논의도 늦어져 4G의 상용화 전망이 확립되지 않았다.
2. 완전히 새로운 시스템을 도입하는 것이 아니라, 3G의 연장 선상에서 시스템의 고도화를 도모하는 것이 필요하다.

3GPP에서는 LTE(Long Term Evolution)라 하고, 3GPP2에서는 UMB(Ultra Mobile Broadband)라고 하였다. LTE는 W-CDMA의 진화한 단계이며, HSDPA(High Speed Downlink Packet Access) 및 HSUPA(High Speed Uplink Packet Access)의 다음 단계라 할 수 있다. HSDPA 및 HSUPA를 통칭하여 HSPA라 부른다. HSPA가 3.5G로 불리는데 반해, LTE는 4G에 가까운 규격인 면에서 3.9G 또는 4G로도 불린다. UMB는

CDMA 2000의 진화한 단계이다. LTE에 관해서 설명하면, 2008년 릴리즈 된 Release8 규격으로, 이론상 하행(Downlink)에서 최대 326.4Mbps, 상행(Reverse link)에서 최대 86.4Mbps를 실현하는 에어 인터페이스 규격으로 확정되고 있다. 이것은 HSPA의 하행 14.4Mbps의 24배에 상당하며 유선 시스템의 FTTH도 능가하는 속도이다. 한편 UMB에 대해서는 2008년 5월에 하행 288Mbps, 상행 75Mbps라고 하는 에어 인터페이스 규격으로 확정되고 있다. 대역은 LTE, UMB 모두, 1.4M~20MHz 폭의 다양한 대역에서의 운용이 가능하다. 3GPP의 코어 네트워크에 관해서는 IP 데이터 트래픽을 효율적으로 처리하기 위한 네트워크 구조로서 SAE(System Architecture Evolution) 규격이 포함되어 있으며, 이에 대한 내용은 뒷부분에서 다시 설명할 것이다. SAE는 All IP화, 즉 무선상에서의 IP 이용을 가정한, IP에 최적화한 시스템이다. 본격적인 4G는 현재 ITU-R(국제 전기 통신 연합 무선통신 부문)에서 IMT-Advanced의 명칭으로 검토가 진행되는 차세대의 이동통신 시스템으로, 정지 시에 1Gbps 이상, 이동 시에 100Mbps를 실현하는 것을 목표로 하고 있다. 대역은 100MHz 정도의 초광대역으로 되어 있지만, 통신 사업자의 관심은 그다지 높지 않다. 이 4G에 대한 표준화 검토가 본격화된 것은 2007년이며, 상용화는 당초 예상보다 크게 늦어질 전망이다. IMT-Advanced는 아래와 같은 특징을 가지고 있다.

1. 통신 전용 네트워크뿐만이 아니라 디지털 방송에서 제공하는 통신 기능도 포함한다.
2. LTE 이상으로 무선 LAN 등 다종 다양한 무선 시스템을 포함하여, 사용자의 특별한 조작 없이도, 환경 조건이나 이용 서비스 등에 따라서 액세스 인터페이스를 바꾸는 seamless 통신을 목표로 한다.

IMT-Advanced에 대해서는 나중에 간단하게 설명하기로 하겠다. [그림 5.1]은 전송속도와 이동성의 관계를 나타낸 것으로 그중에 LTE/IMT-Advanced의 위치를 나타내고 있다.

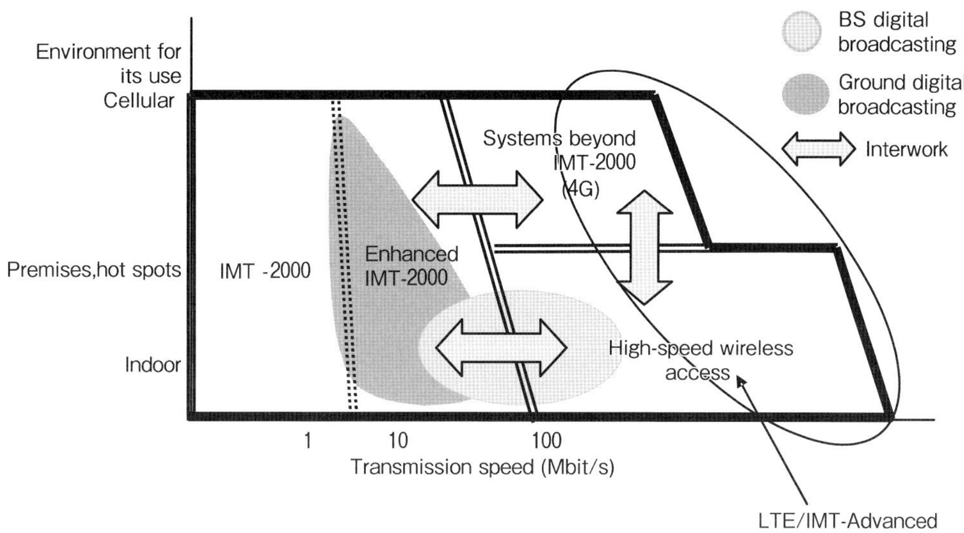

【그림 5.1】 전송 속도와 이동성의 관계

5.1.2 표준화 동향

3GPP는 W-CDMA 무선 액세스 방식과 발전형 GSM 코어・네트워크의 표준 규격에 대한 작성을 실행할 수 있도록 5개의 SDO가 참가해서 1998년 12월에 결성되었으며, 현재는 6개의 SDO 가 참가하고 있다. 3GPP의 현재의 체제(TSG)를 [그림 5.2]에 나타내고 있다. 1개의 PCG(Project Coordination Group : 프로젝트 조정 그룹)와 4개의 TSG(Technical Specification Group : 기술 규격화 그룹)로 구성되어 있으며, 3GPP에서는 3단계 접근 관점을 가지고 실행되고 있다. 즉,

Stage 1 : 서비스 정의, 기능 요구 조건
Stage 2 : 기본 시스템 구성, 구조
Stage 3 : 상세 프로토콜

이러한 방법으로 사용자 요구나 요구 조건을 확실히 만족하는 시스템 제공을 목표로 하고 있다. 한편, 3GPP에서는 실제의 규격화 작업에 앞서 SI(Study Item)에 의한 타당성 조사(Feasibility Study)기간을 마련하고 있으며, 이 조사 결과가 TR(Technical

Report)로 정리되어 있다. 이 TR 중에서 규격화가 유효하고 필요하다고 판단되면, 구체적 기술 사항에 대한 규격화를 목표로 하는 WI(Work Item)가 설치되어, TS(Technical Specification) 작성이 진행된다. 또 3GPP는 특정 기능 실현에 필요한 모든 개별 기술 규격을 종합적으로 취급하기 때문에, 릴리즈라 하는 구조를 도입하고 있다. 최초의 3G 규격은 1999년에 규격화된 릴리즈 99이며, 그 후 릴리즈 4, 5, 6, 7로 작업이 진행되고 있다. LTE는 릴리즈 8로서 표준화가 진행되었다. 이하에서는 LTE에 대한 검토 경위 개요에 대하여 설명한다.

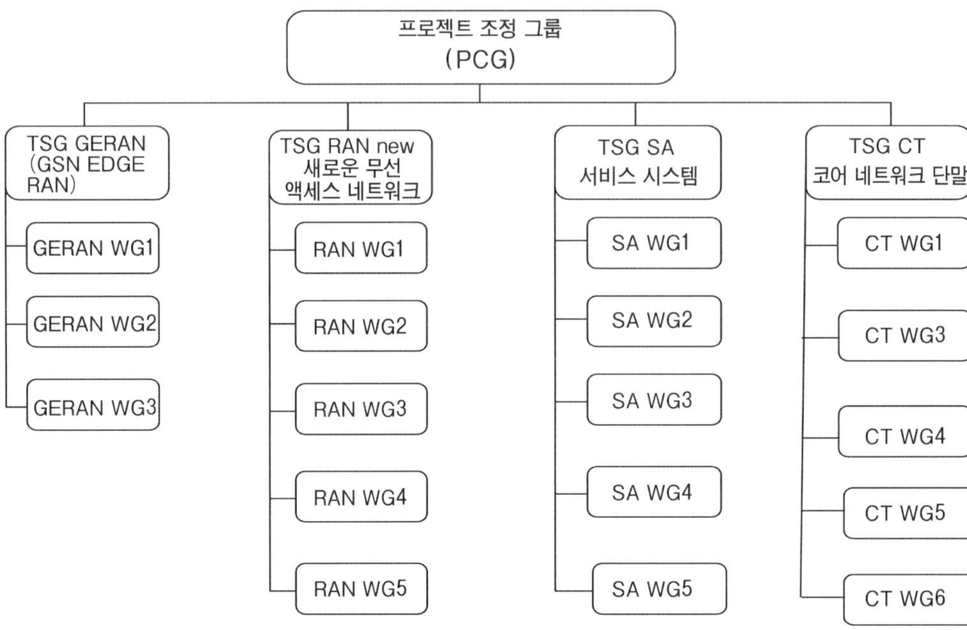

【그림 5.2】 3GPP의 조직 구성

2002년 9월에 개시된 Future Evolution 회합에서 3G 기술 진화와 장래에 관한 의견 교환을 한 결과, 2003년 9월에 TR21.902 'Evolution of 3GPP System'이 승인되었다. 이미 검토가 진행되고 있었던 4G의 목표 성능을 장기 목표로 하여, 중간 단계의 이정표를 마련한 로드맵이 작성되었다. 2004년 11월에 'RAN Future Evolution Workshop'을 개최하여 약 60개사, 160명 이상이 참가하여 3.5G 이후의 한층 더 발전된 시스템에 대하여 논의가 이루어졌다. Workshop 결과를 바탕으로, 2004년 12월에 있었던

TSG-RAN 회합에서 'Evolved UTRA&UTRAN'의 SI가 설치되어 그 첫 단계로서 TSG-RAN 산하에 WG 합동 회의를 설치했다. 제1회는 2005년 3월 7일, 8일 도쿄에서 개최되었으며, 200명 이상의 참가와 50건 이상의 제안서가 제출되었다. 물리층을 담당하는 RANWG1에서는 2005년 4월부터, 다른 WG에서는 2005년 6월 이후, 기술 검토를 개시하였다. 2005년 6월에는 LTE 요구 조건 TR25.913이 승인되어 무선 물리층의 TR25.814, 무선 인터페이스 프로토콜의 TR25.813, 무선 액세스망의 구조와 인터페이스의 TR R3.018이 작성되었으며, 이 모든 것을 정리한 SI의 성과물로서 TR25.912가 작성되었다. 2006년 6월의 TSG-RAN 회합에서는 SI를 종료하고, WI를 개시하는 것이 논의되었다. 하지만 성능 평가가 충분하지 않고, 목표 성능을 만족하지 않는 점이 걱정되어, WI '3 G Long Term Evolution'는 개시하지만 SI는 종료하지 않고, 성능 평가는 계속하도록 하였다. 2006년 9월에 TSGRAN 회합에서 SI의 종료가 결정되어, 각각의 WG가 담당하는 Stage 3의 WI가 설치되어 기술 사항에 대한 규격화가 본격적으로 개시되었다. 그 결과 LTE 기본 규격은 2008년 3월에 완성되어 릴리즈 8로서 표준화가 진행되고 있다.

5.1.3 LTE에 있어서의 새로운 서비스

예를 들면 FTTH 수준의 100Mbps 넘는 전송 속도가 가능함으로써 All-IP화를 용이하게 할 수 있다. 음성통화는 Voice over IP(VoIP)로 될 수 있을 뿐만 아니라 디지털 방송에서는 재송신이 가능한 IPTV 서비스도 가능해져, HD 품질의 영상을 이동하면서도 시청할 수 있게 된다. 현재의 IPTV는 FTTH로 가정까지 전달되어도 옥내 배선 문제로 인해 이용되지 못하고 있다. 반면에 LTE 신호가 가정 내 STB나 텔레비전까지 전달된다면 IP TV 서비스를 당장이라도 받을 수 있는 장점을 가지고 있다. 또한, 본 장 후반부에서도 언급하겠지만, 종래의 휴대전화에서 발생하는 패킷 지연은 수십msec 이상이었지만, LTE에서는 수 msec 이하로 지연을 줄일 수 있어, 대전형 온라인 게임과 같은 서비스를 아무런 부담없이 조작이 가능해 질 것이다.

5.1.4 LTE 데모

[그림 5.3]에 보이듯이 NTT 도코모는 2008년 4월에 LTE 테스트 결과를 외부에 발

표하였다. 데모에서 사용된 주파수대는 1.7GHz, 20MHz의 대역폭을 사용하여 4개의 송수신 안테나에 의한 MIMO를 사용하고 있다. 시속 약 30Km로 주행하는 상태에서 최대 240Mbps를 기록하여, 하이 비전 영상을 6개 동시에 수신해도 문제가 없다는 것을 보여주었다. 또한, 대전형 온라인 게임 데모에서서도 상대방과의 대전이 마치 로컬에서 이루어지고 있는 듯이 부드러운 반응을 보였으며, 실제로 ping 명령어를 사용한 지연 시간의 측정에서는 서버와 단말 간의 왕복 지연이 11msec 정도로 기존의 3G에서의 지연이 수십에서 수백 msec인 것과는 큰 차이가 있음을 보였다.

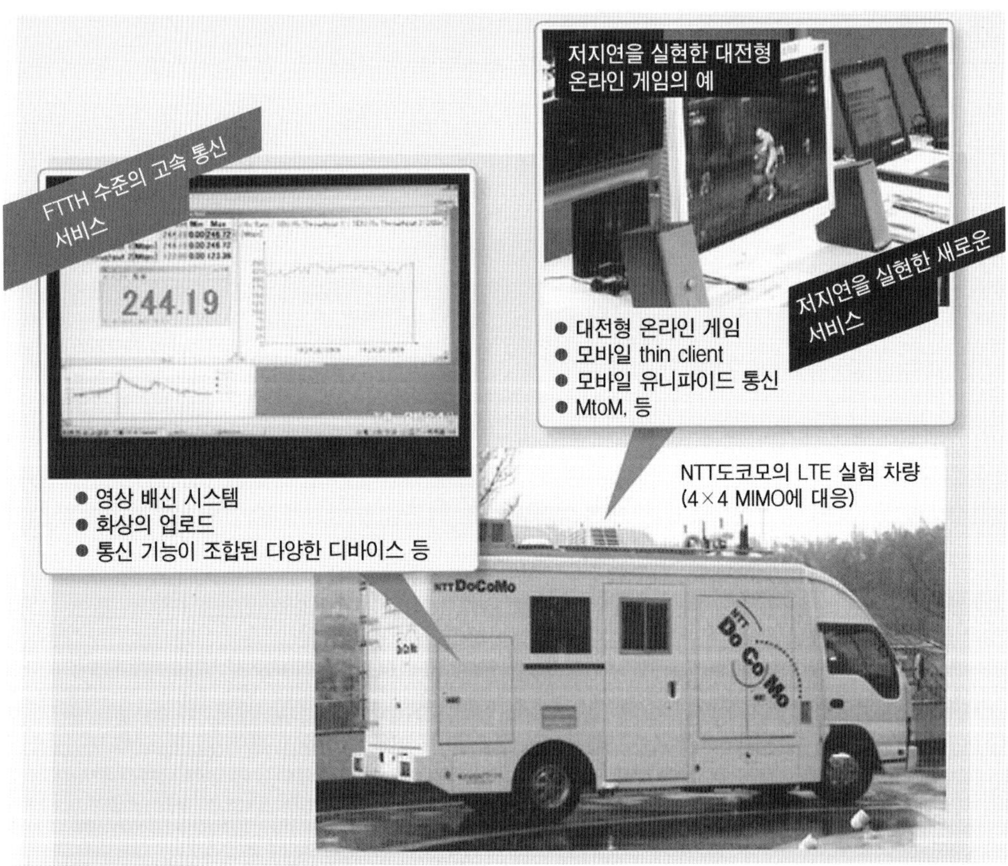

【그림 5.3】 NTT도코모의 테스트 실험
(일본경제신문 커뮤니케이션 2008년 6월 1일호 P.32로부터 인용)

NTT도코모는 2004년에 슈퍼 3G 계획을 제안하여 LTE/SAE를 4G에서의 기간 네트워크로 정하였다. 즉 4G로의 매끄러운 이행을 하기 위해서나 UMTS로 발전시키기에 적합하기 때문이다. 구체적으로는 2007년 7월부터 테스트를 개시하여 2009년 개발 완료를 목표로 하고 있었으며, 2010년에 상용화하는 로드맵을 공개하였다. 또한, 단말에 대해서는 데이터 카드로부터 시작하여 기존의 3G서비스를 이용할 수 있도록 3G와 LTE의 듀얼 단말을 계획하고 있다. 한편, KDDI는 지금까지 CDMA2000 방식을 채택했었지만, LTE를 새롭게 채용할 것을 발표하였다. 다만 KDDI는 몇몇 회사와 공동으로 회사를 설립하여, WiMAX 서비스도 이미 전개하고 있는 상황으로 NTT도코모와의 전략 면에서 차이가 난다. KDDI가 제창하는 Ultra 3G 구상에서는 고정형 시스템이나 이동형 시스템에서 seamless하게 이용할 수 있는 시스템 구축을 목표로 하고 있어서, 그중 LTE는 이동형 시스템에서의 한 부분을 차지한다고 볼 수 있다. All IP 네트워크, MMD(IMS)가 그 중요한 역할을 담당하리라 생각된다. 소프트뱅크 모바일과 E-모바일도 이미 LTE에 대한 테스트를 실행하고 있는 상태로 향후 각 국의 대기업 휴대전화 서비스 사업자가 LTE를 채용함으로써 시스템·단말의 저가격화나 단말 이동성에 대한 실현 가능성이 커지게 되었다.

5.1.5 LTE의 요소 기술

5.1.1에 설명한 것처럼 LTE의 성능은 현재의 HSPA보다 약 20배 이상으로 알려져 있지만, 이러한 결과는 아래와 같은 요소에 기인하고 있다고 할 수 있다.

① 이용하는 대역폭

② 신호의 전송 방식

③ 복수의 안테나를 사용해서 동시에 고속의 데이터를 송수신하는 MIMO의 지원 유무

④ 데이터 변조 방식

①에 대해서 HSPA에서는 5MHz 대역을 사용하는 반면에 LTE에서는 최대 20MHz까지 지원하기 때문에 대역폭에 비례하여 전송 속도도 같이 비례하는 결과, 성능이 향상된다. ②에 대해서 HSPA에서는 CDMA 방식인데 비해, LTE에서는 모바일 WiMAX와 같은 전송 방식인 OFDMA(Orthogonal Frequency Division Multiple Access)를 채용하고 있다. CDMA가 부호화에 의해 사용자를 다중화하는데 대해 OFDMA에서는 주파수와 시간에 의해 사용자를 다중할 수 있어 효율적으로 대역을 사용하고, 다중 경로 간섭에 강하

므로 고속 통신에 적합하다. ③에 대해서는 HSDPA가 1개의 안테나로 송수신하고 있는 것에 비해, LTE에서는 최대 4개의 안테나로 동시에 데이터를 송수신할 수 있는 MIMO (Multiple Input Multiple Output)를 채용하고 있다. ④에 대해서 HSDPA가 16QAM까지의 변조 방식이었던 것을 LTE에서는 64QAM까지 지원하고 있다. 즉 기존에는 한 번에 4비트의 신호를 전송하고 있던 것을 6비트를 동시에 전송 가능하게 하였다. [표 5.1]에 LTE와 HSPA의 제원 비교를 보인다.

(1) 대역폭의 확대

앞서 설명한 바와 같이 LTE는 1.4M~20MHz 폭을 이용할 수 있지만, 100Mbps를 넘는 전송 속도를 실현하려면 단방향에서 10M~20MHz의 대역이 필요하다. 또한, 전송 방식이 다르기 때문에 W-CDMA, HSPA와 공용하지 못하고 LTE 전용 대역을 확보할 필요가 있다. 1.5GHz대는 제2세대 휴대전화에서 사용되고 있지만 2010년 3월 이후 사용 가능한 상태이다. 다만 이 대역에서는 Uplink/Downlink 합계가 약 50MHz 정도가 되지만, LTE 개시와 더불어 20MHz를 즉각 확보하지 않아도 된다는 의견도 대두되고 있다. 예를 들어 20MHz × 2의 대역 확보가 어려우면, 5MHz × 2라도 사용하여 비록 전송 속도는 떨어지게 되지만 서비스의 시작은 가능해진다.

【표 5.1】 LTE와 HSPA와의 제원 비교

	HSPA	LTE
Downlink 최대 전송 속도	14.4Mbps	326.4Mbps
Uplink 최대 전송 대역	5.8Mbps	86.4Mbps
주파수대역	5MHz	1.4~20MHz
확산 변조 방식	CDMA	OFDMA(Down), SC-FDMA(Up)
데이터 변조 방식	QPSK, 16QAM	QPSK, 16QAM, 64QAM
MIMO	없음	최대 4 × 4

(2) 신호 전송 방식

LTE는 CDMA 방식을 사용하는 HSPA와는 달리, 모바일 WiMAX와 같은 전송 방식인 OFDMA(Orthogonal Frequency Division Multiple Access) 방식을 채용했다.

OFDMA는 OFDM(Orthogonal Frequency Division Multiplexing)을 다중 방식으로 채용한 기술이다.

OFDM, OFDMA의 특징은 주파수와 시간에 의해 사용자를 다중할 수 있는 점에서 부호화에 의해 사용자를 다중하는 HSPA과 비교해서, 광대역을 이용하는 경우 복수 사용자의 트래픽을 보다 효율적으로 처리할 수 있다. 구체적으로는 서로 직교 관계에 있는 부반송파(서브 캐리어)를 주파수 축상에 배열하고, 서브 캐리어마다 시간을 다중화하는 방식으로써 다수의 사용자를 효율적으로 수용할 수 있다. [그림 5.4]에 CDMA 방식과 OFDMA의 차이에 대하여, [그림 5.5]에 OFDM과 OFDMA의 차이에 대해 설명하고 있다.

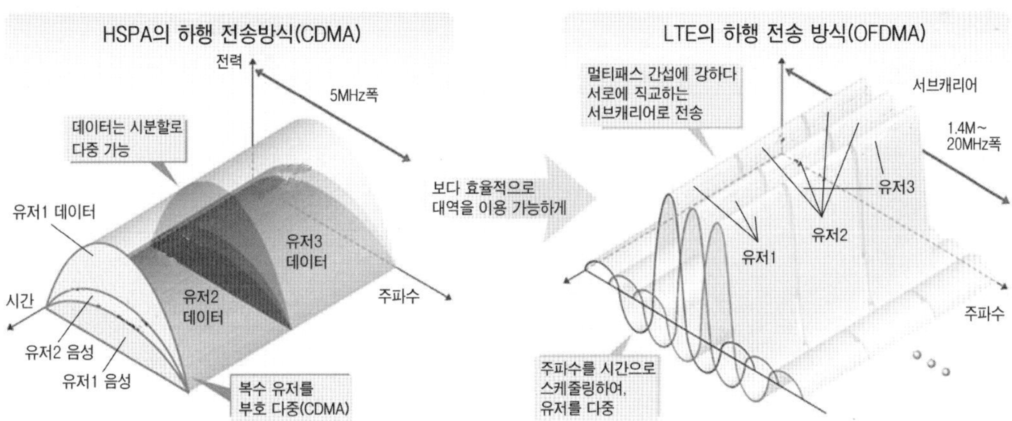

【그림 5.4】 CDMA 방식과 OFDMA 방식의 차이
(일본경제신문 커뮤니케이션 2008년 6월 1일호 P.38에서 전재)

이하 OFDM 방식에 대해 설명하도록 한다. OFDM 방식에서의 서브 캐리어 신호의 시간 파형과 스펙트럼 형상을 [그림 5.6]에 나타냈다. 임의의 다른 2개의 서브 캐리어는 주파수 축상에서는 서로 겹치고 있지만 2개의 서브 캐리어는 서로 직교하고 있으므로 서로 간섭이 없다. 이것은 양자의 시간 파형을 곱해서, 1 심볼의 시간을 구간 적분한 것(내적)이 모두 0이 되기 때문이다.

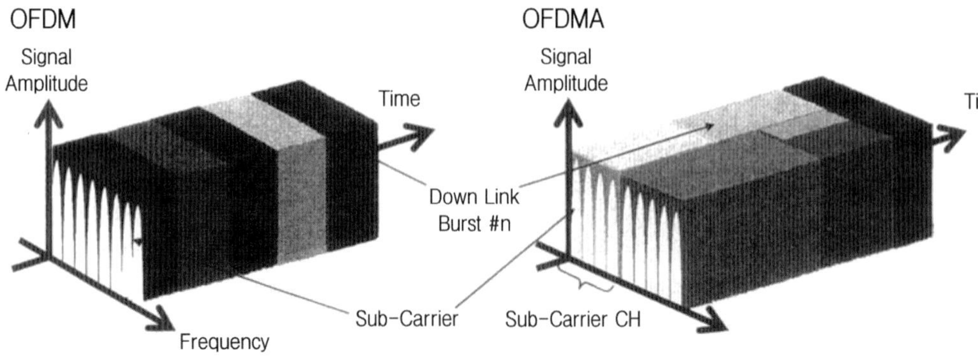

【그림 5.5】 OFDM 방식과 OFDMA 방식
(멀티미디어 추진 포럼 'IMFAdvanced'를 향한 향후의 전망 2007. 9. 12)

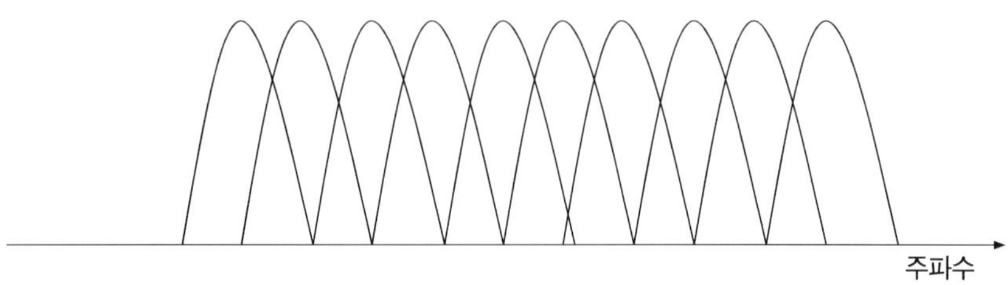

【그림 5.6】 OFDM의 서브 캐리어 신호

OFDM 방식의 장점으로 신호 강도의 변화에 대한 높은 내성을 들 수 있다. 무선통신에서 문제가 되는 페이딩(fading) 현상, 즉 전파가 전달되는 과정에서 여러 영향에 의해 수신되는 신호 강도가 연속적으로 변동하는 것 때문에 OFDM에서는 영향이 큰 서브 캐리어와 영향이 작은 서브 캐리어가 각각 존재하게 된다. 각 사용자마다 페이딩의 영향이 적은 서브 캐리어나 시간 슬롯을 할당함으로써, 안정된 통신을 실행할 수 있게 된다. 또 복수의 경로를 형성하는 다중 경로 페이딩에 있어서는 데이터 심볼(N)의 신호가 다음의 데이터 심볼(N+1)과 겹쳐져서 심볼 간 간섭을 일으키지만, 송신 측에서 심볼의 마지막 부분을 복사해서 다음 심볼의 선두에 추가하는 가드 인터벌 처리 실행에 의해, 수신 측에서 가드 인터벌 시간보다 짧은 다중 경로 지연을 제거하도록 하여 심볼 간 간섭 영향을 줄일 수 있다.

OFDM의 다른 특징으로서 수십 MHz대의 광대역 반송파를 사용한 무선통신 시스템을 비교적 간단한 회로로 구성할 수 있다는 점을 들수 있다. OFDM에서의 데이터 송수신의 구조를 [그림 5.7]에 간단히 설명하였다. 우선 송신기에서는 입력 데이터 계열이 ① 직병렬 변환기(S/P : Serial-to-Parallel Converter)에 의해, 서브 캐리어의 데이터 계열로 변환된다. 그 다음에 ② 서브 캐리어마다 채널 코딩(송신 처리에 오류의 발생을 방지하는 정보를 부가한 채널 부호화) 및 서브 캐리어 변조(I/Q 평면상에의 맵핑)가 실시된다. 여기서의 변조 처리는 서브 캐리어마다의 비트 계열을 복소 평면상에 맵핑하는 것을 의미한다. 예를 들면, 뒤에서 설명되는 64QAM인 경우, 신호를 6비트씩 그룹을 지어 복소 평면에 64점으로 맵핑한다 ③ 서브 캐리어 변조 후의 신호가 IFFT(Inverse Fast Fourier Transform, 역후리에 변환)에 입력된다. 이 IFFT에서 보면, 서브 캐리어의 신호는 주파수 영역의 신호가 된다. 이 IFFT에 의해, 복소 평면의 횡축을 실수부, 종축을 허수부로 한 역후리에 변환을 하여 시간 영역

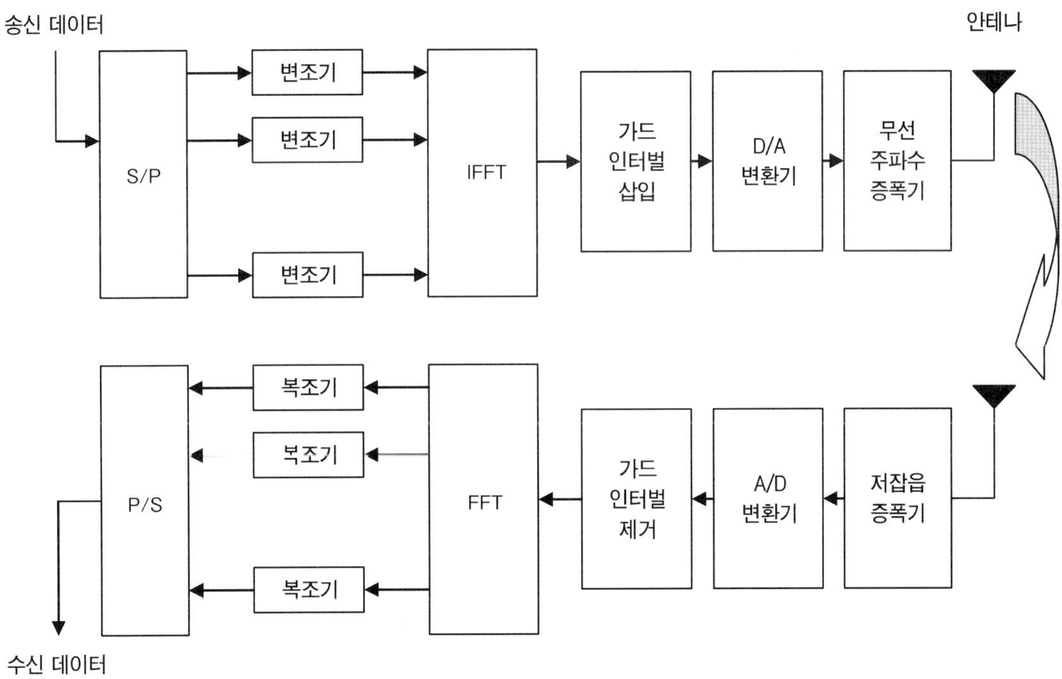

【그림 5.7】 OFDM 송수신기의 기능 블럭도

의 OFDM 신호가 생성된다. 이 기반 밴드 신호에, 앞서 설명한 ④ 가드 인터벌을 삽입하고, ⑤ 디지털/아날로그 변환기(D/A)에 의해 아날로그 무선 신호로 변환하여, ⑥ 무

선 주파수 증폭기(AMP)로 증폭한 후 안테나에 의해 공간으로 방사된다. 한편, OFDM의 수신 측에서는 수신 안테나로 수신된 OFDM 신호를 ⑦ 저잡음 증폭기(LNA)로 증폭하고, 충분한 S/N을 가진 상태로, ⑧ 아날로그/디지털 신호변환기에 전송한다. 이 기반 밴드 신호로부터, ⑨ 가드 인터벌을 제거해서 심볼 간 간섭을 제거한다. ⑩ FFT(Fast Fourier Transform)에 의해, 복소 평면상의 맵핑 신호로 변환하여, ⑪ 복조기에 의해 서브 캐리어마다 원래의 비트열로 되돌려, 전송 구간에서 발생하는 에러를 FEC에 의해 정정/제거하고, ⑫ 병직렬 변환기(P/S : Parallel to Serial Converter)에 의해, 서브 캐리어마다 분할되었던 신호를 원래의 송신 데이터 계열로 복원한다.

OFDMA는 OFDM를 기초로 한 다중 접속 방식이며, 모든 서브 캐리어를 전 사용자가 공유하고, 서브 채널이라고 불리는 특정 서브 캐리어를 특정한 타이밍에 사용자에게 적절히 할당하는 방식이다. 예를 들면, [그림 5.8]처럼 OFDMA-2048(2048개의 서브 캐리어)의 경우, 32개의 서브 캐리어를 1개의 그룹으로 해서 64개의 그룹을 만든 경우, 각 그룹 중에서 사용자 A에 할당하는 서브 채널 A, 사용자 B에 할당하는 서브 채널 B와 같이 추출해 나가면, 31명이 동시에 통신할 수 있게 된다. 32 서브 캐리어 중 1개는 파일럿 신호용으로 사용한다. [그림 5.8]에서는 사용자 A가 각 그룹 중에서, 차례가 다른 서브 캐리어를 사용하고 있다는 것을 볼 수 있다. 즉 SINR(Signal-to-Interference-plus-Noise Ratio 신호대 간섭·잡음비) 특성이 좋은 서브 캐리어를 사용자에게 우선적으로 할당할 수 있어, 시스템 전체의 통신 용량을 증대시키는 것이 가능해진다.

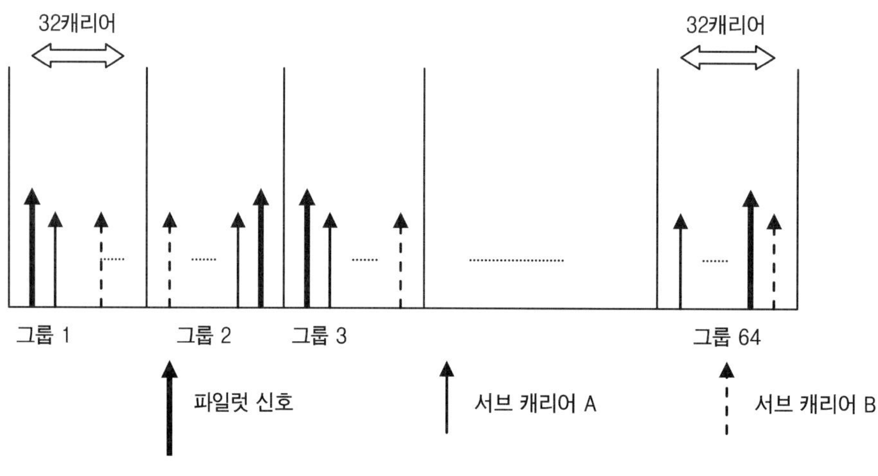

【그림 5.8】 OFDMA에 있어서의 서브 채널의 배치 예

한편, 상향 링크 방식에 있어서의 OFDM에서는 변조 신호의 피크 전력과 평균 전력의 비가 커지는 특성으로 인해, 송신 전력 증폭기를 어느 정도 여유를 가지게 설계해야 하는데, 이것은 단말에 있어서는 커다란 부담이 되는 이유로, 각 사용자가 1개의 캐리어로 변조하는 싱글 캐리어 FDMA가 채용되고 있다. [그림 5.9]처럼 1명의 사용자에게 할당하는 대역폭을 동적으로 변화시킬 수 있다.

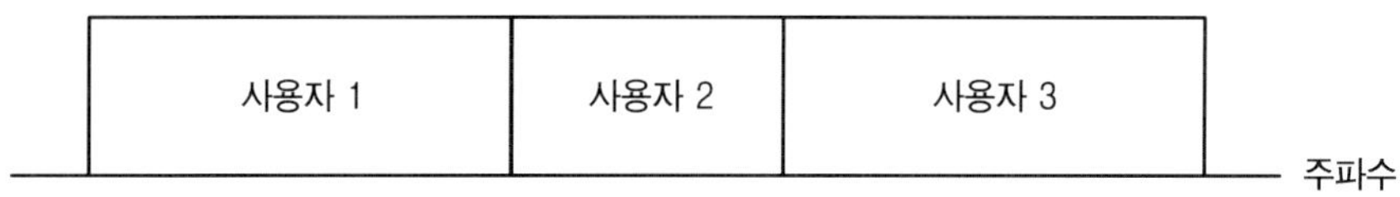

【그림 5.9】 싱글 캐리어 FDMA

또 LTE의 상행 하행 신호 전송 방식으로, FDD(Frequency Division Duplex, 주파수 분할 복신 : 상행의 신호와 하행의 신호를 다른 주파수로 전송하는 방식), TDD(Time Division Duplex, 시분할 복신 : 상행의 신호와 하행의 신호를 같은 주파수로 짧은 시간 간격으로 나누어 교대로 전송하는 방식) 양쪽 모두를 지원하고 있다.

(3) MIMO 지원

MIMO 방식은 송신 측 안테나와 수신 측 안테나 사이의 공간 통신로에 송신 측 복수 안테나로부터 다수의 신호가 보내져, 수신 측 복수 안테나에 수신되게 하는 방식이다. 여기서 전송 속도를 향상시키기 위한 가장 대표적인 방법인 SDM(Spatial Division Multiplexing)에 대해 설명한다. [ㅗ림 5.10]에서 나타내듯이 송신 측에서는 각각 다른 송신 안테나에 대해 다른 정보를 맵핑해서 송신하므로, 전송 속도는 송신 안테나의 개수에 비례해 높아지게 된다. 한편, 수신 측에서는 전송로를 거쳐, 이것들이 서로 뒷섞인 상태로 수신된다. 전송로는 [그림 5.10]처럼 경로에 대응되는 계수가 승산되는 것으로 볼 수 있기 때문에 송신과 수신 사이에서는 다음의 수식이 성립된다.

$$r_1 = h_{11} \times x_1 + h_{21} \times x_2$$
$$r_2 = h_{12} \times x_1 + h_{22} \times x_2$$

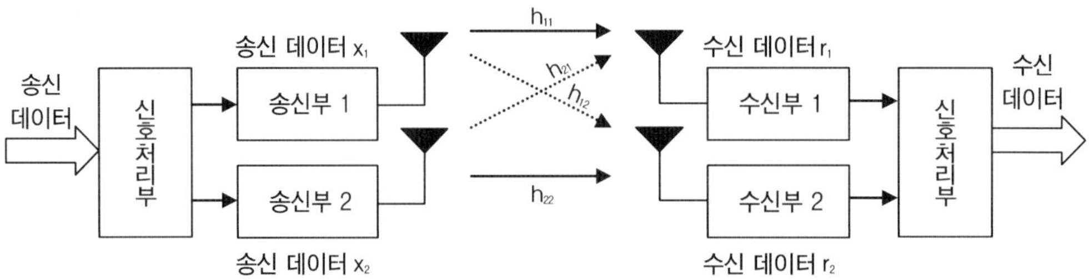

【그림 5.10】 MIMO 통신의 시스템 모델

여기서 r_1, r_2는 수신 신호이며, h_{11}, h_{12}, h_{21}, h_{22}라고 하는 전송로 정보(채널 정보)를 알 수 있으면 x_1, x_2를 구할 수 있다. 덧붙여 h_{11}, h_{12}, h_{21}, h_{22}는 수신 측에서 이미 알고 있는 것으로 하였지만, 이미 파악된 파일럿 신호 등을 전송한 것을 바탕으로, 수신 측에서 계산해 낼 수도 있다. 이처럼 MIMO에서는 송신 안테나에 따라 전송 속도가 향상되지만, 수신 측에서는 연립 방정식을 풀어주어야 한다.

이상은 수신 측이 송신 측에 채널 정보를 피드백하거나 송신 측에서 채널 추정을 실행할 필요가 없는 '기본 모드 전송'의 경우이지만, 송신 측이 채널 정보를 얻어 거기에 대응한 사전 처리를 실행하여 송신하는 '고유 모드 전송'도 있다.

이 방식은 프리코딩 MIMO 혹은 수신측으로부터 송신측에 채널 정보의 피드백을 하는 경우에 폐루프(Closed Loop) MIMO라고도 불린다. [그림 5.11]에 고유 모드 전송 시스템 구성을 보인다. 고유 모드 전송에서는 채널 행렬을 특이값 분해를 하여, 우측에 고유 벡터 V를 송신 웨이트에, 좌측 고유 벡터의 공역전치 U^H를 수신 웨이트에 사용하고 있다. 즉 s1(m),···, sNt(m)의 송신 신호 계열에 V행렬의 송신 웨이트를 곱하고, Nt개의 안테나로부터 송신되어, Nr개의 안테나로 수신된다. 잡음이 더해진 신호가 수신 신호 y1(m),···, yNr(m)이며, UH 행렬의 수신 웨이트를 곱하여, 송신 신호의 추정치 s^1(m),···s^Nt(m)를 얻을 수 있다. 여기서 추정된 채널의 행렬을 Hest라 하고, Hest를 특이치 분해하여 $U\Sigma V^H$를 얻을 수 있다. V^H는 행렬 V의 공역전치를 나타내며, U, V는 유니터리 행렬(U^H나 V^H가 U나 V의 역행열이 되는 행렬)로, Σ는 특이치가 대각선상에 늘어선 행렬이다. 특이치 분해로 얻어진 행렬 V를 송신 웨이트로 하여 송신 신호 벡터 s에 곱한 x=Vs가 실제 각 안테나로부터 송신되는 신호가 된다. 이 경우 Hest를 피드백하여 송신기 내에서 특이치 분해를 실행해서 행렬 V를 얻을 필요가 있다.

$$\Sigma = \begin{pmatrix} \lambda_1 & & & & \\ & \lambda_2 & & & \\ & & \cdot & & \\ & & & \cdot & \\ & & & & \lambda_{Nt} \end{pmatrix}$$

수신기 측에서는 특이값 분해로 얻은 UH를 수신 웨이트로서 수신 신호 벡터 y에 곱함으로써, 송신 신호 추정치 s^=UHy를 얻는다. 여기서 수신 신호 벡터 y와 송신 신호 벡터 x의 사이에는 채널 행렬 H와 잡음 벡터 z에 의해 y=Hx+z인 관계가 된다. 그 결과 송신 신호 벡터의 각 요소 s1(m),…, sNt(m)이 각각 채널 행렬, 특이치의 두배가 된 신호로 복호 된다.

Hest를 피드백에 사용하는 것 외에, 코드북(부호표)을 사용하는 방법이 있다. 이것은 송신 측과 수신 측에서 대표적인 채널 정보 혹은 송신 측에서 사전 처리에 사용하는 송신 웨이트를 모은 공통의 코드북을 사전에 결정해 두어, 선택한 채널 정보 혹은 송신 웨이트에 대응하는 코드의 인덱스를 피드백하는 것으로, 피드백에 필요한 통신량을 줄이는 방식이다.

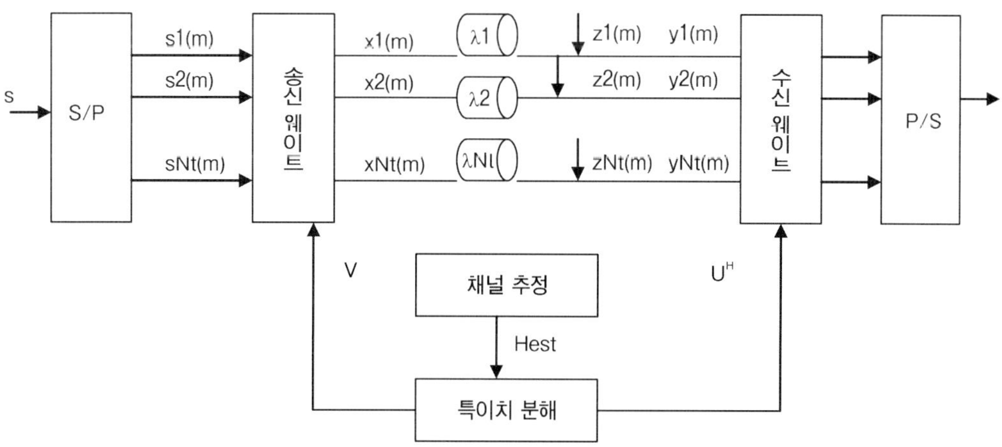

【그림 5.11】 고유 모드 전송의 시스템 구성

기본 모드와 고유 모드에서의 MIMO 공간 다중은 송신 다이버시티[기지국에서 복수의 안테나를 이용하여 단말이 1개의 안테나인 경우에도, 특성을 개선하기 위한것으로 피드백을 필요로 하지 않는 개루프(Open loop) 모드와 단말로부터의 피드백 정보를 근거로 제어하는 폐루프(Closed loop) 모드가 있다]에 비해, 공간 다중 효과에 의해 높은 통신 용량을 얻는다. 송신 다이버시티는 MIMO 모드의 하나로서 규정되고 있다. 전송 채널 상태가 공간 다중을 실현할 수 없는 만큼 악화되고 있는 환경에서는 송신 다이버시티 모드가 사용되어, 채널 환경에 의존해서 공간 다중 모드, 송신 다이버시티 모드의 변환이 가능해진다. 공간 시간 송신 다이버시티(STTD)는 [그림 5.12]와 같다.

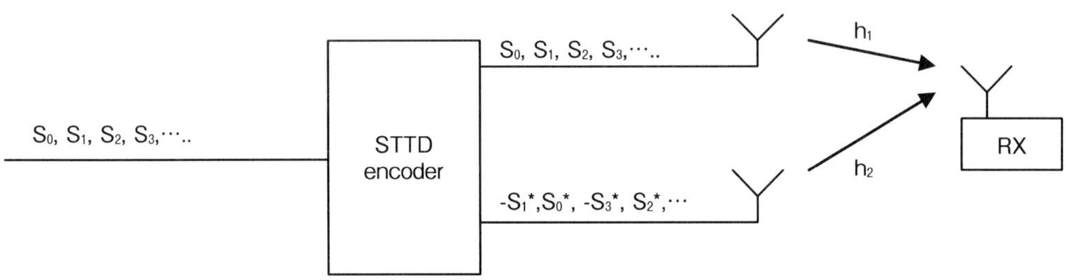

【그림 5.12】 공간/시간 송신 다이버시티

또 안테나의 개수에 대한 용량의 증가는 단순 비례 관계다. LTE에서는 최대 송수신 안테나를 4개씩 이용하는 4×4 MIMO에 대응하고 있다.

LTE에서는 [표 5.2]와 같이 5개의 단말 카테고리를 갖고 있으며, 카테고리 1은 MIMO를 지원하지 않고, 전송 속도는 하행 최대 10Mbps이며, 카테고리 2에서는 2×2MIMO를 지원하여 하행 최대 50Mbps가 된다.

【표 5.2】 LTE 단말에 있어서의 카테고리 정의

단말 카테고리	하향 최대 속도	최대의 MIMO 구성
카테고리 1	10Mbps	없음
카테고리 2	50Mbps	2×2
카테고리 3	100Mbps	2×2
카테고리 4	150Mbps	2×2
카테고리 5	300Mbps	4×4

(4) 데이터 변조 방식

디지털 신호를 무선 신호로 변환하는 변조 방식에 관해서는,

① BPSK[Binary Phase Shift Keying 2상위상 변조(phase modulation)]

② QPSK[Quadrature Phase Shift Keying 4상위상 변조(phase modulation)]

③ 16QAM[16-position Quadrature Amplitude Modulation 16치 직교 진폭 위상 변조(phase modulation)]

④ 64QAM[64-position Quadrature Amplitude Modulation 64치 직교 진폭 위상 변조(phase modulation)]

이 규정되어 있다. LTE에서는 전파전달 상태에 따라 위의 변조 방식과 코딩률 FEC(Forward Error Correction : 오류 정정)를 실행할 때의 데이터 블록 길이의 부호 블록 길이에 대한 비율)의 조합을 적용적으로 바꿔가면서, 안정된 통신을 실행하기 위해

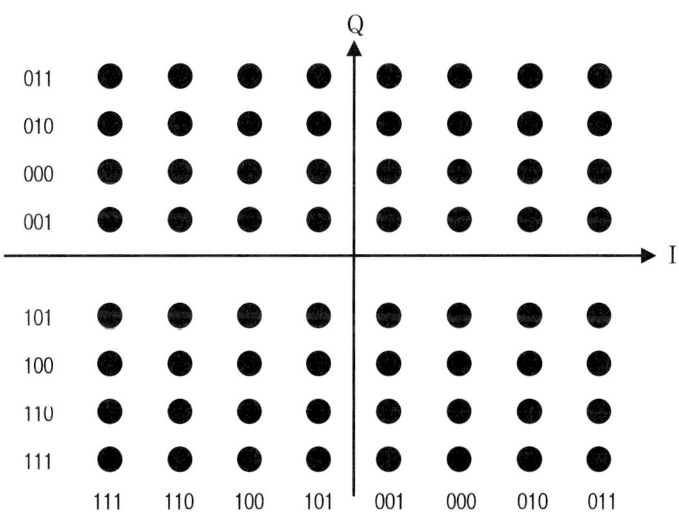

【그림 5.13】 64QAM의 비트 맵

AMC(Adaptive Modulation and Coding : 적응 변조 부호화) 기술이 사용되고 있다. AMC는 하행 프레임마다 단말에서 계측된 신호대 간섭 잡음비(CINR : Carrier to Interference plus Noise Ratio)를 기준으로 결정되는 채널 품질 통지 정보(CQI : Channel Quality Indication)가 기지국에 통지되는 방식으로, 기지국에서 최적의 변조

방식과 코딩률이 결정된다. FEC 부호화된 디지털 신호는 변조 처리를 하기 전에 인터리빙(Interleaving)을 한다. 특히 일정한 비트 길이로 정의된 블록 단위로 실행하는 것을 블록 인터리빙이라 한다. 그 목적은 전송 구간에서 버스트(산발)적으로 발생하는 에러를 이산화하는 것으로써, FEC의 효과를 향상시킨다. 인터리브된 신호는 변조 방식에 의해 일정한 비트 길이(QPSK : 2bit, 16QAM: 4bit, 64QAM : 6bit)로 구분된다. 예를 들면 [그림 5.13]에 나타내는 것처럼 미리 결정된 비트 맵에 따라, 동위상(I : Inphase)과 직교 위상(Q : Quadrature-phase)에 맵핑된다.

5.1.6 LTE 다운 링크

(1) 물리 레이어 구성

서브 캐리어 간은 15KHz 간격을 두어, 1 resource 블록(RB)을 12 서브 캐리어, 1 서브 캐리어에 대해 7 OFDM 심볼(확장계는 6OFDM 심볼)로 하고 있어, 1 resource 블록은 12×7=84 resource 엘리먼트로 구성되어 있다. 대역이 1MHz부터, 20MHz까지 규정되어 있는 경우에는 resource 블록은 6RB에서 110RB가 된다.

(2) 트랜스포트 채널 처리

MAC 레이어로부터 수신된 데이터의 트랜스포트 채널 처리를 [그림 5.14]에 나타내었다.

MAC 레이어로부터 수신된 트랜스포트 블록 코드는 CRC 삽입 후, 몇개의 code block으로 분할되고 다시 CRC가 삽입된다. 이것은 단말에서의 처리 부하와 소비 전력을 낮추게 한다. LTE Turbo encoder는 [그림 5.15]에 보인 것과 같다.

터보 부호의 부호기에서는 보내고 싶은 정보 계열을 조직적 길쌈 부호기로 부호화한 부호어(정보 계열과 패리티 계열)와, 같은 정보 계열을 인터리버에 의해서 치환한 새로운 정보 계열을 다른 1개의 조직적 길쌈 부호기로 부호화한 뒤, 그 패리티부만을, 정보 계열을 부호화한 부호어와 함께 송신하는 것이다. 터보 부호기의 부호어, 패리티부는 각각 서브 블록 단위로 [그림 5.16]과 같이 인터리브된다.

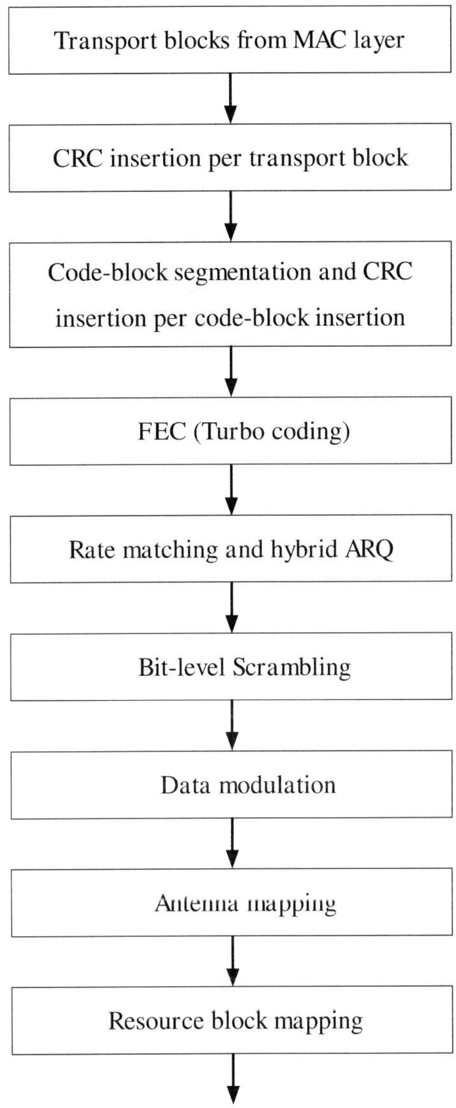

【그림 5.14】 LTE 다운 링크 트랜스포트 채널 처리

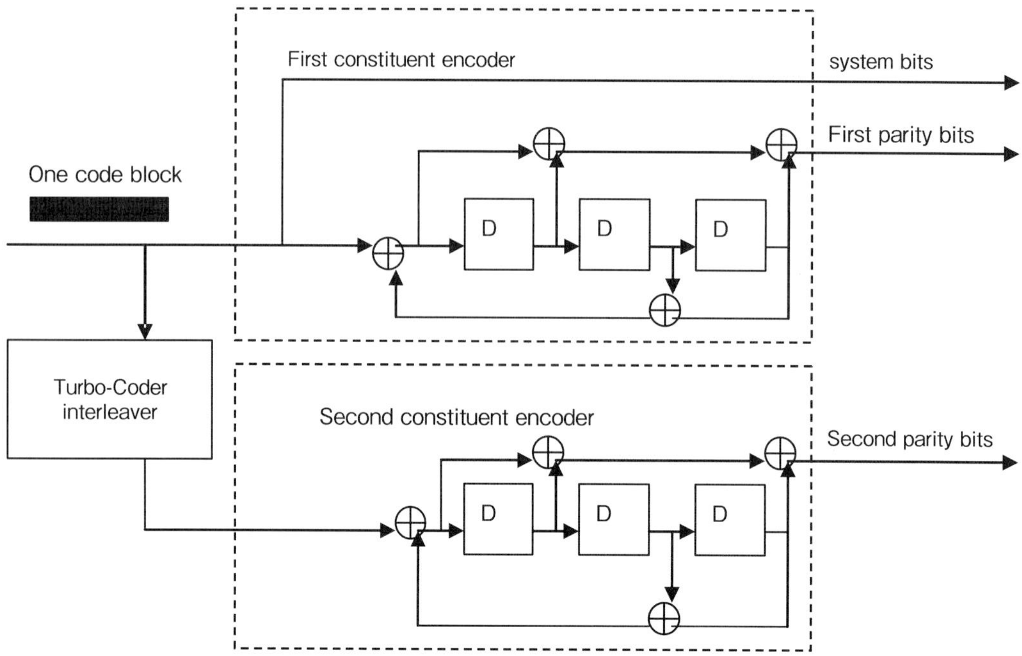

【그림 5.15】 LTE에 있어서의 터보 부호

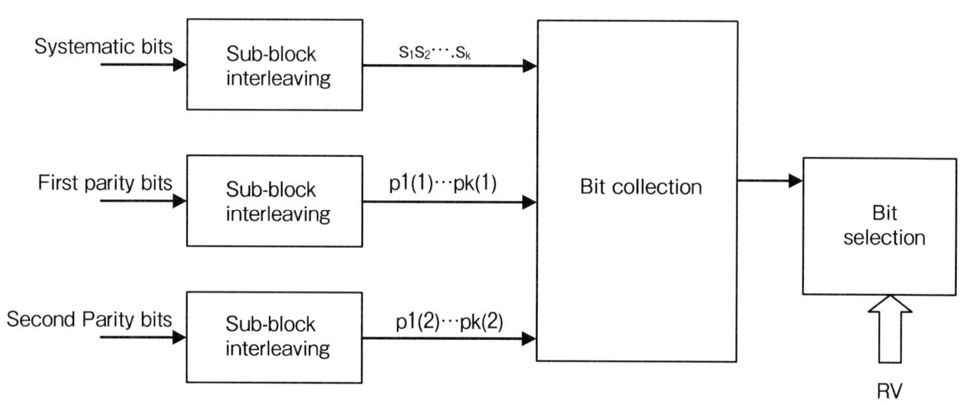

【그림 5.16】 Rate matching 방식

그 후 비트 스크램블링, 데이터 변조(QPSK, 16QAM, 64QAM에 대응), 멀티 안테나에 대응하는 안테나 포트에의 할당, RB 페어 단위에서의 인터리브와 PRB(Physical Resource Block) 페어를 선택하고 있다.

5.1.7 LTE 네트워크 구조

LTE에서의 요구 조건은 전송 지연이 단방향에서 15msec 이내, 제어 지연이 100msec 이내로 되어 있어, 기존의 HSPA의 네트워크와 비교하면 큰 폭으로 간략화되어 있다. 종래의 HSPA의 코어 네트워크는 음성 통신용 회선 교환망과 패킷 통신용 패킷 교환망으로 나누어져 있고, 패킷 교환망은 기지국을 무선 네트워크 제어장치(RNC)로 묶어 가입자 패킷 교환기(SGSN)와 중계 패킷 교환기(GGSN)를 경유하도록 되어 있기 때문에 지연이 크다. 이에 대해 LTE에서는 'eNodeB'로부터 직접 IP 네트워크를 경유하여, 모바일 매니지먼트 장치, 패킷 교환기인 S-GW에만 접속하는 Flat한 구조로 되어 있다. [그림 5.17]에 LTE 액세스 네트워크의 개요를 나타낸다.

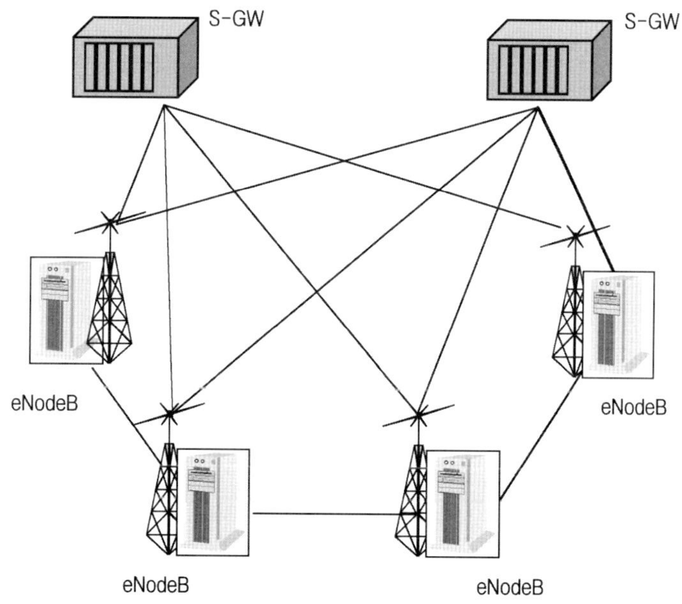

【그림 5.17】 LTE 액세스 네드워크의 개요

E-UTRAN은 복수의 eNodeB를 중심으로 구성되어 있으며, eNodeB 간은 X2 인터페이스로 상호 접속되고, EPC(Evolved Packet Core)와는 S1 인터페이스로 접속된다.

E-UTRAN에서의 기지국은 기능 면에서 3G의 UTRAN R99, UTRAN R5/R6와 비교해 비약적으로 증대되었다. 즉 RNC 기능이 eNodeB에 합쳐져, 기지국이 호스트가

되어, 무선 베어러(bearer) 제어, 인증 제어, 이동성 제어 등을 추가로 실행한다. [그림 5.18]은 UTRAN과 E-UTRAN과의 기능 비교를 나타낸다.

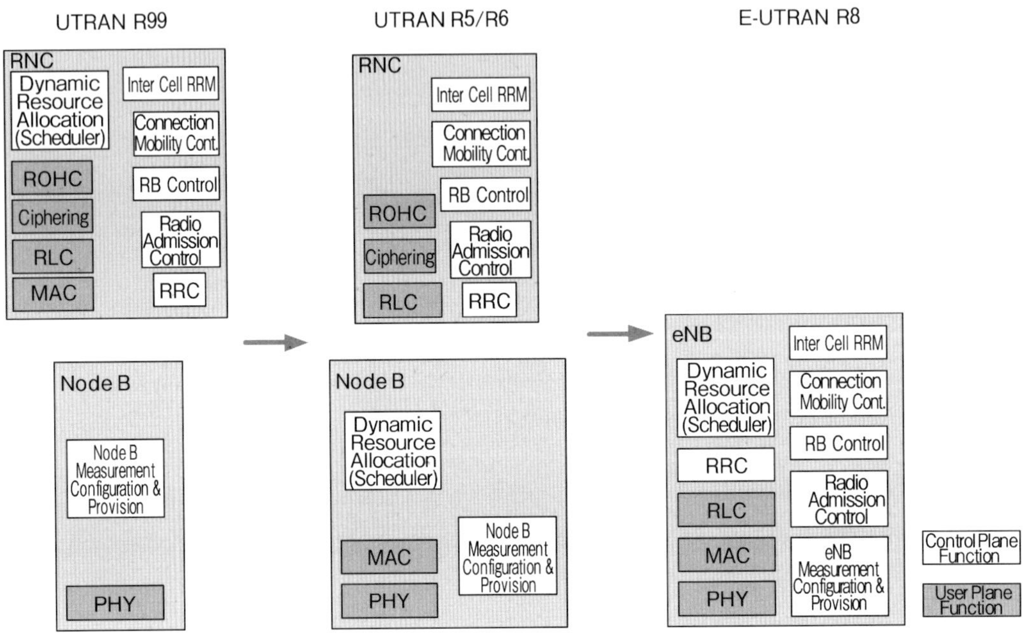

【그림 5.18】 UTRAN(R99, R5/R6)과 E-UTRAN(R8)과의 기능 비교

다음에 레이어 2, 레이어 3의 각 층에 대해서 관찰해 보자.

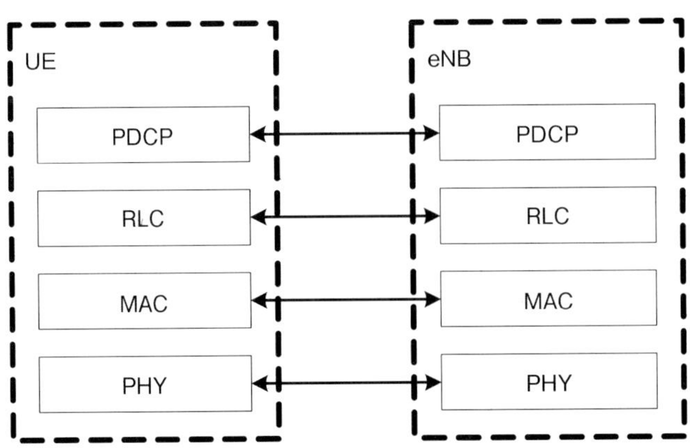

【그림 5.19】 사용자 영역 프로토콜 스택

[그림 5.19], [그림 5.20]에 각각 사용자 영역 프로토콜 스택, 제어 영역 프로토콜 스택을 나타내고 있다.

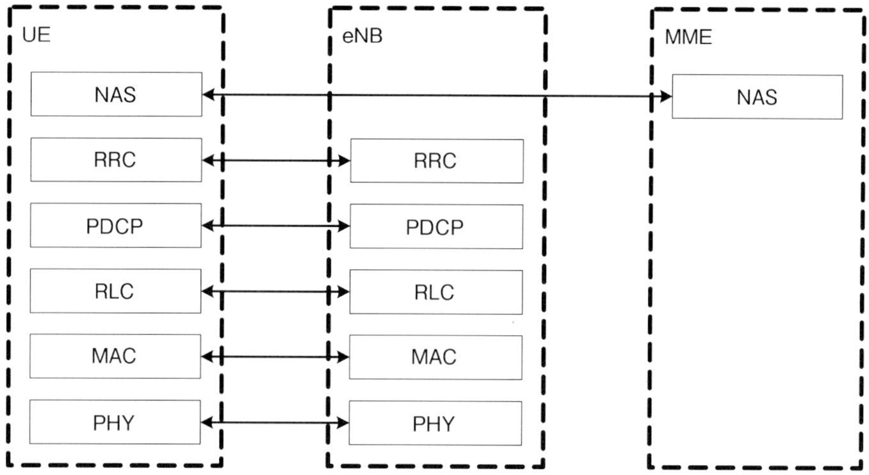

【그림 5.20】 제어 영역 프로토콜 스택

제어 영역에서는 RRC와 NAS 기능이 추가되었다.

PDCP(Packet Data Convergence Protocol)에서는 무선 구간 대역에 대한 효율적 이용 때문에, IP 패킷의 헤더 압축을 ROHC(Robust Header Compression)를 이용해서 실행함과 동시에 제어 메시지 및 사용자 데이터의 암호화를 실행하고 있다. NAS(Non-Access Stratum)는 UE의 인증이나 S-GW에 패킷이 도착했을 때에, UE에 대하여 페이징, 베어러 매니시번트, 모빌리티 매니시번트 등을 실행한다. 레이어 3인 RRC(무선 resource 제어) 기능을 [그림 5.21]에 나타내었다. 구체적으로는 UE로부터의 인접 셀 측정 데이터를 기본으로 한 핸드 오버 결정, UE에 대한 페이징, 시스템 정보의 브로드캐스트, 주기적인 채널 품질 정보 등과 같은 UE측정 리포트의 제어, UE로의 셀 ID의 일시적인 부여, 핸드 오버시의 eNodeB 간에서의 UE Context의 전송, RRC 메시지의 암호화, 무선 베어러의 설정, 유지, 개방 등을 실행하고 있다.

RLC 레이어에 있어서는 상위 레이어에 대해 SDU 전송 서비스의 제공, 상위 레이어로부터의 SDU의 분할을 실행함과 동시에 UM과 AM 모드의 2가지 모드를 가지고 있다. 즉 UM 모드는 ACK가 없는 모드로서, 송신 측은 에러 패킷을 송신하지 않고 VoIP

와 같은 실시간 서비스에 적절하다. 또한, AM모드는 ACK 모드로서 파일 다운로드 등의 비실시간 서비스에 적절하다.

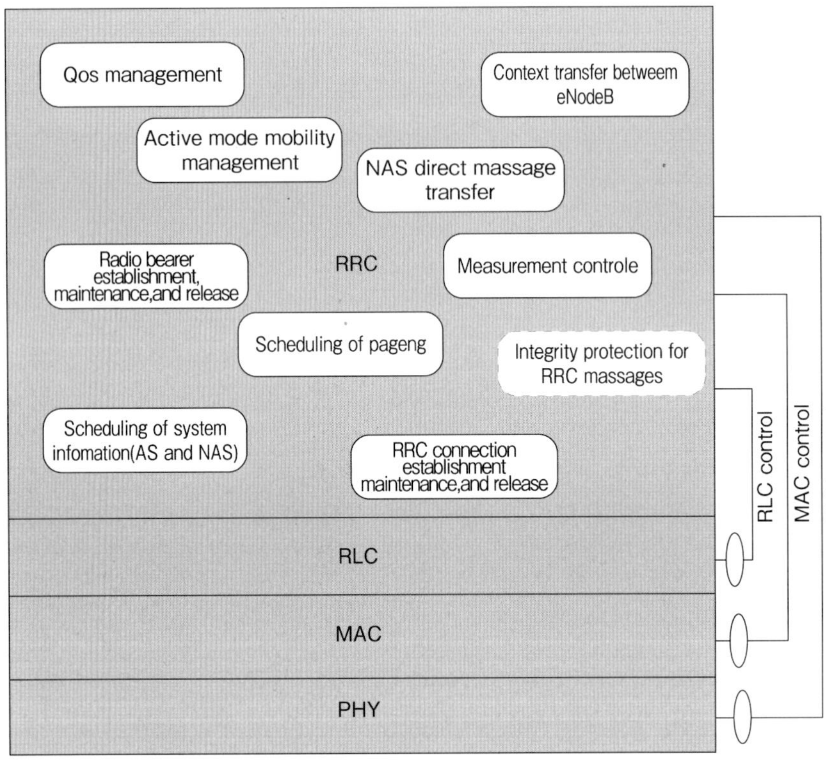

【그림 5.21】 RRC의 기능

MAC 레이어에서는 논리 채널과 트랜스포트 채널 간의 맵핑, 논리 채널 간의 우선도, HARQ(Hybrid ARQ), 트래픽 측정 리포팅 등의 처리를 실행한다. 통상의 ARQ가 전송 오류가 생긴 패킷을 수신하면 파기하고, 오류가 없는 패킷을 수신할 때까지 재발송을 요구하는 데 비해, HARQ에서는 잘못된 정보가 포함된 패킷을 보관한 뒤, 오류 정정 부호(ECC)를 이용해서, 재송 데이터를 합성함으로써 적은 재송 회수로 데이터를 전송할 수 있게 되어 있다. 따라서 HARQ에서는 데이터의 버퍼링이 필요하다. [그림 5.22]에 eNodeB에 있어서 RLC와 MAC의 하이레벨 개념도를 나타낸다. 그림에서 좌측이 송신 측이고, 우측이 수신 측이다.

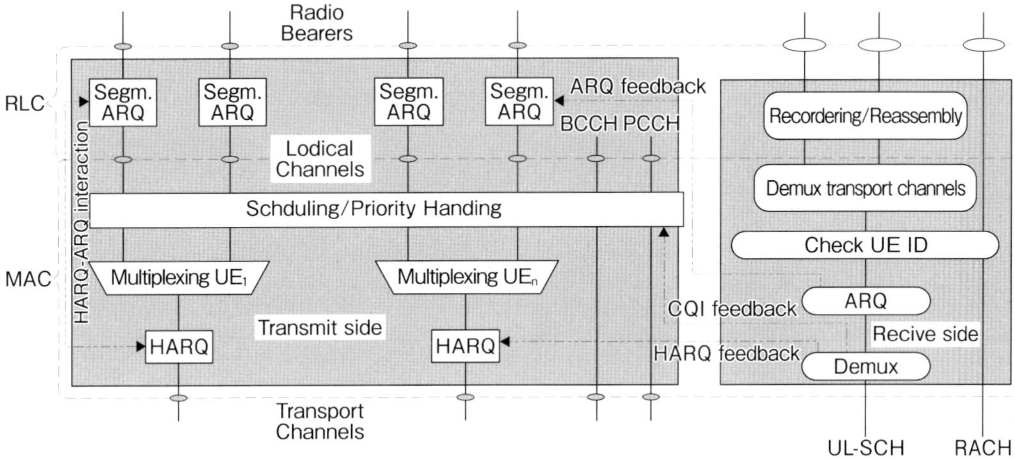

【그림 5.22】 eNodeB에서의 RLC, MAC에서의 하이 레벨 개념도

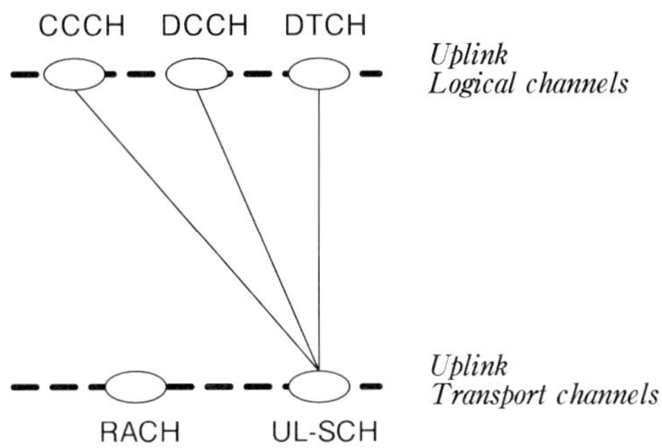

【그림 5.23】 논리 채널과 트랜스포트 채널 간의 맵핑(업 링크)

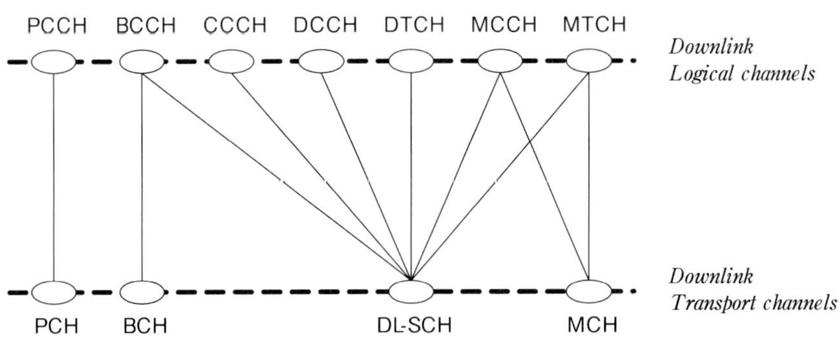

【그림 5.24】 논리 채널과 트랜스포트 채널 간의 맵핑(다운 링크)

또 논리 채널과 트랜스포트 채널의 맵핑에 대해서는 [그림 5.23], [그림 5.24]에 보인다. 논리 채널은 무엇을 운반하는가에 대해 쓰이지만, 트랜스포트 채널은 어떠한 특성으로 운반하는가에 쓰여지는 것이 그 특징이라고 할 수 있다.

논리 채널로서는,

- BCCH(Broadcast Control Channel) : 브로드캐스트용 다운 링크 채널
- PCCH(Paging Control Channel) : 페이징용 다운 링크 채널. 네트워크가 UE의 cell을 인식하고 있지 않는 경우에 사용
- CCCH(Common Control Channel) : UE와 네트워크 간에서의 공통 제어용 채널
- MCCH(Multicast Control Channel) : 멀티 캐스트 서비스를 실행하기 위해서 네트워크로부터 UE에의 1대 다수의 컨트롤용 다운 링크 채널
- DCCH(Dedicated Control Channel) : 1개의 UE와 네트워크 간에서의 1대 1 쌍방향 제어 채널
- DTCH(Dedicated Traffic Channel) : 1개의 UE에 대한 쌍방향 1대 1 트래픽 채널
- MTCH(Multicast Traffic Channel) : 멀티 캐스트 서비스를 실행하기 위한 네트워크로부터 UE에의 1대 다수 트래픽용 다운 링크 채널

이 있다.

트랜스포트 채널로서,

- BCH(Broadcast Channel) : 브로드캐스트 정보를 전송
- PCH(Paging Channel) : 지역 내에 있는 단말에 대한 페이징 정보를 전송하는 것으로, 논리 채널 PCCH에 대응
- SCH(Shared Channel) : 복수의 사용자가 공유
- RACH(Random Access Channel) 복수의 단말이 공통으로 이용하기 위한 채널

등이 있다.

5.2 SAE

LTE의 코어 네트워크를 SAE(System Architecture Evolution)라고 부른다. SAE의 요건, 표준화 동향, 시스템 구조, 핵심이 되는 모빌리티 제어에 대해 설명한다.

5.2.1 SAE의 요건

AIPN(All IP Network)이 배경이 된다. AIPN은 All-IP Network의 줄임말이며 고정・이동망에서의 공통 코어 네트워크이다. 각종 무선 네트워크뿐만이 아니라, 고정 액세스를 수용해서 IP 기술을 기초로 유연성이 풍부한 고신뢰성, 고부가 가치의 끊김 없는(Seamless) 통신을 실현하는 것을 목적으로 하고 있다. [그림 5.25]에 AIPN의 개념도를 보인다.

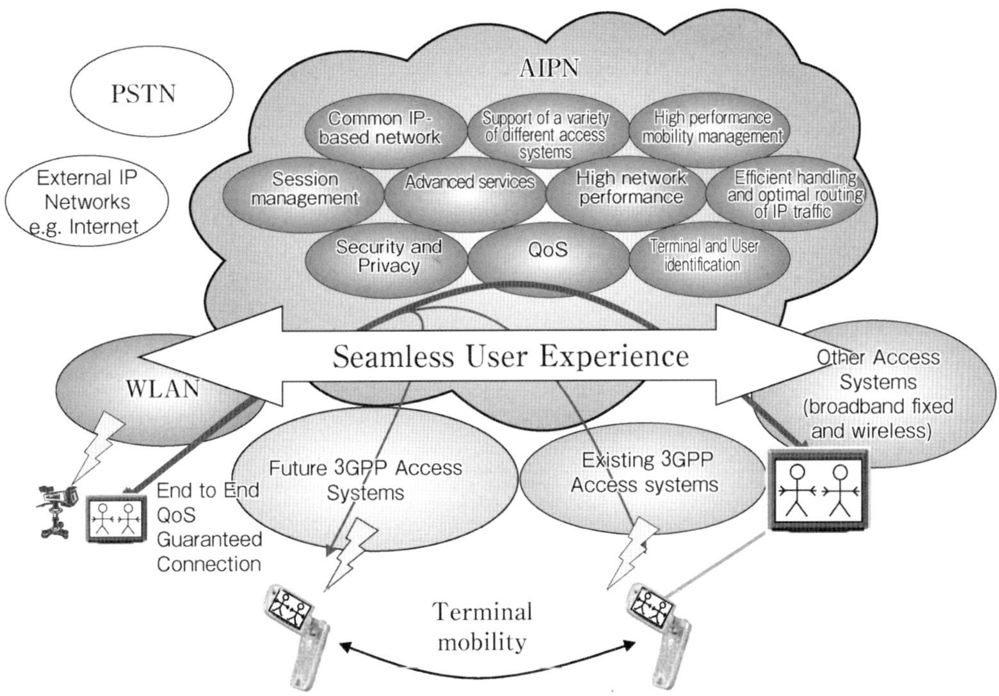

【그림 5.25】 AIPN의 개념('AIPN_SAE 기술과 표준화'전자 정보 통신 학회 모바일 멀티미디어 통신 연구회 자료, 2007. 3)

SAE에 있어서의 요구 조건을 열거하면 다음과 같다.

1. 여러 가지 액세스의 수용 - 여러 가지의 액세스 망에 대응
2. 다른 액세스 간에서의 모빌리티 기능의 제공 - 3GPP 내 및 3GPP와 non3GPP 간의 핸드 오버를 실현
3. 고도 모빌리티 제어의 실현 - 신호의 오버 헤드, 핸드 오버 시간을 최소화

4. Non-3GPP 망과의 인터 워크 - IP를 기본으로 non-3GPP 망을 수용
5. 서비스 계속성의 제공 - 3GPP 내 및 3GPP와 non-3GPP 간의 핸드 오버가 있어도 서비스는 계속
6. QoS 능력의 제공 - GSM(2G), UMTS(3G)와 동등 이상의 QoS를 제공
7. 프라이버시의 보호 - 위치 정보를 은폐
8. 여러 가지 IP 트래픽의 수용 - IPv4, IPv6 및 그 사이의 인터 워킹을 지원
9. 시큐리티의 지원 - 인터넷에 있어서의 여러 가지 위협이나 공격에의 대처

를 들 수 있다. 실제 3GPP에 있어서는 2004년부터 2005년에 걸쳐, AIPN 서비스 요건의 검토가 되어, 2005년 12월부터 AIPN(SAE) 구조가 검토되어 2006년 12월에는 그 내용이 확정되었다.

LTE에서는 HSPA와 비교해서 코어 네트워크의 구조가 큰 폭으로 간략화되어 있다. 그 결과 HSPA에 비해 큰 폭으로 지연이 줄어든다. LTE에서 요구되는 만족 조건은 전송 지연이 단방향 5msec 이내, 제어 지연은 100msec 이내로 되어 있다. HSPA와 LTE의 코어 네트워크의 비교를 [그림 5.26]에 나타낸다.

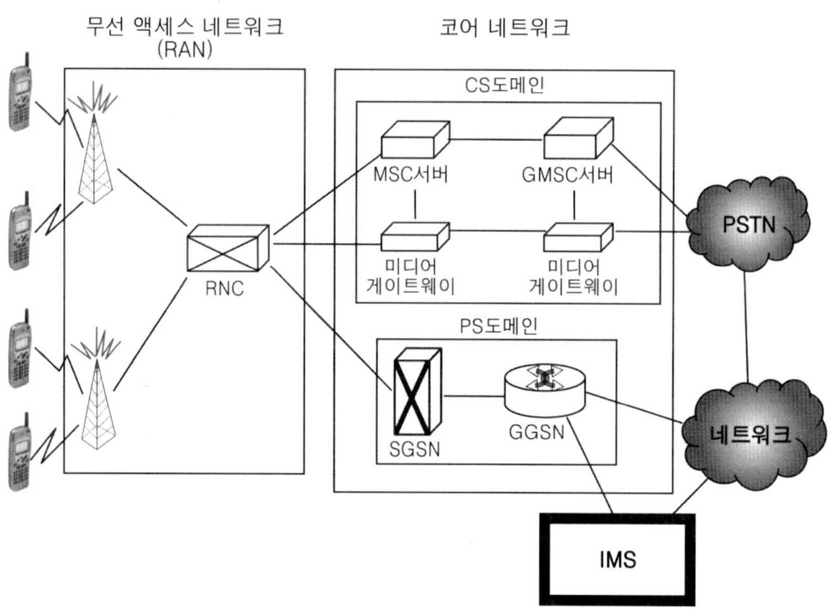

(1) HSPA의 코어 네트워크

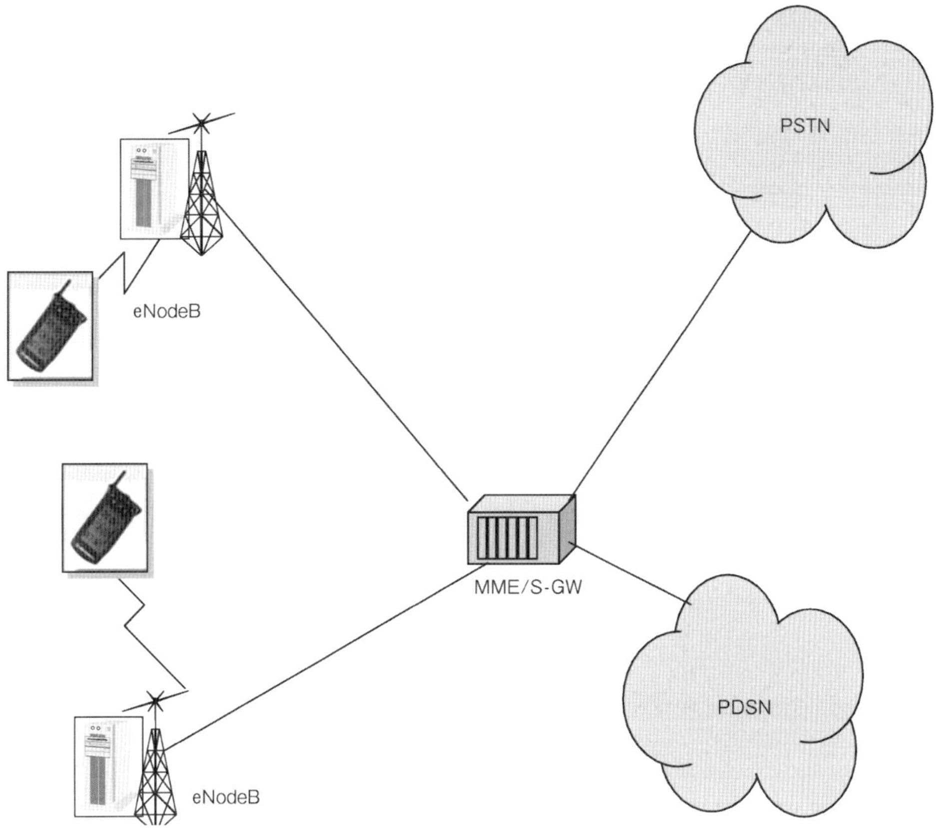

(2) LTE의 코어 네트워크(SAE)

【그림 5.26】 HSPA와 LTE의 코어 네트워크의 비교

HSPA의 코어 네트워크는 음성 통신용 회선 교환망과 패킷 통신용 패킷 교환망으로 나누어져 있다. 패킷 교환망에서 패킷은 기지국들을 제어하는 무선 네트워크 제어장치(RNC)로부터 가입자 패킷 교환기(SSGN)와 중계 패킷 교환기(GGSN)를 경유해서 전송된다. 한편, LTE의 코어 네트워크인 SAE는 AIPN이며, 패킷 교환망만으로 구성된다. eNodeB의 기지국이 IP 네트워크를 경유하여 모바일 매니지먼트 장치(MME)와 패킷 교환기(Serving GW, PDN GW)(자세한 것은 뒤에 설명)로 접속되게 되어 있어, SAE는 종래의 HSPA 코어 네트워크에 비해, 플랫한 구조로 되어 있다.

5.2.2 SAE의 표준화 동향

3GPP의 SAE에 대해서는 AIPN에 대응하기 위해서, 종래의 GPRS 기반(뒤에 설명하는 GTP 확장형)으로 할 것인지, IETF 기반(IP 확장형)으로 할 것인지에 대해 격론을 거친끝에 2007년 3월의 TSG SA#35 키프로스 회합에서 GPRS 기준과, IETF 기준 두 가지 모두를 규격으로 제정하기로 합의하였다. 이 결과 GPRS 기반은 3GPP에서의 LTE/SAE 이전 기존 패킷 교환 네트워크 간 모빌리티 제어에 사용되며, IETF 기반은 3GPP 액세스 이외의 3GPP2 네트워크나, WLAN, WiMAX 네트워크 간 모빌리티 제어에 사용되게 되어 있다.

다만, SAE 내의 모빌리티 제어 인터페이스(S5)나, 다른 사업자와의 로밍 인터페이스(S8)에 대해서는 GPRS 기반 및 IETF 기반의 양 프로토콜을 병용하는 것으로 규격화되었다. 덧붙여 스테이지 1(서비스 · 자격)은 3GPP TS 22.278에서, 스테이지 2(구조)는 GPRS 기반으로 3GPP TS 23.401에서, IETF 기반이 3GPP TS 23.402에서, 양자의 공통 부분에 대해서는 3GPP TS 23.401에서 규정되어 있다. 스테이지 3(프로토콜)규격 제정의 경우 GPRS 기반에서는 GPRS를 위한 GTP 프로토콜을 전제로 하고, IETF 기반에서는 NETLMM(Network-Based Localized Mobility Management)의 후계인 PMIP를 전제로 작업이 진행되고 있다.

5.2.3 시스템 구조

3GPP-SAE에서는 GTP(GPRS Tunneling Protocol) 확장형과 IP 확장형 양쪽 모두를 지원하여, 사용할 프로토콜을 선택할 수 있게 되어 있다. [그림 5.27]에 ① GTP 확장형, ② IP 확장형 개념을 표시하였다. GTP 확장형에서는 GPRS 기존 망을 존중하여 GTP 기반 제어를 실행하고, non-3GPP와의 통합은 추가 보완하도록 되어 있다. 또 호스트 기반 IP 모빌리티(뒤에 설명)로의 변환도 가능하다. 한편, IP 확장형은 IP 프로토콜을 코어 네트워크에 적용해서, 서로 다른 액세스를 통합적으로 제어하는 것으로 타 IP 기반 망과의 정합도 고려하고 있다.

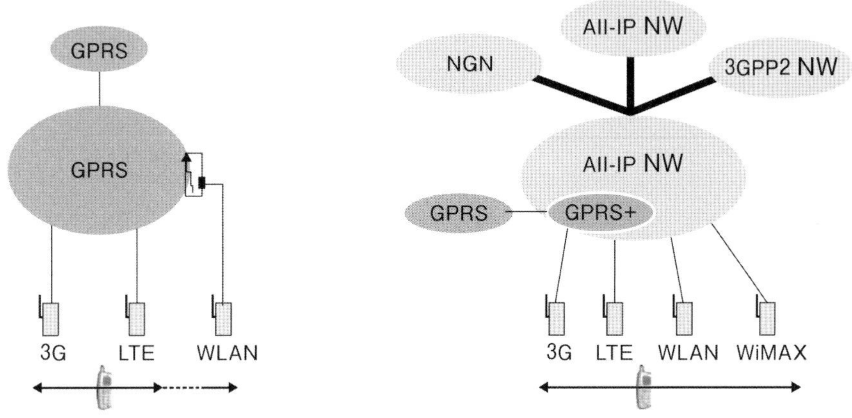

【그림 5.27】 GTP 확장형 및 IP 확장형의 비교('AIPN_SAE 기술과 표준화' 일본전자 정보통신 학회 모바일 멀티 미디어 통신 연구회 자료, 2007.3)

이상의 GTP 확장형과 IP 확장형을 고려한 SAE의 시스템 구조는 [그림 5.28]과 같다. 로밍 비대응일 때의 ① LTE 대응 시스템 구조(TS23.401)와 ② non-3G 대응 시스템 구조(TS23.402)를 보이고 있다.

반복되는 이야기지만, GTP 확장형에 대해서는, 주로 3GPP가 제정한 LTE/SAE 이전의 기존 패킷 교환 네트워크 간의 모빌리티 제어에, IP 확장형에 대해서는, 주로 3GPP 액세스 이외의 네트워크(예를 들면 3GPP2 네트워크나 WiMAX 네트워크)와의 모빌리티 제어에 나누어 사용되게 되어 있다. 그렇지만 SAE내의 모빌리티 제어 인터페이스(S5)나 다른 사업자와의 사이에서의 로밍 인터페이스(S8)에 대해서는 GTP 확장형 프로토콜 및 IP 확장형 프로토콜(PMIP : Proxy Mobile IP) 양쪽 모두를 규격에 포함시키고 있다. [그림 5.28]에 나타낸 기능 블록 및 인터페이스에 대해 설명을 하면 다음과 같다.

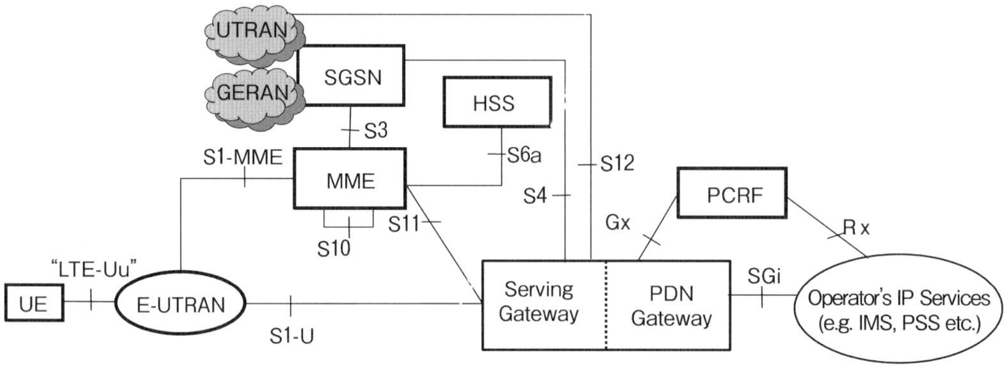

① LTE 대응 시스템 구조(TS23. 401)

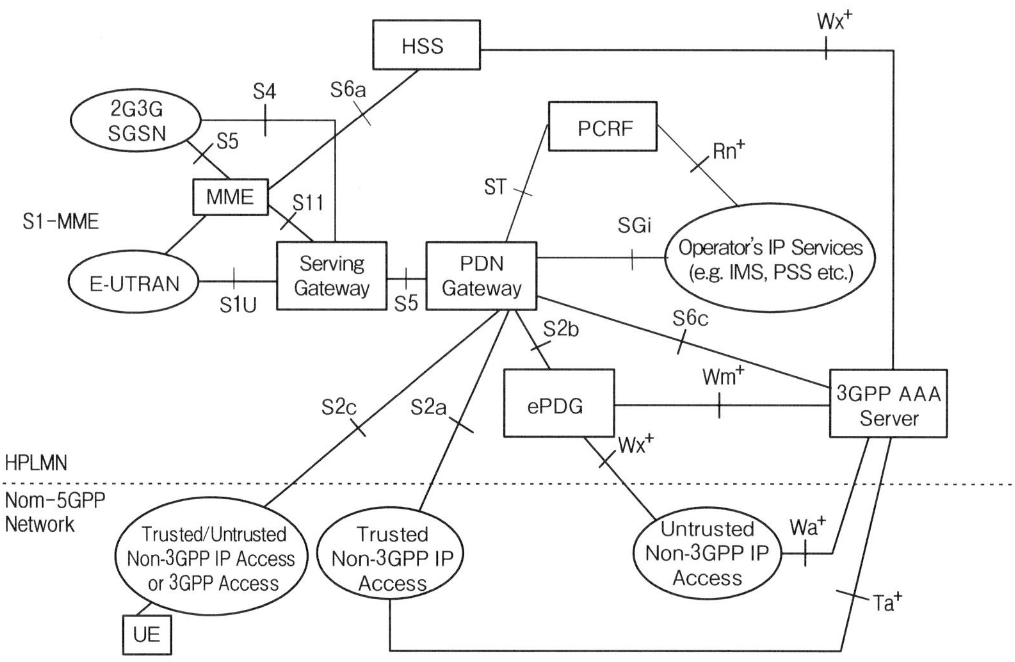

② non-3G 대응 시스템 구조(TS23.402)

【그림 5.28】 SAE 시스템 구조

(1) 기능 블록

- UE : User Equipment, 사용자 단말

- GERAN : GSM/EDGE Radio Access Network, GSM 및 그것을 확장한 무선 네트워크
- UTRAN : Universal Terrestrial Radio Access Network, 3GPP에서 표준화된 3G 무선 네트워크
- SGSN : Serving GPRS Support Node, 이동체 패킷 교환 네트워크의 노드. 종래의 기능에 추가하여 2G/3G와 E-UTRAN 액세스 네트워크 간의 모빌리티 시그널링, PDN/Serving GW(뒤에 설명)의 선택, E-UTRAN 액세스 네트워크에의 핸드 오버를 위한 MME(뒤에 설명) 선택 기능이 있다.
- E-UTRAN : Evolved UTRAN, UTRAN의 발전형으로, LTE를 수용한 무선 액세스 네트워크이며, 기지국인 eNodeB로 구성된다. 앞서 설명한 PHY(물리층), MAC 층, RLC 층, 또 RRC의 기능도 포함된다. 그 외에 헤더 압축, 사용자 영역의 암호화, UE로부터의 정보에 근거한 MME(뒤에 설명)의 선택, 업 링크의 베어러 속도 조정, 업 링크/다운 링크의 베어러 레벨에서의 어드미션 제어(그 베어러를 허가할지 여부를 결정), 업 링크에서의 패킷 마킹(관련한 EPS(Evolved Packet System) 베어러 내의 QCI(QoS Class Identifier)에 근거한 DiffServ Code Point의 설정 등)을 포함하고 있다.
- MME : Mobility Management Entity, 모빌리티 매니지먼트 기능. SAE에 있어서의 핵심이 되는 제어 노드이며, HSS를 통하여 사용자 인증을 실행함과 동시에, UE의 idle 모드(뒤에 설명) 모빌리티 제어를 실행한다. 또 UE에 대해서 일시적인 ID [예를 들면 P-TMSI(Packet-Temporary Mobile Subscriber Identity)등]의 할당을 실행한다. 또 UE가 고정망에의 액세스나 로밍이 가능한지에 대한 인증도 실행한다. 그 밖에 앞서 설명한 NAS 시그널링, LTE와 2G/3G 액세스 네트워크 간의 모빌리티 제어, PDN GW나 Serving GW(뒤에 설명)의 선택, 핸드 오버 시의 MME 선택, 2G나 3G로의 핸드 오버 시의 SGSN 선택 기능 등을 포함하고 있다.
- Serving GW : E-UTRAN에 대한 인터페이스를 종단하는 게이트웨이에 해당하며, eNodeB 내의 핸드 오버, 또 3GPP 간(LTE와 2G/3G간) 핸드 오버에 있어서 MAG(Mobility Anchor Gateway : 뒤에 설명) 역할을 한다. 또 ECMIDLE 모드(뒤에 설명)에서의 패킷 버퍼링, 패킷 라우팅, forwarding, 업 링크/다운 링크에서의 트랜스포트 레벨에서의 패킷 마킹(관련한 EPS 베어러 내의 QCI(QoS Class Identifier)에 근거한 DiffServ Code Point의 설정 등), UE, PDN, QCI마다의 과금,

PCRF(뒤에 설명)에의 리포팅, DHCPv4와 DHCPv6 기능, Router Solicitation, Router Advertisement 메시지의 핸들링 기능 등이 있다.

- PDN GW : PDN에 대해서 SGi 인터페이스로 종단하는 게이트웨이이다. 또 사용자마다 패킷 필터링을 실행해, UE의 IP 주소 할당, 업 링크 다운 링크에서의 트랜스포트 레벨로의 패킷 마킹 [관련한 EPS 베어러 내의 QCI(QoS Class Identifier)에 근거한 DiffServ Code Point의 설정 등], UL/DL의 속도 변경, DHCPv4, DHCPv6 기능, PMIP에 있어서의 LMA(Local Mobility Anchor : 뒤에 설명) 기능을 가지고 있다.
- ePDG : evolved Packet Data Gateway, WLAN 등의 신뢰성이 없는 non-3GPP IP액세스 네트워크를 SAE에 수용하기 위한 게이트웨이이며, Access PDN GW나 UE로부터 혹은 UE에 패킷의 라우팅을 실행함과 동시에 PMIP에 있어서의 MAG(Mobile Access Gateway : 뒤에 설명) 기능을 가진다.
- PCRF : Policy and Charging Rules Function, 정책 제어와 과금 기능

(2) 인터페이스

- S1-U : 베어러 사용자 영역(plane)을 위한 E-UTRAN과 Serving GW 간 참조점(reference point)
- S1-MME : E-UTRAN와 MME 간의 제어 영역간 인터페이스
- S2a : 신뢰성이 있는 non-3 GPP IP 액세스와 게이트웨이 간 사용자 영역 인터페이스
- S2b : ePDG와 게이트웨이 간 사용자 영역 인터페이스
- S2c : 신뢰성이 있는/없는 non-3GPP IP 액세스 혹은/또는 동시에 3GPP 액세스를 경유한 게이트웨이와 UE 간 사용자 영역 인터페이스
- S3 : 3GPP 액세스 네트워크 간 모빌리티를 위한 사용자 혹은 베어러 정보교환을 위한 인터페이스. SGSN 간에서 정의된 Gn 인터페이스에 근거한다.
- S4 : 2G/3G 액세스 네트워크와 LTE 간 모빌리티를 지원하기 위한 인터페이스. SGSN, GGSN 간에서의 Gn 인터페이스에 근거한다.
- S5 : Serving GW와 PDN GW 간 사용자 영역 터널링을 제공한다.
- S6a : 사용자 인증을 위해, MME와 HSS 간에 정의된 인터페이스
- S7 : PCRF로부터 PDN GW에 대해 정책과 과금 방법을 전송한다.

- S8 : 로밍용 인터페이스
- S10 : MME 간 인터페이스
- S11 : MME, Serving GW 간 인터페이스
- S12 : UTRAN, Serving GW 간 사용자 영역 터널링을 위한 인터페이스이며, 다이렉트 터널링 설정에 사용된다. 옵션이다.
- SGi : PDN Gateway와 PDN 간 인터페이스
- SWn : ePDG와 신뢰성이 없는 Non-3GPP 액세스 네트워크 간 참조점 다음에 몇 개의 상세한 예를 보인다.
- UE-MME에서의 제어 인터페이스는 [그림 5.29]와 같이 나타낼 수 있다. 여기서 NAS는 모빌리티 제어, 베어러의 설정, 개방, 또는 신호의 암호화도 포함하고 있다. 또 LTE-Uu는 UE와 eNodeB 간 무선 프로토콜을 말한다.
- UE-PDN GW간의 사용자 영역 인터페이스는 [그림 5.30]과 같다. 여기서 GTP-U는 UTRAN-SGSN, SGSN-Serving GW, Serving GW-PDU GW 간 사용자 데이터 터널링 프로토콜이며, UDP/IP는 사용자 데이터, 제어 데이터를 라우팅하기 위한 백본 네트워크 프로토콜이다.

  상기 인터페이스에서 사용되는 프로토콜을 [그림 5.32]에 보인다. 여기서,
- MIP : Mobile IP
- PMIP : Proxy Mobile IP(뒤에 설명)
- GTP : GPRS Tunneling Protocol. 2G/3G에서, 모빌리티를 실현하기 위해 IP 네트워크를 터널링하여 패킷을 전송하는 기술

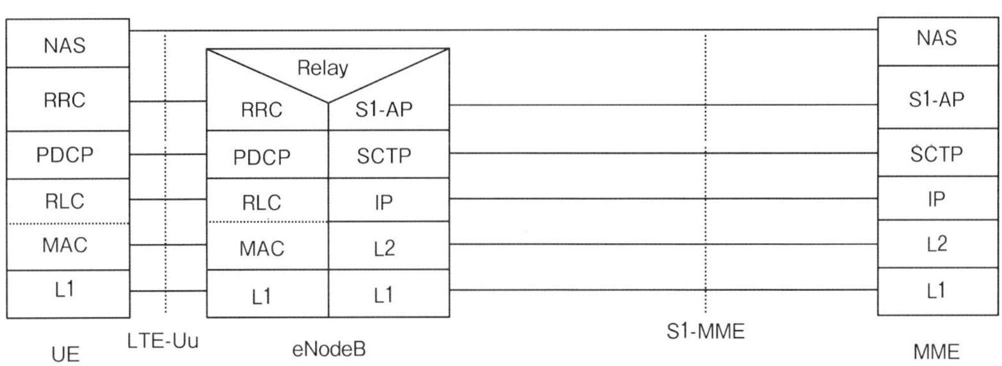

【그림 5.29】 UE-MME 간 제어 영역

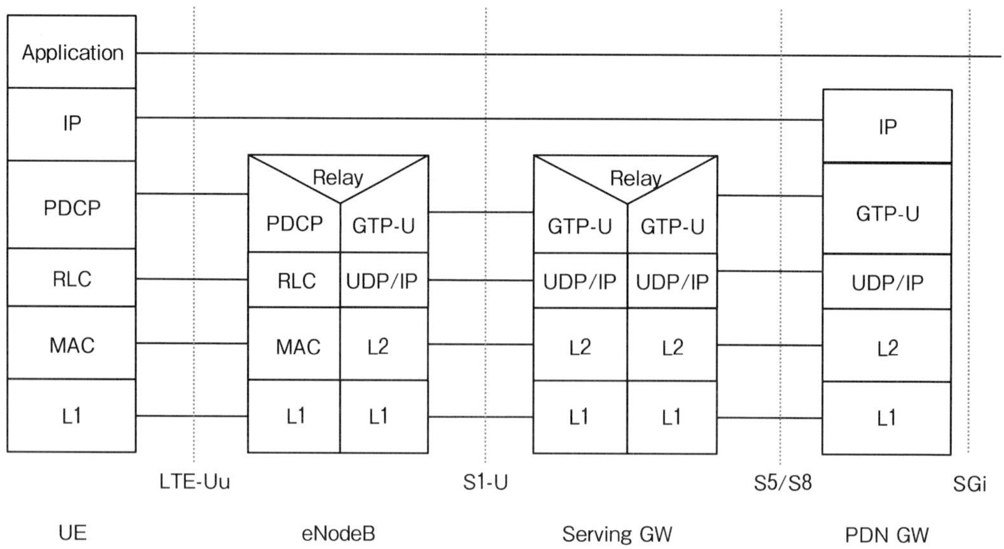

【그림 5.30】 UE-PDN GW 간 사용자 영역 인터페이스

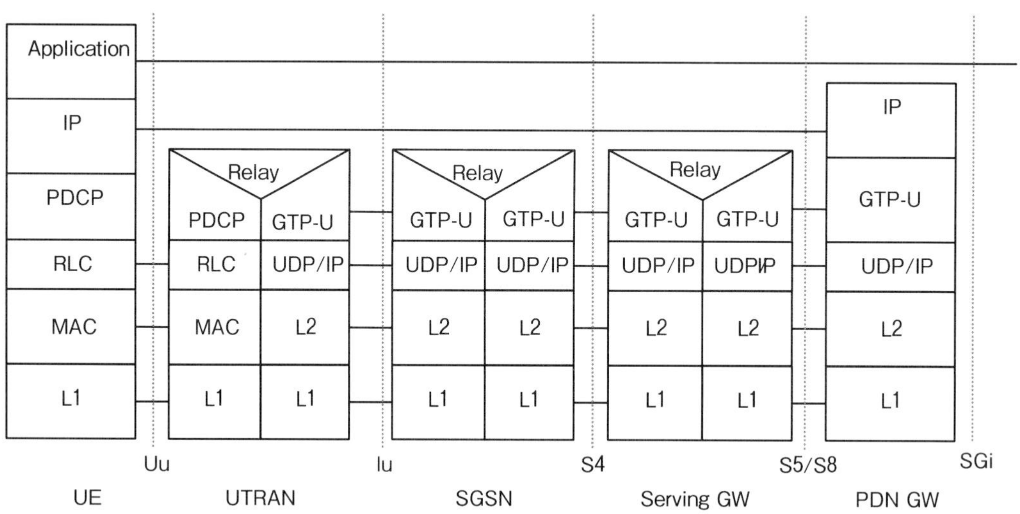

【그림 5.31】 S4를 거쳐 3G로의 액세스와 UE-PDN GW 간 사용자 영역 인터페이스

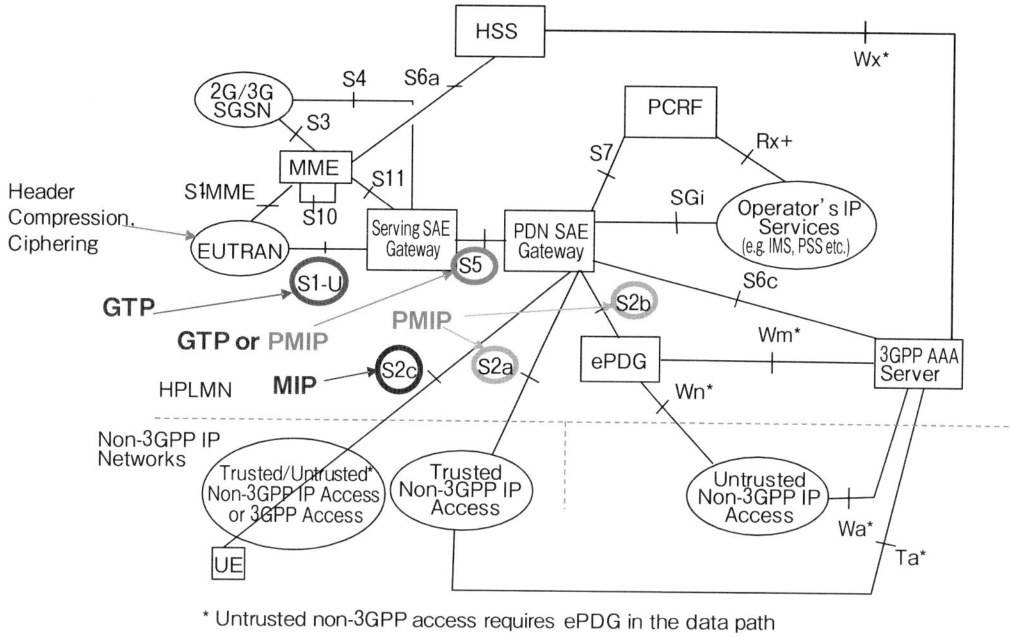

【그림 5.32】 SAE에서 사용되는 프로토콜들

(3) EPS 베어러

[그림 5.33]에 쌍방향 유니캐스트 EPS 베어러(GTP 기반 S5/S8)를 보인다.

- UE 내의 업 링크 TFT(Traffic Flow Template : 패킷 필터링 기능을 가진다)로 SDF(Service Data Flow)를 EPS 베어러에 맵핑한다. 복수의 SDF를 1개의 EPS 베어러에 맵핑하는 것도 가능
- PDN GW 내의 다운링크 TFT로 SDF를 EPS 베어러에 맵핑한다. 복수의 SDF를 1개의 EPS 베어러에 맵핑하는 것도 가능
- 무선 베어러는 UE, eNodeB 간에 EPS 베어러 패킷을 1 : 1 맵핑하여 운반한다.
- S1베어러는 eNodeB, Serving GW간에 EPS 베어러 패킷을 운반한다.
- S5/S8 베어러는 Serving GW, PDN GW 간에 EPS 베어러 패킷을 운반한다.
- UE는 업 링크에서의 SDF와 무선 베어러 간 맵핑을 생성하기 위해서 업 링크 패킷 필터와 무선 간 맵핑을 가진다.
- PDN GW는 다운 링크에서의 SDF와 S5/S8베어러 간 맵핑을 생성하기 위해서

다운링크 패킷 필터와 S5/S8 간 맵핑을 가진다.

- eNodeB는 업 링크 및 다운 링크에 있어서 무선 베어러와 S1 베어러 간의 맵핑을 생성하기 위해, 무선 베어러와 S1 간 1대1 맵핑을 가진다.
- Serving GW는 업 링크 및 다운 링크에 있어서 S1 베어러와 S5/S8 베어러간 맵핑을 생성하기 위해서, S1베어러와 S5/S8 베어러의 1대1 맵핑을 가진다.

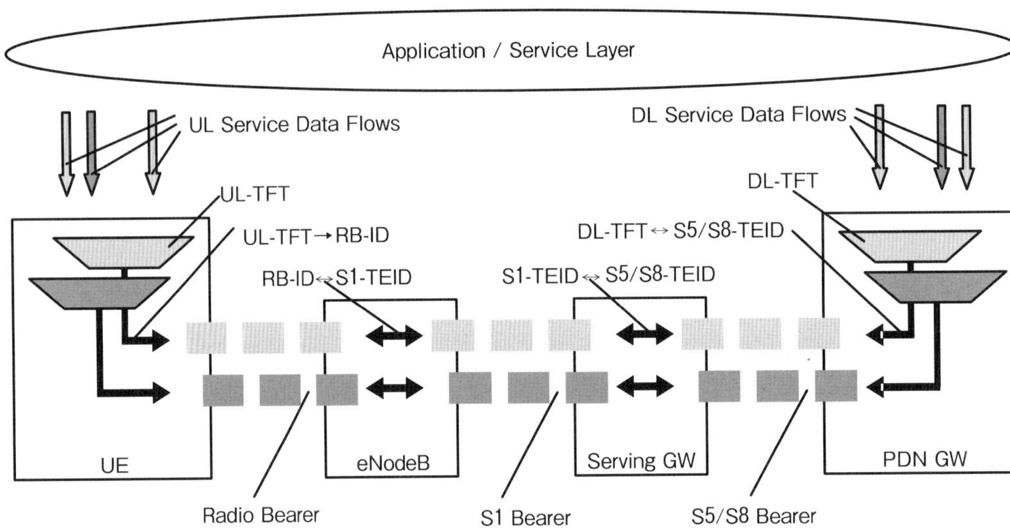

【그림 5.33】 쌍방향 유니캐스트 EPS 베어러(GTP 기반 S5/S8)

(4) 베어러 레벨 QoS 파라미터

QCI(QoS Class Identifier : QoS 클래스ID)는 [표 5.4]의 테이블과 같이 정의되고 있다. 또 QCI의 스코프에 대해서는 [그림 5.34]에 보이고 있다.

여기서 resource 형태는 GBR(Guaranteed Bit Rate : 보증 비트 속도)에 관한 네트워크 resource를 영구적으로 할당할 수 있을지 어떨지를 결정한다. GBR SDF는 다이나믹한 정책 과금 제어를 요구하지만, Non GBR SDF는 고정된 정책 과금 제어에 근거하는 것이다.

【표 5.4】 QCI

QCI	Resource Type	Priority	Packet Delay Budget	Packet Loss Rate	Example Services
1	GBR	2	100 ms	10^{-2}	Conversational Voice
2		4	150 ms	10^{-3}	Conversational Video (Live Streaming)
3		5	300 ms	10^{-6}	Non-Conversational Video (Buffered Streaming)
4		3	50 ms	10^{-3}	Real Time Gaming
5	Non-GBR	1	100 ms	10^{-6}	IMS Signaling
6		7	100 ms	10^{-3}	Voice, Video (Live Streaming) Interactive Gaming
7		6	300 ms	10^{-6}	Video (Buffered Streaming)
8		8			TCP-based(e.g., www, e-mail, chat, ftp, p2pfilesharing,progressivevideo,etc.)
9		9			

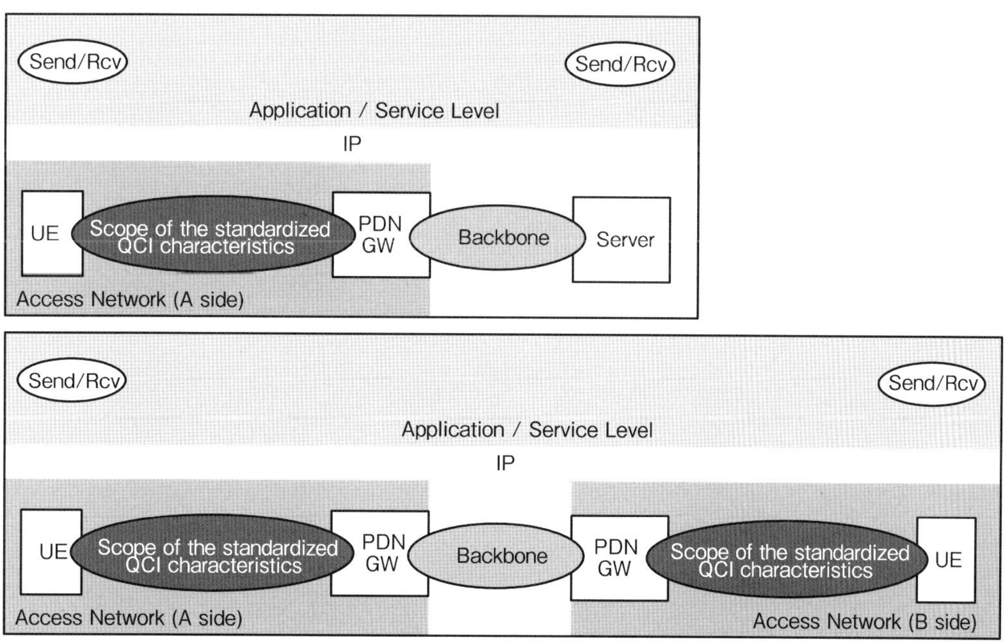

【그림 5.34】 QCI의 범위(scope)

우선도(priority)는 베어러 확립 또는 변경의 요구가 있는 경우, 혹은 resource에 제약이 있는 경우에, 수용 가능 여부를 결정하는데에 사용된다. 즉 핸드 오버 등 resource에 제약이 있는 경우에, 베어러를 통하게 할지에 대한 판단을 한다. 일단 확립된 후에는, 우선도는 그 베어러에 영향을 주지 않는다.

PDB(Packet Delay Budget : 패킷 지연)은 UE, PDN GW 간에 패킷 지연을 나타내고 있다. 98%의 신뢰성을 가진 최대 지연이라고 해석할 수 있다. 즉 GBR QCI를 사용한 서비스에서, GBR 이하의 속도로 보냈을 경우에 일반적으로 패킷 로스는 일어나지 않고, 98%의 패킷은 PDB를 넘는 지연은 발생하지 않는다고 해석할 수 있다.

PLR(Packet Loss Rate)는 링크 레이어(RLC등)에서의 IP패킷의 상한 패킷 손실값을 나타내고 있다.

(5) 네트워크 주도 베어러 확립

[그림 5.35]에 네트워크 주도 베어러 확립 순서를 나타낸다.

1. 다이내믹 PCC(Policy Control and Charging)가 포함되어 있는 경우에, PCRF는 PCC 결정 프로비저닝 메시지(QoS 정책)를 PDN GW에 전송한다.
2. PDN GW는 QoS 정책을 이용해서, 베어러 레벨 QoS 파라미터를 할당한다. PDN GW는 Serving GW에 대해, 전용 베어러 생성 요구 메시지[IMSI(International Mobile Subscriber Identity)], PTI(Protocol Transaction ID : UE가 베어러 resource 할당 요구를 했을 때에 사용되는 파라미터), 베어러 QoS, UL(업 링크) TFT, S5/S8 TEID(Tunnel Endpoint Identifier : 터널・엔드 포인트 식별자), LBI(Linked EPS Bearer Identity : EPS 베어러 ID)를 송신한다.
3. Serving GW는 MME에 대해 전용 베어러 생성 요구 메시지[IMSI, PTI, ULTFT, S1 TEID, LBI, DL-TFT(S5/S8가 PMIP인 경우)]를 보낸다.
4. MME는 UE에 할당되어 있지 않은 EPS 베어러 ID를 선택해서, 세션 매니지먼트 설정을 실행한다. 만약, UE가 UTRAN, GERAN의 능력을 가지고 있다면 MME는 EPS 베어러 QoS 정보에 대응하는 PDP Context 파라미터(R99QoS 프로필, 뒤에 설명), 우선도, 패킷 플로우 ID를 얻는다. MME는 eNodeB에 대해 베어러 확립 요구 메시지(베어러 QoS, 세션 매니지먼트 파라미터, S1-TEID)를 보낸다.
5. eNodeB는 베어러 QoS를 무선 베어러 QoS에 대응시켜, UE에 대해 RRC 커넥션

재설정 메시지[무선 베어러 QoS, 세션 매니지먼트 파라미터, EPS RB ID(무선 베어러 ID)]를 송신한다. UE는 QoS, 우선도, 패킷 플로우 ID를 보유한다.

6. UE는 eNodeB에 대해 RRC 커넥션 재설정 완료 메시지(세션 매니지먼트 응답)를 송신한다.
7. eNodeB는 MME에 대해 베어러 확립 응답 메시지(EPS 베어러 ID, S1-TEID, 세션 매니지먼트 응답)를 보냄과 동시에 요구된 베어러 QoS를 실현할 수 있는지 표시한다.
8. MME는 Serving GW에 대해 전용 베어러 생성 응답 메시지(EPS 베어러 ID, S5/S8-TEID)를 송신한다.
9. Serving GW는 PDN GW에 대해 전용 베어러 생성 응답 메시지(EPS 베어러 ID, S5/S8-TEID)를 송신한다.
10. PDN GW는 PCRF에 대해 프로비저닝 응답 메시지를 보내는 것에 의해, 요구된 PCC 결정(QoS 정책)이 실현할 수 있는지를 통지한다.

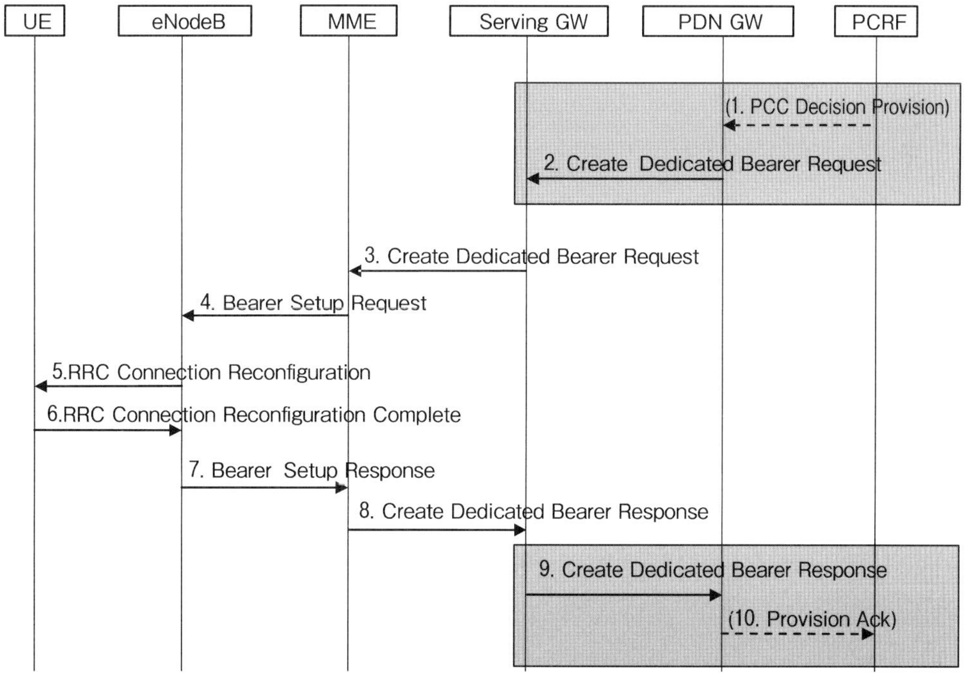

【그림 5.35】 네트워크 주도 베어러 확립 순서

[그림 5.35]에서의 create 순서를 update 순서로 변경한 것이 네트워크 주도 베어러 업데이트 순서가 된다.

다음에 HSS(Home Subscriber Server)가 가입자 QoS를 변경하는 경우의 순서에 대해 설명한다.

[그림 5.36]은 HSS에 의한 가입자 QoS를 변경하는 순서이다.

1. HSS는 MME에 대해 가입자 데이터 삽입 메시지(IMSI, 가입자 데이터)를 보낸다. 이것은 HSS가 사용자 프로필을 변경하기 위해서 MME에 보내는 메시지이다.
2. MME는 베어러 업데이트 요구 메시지(EPS 베어러 ID, 베어러 QoS)를 Serving GW에 송신한다. 베어러 QoS에는 수정된 EPS 가입자 QoS 프로필이 포함된다.

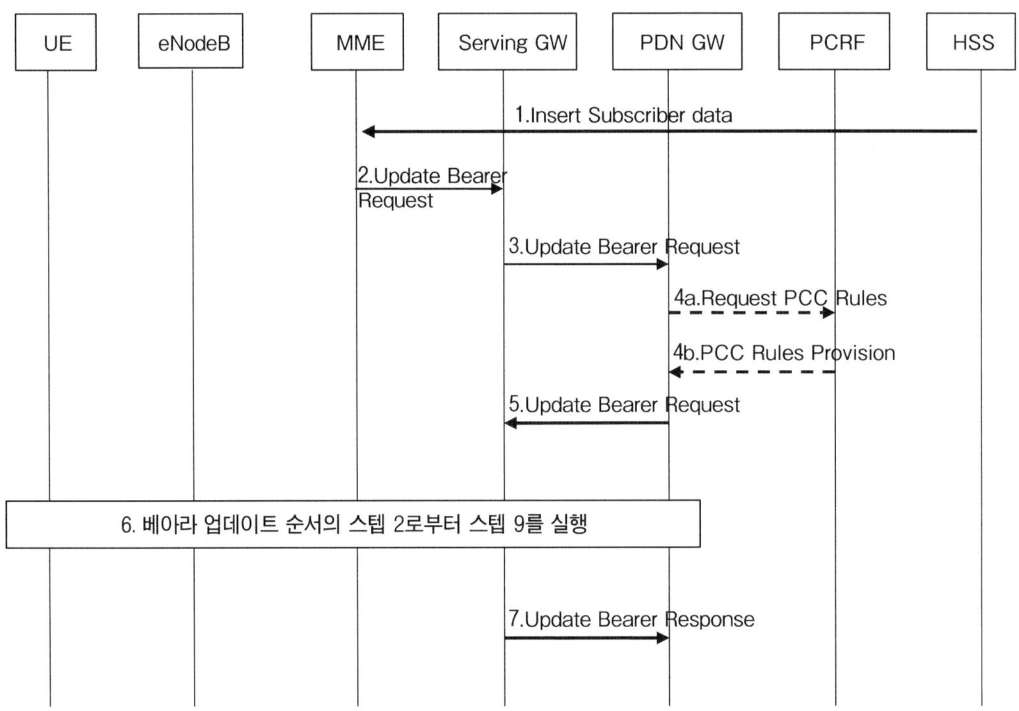

【그림 5.36】 HSS에 의한 가입자 QoS 변경 순서

3. Serving GW는 PDN GW에 대해 베어러 업데이트 요구 메시지(EPS 베어러 ID, 베어러 QoS)를 송신한다.

4. PDN GW는 PCRF에 대해 베어러 QoS 업데이트를 통지하고, PCRF는 PDN GW에 대해 새로운 PCC 룰 프로비저닝(rule provisioning) 메시지를 송신한다.
5. PDN GW는 베어러 업데이트 요구 메시지(PTI, EPS 베어러 ID, 베어러 QoS, UL TFT)를 Serving GW에 보낸다.
6. 베어러 업데이트 순서의 스텝 2로부터 스텝 9를 실행한다.
7. Serving GW는 PDN GW에 대해 베어러 업데이트 응답 메시지(EPS 베어러 ID)를 송신한다.

5.2.4 모빌리티 제어

(1) EPS 모빌리티 매니지먼트 제어(EMM : EPS Mobility Management) Status

UE와 eNodeB는 모빌리티 매니지먼트에 관해, 아래과 같은 상태를 가진다.

(a) EMM-DEREGISTERED

이 상태에서는 MME 내에 존재하는 EMM Context는 특정의 UE에 대해서 유효한 위치 혹은 라우팅 정보를 가지고 있지 않다.

(b) EMM-REGISTERED

UE는 등록 절차(Attach(등록)의 수속, 혹은 트랙킹 지역 갱신 수속)에 의해 이 상태로 들어간다.

[이동통신 네트워크에서 이동국의 위치는 트렉킹 · 지역(TA : Tracking Area) 단위로 네트워크에 기억된다. 트랙킹 · 지역이란 위치 · 지역(LA : Location Area) 또는 라우팅 · 지역(RA : Routing Area)에 해당되며 한 개 혹은 복수의 셀로 구성된다.]

UE의 위치는 MME에서 파악되며, UE는 아래와 같은 동작을 한다.

- 만약, 새로운 TA가 UE가 수신하는 TA 리스트에 있지 않은 경우에는 TA의 갱신 절차를 실행한다.
- UE가 유효함을 알리기 위해 주기적으로 TA 갱신 절차를 실행한다.
- 업 링크의 데이터 전송 시에 무선 베어러의 확립을 위해서 서비스 요구 절차를 실행한다.

- 적어도 1개의 유효한 PDN 커넥션을 가진다.

만일 E-UTRAN로부터 non-3GPP에 핸드 오버했을 경우 등과 같이 모든 베어러가 release 되었을 경우, UE와 MME는 EMM-DEREGISTERED로 상태가 천이된다. 또 UE가 E-UTRAN의 인터페이스를 non-3GPP 액세스로 전환했을 경우도 마찬가지로 천이된다.

(2) EPS connection 매니지먼트 제어(ECM : EPS Connection Management) Status

(a) ECM-IDLE

UE는 UE와 네트워크 간에 NAS 시그널링 커넥션이 없는 경우에 ECMIDLE로 된다. UE는 셀 셀렉션을 실행하고 있고, E-UTRAN 내에는 UE context가 없는 상태이며, UE에 대해서는 S1_MME와 S1_U 커넥션이 없는 상태이다. UE와 MME는 UE와 MME 간에 시그널링 커넥션이 확립했을 때에, ECMCONNECTED로 천이된다.

(b) ECM-CONNECTED

MME에서 UE의 위치는 eNodeB ID와 함께 파악된 상태이다. UE의 모빌리티 제어는 핸드 오버 처리에 의해 이루어지며, 이 상태에서는 UE와 MME 사이의 시그널링 커넥션이 확립되어 있다. 즉 RRC 커넥션과 S1_MME 커넥션이다. [그림 5.37], [그림 5.38], [그림 5.39], [그림 5.40]에 상태 천이도를 나타낸다.

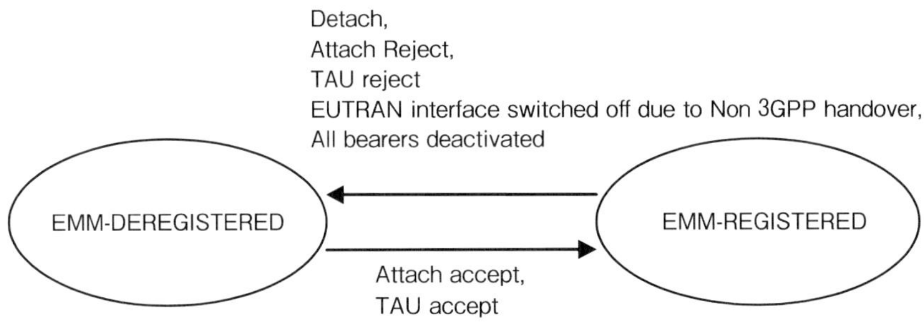

【그림 5.37】 UE에 있어서의 EMM 상태 천이

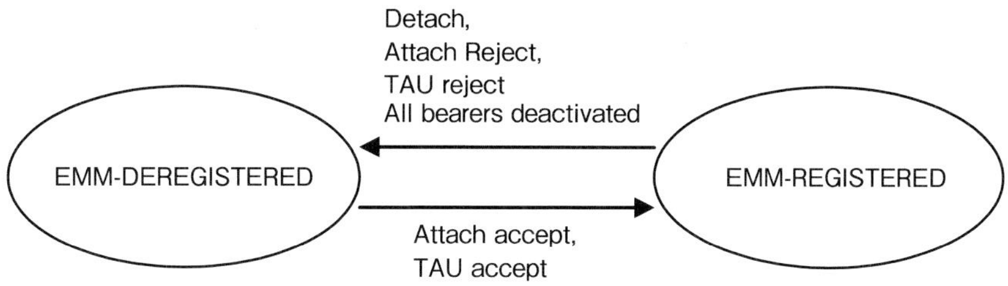

【그림 5.38】 MME에서의 EMM 상태 천이

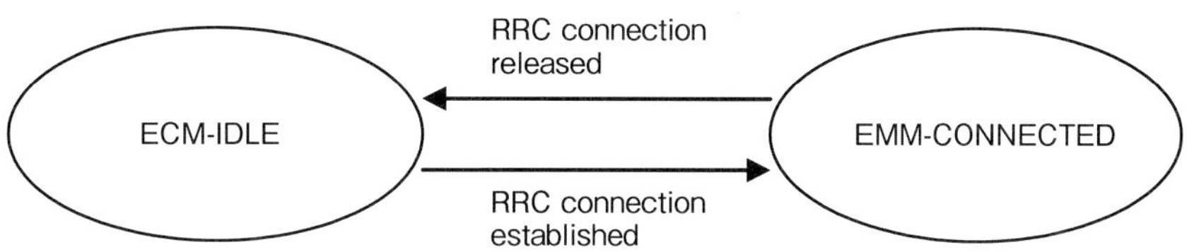

【그림 5.39】 UE에서의 ECM 상태 천이

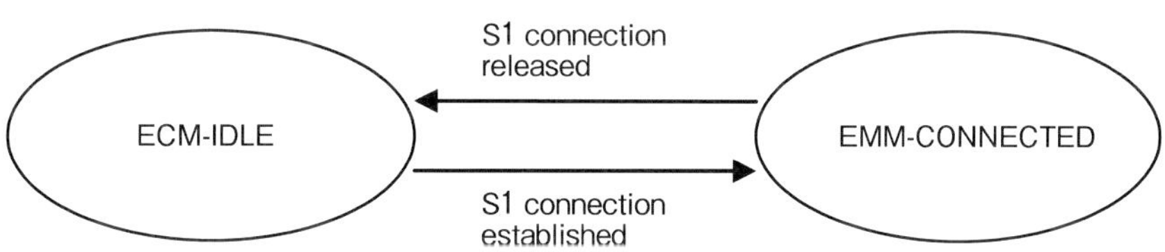

【그림 5.40】 MME에서의 ECM 상태 천이

(3) EUTRAN의 3GPP 내 핸드 오버

(a) Intra LTE 핸드 오버

이하에 MME, Serving GW의 변경이 없는 LTE 간 핸드 오버 시나리오에 대해 [그림 5.41]를 이용해서 설명한다.

【제어 영역에 대해】

0. source eNodeB에 관한 UE context는 로밍 제어에 관한 정보를 포함하고 있다.

1. source eNodeB는 지역 제어 정보를 근거로 Measurement Control 신호에 의해, UE에서의 측정을 개시한다.
2. UE는 measurement report를 source eNodeB에 전송한다.
3. source eNodeB는 measurement report와 RRM(Radio Resource Management) 정보를 근거로 핸드 오버를 결정한다.
4. source eNodeB는 타겟 사이드에서 HO(핸드 오버) 준비를 위해 핸드 오버 요구를 target eNodeB에 송신한다. 타겟 cell ID나, RRC context, EPS 베어러의 QoS 프로필 등이 포함된다.
5. target eNodeB에서는 수신한 EPS 베어러의 QoS 프로필을 기본으로 resource가 충분한가 Admission 제어를 한다.
6. target eNodeB에서는 L1/L2HO를 준비하는 것과 동시에 핸드 오버 요구 응답을 source eNodeB에 송신한다. target eNodeB security identifier나 dedicated RACH 프리앰블, expire time(유효기간) 등이 포함된다.
7. source eNodeB는 RRC 메시지인 핸드 오버 커멘드를 UE에 송신한다. 6.에서의 핸드 오버 응답의 내용을 포함하고 있다.
8. source eNodeB는 SN status 전송 메시지를 target eNodeB에 송신한다. 업 링크에서의 PDCP(앞에서 설명) SN(시퀀스 번호) 수신 상황 및 다운 링크에 있어서의 PDCP SN 송신 상황을 통지하기 위한 것이다.
9. UE는 핸드 오버 커멘드를 수신 후, target eNodeB와 동기 절차를 통해 target cell에 액세스한다. UE는 target eNodeB용 개별 key를 얻어 선택된 보안 알고리즘을 전개한다.
10. 네트워크 측은 업 링크 할당 및 타이밍에 대해 응답한다.
11. UE가 타겟 셀에 무사히 액세스한 경우에, UE는 핸드 오버 확인 메시지를 업 링크 버퍼 status 리포트와 함께 target eNodeB에 송신한다. target eNodeB는 UE와 데이터 송신이 가능해진다.
12. target eNodeB는 UE가 셀을 변경한 것을 알리기 위해서, 경로 스위치 메시지를 MME에 송신한다.
13. MME는 Serving GW에 대해 사용자 영역 업 데이터 요구를 보낸다.

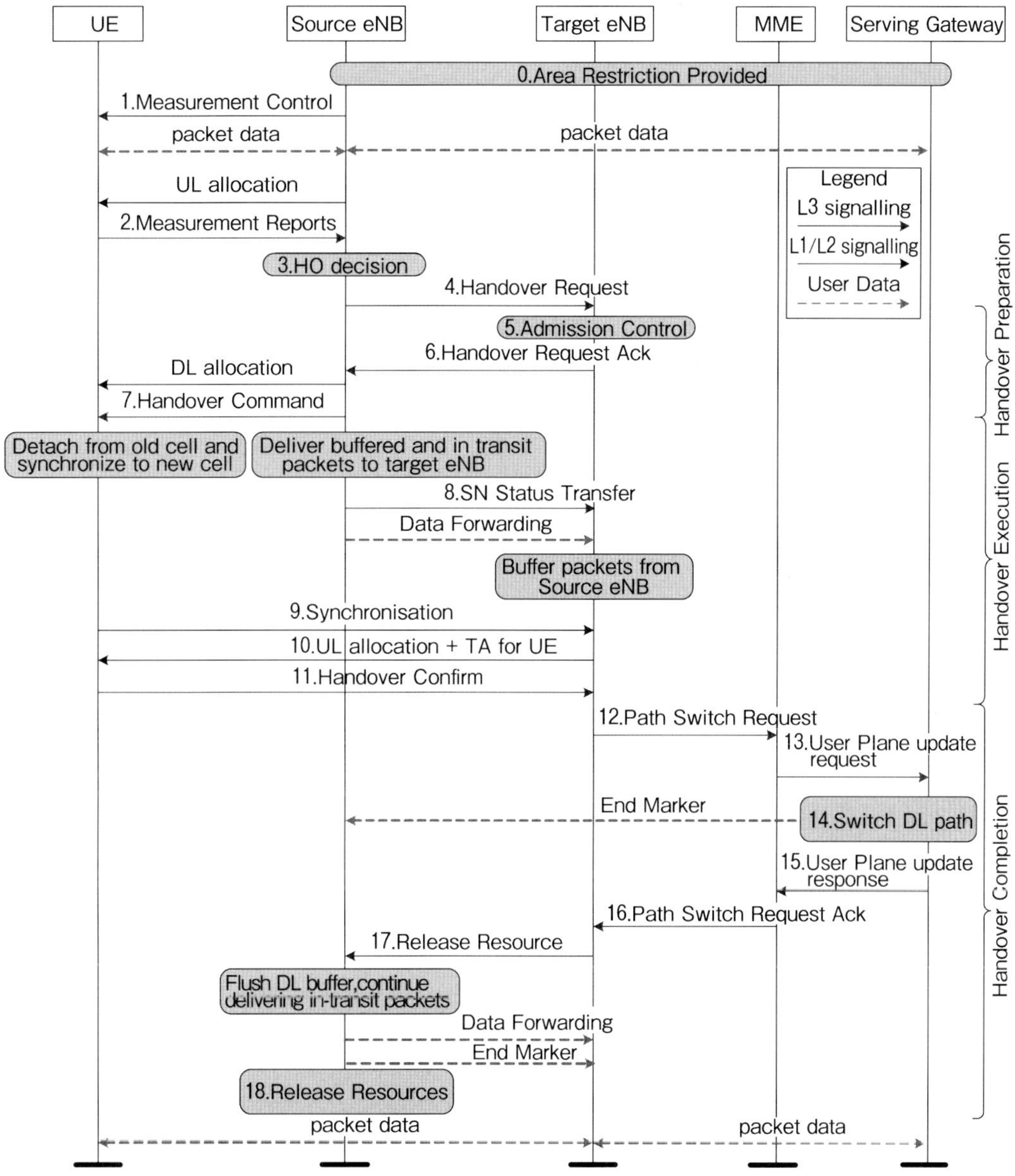

【그림 5.41】 Intra LTE 핸드 오버

14. Serving GW는 다운링크 데이터 경로를 타겟 사이드에 스위치 한다. 또 Serving GW는 1개 이상의 end marker 패킷을 source eNodeB에 송신한다. 그 결과 source eNodeB로 향하는 사용자 영역 resource를 release 할 수 있다.

15. Serving GW는 사용자 영역 업데이트 응답을 MME에 보낸다.
16. MME는 경로 스위치 요구 응답을 target eNodeB에 송신한다.
17. target eNodeB는 경로 스위치 요구 응답을 MME로부터 수신한 후에, source eNodeB에 release resource 메시지를 보내, HO 성공 및 resource release를 처리하도록 한다.
18. release resource 메시지를 수신 후, source eNodeB는 UE context와 관계되는 제어 영역 resource와 무선의 release를 실행한다.

【사용자 영역에 대해】

- HO 실행 중에 사용자 데이터는 source eNodeB로부터 target eNodeB에 전송할 수 있다.
- MME로부터 Serving GW에 사용자 영역 업데이트 메시지를 보냄으로써, Serving GW에서의 사용자 영역 경로를 source eNodeB로부터 target eNodeB로 전환한다.
- source eNodeB는 Serving GW로부터 source eNodeB에 패킷을 보내고 있는 한, 혹은 source eNodeB의 버퍼가 비워지지 않는 한, 사용자 영역 데이터를 계속 전송해야 한다.

(b) Inter RAT 핸드 오버(E-UTRAN to UTRAN Iu mode의 경우)

구체적인 핸드 오버 절차에 들어가기 전에 UTRAN에서의 베어러 서비스, PDP context, GTP에 대해 설명한다.

[그림 5.42]는 UMTS 패킷 교환 도메인에서의 베어러 서비스 모델을 나타낸다.

PDP context란 사용자 IP 패킷을 전송하는 논리 경로의 구성 정보로서, 세션을 설정하면 그 논리 경로상에 위치하는 UE, SGSN, GGSN에서 PDP context를 보유하였다가, 세션이 종료되면 PDP context는 없어진다. PDP 주소란 UE에 할당할 수 있는 IP 주소다. APN(액세스 포인트명)은 UE가 GGSN(Gateway GPRS Support Node) 경유로 외부 IP 네트워크에 접속된 경우 GGSN 식별명으로, 인터넷의 도메인명에 해당한다. [그림 5.43]에 PDP 주소, APN, PDP context와의 관계를 나타낸다.

[그림 5.44]에 GTP 터널과 패킷 구성을 표시한다. 터널링이란 어느 패킷에 대해 새

로운 헤더를 붙이고, 두 지점 간에 전송되는 것을 의미하지만, 여기에서는 UE당 IP 패킷에 대해 새로운 헤더(IP/UDP/GTP)가 부가되어 GTP 터널링이 실행되고 있다. GGSN-SGSN 간, 그리고 SGSN-RNC 간의 GTP 터널은 각각 터널·엔드 포인트 식별자(TEID)와 그 장치들의 IP 주소에 의해 식별되고 있다.

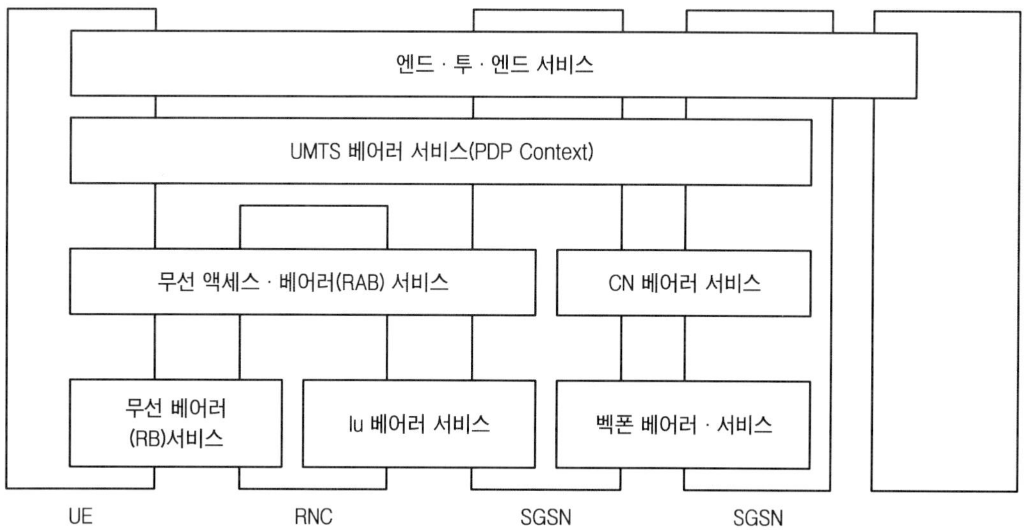

【그림 5.42】 UMTS 패킷 교환 도메인에서의 베어러 서비스 모델

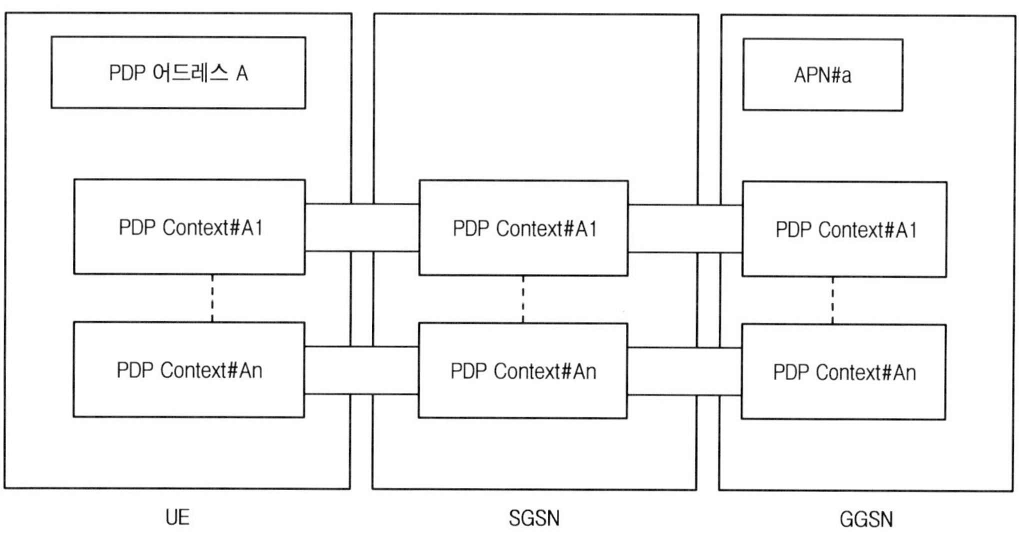

【그림 5.43】 PDP 주소, APN, PDP context와의 관계

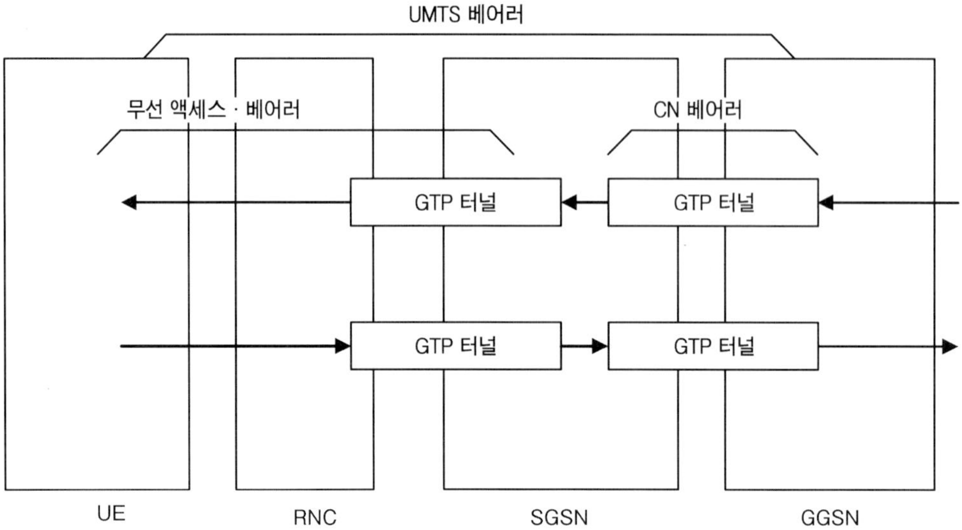

(1) GTP 터널

IP 헤드 (SGSN 주소)	UDP	GTP 헤드 (SGSN TEID)	원래의 사용자 패킷

(2) GTP 패킷 예(GGSN-SGSN 간)

【그림 5.44】 GTP 터널과 패킷의 구성

Inter RAT HO는 준비 phase와 실행 phase로 나누어진다.

(i) 준비 phase

[그림 5.45]에 보인 절차에 따라 순서대로 설명한다.

0. UE는 ECM-CONNECTED 상태에 있다.
1. source eNodeB는target 액세스 네트워크인 UTRAN Iu 모드에의 Inter RAT 핸드 오버 실행을 결정한다.
2. source eNodeB는 핸드 오버 요구 메시지(이유, target RNC, source eNodeB ID, 전달 정보, 베어러 데이타 전송 리스트)를 source MME에 송신해서, target RNC, target SGSN, target Serving GW에서의 resource 확립을 요구한다.
3. source MME는 target SGSN에 대해 forward relocation을 요구함 [IMSI

(International Mobile Subscriber Identity), MM context(보안 정보), PDP context(PDP(Packet Data Protocol) context : UMTS에서 사용자의 IP 패킷을 전송하는 경우에 논리 경로를 구성하기 위한 설정 정보], MME 터널 엔드 포인트 ID, MME 주소 등을 포함)].

4. target SGSN은target Serving GW를 선택하고, target Serving GW에 대해 PDP context 생성 요구 메시지[IMSI, SGSN 터널 엔드 포인트 ID, SGSN 주소, PDN GW 주소, PDN GW TEID(Tunnel Endpoint Identifier : 터널 · 엔드 포인트 식별자)]를 송신한다.

4 a. Target Serving GW는 로컬 resource를 할당하여, PDP context 생성 응답 메시지(Serving GW 주소, Serving GW TEID)를 target SGSN에 송신한다.

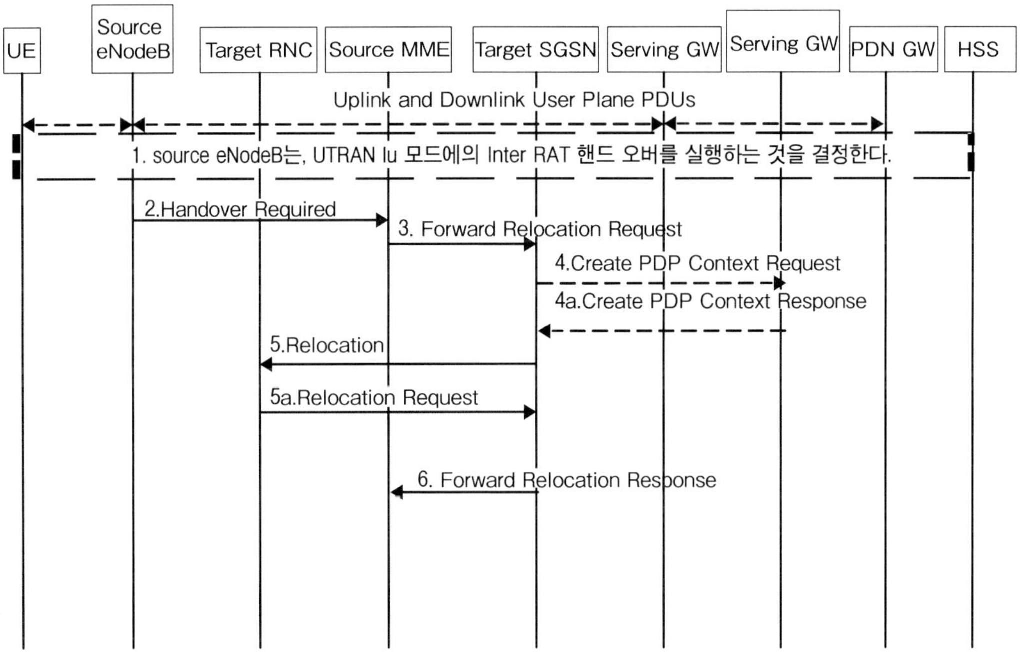

【그림 5.45】 Inter RAT HO 준비 phase(E-UTRAN to UTRAN)

5. Target SGSN은 target RNC에 무선 네트워크 resource(RAB(Radio Access Bearer) : 무선 베어러 stratum이 제공하는 무선 베어러 서비스)를 확립하기 위해서, relocation 요구 메시지[UE ID, 이유, CN 도메인 ID, IK(Integrity Key : 무

결성을 확인하기 위한 키), CK(Ciphering Key : 암호 키) 및 알고리즘, RAB 셋업 리스트 외 등]를 target RNC에 송신한다.

5a. target RNC는 resource의 할당을 실행하여 target SGSN에 대해, relocation 요구 확인 메시지 (RAB 셋업 리스트 등)를 송신한다. target RNC는 Serving GW로부터의 다운 링크 GTP PDU를 수신할 수 있도록 준비한다.

6. target SGSN은 Forward relocation 응답 정보[이유, SGSN 터널 엔드 포인트 ID, SGSN 주소, RANAP(Radio Access Network Application Part : 무선 액세스 네트워크 응용부), RAB 셋업 정보, 사용자 데이터 트래픽 전송을 위한 주소군 및 TEID, Serving GW 변경 통지]를 source MME에 송신한다.

(ii) 실행 phase

아래 순서로 [그림 5.46]에 보인 절차에 대해 설명한다.

1. source MME는 source eNodeB에 대해, 핸드 오버 커멘드(준비 phase에 target 사이드로부터 수신한 사용자 트래픽 포워딩을 위한 주소군 및 TEID 등을 포함)를 송신해서, 준비 phase를 완료한다. source eNodeB는 target RNC로 데이터 전송 준비를 한다.
2. source eNodeB는 E-UTRAN로부터의 HO 커멘드 메시지에 따라 UE에 대해, 타겟 액세스 네트워크에의 핸드 오버에 지시를 실행한다. UE는 베어러 ID를 NSAPI(Network Layer Service Access Point Identifier : 네트워크 서비스 액세스 포인트 ID)를 베이스로 대응하는 RAB에 연계시킨다. 사용자 영역 데이터의 업 링크 송신을 중지한다.
3. UE는 target UTRAN 3G 시스템으로 이동해서, step2에서의 메시지 파라미터를 기본으로 핸드 오버를 실행한다. UE는 target RNC에 할당된 무선 resource에 대응한 NSAPI에 대해, 사용자 데이터 송신을 재개한다.
4. target RNC는 relocation 완료 메시지를 target SGSN에 보냄으로써, source E-UTRAN로부터 target RNC에 대해, relocation이 완료됐음을 알린다. target SGSN은 target RNC로부터의 데이터 수신에 대비한다.

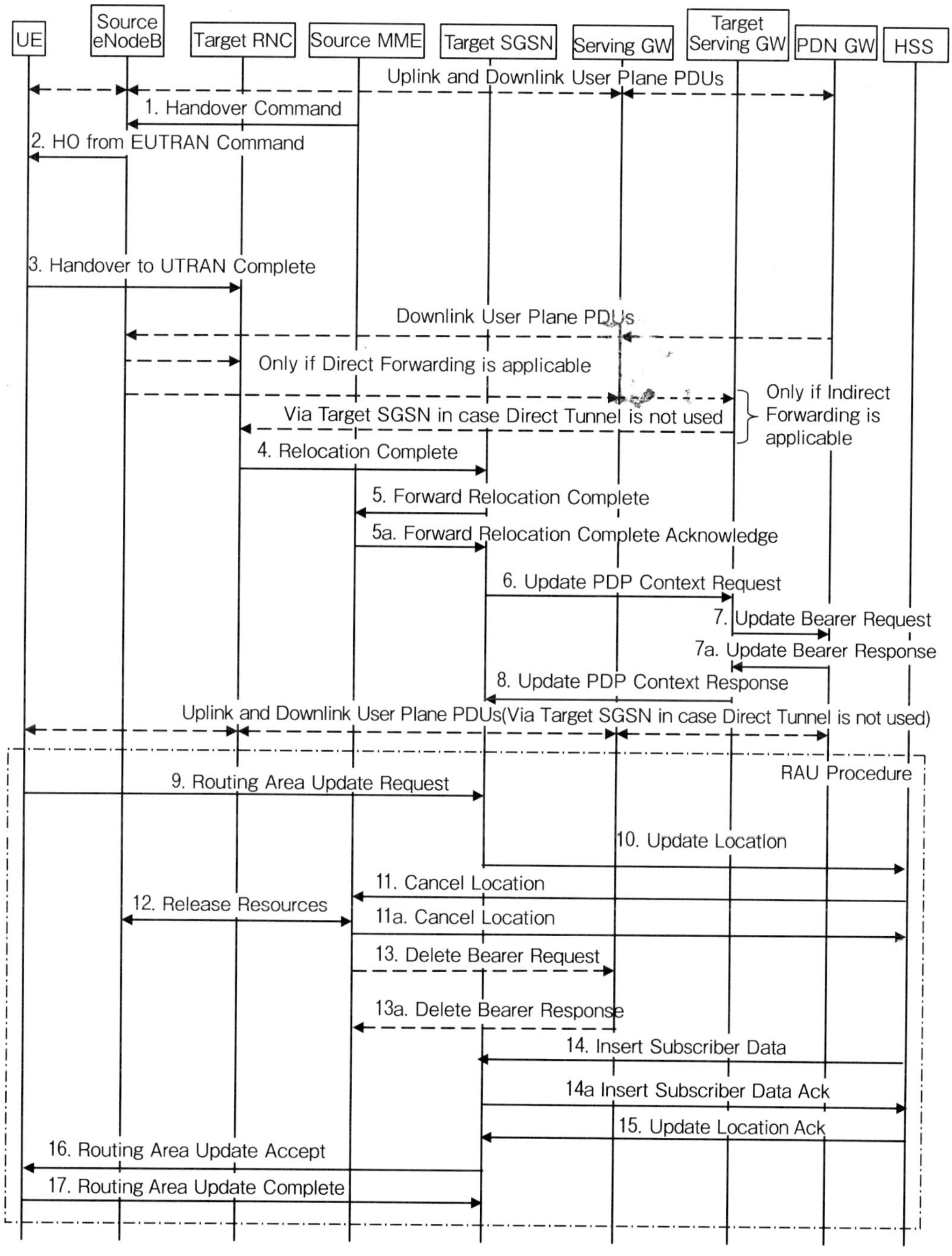

【그림 5.46】 Inter RAT HO 실행 phase(E-UTRAN to UTRAN)

5. target SGSN은 UE가 타겟 사이드에 도착한 것을 인지하고, source MME에 대해 Forward relocation완료 메시지를 보내며, source MME는 확인 메시지를 돌려준다.
6. target SGSN은 핸드 오버 처리를 끝내고, target Serving GW에 대해, PDP context 업데이트 요구 메시지를 보내어, target SGSN이 UE가 확립한 모든 PDP context를 처리하는 것을 알린다. 메시지에는 SGSN 터널 엔드 포인트 ID, NSAPI, SGSN 주소, TEID, RNC 주소, PDN GW주소, RAT 타입 등이 포함된다.
7. Target Serving GW는 PDN GW에 대해, Serving GW, RAT 타입이 바뀐 것을 베어러 업데이트 요구 메시지를 이용해 보낸다. PDN GW는 context 필드를 갱신해서, 베어러 업데이트 응답 메시지[PDN GW주소, TEID, MSISDN(Mobile Subscriber ISDN Number) 등]를 반환한다.
8. Target Serving GW는 사용자 영역이 target SGSN에 스위치된 것을 인식해서, PDP context 업데이트 응답(이유, Serving GW 터널 엔드 포인트 ID, serving GW 주소, PDN GW 주소, TEID 등을 포함)를 target SGSN에 송신한다. 이 단계에서, 사용자 영역 경로가 UE, target RNC, target Serving GW의 사이의 모든 PDP context에 대해 확립된다.
9. UE는 라우팅 지역 업데이트 메시지를 target SGSN으로 송신하여, UE가 새로운 라우팅 지역에 있는 것을 통지한다.
10. target SGSN은 HSS에 코어 네트워크가 바뀐 것을 위치 업데이트(SGSN 번호, SGSN 주소, IMSI)에 의해 통지한다.
11. HSS는 source MME에 대해, 위치 취소(IMSI, 취소 타입)을 보내고, source MME는 위치 취소 확인(IMSI)을 보낸다.
12. source MME는 위치 취소 메시지를 수신한 후, source eNodeB에 대해 resource 해제 메시지를 보낸다. source eNodeB는 UE와 관계되는 resource를 release한다.
13. source MME는 EPS 베어러 resource를 삭제해서, source Serving GW에 베어러 삭제 요구(이유, TEID)를 송신하고, source Serving GW는 베어러 삭제 응답(TEID)을 답장한다.
14. HSS는 가입자 데이터 삽입 메시지(IMSI, 가입자 데이터)를 target SGSN에 보내고, target SGSN은 UE에 관한 체크를 종료한 시점에서, 가입자 데이터 삽입 확인 메시지(IMSI)를 HSS에 송신한다.

15. HSS는 위치 업데이트 확인 메시지(IMSI)를 target SGSN에 송신한다.
16. target SGSN은 새로운 RA에서의 UE 존재를 확인해, 등록을 할 수 있으면, 라우팅 지역 업데이트 수락 메시지[P-TMSI(Packet Temporary Mobile Subscriber Identity), TMSI(Temporary Mobile Subscriber Identifier)와 함께, SDSN에 의해 IMSI 대신으로 일시적으로 할당된다]가 UE에 송신된다.
17. UE는 새로운 P-TMSI를 확인해서, target SGSN에 대해 라우팅 지역 업데이트 완료 메시지를 보낸다.

(4) IP 기반 모빌리티 프로토콜

SAE에 채용된 프로토콜에 대해 설명한다.

(a) 단말 주도 모빌리티

단말(호스트)의 이동에 따른 네트워크 내의 경로 변경 지시를 단말 자신이 실행하는 것으로, 예를 들어 Mobile IPv4/v6가 있다. 즉 단말은 항상 유일한 한 가지 홈 주소를 보관 유지하면서, 단말이 홈 네트워크와 떨어져 이동했을 경우, 이동처 주소(케어 오브 주소)를 취득하여 홈 네트워크에 있는 홈 에이전트(HA) 내의 홈 주소와 케어 오브 주소의 맵핑을 관리한다. 이것에 의해, 반드시 Correspondent Node(CN)로부터 홈 주소에 보낸 패킷은 이동처에 보내어 진다. Mobile IPv6에서는 케어 오브 주소가 직접 CN에 통지되어, 경로의 최적화를 꾀할 수 있다. 네트워크에의 능력 추가가 적은(HA의 추가뿐) 반면, 패킷의 캡슐화에 따른 사용자 데이터/시그널링 오버헤드 때문에 무선 resource를 소비한다는 문제가 있어, HA 주소를 단말에 통지하게 함으로써 네트워크 내의 노드 정보 공개를 전제로 한다. 또한, 경로 최적회에 있어서는 케어 오브 주소를 CN에 통지하게 되므로, 프라이버시 보호에 문제가 있다. Mobile IP에 대해서는 IETF에서 표준화가 이루어져 RFC3775, RFC3776로 공개되고 있다.

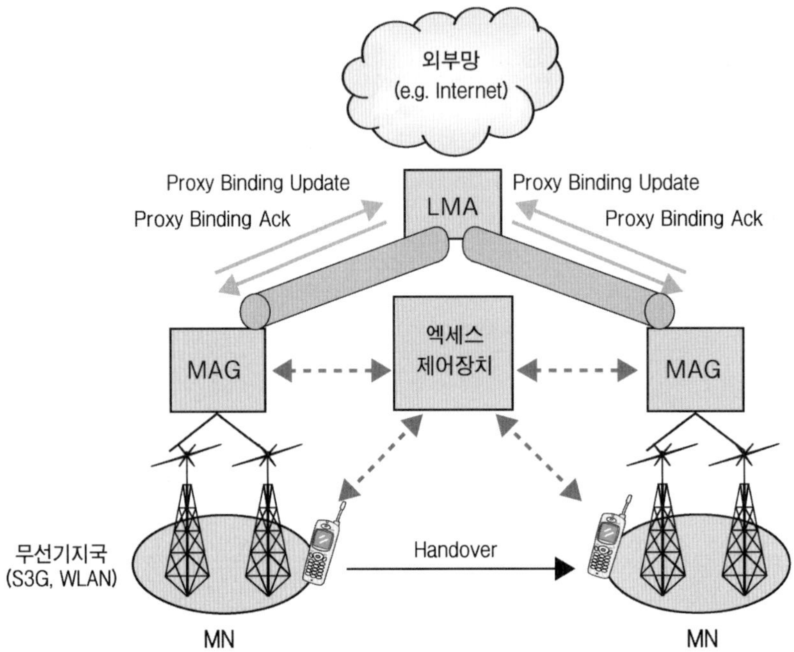

【그림 5.47】 PMIP 프로토콜 개념

(b) 네트워크 주도 모빌리티

단말은 링크 레이어(L2)만을 의식해 이동해도 네트워크 내의 경로 변경을 하지 않는 대신, 네트워크의 edge 장치가 링크 레이어의 변경을 하게 하여, 망내 경로를 절체하는 것으로 Proxy Mobile IPv6 등이 대표적인 예다. Edge 장치의 도입이 필요하기 때문에, 네트워크 측에 대한 기능 추가가 단말 주도형보다 많지만, Mobile IP와 같이 이동 제어를 위한 오버 헤드가 발생하지 않으며, 네트워크 제어 노드의 정보를 단말로부터 은폐하는 것이 가능하고 위치 정보도 오픈 되지 않아 프라이버시를 지킬 수 있다는 이점이 있다. Proxy Mobile IP(PMIP)에 대해 간단하게 설명하면, [그림 5.47]과 같이 LMA(Local Mobility Anchor : Mobile IP에서의 HA에 상당)와 MAG(Mobile Access Gateway : edge 장치에 상당), MN(Mobile Node : 스택 변경은 불필요한, IPv4/IPv6 호스트)으로 구성된다. Mobile IP에서는 MN/HA로 Binding update / Binding Ack 교환을 하고 있었지만, Proxy Mobile IP에서는 MAG/LMA 간에 Proxy Binding Update / Proxy Binding Ack 처리를 하며, LMA는 MN에 할당된 Prefix를 라우팅하게 된다. IETF에 있어서는 Mobile IP의 확장으로 표준화되고 있다.

(c) Registration 절차

(i) Initial E-UTRAN attach with PMIP based S5

주요 플로우를 [그림 5.48]에 보인다.

(A) UE가 eNodeB에 attach request(등록 요구)를 송신하고, eNodeB는 MME를 선택하여, 선택된 MME에 대해 attach request를 포워드한다. New MME는 각 GW에 대해 베어러를 지워달라고 요구한다.

A.1 Serving GW는 PCRF에 게이트웨이 제어 세션 개방 요구 메시지(MN NAI : Network Access Identifier 네트워크 액세스 식별자)를 송신한다.

A.2 PCRF는 게이트웨이 제어 세션 개방을 실행해서, Serving GW에 대해 ACK를 송신한다.

A.3 Serving GW는 Proxy Binding Update(MN NAI, lifetime=0)를 PDN GW에 보낸다. PDN GW는 LMA, Serving GW는 MAG에 해당한다. PDN GW에서UE의 데이터를 지운다.

A.4 PDN GW가 UE에 관한 IP CAN 세션을 개방하여 PCRF에 IP CAN 세션 개방 요구를 송신한다.

A.5 PCRF는 IP CAN 세션 개방을 실행하여 ACK를 송신한다.

A.6 PDN GW는 Serving GW에 Proxy Binding Ack를 송신한다.

(B) Old MME의 위치 정보 및 베어러 context를 지운다.

(C) new MME로부터 Serving GW에의 요구를 기초로 Serving GW와 PDN GW간 베어러 설정을 한다.

C.1 Serving GW는 새롭게 UE를 등록하기 위해, PDN GW에 대해 Proxy Binding Update(MN NAI : UE를 식별하기 위한 것, Life time : 0 이외, Access Technology Type : 이 경우는 E-UTRAN, 그외 파라미터)를 송신한다.

C.2 PDN GW는PMIP Binding Ack(MN NAI, Lifetime, UE 주소 : UE에 할당된 IP 주소)를 Serving GW에 송신한다.

C.3 Serving GW는 게이트웨이 제어 세션 확립 메시지(IP CAN Type, MN NAI, RAT Type, IP 주소, QoS 정보 : MME로부터 Serving GW에 보내진 것, 그외)를 PCRF에 송신해서 Serving GW와 PCRF의 사이에 제어 세션을 확립한다.

C.4 PCRF는 Serving GW에 대해 게이트웨이 제어 세션 확립 응답(QoS 정책 :

Serving GW용, 이벤트 트리거 : Serving GW가 PCRF에 통지하기 위한 트리거)을 송신한다.

(D) new MME가 eNodeB에 대해 attach request를 받아들인 것을 통지함과 동시에 UE와 eNodeB 간에 RRC 커넥션을 설정한다. 이것에 의해 UE와 PDN GW간에 쌍방향 패킷 송수신이 가능해진다.

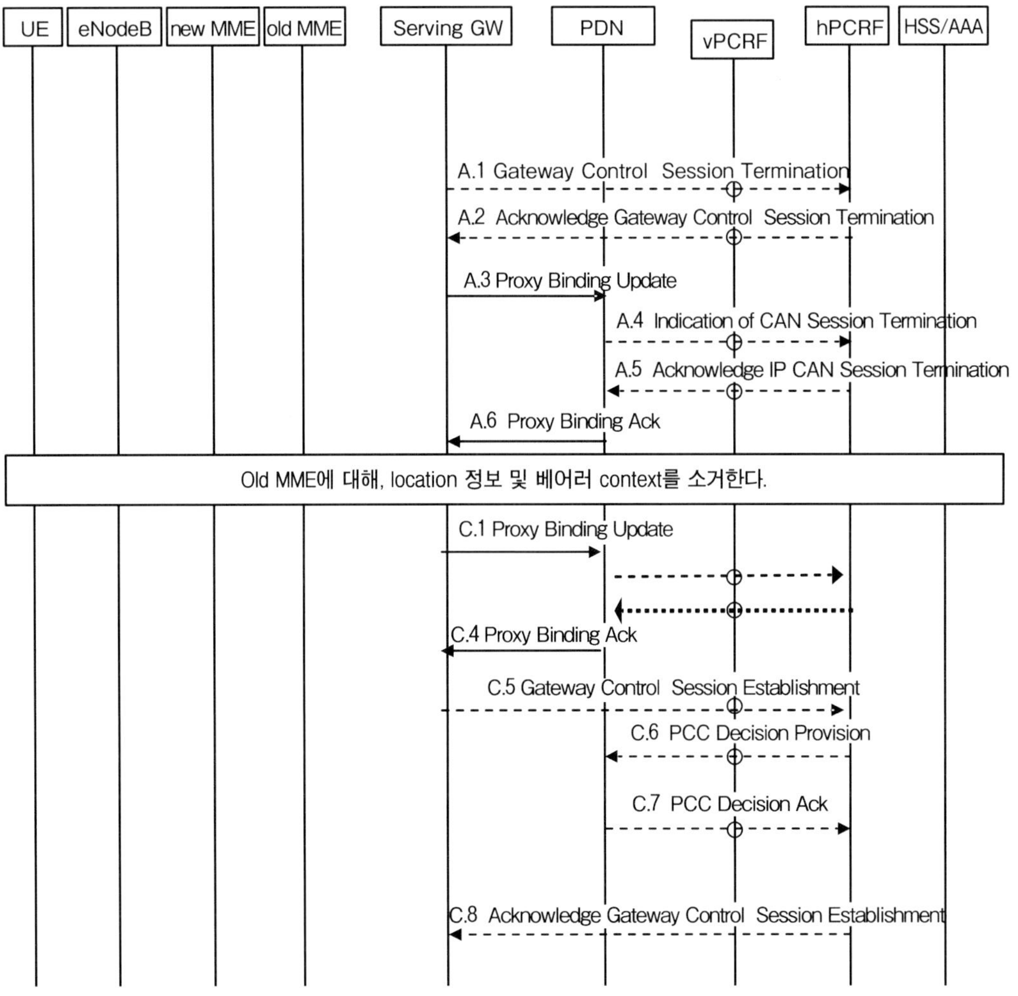

【그림 5.48】 Initial E-UTRAN attach with PMIP based S5

(ii) Initial attach procedure with PMIPv6 on S2a

신뢰성 있는 non-3GPP IP 액세스에 MAG가 있는 경우를 가정하고 있으며, 이하에서 [그림 5.49]에 대해 설명한다.

1. UE는 신뢰성 있는 non-3GPP IP 액세스에 대해 L2 절차를 실행한다.
2. EAP(Extensible Authentication Protocol) 인증 수속을 UE, non-3GPP IP 액세스, 3GPP AAA 사이에서 실행한다. PDN GW 정보는 3GPP AAA로부터 신뢰성 있는 non-3GPP 액세스의 MAG에 대한 응답에 포함된다.
3. 인증·인가 절차에 의해 L3 등록 절차가 시작된다.
4. 신뢰성 있는 non-3GPP IP 액세스의 MAG가 Proxy binding update(MN-NAI, Lifetime, Access Technology Type:non-3 GPP access 등)를 PDN GW에 송신한다.
5. PDN GW는 IP CAN 세션 확립 지시 메시지(MN NAI, APN : Access Point Name, PDN의 식별을 위해 사용되는 IP 주소 : PCRF용 등)을 PCRF에 보낸다.
6. PCRF는 PDN GW에 대해 IP CAN 세션 확립 확인 메시지를 보낸다.
7. PDN GW는3GPP AAA 서버에 대해 그 주소를 통지해서, 3GPP AAA 서버는 HSS에 대해 그것을 통지한다.
8. PDN GW는 UE용으로 binding cache(MAG-UE)를 작성하여 Proxy Binding Ack(MN NAI, Lifetime, UE 주소 정보 : UE를 위한 IP 주소 등)을 신뢰성 있는 non3GPP 액세스 내의 MAG에 송신한다.
9. 신뢰성 있는 non-3GPP IP 액세스와 PDN GW 사이에 PMIP 터널이 확립된다.
10. 신뢰성 있는 non-3GPP IP 액세스는 PCRF에 대해 게이트웨이 제어 세션 확립 메시지(IP CAN 타입, MN NAI, APN, IP 주소 : PCRF용, 기타)를 보낸다.
11. 스텝 10에 의해, PDN GW에 할당된 정책에 변경이 생겼을 경우에, PCRF는 PDN GW에 대해 정책 과금 룰 프로비저닝 신호를 보낸다.
12. 정책 과금 룰 프로비저닝 응답 신호(결과)를 보낸다.
13. PCRF는 게이트웨이 제어 세션 확립 응답 메시지(QoS 룰 : 사용자 트래픽에 이용되는 룰, 이벤트 트리거 : 통지하기 위한 이벤트)를 신뢰성 있는 non-3GPP IP 액세스에 보낸다.
14. L3 등록 절차가 완료된다. UE와 PDN GW간의 IP 커넥션이 업 링크, 다운 링크로 연결된 셈이다.

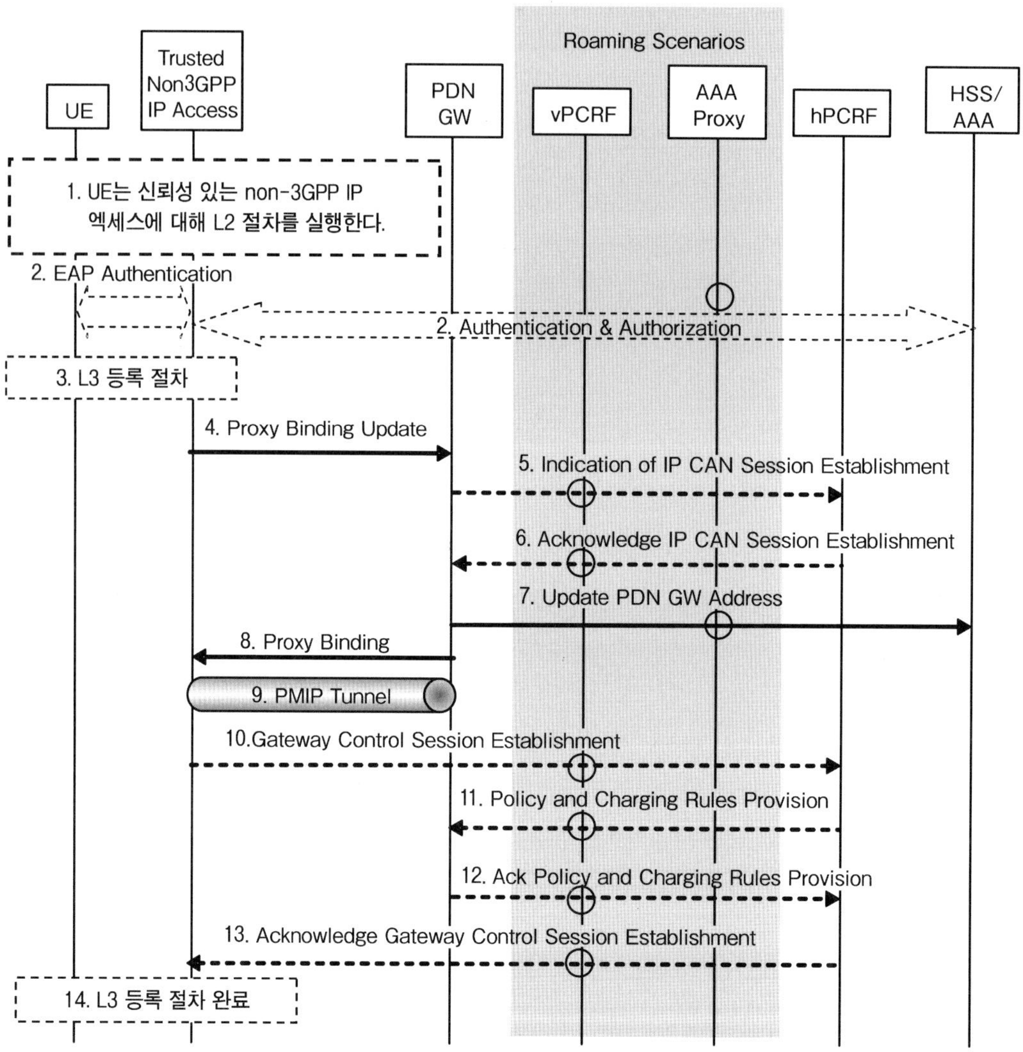

【그림 5.49】 Initial attach procedure with PMIPv6 on S2a

(iii) Initial attach procedure with DSMIPv6(Dual Stack MIPv6)on S2c

여기에서는 UE가 신뢰성 있는 Non-3GPP IP 액세스를 경유해서 PDN GW에 등록하는 순서를 [그림 5.50]에 따라 설명한다.

A) 로컬 IP 커넥션의 확립

1. L2 액세스와 인증 절차를 실행한다.

2. L3 커넥션이 UE와 신뢰성 있는 Non-3GPP IP 액세스의 사이에 확립된다. 로컬 IP 주소(DSMIPv6에 있어서의 케어 오브 주소(CoA)가 할당된다.
3. 액세스 게이트웨이는 PCRF에 게이트웨이 제어 세션 확립 메시지를 송신한다. 이것에는 UE IP 주소나 IP CAN 타입이 포함된다. PCRF는 QoS 정책을 결정해서, 그 응답 메시지를 액세스 게이트웨이에 송신한다.

B) PDN GW/HA 발견 및 HoA(홈 주소) 할당

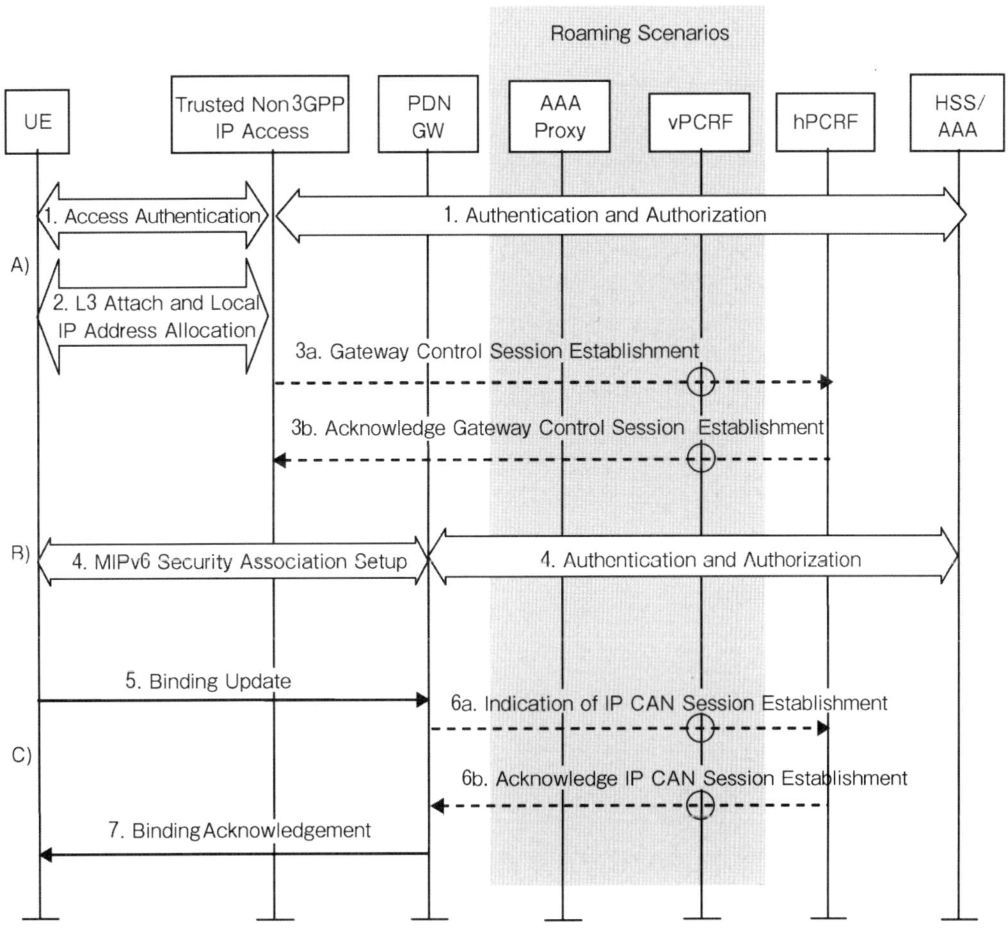

【그림 5.50】 Initial attach procedure with DSMIPv6 (Dual Stack MIPv6) on S2c

4. UE는 PDN GW(HA)를 발견하고, UE와 PDN GW 간에 보안 어소시에이션을 확

립한다. PDN GW에 의해 IPv6(또는 IPv4) 홈 주소가 UE에 할당된다. PDN GW는 PDN GW의 주소를 3GPP AAA 서버에게 전하고, 3GPP AAA 서버는 HSS에 그것을 전한다.

C) Binding Update

5. UE는 DSMIPv6 Binding Update [(IP 주소(HoA, CoA)] 메시지를 PDN GW(HA)에 송신하고, PDN GW는 binding cache를 작성한다.
6. PDN GW는 PCRF에 IP CAN 세션 확립 메시지(MN NAI, APN, IP 주소(HoA, CoA)를 송신하고, PCRF는 그 응답을 PDN GW에 송신한다.
7. PDN GW는 UE에 대해 DSMIPv6 Binding Ack[lifetime, IP 주소(HoA, CoA)] 메시지를 송신한다.

(d) E-UTRAN과 non-3GPP 간 핸드 오버

(i) E-UTRAN로부터 신뢰성 없는 non-3GPP IP 액세스로의 S2b 핸드 오버

여기서 S5, S2b에서는 PMIPv6를 전제로 하고 있으며, [그림 5.51]에 따라 설명한다.

1. UE는 E-UTRAN 네트워크에 등록되어 있다.
2. UE가 이동하여 신뢰성 없는 non-3GPP IP 액세스 네트워크에 등록한다.
3. UE, ePDG 간에 IKEv2(인터넷 키교환 프로토콜) 터널을 설정함과 동시에, 3GPP AAA 서버와 ePDG 간에 인증・인가 절차를 실행한다. 그 절차 중에서 3GPP AAA 서버로부터 ePDG에 대해, PDN GW의 정보를 전달한다.
4. ePDG는 PDN GW에 대해 Proxy Binding Update(MN-NAI, Lifetime, Access Technology Type, IP 주소/프레픽스 등)를 송신한다.
5. PDN GW는 PCRF에 정책 요구를 위한 IP CAN 세션 변경 메시지를 송신한다.
6. PCRF는 정책 및 과금 룰을 포함한 응답 신호를 PDN GW에 송신한다.
7. PDN GW에서는 binding cache의 갱신을 실행하여, Proxy Binding Ack(UE에 할당된 IP주소/프레픽스)를 ePDG에 송신한다.
8. UE, ePDG 간 IPsec 확립을 마친다.
9. UE, ePDG 간에 IPsec 터널이 구성되는 것과 동시에 ePDG, PDN GW 간에 PMIPv6 터널이 구성된다.

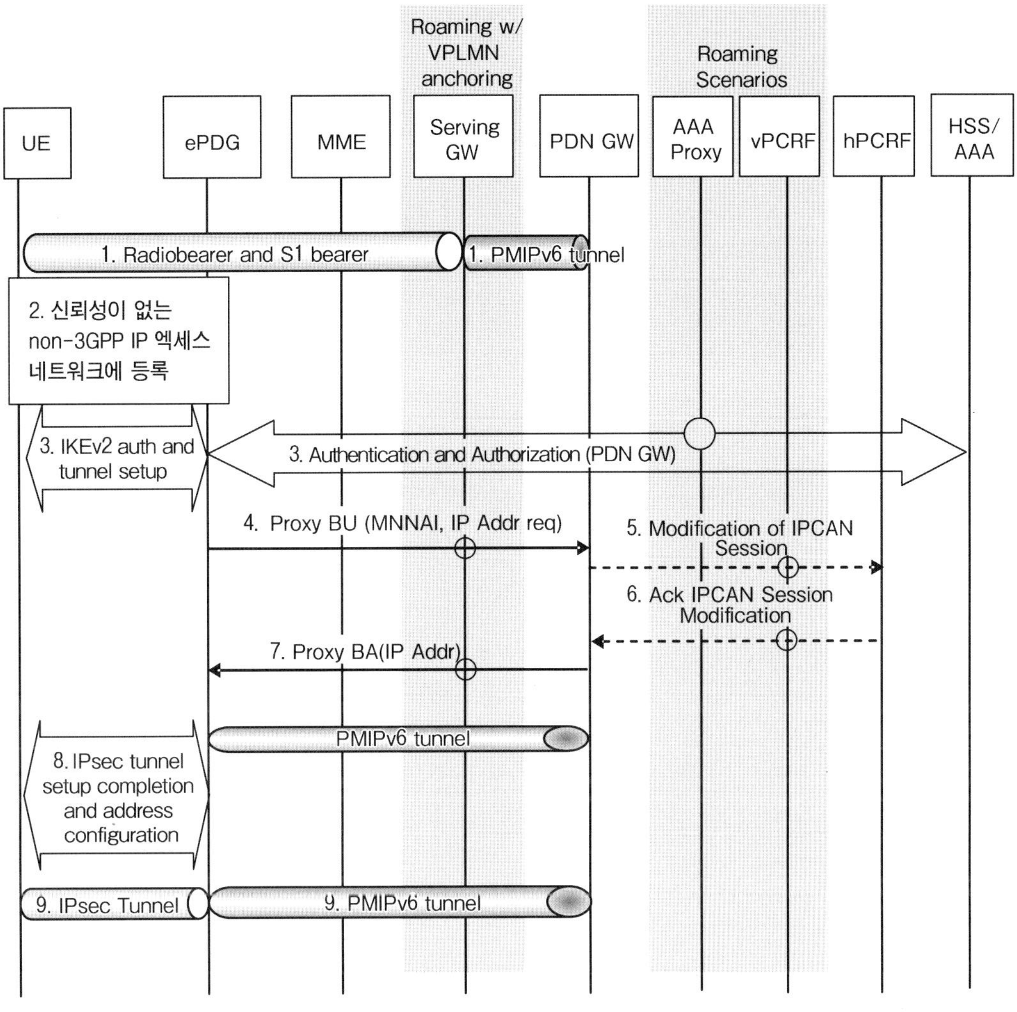

【그림 5.51】 E-UTRAN로부터 신뢰성 없는 non-3GPP IP액세스로의 S2b 핸드 오버

(ii) E-UTRAN으로부터 신뢰성 있는 non-3GPP IP 액세스로의 핸드 오버

신뢰성 있는 non-3GPP 네트워크 예로서, 3GPP2 액세스 네트워크가 있다.

[그림 5.52]는 E-UTRAN로부터 CDMA2000으로의 핸드 오버를 가정한 구조를 타내고 있다. 여기서,

HRPD AN : High Rate Packet Data

PDSN : Packet Data Serving Node

S101 : EPS(Evolved packet system)와 HRPD AN 간 통신을 가능하게 한다.

S103 : 이동 중에 패킷 로스를 최소화하기 위해, 다운링크 데이터를 전송하기 위한 사용자 영역 인터페이스. 실제 핸드 오버 시퀀스는 생략한다(상세 사항은 TS23.402 참조).

이상 SAE는 All IP를 전제로 한 것이지만, 2G/3G로부터의 migration이나, non-3G (trusted-CDMA2000 등, un-trusted-WLAN, WiMAX등)에의 대응을 의식하여 정하고 있다.

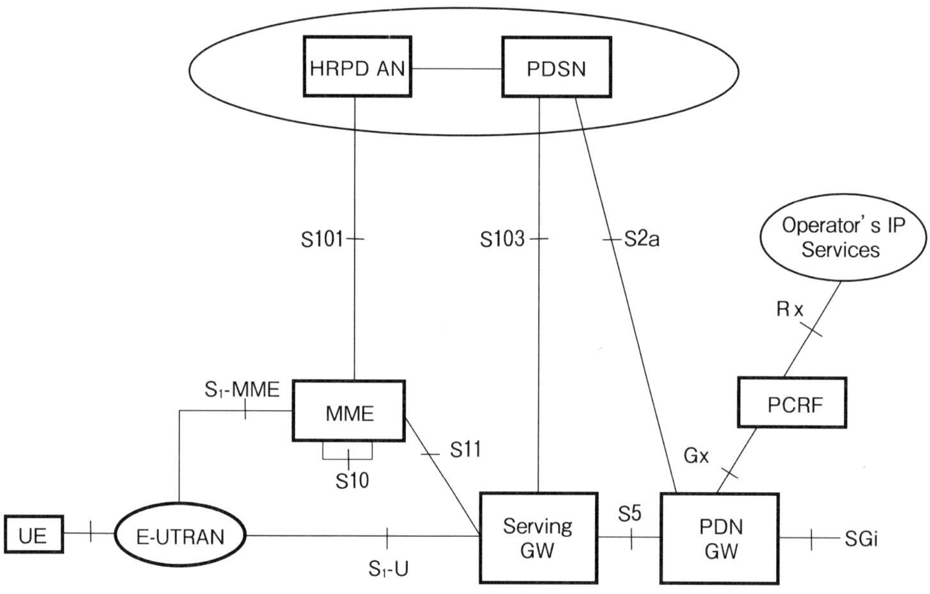

【그림 5.52】 E-UTRAN로부터 CDMA2000으로 핸드 오버를 고려한 경우의 구조

5.2.5 SAE와 IMS와의 관계

IMS는 IP Multimedia Sub-system의 약어이며, 네트워크 측에서 통신 제어 기능을 가지며, 고품질·고신뢰의 멀티미디어 통신을 제공하는 구조에 대해 규정하고 있다. 구체적으로는 다음과 같은 특징을 가지고 있다.

(1) 망에서 멀티미디어 제공

(2) 패킷망 상에서의 QoS 보증

(3) 과금을 실행하기 위한 구조 제공

(4) 시큐리티 기능 제공

IMS에 대한 검토는 3GPP에서 2000년에 시작하여, 구조와 기본 규격은 2002년에 릴리즈5로 규정하였고, 2005년 릴리즈 6에서 메시징, Presence, PoC 등의 IMS 어플리케이션 지원이나 IMS 과금 방식 등을 규정하고 있다. 3GPP 릴리즈 7에서는 아래와 같은 기능이 규정되어 있다.

(1) 119번 등의 긴급호(Emergency Call)의 실현

(2) VoIP를 포함한 멀티미디어 전화 지원

(3) IMS 제어하에서 VoIP와 회선 교환을 사용한 통화간 핸드 오버(VCC)

(4) 서비스에 따른 QoS 구조

현재 릴리즈 8에 들어갈 내용으로, ICS(IMS Centralized Service)를 위해 IMS만으로 모든 서비스(예를 들면, 콜 · 웨이팅, 3자 통화, 회의 전화 등)를 실행하는 규격과 ICS를 이용한 CS-PS 핸드 오버 등에 대한 검토가 이루어지고 있다.

[그림 5.28] 시스템 구조에 보인 바와 같이 SAE에 SGi 인터페이스로 접속된 IMS는 독립되어 있지만, SAE는 네트워크의 All IP화를 전제로 하고 있기 때문에 패킷 통신과 친화력이 높다. 즉 지금까지의 휴대전화 서비스도 VoIP로 제어되기 때문에, IP 멀티미디어 서비스를 실현할 때 IMS는 중요한 역할을 하게 된다. 예를 들면 휴대전화 단말이 기지국으로부터의 무선 신호를 감지해서, 네트워크에 최초로 등록하는 경우에 IMS로의 등록도 동시에 실행되는 등, IMS에 의해 효율적인 서비스 제어를 병행해서 실행할 수 있다.

5.3 IMT-Advanced

앞으로 발전될 이동통신 시스템으로 현재 IMT-Advanced(제4세대 이동통신이라고도 한다)가 ITU-R에서 논의가 진행되고 있다. 구체적으로는 고속 이동 시 100Mbps, 저속 이동 시 1Gbps의 통신 속도 실현을 목표로 하고 있다. 그 배경은 고정 네트워크에서의 IP TV 서비스가 주목받게 되어, 이동 서비스에서도 향후 동영상 서비스, 방송 서비스가 메인이 될 것으로 예상되고 있기 때문이다. 고속 이동 시에서도 같은 수준의

서비스가 제공 되어야 한다고 보고 있다. IMT-Advanced의 목표 제원에 대해 [표 5.5]에 정리하였다.

【표 5.5】 IMT-Advanced의 목표 제원

	하향 링크	상향 링크
주파수 후보	3~4GHz 외	3~4GHz 외
대역폭	100MHz	40MHz
고속 이동	>100Mbps (1bit/s/Hz)	>20Mbps (0.5 bit/s/Hz)
저속 이동	>1Gbps (10bits/s/Hz)	>300Mbps (3bits/s/Hz)

그러나 주파수 할당이 문제가 되며, 100MHz 이상의 필요 대역을 확보하기 위한 논의가 2007년 세계 무선통신 회의(WRC-07)에서 있었다. 현 시점에서 거론되는 후보 주파수에 대해서는 [표 5.6]에 나타내었다.

【표 5.6】 IMT-Advanced를 위한 후보 주파수

후보 주파수	주된 특징
410MHz~430MHz 450MHz~470MHz	• 저비용, 광역 커버에 적절하다. • 폭이 좁고, IMT의 전송 용량에 제한
470MHz~806/862MHz	• 저비용, 광역 커버에 적절하다. • 방송용으로 사용
2300MHZ~2400MHz	• 기존 IMT-2000용 주파수와 같은 전파 전달 특성 • 고속 데이터 전송용으로는 폭이 좁다.
2700MHz~2900MHz	• 기존 IMT-2000용 주파수와 같은 전파 전달 특성 • 공항 레이다 등에 사용
3400MHz~4200MHz	• IMT-Advanced에 필요한 광대역 확보 가능 • 레이다, 고정 통신, 고정 위성 통신 등에 사용
4400MHz~2990Mhz	• IMT-Advanced에 필요한 광대역 확보 가능 • 고정 통신, 고정 위성 통신 등에 사용

IMT-Advanced 연구 개발의 일례로서 [그림 5.53]에 1Gbps 옥외 전송 실험 결과를 나타낸다. 4×4(송신 측 4개, 수신 측 4개의 안테나) MIMO를 이용해서 10bps·Hz의 주파수 이용 효율을 실현하고 있다.

또 IMT-Advanced용 변조 방식으로 VSF-OFCDM(variable spreading factor-orthogonal frequency and code division multiplexing : 가변 확산율 직교 주파수·부호 분할 다중) 등이 검토되고 있다. 이것은 OFDM을 확장한 규격으로, 100MHz 폭의 대역을 768개의 서브 캐리어로 분할해서 데이터를 병렬로 전송한다. 더욱이 각 이동국에 할당된 확산 부호를 이용해서 데이터를 시간 영역/주파수 영역으로 확산한다. 확산율을 가변시킴으로써 옥외(멀티 셀)에서 옥내(고립 셀)까지 여러 가지 간섭 환경하에서도 유연하게 대응할 수 있게 한 것이 특징이다.

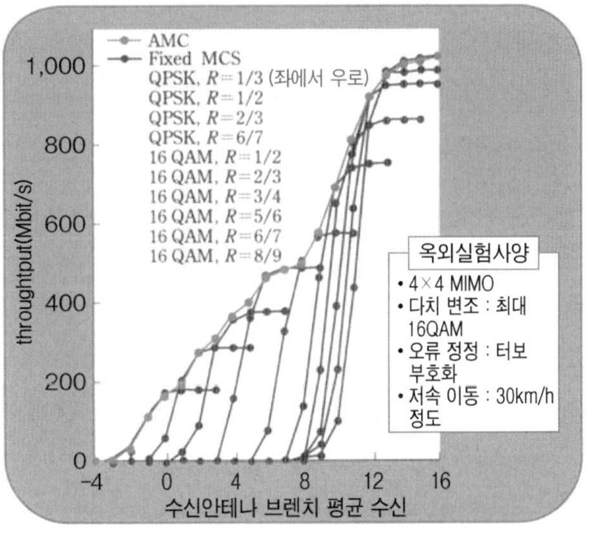

【그림 5.53】 IMT-Advanced의 검토 예
(우타노, '휴대전화의 진화와 임펙트', 일본 전자 정보 통신 학회지, Vol. 90, No. 5,2007)

그 밖에 검토되고 있는 기술로서, 소프트웨어 무선에 의한 복수 무선에의 대응, 무선 액세스나 디바이스를 절체해도 끊김 없는 서비스를 계속 받을 수 있는 seemless 통신 기술, IEEE802.16e에서 논의되고 있는 WiMAX와의 핸드 오버, IPTV 대응, 사용자 친화형 인터페이스 등에 대한 검토가 진행되고 있다.

마지막으로 차세대 무선 네트워크 개념도를 [그림 5.54]에 보인다.

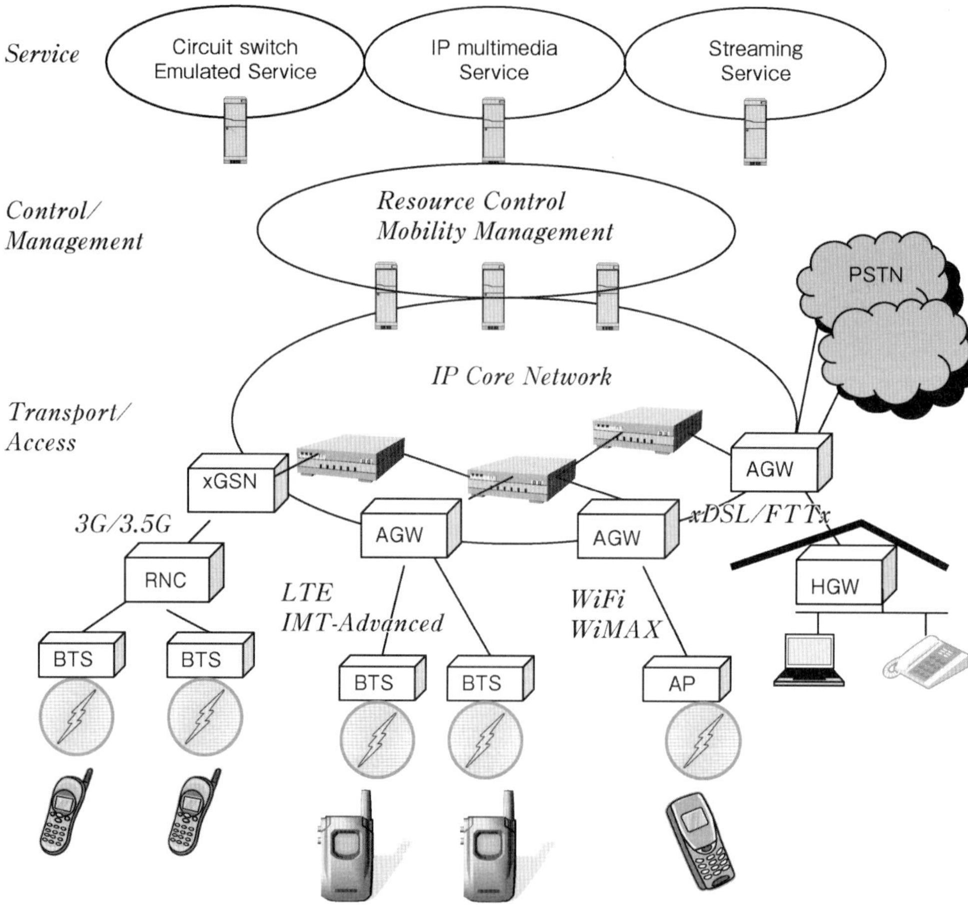

【그림 5.54】 차세대 무선 네트워크

【INDEX】

【 D 】

【 E 】

【 L 】

【 M 】

【S】

【T】

【 U 】

【 V 】

【 W 】

【X~Z】

【ㄱ】

【ㄴ】

【ㄷ】

【ㄹ】

【ㅁ】

【ㅂ】

【ㅅ】

【저자 소개】

김무완(金武完, MW. Kim)

- 1951년, 한국 대구시 출생
- 1974년, 오사카(大阪)대학교 공과대학 전자공학과 졸업
- 1980년, 오사카(大阪)대학교대학원 전자공학 전공 박사과정을 수료(공학박사), (주)후지츠(Fujitsu) 연구소에 입소
- 이후, (주)후지츠 연구소(연구실장), (주)후지츠(개발부장), 일본 모토로라(Senior Manager), 일본 루센트(Director) 등에서 통신 소프트 개발지원 시스템, 지능형 네트워크, ATM 교환 시스템, CDMA 2000/W-CDMA의 기지국제어시스템, IP코어 네트워크, IMS 등의 연구 개발에 종사
- 2005년부터 도쿄(東京)정보대학교 정보시스템학과 교수

사소우 히데유키(H. Sasou)

- 1976년 동경공업(東京工業)대학교 공과대학 제어공학과 졸업
- ㈜ 후지츠 입사 후, 메인 프렘 아키텍처, 유닉스기, 컴퓨터 등 소형의 컴퓨터 개발에 종사. 2000년부터 모바일폰 사업본부에서 3G 휴대전화 개발, 제조에 종사, 과학적 개발 제조 수법을 도입, 라쿠라쿠 폰 추진의 리더
- 2007년 7월 집행임원, 모바일폰 사업본부장
- 2007년 7월부터 후지츠주식회사 집행임원 상무
- 2010년 1월부터 후지츠주식회사 집행임원 부사장
- 전문은 컴퓨터 아키텍처(architecture), IT화 제조기술

무라카미 케이이치(村上 敬一, K. Murakami)

- 1974년 오사카(大阪)대학교 공학대학 전자공학과를 졸업
- 1979년 오사카(大阪)대학교대학원 전자공학 전공 박사과정을 단위 취득 후 중퇴, (주)후지츠에 입사
- 이후, (주)후지츠 연구소 및 (주)후지츠에서 초음파 진단 장치, 원격 재택 진단 시스템, 의료용 화상 시스템의 연구 개발한 후 PC, 홈네트워크, 디지털 TV, 휴대단말 등의 연구 개발에 종사. 이 사이에, 2002~2006년에 국제 표준화 기관 IEC/TC100 위원회에서 TA8 분과회(홈네트워크 서버)의 의장
- 2008년부터 (사)디지털미디어협회 전무이사

마토바 아키히사(的場　晃久, A. Matoba)

- 1986년 오사카(大阪)시립대학교대학원 공학연구과 석사과정 종료.
- 일본 IBM(주), 테르숀·재팬(주), 일본 루센트·테크놀로지(주), 콜브리스·네트워크·재팬(주)을 거쳐 현재, 일본 휴렛 팩커드(주)에 근무. UNIX(AIX) 워크스테이션, 분산 컴퓨팅 환경(DCE), W-CDMA 기지국(BTS) 및 무선 네트워크 제어장치(RNC), 무선 LAN 내장 핸디 단말 및 무선 LAN 액세스 포인트의 제품 기획, 마케팅, 기술 지원에 종사

우노 신다로우(宇野 新太郞, S. Uno)

- 1978년, 케이오기쥬쿠(慶應義塾)대학교 공학대학 수리공학과를 졸업.
- 1983년, 케이오기쥬쿠(慶應義塾)대학대학원 이공학연구과 박사 과정(전기공학 전공)을 수료(공학박사)
- (주) 토시바(Toshiba) 종합연구소 입소.
- 이후, (재) 미래공학연구소, (주) 노키아 리서치센터 도쿄, (주) 모토로라 일본연구소(소장)에서 위성통신 제어시스템, 광전송 장치를 위한 통신관리 프로토콜, 통신 소프트웨어 개발 지원 시스템, VoIP 트래픽 모델링, 차세대 모바일 네트워크 아키텍처, IMS 베이스 세션 Mobility 제어 등의 연구 개발, 표준화(TTC IP-based IMT Platform 위원회, EU FP6 Ambient Network/WP4, OMA/CPM 등)에 종사.
- 2011년부터 아이치(愛知)공과대학교 정보미디어학과 교수
- (사)전자정보통신학회 네트워크 시스템 연구회, 모바일 멀티미디어 통신 연구회 각 전문위원

【편저자 소개】

강 철 희

- 1975년 일본 와세다대학 전자통신과 졸업
- 1977년 동대학 대학원 석사과정 수료
- 1980년 동대학 대학원 박사과정 수료(공학박사)
- 1980~1995년 한국전자통신연구소 단말기기 연구실장, 정보통신 연구부장, ISDN연구개발본부장, 통신시스템 연구단장
- 1995년부터 고려대학교 전자과 교수

김 무 완

- 1951년, 한국 대구시 출생
- 1974년, 오사카(大阪)대학교 공과대학 전자공학과 졸업
- 1980년, 오사카(大阪)대학교대학원 전자공학 전공 박사과정을 수료(공학박사), (주)후지츠(Fujitsu) 연구소에 입소
- 이후, (주)후지츠 연구소(연구실장), (주)후지츠(개발부장), 일본 모토로라(Senior Manager), 일본 루센트(Director) 등에서 통신 소프트 개발지원 시스템, 지능형 네트워크, ATM 교환 시스템, CDMA 2000/W-CDMA의 기지국제어시스템, IP코어 네트워크, IMS 등의 연구 개발에 종사
- 2005년부터 도쿄(東京)정보대학교 정보시스템학과 교수

김 영 한

- 1984년, 서울대학교 전자공학과 졸업
- 1990년, KAIST 전기 및 전자공학과 졸업(공학박사)
- 1987 ~ 1994년 8월 디지콤 정보통신연구소 연구부장
- 1994년 ~ 현재, 숭실대학교 정보통신전자공학부 교수
- VoIP 기술, SIP 시스템, IMS 시스템, IMS 기반 멀티캐스팅 서비스 연구, P2P 기반 SIP, IMS Tester, IMS 기반 Media Gateway 등 연구 개발
- 현재, VoIP포럼 차세대 기술분과 위원장

김 운 태

- 1985년 경기대학교 이과대학 전자계산학과 졸업
- 1995년 일본 와세다대학 이공학연구과 전자정보통신학전공 박사과정 수료
- 이후, 일본 우정성법인인가 통신·방송기구 와세다 연구센터 연구원, 일본 (주)미디어그루(프로젝트 서브 리더 및 집행 위원), 일본 와세다대학 이공학종합연구소 및 국제정보통신 연구센터(객원연구원), 일본 (주)판도라 TV(서비스 시스템 관리부 부장)에서 영상 처리에 관한 연구 개발, 기획 및 시스템의 운용관리에 종사. 일본 (주)NeoCast.JP를 거쳐 현재, 신신문화(주)에 근무
- 1993~2001년 국제표준화기구 (ISO/ITC SC29/WG9위원(JBIG), ISO/ITC SC29/WG1 위원 (JPEG)) 및 재단법인 일본규격협회 화상처리 기술표준화 위원회 분과회 (WG5) 위원에 종사

WiBro / WiMAX

LTE 모바일 브로드밴드

2011년 11월 24일 1판 1쇄 인 쇄
2011년 11월 30일 1판 1쇄 발 행

지은이 : 김무완 · 사소우 히데유키 · 무라카미 케이이치
미토비 이키히시 · 우노 신디로우

편 저 : 강철희 · 김무완 · 김영한 · 김운태

펴낸이 : 박 정 테

펴낸곳 : **광 문 각**

413-756
경기도 파주시 문발동 파주출판문화도시 500-8
광문각 B/D 4F
등 록 : 1991. 5. 31 제12-484호
전화(代) : 031) 955-8787
팩 스 : 031) 955-3730
E-mail : kwangmk@unitel.co.kr
홈페이지 : www.kwangmoonkag.co.kr

• ISBN : 978-89-7093-649-9 93560

값 25,000원